पूरा घर है कविता

हिन्दी कविता का परिदृश्य

वाणी प्रकाशन
21-ए, दरियागंज, नयी दिल्ली-110002
फोन : 011-23273167, 23275710
फैक्स : 011-23275710
e-mail : vaniprakashan@gmail.com
website : www.vaniprakashan.com

पूरा घर है कविता
हिन्दी कविता का परिदृश्य

नीलाभ

वाणी प्रकाशन का 'लोगो'
विख्यात चित्रकार मक़बूल फ़िदा हुसेन की
कूची से

ISBN : 978-81-8143-700-6

वाणी प्रकाशन
21-ए, दरियागंज, नयी दिल्ली-110002
द्वारा प्रकाशित
प्रथम संस्करण : 2008

मूल्य : 300.00
आवरण : वाणी चित्रांकन
जय भारत प्रिंटिंग प्रेस, शाहदरा, दिल्ली-110032
द्वारा मुद्रित

POORA GHAR HAI KAVITA
HINDI KAVITA KA PARIDRISHYA
by : Neelabh

निवेदन

मेरा हमेशा से यह मानना रहा है कि एक कवि जब आलोचनात्मक या समीक्षात्मक लेख लिखता है तो वह सामान्य आलोचना-धर्म से बिलकुल अलग भूमिका में उपस्थित होता है। उसे न तो फ़तवे देने की हड़बड़ी रहती है, न उसमें सनद बाँटने की अहम्मन्यता ही होती है। इससे बिलकुल अलग वह एक कारीगर की आँख से अपने सहकर्मियों के कृतित्व को देखता है। ये सहकर्मी चाहे उसके पूर्वज हों या उसके समकालीन या फिर उसके बाद की पीढ़ी के। लगभग उसी तरह जैसे कोई बढ़ई या कुम्हार दूसरे बढ़ई या कुम्हार द्वारा बनाये गये सामान को देखे और उसकी ख़ूबियों या ख़ामियों का जायज़ा लेते हुए मन-ही-मन यह अन्दाज़ा करे कि अगर उसने इस चीज़ को बनाया होता तो वह कैसे बनाता। यह फ़र्क तो तब भी रहता है अगर आलोचक फ़तवे देने और सनद बाँटने से गुरेज़ करके, पुराना शब्द इस्तेमाल करूँ तो, एक पारखी की तरह आलोचना-धर्म को निभाये। इसलिए कवि द्वारा की गयी आलोचना तो हर हाल में भिन्न होगी ही।

मेरा यह भी मानना है कि जिस तरह की वस्तुपरकता की चर्चा या फ़रमाइश आम तौर पर आलोचना में होती रही है, अब भी होती रहती है, वह व्यवहार में या वास्तविकता में कहीं देखने में नहीं आती। कला को देखने का नज़रिया हमेशा व्यक्ति-सापेक्ष होता है और इसके पीछे बहुत-से तत्व काम करते हैं। कला को देखने वाले की अपनी अभिरुचि से ले कर उसकी जानकारी तक - बहुत कुछ ऐसा है, जो कला को जाँचने के काम को वस्तुपरक नहीं रहने देता। इसमें कोई ख़राबी भी नहीं है, क्योंकि बड़े-से-बड़े वस्तुपरक आलोचक ग़लत साबित होते आये हैं।

मेरा ख़याल है कि आलोचक व्यर्थ ही वस्तुपरकता को ले कर एक झिझक अपने मन में पालते रहते हैं और सफ़ाइयाँ देते रहते हैं। जबकि ऐसा करने की कतई ज़रूरत नहीं। कोई भी आलोचनात्मक

लेख क्यों न हो, वह आलोचक का निजी आकलन ही होता है। अगर उसे निर्वैयक्तिक बनाने की सायास कोशिश की जाय, जैसा कभी-कभी देखने में आता है तो वह उतना ही जाली साबित होता है, जितना पूरी तरह अहो-अहो मार्का या पूरी तरह द्वेष-प्रेरित लेख। इसलिए कोशिश इस बात की होनी चाहिए कि आलोचक लेखक और पाठक के बीच में एक पुल का काम करे और इस बात की कोशिश करे कि वह अपने दायित्व को निभाते हुए, लेखक और पाठक दोनों को समृद्ध कर रहा है, विपन्न नहीं।

लिहाज़ा, इस संग्रह में कवियों और उनकी कविता पर लिखे गये जो आलोचनात्मक और समीक्षात्मक लेख संकलित हैं, वे वस्तुपरकता से बच कर एक साथी कारीगर का जाय़जा हैं। इन लेखों में से कुछ लेख तो अग्रज कवियों पर हैं और कुछ मेरे अपने समकालीन साथियों पर, क्योंकि कारीगर की आँख सिर्फ़ वर्तमान ही नहीं, अतीत और किसी हद तक भविष्य भी देख सकती है। और, जिसका जाय़जा लिया जा रहा है, वह भी अपने तईं एक कारीगर ही है। इसी विनम्र आग्रह के साथ ये लेख लिखे गये हैं और इस पुस्तक को मैं अपने साथी कवि

अरुण कमल

को

स्नेह के साथ समर्पित कर रहा हूँ।

-नीलाभ

क्रम

अंजलि दो पूर्वजों को

सिद्धि की सीमाएँ

सुमित्रानन्दन पन्त हिन्दी कवियों में न केवल इन अर्थों में बिरले कहे जा सकते हैं कि उन्होंने अपने सतहत्तर वर्ष के जीवन-काल में प्रभूत काव्य-सृजन किया, बल्कि वे इन अर्थों में भी अनोखे हैं कि उन्होंने समय-समय पर अपने विपुल काव्य-भण्डार से स्वयं अपनी कविताओं का चयन करके अपने लेखे अपनी प्रतिनिधि अथवा पसन्दीदा कविताओं के संकलन भी प्रस्तुत किये। न सिर्फ़ यह, बल्कि उन्होंने जिस तरह अनेक बार अपने कविता-संग्रहों पर भूमिका-स्वरूप अपने विचार व्यक्त किये थे, उसी तरह अपनी कविताओं के विभिन्न चयनों के आधार स्पष्ट करने के लिए भी लम्बी भूमिकाएँ और आमुख लिखे। कवि द्वारा स्वयं अपनी कविताओं के चयन प्रस्तुत करने के इस उपक्रम के अलावा, उनकी कविताओं के अनेक संकलन अन्य सहवर्ती और परवर्ती कवियों ने भी तैयार किये।

कविताओं के चयन अन्ततः कवि की एक छवि निर्मित करते हैं। अनेक कविता-संग्रहों से जब कविताएँ छाँट कर संकलित की जाती हैं तो उद्देश्य यही रहता है कि पाठकों के सामने कवि की वह छवि प्रस्तुत की जाय, जो कवि की कविताएँ पढ़ते हुए समग्रतः चयनकर्ता के मन-मस्तिष्क में निर्मित हुई है। कविताओं का चयन प्रस्तुत करना, अगर चित्रकला की शब्दावली में कहें तो, कवि का पोर्ट्रेट अंकित करने सरीखा है। लेकिन यही काम जब कवि करता है तो इसे सेल्फ़-पोर्ट्रेट बनाने जैसा ही मानना होगा और पन्त जी के लम्बे साहित्यिक जीवन के दौरान एकाधिक बार उनके पोर्ट्रेट बने और एकाधिक बार पन्त जी ने अपने सेल्फ़-पोर्ट्रेट बनाये।

कविता संग्रहों पर लम्बी-लम्बी भूमिकाएँ लिखना छायावादी कवियों की विशिष्ट शैली थी। इन भूमिकाओं में वे अपनी कविता पर ही नहीं, बल्कि दूसरों की कविताओं पर भी अपने विचार व्यक्त करते थे; साथ ही, कवि-कर्म, काव्य-कला और हिन्दी की काव्य-परम्परा पर भी अपने नज़रिये को पाठकों के सामने रखते थे। पन्त जी ने भी मात्र चयन प्रस्तुत करके आत्म-छवि अंकित करने पर अलम नहीं कहा, उन्होंने हर बार पाठकों के सामने यह भी स्पष्ट करने का प्रयास किया कि उनके बदलते हुए रूपों के पीछे क्या कारण हैं, उनका आधार क्या है।

यहाँ यह भी ध्यान रखने योग्य है कि अपने अन्य सहकर्मियों के विपरीत पन्त जी के पास किसी भी दौर में अपने इस सेल्फ़ पोर्ट्रेट के लिए कविताओं से इतर अन्य विधाओं में रची गयी कोई उल्लेखनीय चीज़ नहीं रही। निराला की तस्वीर 'बिल्लेसुर बकरिहा' और

'कुल्ली भाट' जैसी कथा-कृतियों, 'चाबुक,' 'प्रबन्ध प्रतिमा' और 'प्रबन्ध पद्म' जैसे निबन्ध संग्रहों के बिना मुकम्मल नहीं होती; प्रसाद की छवि को सम्पूर्णता में चित्रित करने के लिए कविताओं के साथ-साथ उनके नाटकों और कथा-साहित्य को भी ख़ातिर में लाना ज़रूरी है; महादेवी के समूचे व्यक्तित्व को उनके रेखा-चित्रों और संस्मरणों और नारी-विमर्श के बिना पूरी तरह अंकित करना सम्भव नहीं है। लेकिन पन्त जी ने हालाँकि हाथ कथा-साहित्य और नाटक में भी आज़माया, उनकी छवि में, चाहे वह कितने अलग-अलग ढंग से अथवा बदले हुए रूपों में आँकी जाय, इन विधाओं से कुछ ख़ास नहीं जुड़ता।

लिहाज़ा पन्त जी के पास अपनी छवि अंकित करने के लिए केवल अपनी कविताएँ ही थीं। यही उनकी विशिष्टता भी है। पन्त जो हैं, जैसे हैं, अपनी कविताओं में ही हैं।

मगर अपने सेल्फ़ पोर्ट्रेट अंकित करने के जो विभिन्न प्रयास पन्त जी ने किये, उनके बावजूद अगर अन्य चयनकर्ताओं अथवा प्रकाशकों ने पन्त जी की कविताओं के और भी बहुत-से और अलग-अलग चयन प्रस्तुत किये हैं तो इससे दो बातें सीधे-सीधे उभर कर सामने आती हैं। पहली यह कि ये चयनकर्ता पन्त जी के चुनाव से आश्वस्त नहीं थे। (इलाहाबाद संग्रहालय में पन्त जी की कविता पर अपना व्याख्यान प्रस्तुत करते हुए डॉ० नामवर सिंह ने स्पष्ट रूप से यह विचार प्रकट किया था कि पन्त जी द्वारा किये गये चयन सन्तोषदायक नहीं हैं और अब भी उनकी कविताओं के प्रतिनिधि चयन की गुंजाइश बनी हुई है।) सम्भव है, पन्त जी की कविताओं के अन्य चयनकर्ताओं को कवि की निजी पसन्द, उसका अपना छवि-अंकन, वैसा 'भरोसेमन्द,' 'विश्वसनीय' अथवा 'वस्तुपरक' न जान पड़ता रहा हो। अलावा इसके, एक कारण यह भी हो सकता है कि अलग-अलग काल-खण्डों में अलग-अलग चयनकर्ताओं का नज़रिया अथवा पन्त जी के काव्य-कोष से मोती चुनने की ज़रूरतें बदल जाती रही हों। या फिर पन्त काव्य के सिलसिले में अलग-अलग चयनकर्ताओं की अपनी-अपनी मुख़्तलिफ़ पसन्द हो। एक ही कवि के इतने चयनों के पीछे मुख्य रूप से यही कारण नज़र आते हैं, ख़ास तौर पर जब हम इस बात को भी ध्यान में रखें कि बीसवीं सदी के हिन्दी कवियों में शायद पन्त जी ही हैं, जिनके इतने कविता-चयन प्रकाशित हुए और वह भी उनके जीवन-काल में।

इस बात को भी दिलचस्प, और कहा जाय कि एक विडम्बना ही माना जा सकता है कि जिस कवि ने अपनी जीवन-काल में इतनी प्रचुर मात्रा में और निरन्तर काव्य-सृजन किया हो, जो अन्त समय तक सृजनरत रहा हो, जिसे लगातार विवादों का सामना करना पड़ा हो, जो अनन्य प्रशंसा से ले कर तीखी उपेक्षा का पात्र रहा हो और जिसके इतने विभिन्न प्रकार के चयन प्रकाशित हुए हों, उसकी कविताएँ १९७७ में उसके निधन के बाद पाठ्यक्रमों में भले ही शामिल रही हों या कुछ पुराने प्रेमियों अथवा 'डाई हार्ड्स'(*die-hards*) के हृदयों में विगत प्रेम की स्मृतियों सरीखी टिमटिमाती रही हों, मगर आम तौर पर हिन्दी की मुख्य धारा से छिटकी पड़ी रही हैं। मानो कोई नदी किसी हरे-भरे किनारे पर पानी का एक छोटा-सा संचय छोड़ती, उससे किनारा काटती हुई धार बदल कर आगे बढ़ गयी हो। अज्ञेय के तमाम विरोध के बावजूद हिन्दी साहित्य में उनकी सक्रिय जीवन्त उपस्थिति

को अनदेखा करना, अथवा उन्हें 'बिरादरी बाहर' करना, सम्भव नहीं हो पाया। लेकिन पिछली चौथाई सदी में पन्त जी तथा उनके काव्य को तो जैसे सायास भुला दिया गया। ज़ाहिर है, यह हिन्दी साहित्य के उन 'पौण्डरेबल्स' (*ponderables*), उन चिन्तनीय विषयों में से ही है कि एक ऐसे कवि को उसकी मृत्यु के बाद आने वाली पीढ़ियों द्वारा यकसर ग़ैर-ज़रूरी करार दे कर विस्मृत कर दिया जाय, जिसकी कविता परिमाण की दृष्टि से तो ईर्ष्या उपजाने वाली है ही, अपने समय में जिस कवि ने समूची भाषा को संस्कारित करने में, कहा जाय कि 'सुसंस्कृत' बनाने में एक महत्वपूर्ण भूमिका निभायी।

पन्त जी के निधन के २३ वर्ष बाद अगर उनके प्रति बरती गयी उदासीनता और सन्नाटा टूटा भी तो इसका सबसे बड़ा कारण है हिन्दी की उत्तरोत्तर बढ़ती पाखण्डपूर्ण प्रदर्शनप्रियता अथवा शुद्ध कर्मकाण्डीपन। सन २००० में अगर पन्त जी अचानक चर्चा का गर्मागर्म विषय बने तो इसका कारण यह नहीं था कि पन्त जी के काव्य में नये सिरे से हिन्दी के आलोचकों, कवियों, कविता-प्रेमियों और पाठकों की गहरी दिलचस्पी जाग उठी थी, जिसके फलस्वरूप पन्त जी के काव्य का, उनके रचनात्मक अवदान का, उनकी उपलब्धियों और सीमाओं अथवा उनकी प्रासंगिकता का गहरा, प्रबुद्ध और मूल्यांकनपरक विवेचन करके उनकी कविताओं के नियमित पठन-पाठन का सिलसिला शुरू किया जाय। इसके विपरीत, प्रमुख कारण यह था कि सन २००० पन्त जी की जन्मशती के पूरे होने का वर्ष था और हिन्दी के आयोजन-प्रिय समाज को सहज ही अवसर उपलब्ध हुआ था छायावाद की एक विस्मृत प्रतिमा को फूल-माला-मण्डित करके दोबारा विस्मृत कर देने का। जो किया भी गया।

इन तमाम आयोजनों में कुछ ऐसी सार्थक चेष्टाएँ भी थीं, जो विस्मृति की परतों को हटाते हुए पन्त जी की कविता को सामान्य पाठकों और कविता-प्रेमियों के सामने लाने और बीसवीं सदी की हिन्दी कविता के सन्दर्भ में पन्त जी के काव्य पर विचार-विमर्श करने के इरादों का नतीजा थीं। ऐसा ही एक प्रयास था - सुदीर्घ अन्तराल के बाद प्रकाशित पन्त जी की कविताओं का एक ताज़ा चयन - 'स्वच्छन्द' - जिसका सम्पादन कवि अशोक वाजपेयी ने महात्मा गान्धी अन्तरराष्ट्रीय हिन्दी विश्वविद्यालय के युवा सहकर्मियों श्री अपूर्वानन्द और डॉ० प्रभात रंजन के साथ मिल कर किया। चयन पर दी गयी भूमिका में अशोक वाजपेयी ने पन्त जी की कविता का एक मूल्यांकन प्रस्तुत करते हुए अपने चयन की प्रक्रिया तथा उसके आधार को भी पाठकों के सामने स्पष्ट भी किया। निश्चय ही पन्त जी की कविता का एक ताज़ा संचयन कवि का रचनात्मक और सार्थक स्मरण है। इससे हमें यह जानने का अवसर मिलता है कि पन्त जी के निधन के बाद की इस चौथाई सदी के दौरान आये परिवर्तनों के परिप्रेक्ष्य में पन्त जी की छवि को कैसे उकेरा जा रहा है।

o

१९४० में 'युगान्त' तक की चुनी हुई कविताओं के पहले चयन को 'पल्लविनी' के शीर्षक से प्रस्तुत करते हुए पन्त जी ने आशा व्यक्त की थी कि इस संग्रह द्वारा पाठकों को उनके 'काव्य-जीवन का विकास-क्रम जानने में अधिक सुविधा होगी।' तब तक पन्त जी की सात कविता-पुस्तकें प्रकाशित हो चुकी थीं - 'उच्छवास' (१९२२),

'पल्लव' (१९२६), 'वीणा' (१९२७), 'ग्रन्थि' (१९२९), 'गुंजन' (१९३२), 'ज्योत्स्ना' (१९३४), 'युगान्त' (१९३६), 'युगवाणी' (१९३९), और 'ग्राम्या' (१९४०)। लेकिन पन्त जी ने अपनी पहली आत्म-छवि अंकित करने के लिए 'युगान्त' तक की ही कविताओं का चयन किया। कारण शायद यह है कि 'युगवाणी' की कविताओं से पन्त जी की कविता में एक नया मोड़ दिखायी देने लगा था, जो आगे चल कर 'ग्राम्या' में और अधिक स्पष्ट रूप से नज़र आया। हो सकता है, इस मुकाम पर पन्त जी को महसूस हुआ हो कि उन्हें अब तक की काव्य-यात्रा के चुने हुए पड़ावों और उन पड़ावों से देखी गयी दृश्यावलियों का एक समग्र ऐल्बम पाठकों के सामने प्रस्तुत कर देना चाहिए। इसीलिए शायद उन्होंने 'पल्लविनी' पर एक अत्यन्त संक्षिप्त भूमिका दी, जिसमें उन्होंने यह भी कहा कि - "कुछ रचनाओं में मैंने कहीं-कहीं काट-छाँट कर दी है। रचनाओं का क्रम समयानुसार न रख कर विषयानुसार ही रखा है और प्रत्येक कविता के नीचे उसका रचनाकाल अलग से दे दिया है।"

निश्चय ही २६२ पृष्ठों के इस वृहद संचयन में पन्त जी ने तब तक के सभी रंगों में लिखी गयी अपनी अधिकांश महत्वपूर्ण कविताएँ सम्मिलित कर ली थीं। 'मौन निमन्त्रण,' 'छाया,' 'बादल,' 'मोह,' 'परिवर्तन,' 'प्रथम रश्मि,' 'नौका विहार,' 'उच्छवास,' 'भावी पत्नी के प्रति,' 'गृहकाज,' 'सुख-दुख,' 'द्रुत झरो' और 'ताज' जैसी वे तमाम कविताएँ 'पल्लविनी' में शामिल हैं, जिन्हें पन्त जी का चित्रांकन करने वाले किसी भी परवर्ती चयनकर्ता के लिए नज़रन्दाज़ करना सम्भव नहीं रहा।

'पल्लविनी' इस लिहाज़ से भी महत्वपूर्ण है कि उसमें पन्त जी ने यथाशक्य वस्तुपरकता से अपनी वास्तविक छवि आँकने का प्रयास किया है। निश्चय ही 'द्रुत झरो,' 'गा कोकिल' और 'ताज' की मानसिकता और 'कलरव' (बाँसों का झुरमुट) का शिल्प-सौष्ठव, 'आशंका' (मा, अल्मोड़े में आये थे), 'कृष्णा' (मा! काले रंग का दुकूल नव) और 'छाया' (१९१८) से बहुत दूर आ पहुँचा था, लेकिन पन्त जी ने अपने चयन में इन प्रारम्भिक अपेक्षाकृत कच्ची रचनाओं को शामिल करने से गुरेज़ नहीं किया। इसीलिए 'पल्लविनी' में जहाँ एक ओर 'कौन तुम अतुल, अरूप अनाम' जैसी पंक्तियों में छायावाद का सधा हुआ सुर सुनायी देता है, वहीं 'मानव । ऐसी भी विरक्ति क्या जीवन के प्रति ? आत्मा का अपमान, प्रेत औ' छाया से रति।' जैसी पंक्तियाँ एक नये सुर-सन्धान का भी संकेत देती हैं। यह बात अलग है कि तब तक 'युगवाणी' में प्रकाशित पन्त जी की कविताओं का सुर बदल चुका था, मगर उन्होंने किसी निश्चित अभिप्राय से ही बदले हुए सुर की इन रचनाओं को 'पल्लविनी' में शामिल नहीं किया।

यह काम पन्त जी ने किया अपने अगले चयन में।

'पल्लविनी' के लगभग डेढ़ वर्ष बाद दिसम्बर १९४१ में हिन्दी साहित्य सम्मेलन की 'देव पुरस्कार ग्रन्थावली' के अन्तर्गत प्रकाशित होने वाली 'आधुनिक कवि' पुस्तक माला के लिए पन्त जी ने अपनी कविताओं का एक और चयन प्रस्तुत किया। 'आधुनिक कवि-२' के लिए चुनी गयी अधिकांश कविताएँ 'पल्लविनी' से ली गयी हैं और चूँकि चयन में 'युगवाणी' और 'ग्राम्या' को भी शामिल किया गया था, इसलिए इन दोनों संग्रहों

से भी ऐसी कविताएँ चुनी गयीं, जिन्हें बाद में पन्त जी ने अपने अगले वृहद चयन 'चिदम्बरा' में संकलित किया। 'आधुनिक कवि-२' की केवल चार कविताएँ ऐसी हैं, जिन्हें पन्त जी ने न तो 'पल्लविनी' में शामिल किया, न आगे चल कर 'चिदम्बरा' में और इनमें से एक तो ऐसी है, जो बार-बार पन्त जी के कविता-संग्रह अथवा उनकी ग्रन्थावली छानने पर भी नहीं मिली। 'आधुनिक कवि-२' में शामिल इस कविता का शीर्षक है – 'घंटा'– और रचना-वर्ष पन्त जी ने १९३१ दिया है :

नभ की उस नीली चुप्पी पर
घंटा है एक टँगा सुन्दर,
जो घड़ी-घड़ी मन के भीतर
कुछ कहता रहता बज बज कर।
परियों के बच्चों-से प्रियतर,
–फैला कोमल ध्वनियों के पर,–
कानों के भीतर उतर उतर
घोंसला बनाते उसके स्वर।
भरते वे मन में मधुर रोर
'जागो रे जागो, काम चोर !
डूबे प्रकाश में दिशा छोर
अब हुआ भोर, अब हुआ भोर।
आई सोने की नई प्रात
कुछ नया काम हो, नई बात,
तुम रहो स्वच्छ मन, स्वच्छ गात,
निद्रा छोड़ो, रे, गई रात।'

'आधुनिक कवि-२' नामक इस चयन पर पन्त जी ने एक लम्बी भूमिका भी दी, जिसमें उन्होंने लिखा –

"इस सौ-सवा सौ पृष्ठों के संग्रह में मेरी सभी संग्रहणीय कविताएँ अवश्य नहीं आ सकी हैं। पर जिन पथों का मेरी कल्पना ने अनुसरण किया है उन पर अंकित पद-चिह्नों का थोड़ा बहुत आभास इससे मिल सकता है, और, संभव है, अपने युग में प्रवाहित प्रमुख प्रवृत्तियों और विचारधाराओं की अस्पष्ट रूप-रेखाएँ भी इसमें मिल जायँ।"

यानी इसमें पन्त जी ने अपने को केवल अपनी कविताओं के विकास-क्रम मात्र को पाठकों के सामने प्रस्तुत करने तक ही सीमित नहीं रखा, बल्कि "अपने युग में प्रवाहित प्रमुख प्रवृत्तियों और विचारधाराओं की अस्पष्ट रूप-रेखाएँ भी' पाठकों को उपलब्ध कराने की सम्भावनाएँ टटोलीं। चयन पर दी गयी इस विस्तृत भूमिका में पन्त जी ने कविता, हिन्दी कविता, अपने काव्य-विकास और तत्कालीन परिदृश्य पर भी विचार किया और 'वीणा' से ले कर 'ग्राम्या' तक का एक अन्तरंग सफ़रनामा पेश करते हुए अपनी सुपरिचित शैली में कुछ प्रस्थान-बिन्दुओं का ज़िक्र किया और कुछ ऐसी आत्म-स्वीकृतियाँ कीं, जो उनकी रचनाओं की मनोभूमि को समझने के लिए एक सूक्ष्मदर्शी लेंस का काम दे सकती हैं :

१. "वीणा से ग्राम्या तक मेरी सभी रचनाओं में प्राकृतिक सौन्दर्य का प्रेम किसी रूप में वर्तमान है।"

२. "साधारणतः प्रकृति के सुन्दर रूप ही ने मुझे अधिक लुभाया है, पर उसका उग्र रूप भी मैंने 'परिवर्तन' में चित्रित किया है। मानव स्वभाव का भी मैंने सुन्दर ही पक्ष ग्रहण किया है, इसी से मेरा मन वर्तमान समाज की कुरूपताओं से कट कर भावी समाज की कल्पना की ओर प्रभावित हुआ है।"

३. "यह सच है कि व्यक्तिगत सुख-दुःख के सत्य को अथवा अपने मानसिक संघर्ष को मैंने अपनी रचनाओं में वाणी नहीं दी है, क्योंकि वह मेरे स्वभाव के विरुद्ध है।"

४. "यदि मेरा हृदय अपने युग में बरते जाने वाले आदर्शों के प्रति विश्वास न खो बैठता तो मेरी आगे की रचनाओं में भी हार्दिकता पर्याप्त मात्रा में मिलती। जब वस्तुजगत के जीवन से हृदय को भोजन अथवा भावना को उद्दीप्ति नहीं मिलती तब हृदय का सूनापन बुद्धि के पास, सहायता माँगने के लिए पुकार भेजता है :

आते कैसे सूने पल, जीवन में ये सूने पल,

. . .

खो देती उर की वीणा झंकार मधुर जीवन की –

आदि उद्‌गार 'गुंजन' में आये हैं। ऐसी अवस्था में मेरा हृदय वर्तमान जीवन के प्रति घृणा या विद्वेष की भावना प्रकट कर सकता, और मैं सन्देहवादी या निराशावादी बन सकता था। पर मेरे स्वभाव ने मुझे रोका और मैंने इस बाह्य निश्चेष्टता और सूनेपन के कारणों को बुद्धि में सुलझाने का प्रयत्न किया। यही कारण है कि मेरी आगे की रचनाएँ भावनात्मक न रह कर बौद्धिक बनती गयीं, या मेरी भावना का मुख प्रकाशवान हो गया ?"

५. "छायावाद इसलिए अधिक नहीं रहा कि उसके पास, भविष्य के लिए उपयोगी, नवीन आदर्शों का प्रकाश, नवीन भावना का सौन्दर्य-बोध और नवीन विचारों का रस नहीं था। वह काव्य न रह कर, केवल अलंकृत संगीत बन गया था।"

६. "मैं कल्पना के सत्य को सबसे बड़ा सत्य मानता हूँ और उसे ईश्वरीय प्रतिभा का अंश भी मानता हूँ।"

७. "इस संक्षिप्त वीणा-ग्राम्या चयन के पृष्ठों पर आर-पार दृष्टि डालने से मुझे यही जान पड़ता है कि जहाँ-जहाँ मेरी कल्पना ने मेरा साथ दिया है, वहाँ मैं भावी मानवता के सत्य को सफलतापूर्वक वाणी दे सका हूँ और जहाँ मैं, किसी कारणवश, अपनी कल्पना के केन्द्र से च्युत या विलग हो गया हूँ, वहाँ मेरी रचनाओं पर मेरे अध्ययन का प्रभाव अधिक प्रबल हो

उठा है, और मैं केवल आंशिक सत्य को दे सका हूँ। इस भूमिका में मैंने उस प्रश्नावली के उत्तरों का भी समावेश कर दिया है, जो सुहृद्वर श्री वात्स्यायन जी ने, मेरे आलोचक की हैसियत से, ऑल इण्डिया रेडियो से ब्रॉडकॉस्ट किये जाने के लिए तैयार की थी और जिसके बहुत से प्रश्नोत्तरों का आशय प्रस्तुत संग्रह में सम्मिलित रचनाओं पर प्रकाश डालने के लिए मुझे आवश्यक प्रतीत हुआ। इसके लिए मैं उनके प्रति अपनी कृतज्ञता प्रकट करता हूँ।'

❐

'पल्लविनी' और 'आधुनिक कवि-२' के लगभग दो दशक बाद पन्त जी ने एक बार फिर पहले की तरह अपने काव्य-विकास को अप-टू-डेट रूप में अंकित करने के लिए वैसा ही एक वृहद चयन पाठकों के सामने प्रस्तुत किया – 'चिदम्बरा।' और अपने इस वृहदाकार सेल्फ़-पोट्रेट के साथ ही एक 'मिनिएचर' भी तैयार क़िया – 'रश्मिबन्ध!' 'चरण चिह्न' के शीर्षक से 'चिदम्बरा' की लम्बी भूमिका में पन्त जी ने लिखा -

"'पल्लविनी' मेरी प्रथम उत्थान की रचनाओं की चयनिका थी, जिसमें 'वीणा,' 'ग्रन्थि,' 'पल्लव,' 'गुंजन,' 'ज्योत्सना,' तथा 'युगान्त' की विशिष्ट कविताएँ संकलित हैं। इस संचरण के कृतित्व के प्रति मेरे आलोचक प्रायः कृपालु और उदार रहे हैं, सम्भवतः इसलिए कि इस उत्थान के कृतित्व ने छायावाद के बहिरंग को सँवारने तथा उसके कोमल कान्त कलेवर की शोभा प्रदान करने के प्रयत्न में हाथ बँटाया है।

"'चिदम्बरा' मेरी काव्य-चेतना के द्वितीय उत्थान की परिचायिका है, उसमें 'युगवाणी' से ले कर 'अतिमा' तक की रचनाओं का संचयन है, जिसमें 'युगवाणी,' 'ग्राम्या' तथा 'स्वर्ण किरण,' 'स्वर्ण धूलि,' 'युग पथ' के अन्तर्गत 'युगान्तर,' 'उत्तरा,' 'रजत शिखर,' 'शिल्पी,' 'सौवर्ण' अथवा 'अतिमा' की चुनी हुई कृतियों के साथ 'वाणी' की अन्तिम रचना 'आत्मिका' भी सम्मिलित है। 'पल्लविनी' में सन '१८ से ले कर '३६ तक, मेरे उन्नीस वर्षों के कृतित्व के पदचिह्न हैं, और 'चिदम्बरा' में सन '३७ से '५७ तक, प्रायः बीस वर्षों की विकास श्रेणी का विस्तार। मेरी द्वितीय उत्थान की रचनाएँ, जिनमें युग की, भौतिक आध्यात्मिक दोनों चरणों की, प्रगति की चापें ध्वनित हैं, समय-समय पर, विशेष रूप से, कटु आलोचनाओं एवं आक्षेपों की लक्ष्य रही हैं। ये आलोचनाएँ, प्रकारान्तर से, उस युग के साहित्यिक मूल्यों तथा रूप-शिल्प सम्बन्धी संघर्षों तथा द्वन्द्वों की निदर्शन हैं, और स्वयं अपने में एक मनोरंजक अध्ययन भी। आने वाली पीढ़ियाँ निश्चयपूर्वक देख सकेंगी कि उस युग का साहित्य, विशेषकर आलोचना क्षेत्र, किस प्रकार संकीर्ण, एकांगी, पक्षधर तथा वादग्रस्त रहा है और उसमें तब की राजनीतिक दलबन्दियों के प्रतिफल स्वरूप किस प्रकार मान्यताओं तथा कला-रुचि सम्बन्धी साहित्यिक गुटबन्दियाँ रही हैं। भविष्य, निश्चय ही, इस युग के कृतित्व पर अधिक निष्पक्ष निर्णय दे सकेगा,

काल ही वह राज–मराल है जो नीर–क्षीर विवेक की क्षमता रखता है।"

यहाँ दो बातें विशेष रूप से ध्यान आकर्षित करती हैं। पहली तो यह कि 'पल्लव' के लम्बे ऐतिहासिक प्राक्कथन के बाद पन्त जी ने अपनी कविता के बारे में जो सुदीर्घ विचार किया, वह था 'आधुनिक कवि' के पहले दिये गये आमुख में। इसके बाद 'चिदम्बरा' तक पन्त जी ने केवल दो अवसरों पर अपने विचारों में आये परिवर्तनों को स्पष्ट किया–'युगवाणी' के तीसरे संस्करण (१९४७) की भूमिका में और 'उत्तरा' (१९४९) की लम्बी प्रस्तावना में। दूसरी बात यह कि 'चिदम्बरा' के आमुख से उद्धृत किये गये उपर्युक्त अंश में पहली बार हम पन्त जी को 'कटु आलोचनाओं एवं आक्षेपों' और 'राजनीतिक दलबन्दियों' के प्रतिफल स्वरूप 'कला–रुचि सम्बन्धी साहित्यिक गुटबन्दियों' की चर्चा करते हुए पाते हैं।

प्रकट ही अपने प्रथम उत्थान में छायावाद से होते हुए पन्त जी जिस प्रकार 'ग्राम्या' और 'युगवाणी' के सामाजिक सरोकारों और प्रगतिशील विचारधारा के निकट पहुँचे थे, उससे उन्हें सामान्य रूप से पाठकों और आलोचकों की सराहना उपलब्ध हुई थी। लेकिन अपने द्वितीय उत्थान में जब वे अरविन्द के दर्शन से प्रभावित हो कर मार्क्सवाद और भारतीय आध्यात्मिक चेतना का समन्वय करते हुए अन्ततः 'अन्तर ऐश्वर्यों से मण्डित मानव हो देवोत्तर' की कामना करने लगे तो यकीनन उनके इस कथित 'स्खलन' ने काफ़ी विवाद पैदा किये।

पन्त जी की समूची काव्य–भूमि में इस बीच जो आधारभूत परिवर्तन आया था, उसका स्पष्ट संकेत अगर किसी एक कविता से मिल सकता है तो वह है – 'भारत माता।'

भारत माता
ग्राम वासिनी।
खेतों में फैला है श्यामल
धूल भरा मैला सा आँचल,
गंगा यमुना में आँसू जल,
मिट्टी की प्रतिमा
उदासिनी।
दैन्यजड़ित अपलक नत चितवन,
अधरों में चिर नीरव रोदन,
युग युग के तम से विषण्ण मन,
वह अपने घर में
प्रवासिनी।
तीस कोटि सन्तान नग्न तन,
अर्ध क्षुधित, शोषित, निरस्त्र जन,
मूढ़, असभ्य, अशिक्षित, निर्धन,
नत मस्तक
तरु तल निवासिनी।

'भारत माता' का पहला प्रारूप पन्त जी ने सन १९४० में तैयार किया था और वह 'ग्राम्या' में संकलित हुआ था। देश की तत्कालीन स्थिति का ऐसा हृदयग्राही, मार्मिक और सच्चा चित्र शायद ही उस समय की किसी अन्य कविता में मिले। सच तो यह है कि

किन्हीं अर्थों में 'भारत माता' निराला की लगभग उसी काल में रची गयी उद्‌बोधनपरक कविता 'भारति जय विजय करे' से अधिक यथार्थ और ज़मीन से जुड़ा चित्र है। निराला जहाँ भारत-भूमि का एक दैवी 'पर्सोना' (*persona*) कल्पित करते हैं, वहीं पन्त – 'ग्राम वासिनी,' 'मिट्टी की प्रतिमा उदासिनी,' 'अपने घर में प्रवासिनी' और 'तरु तल निवासिनी' जैसे बिम्बों से – भारत की वास्तविक छवि सामने रखते हैं।

मगर बीस वर्ष बाद जब पन्त जी ने 'आधुनिक कवि-२' का दूसरा संस्करण तैयार किया तो उन्होंने इस कविता में भारी, कहा जाय आमूल-चूल, परिवर्तन कर दिया –

भारत माता
ग्राम वासिनी।
खेतों में फैला दृग श्यामल
शस्य भरा जनजीवन आँचल,
गंगा यमुना में शुचि श्रम जल,
शील मूर्ति
सुख दुख उदासिनी।
पंचशील रत, विश्व शान्ति व्रत,
युग युग से गृह आँगन श्रीहत
कब होंगे जन उद्यत जाग्रत ?
सोच मग्न
जीवन विकासिनी!
उसे चाहिए लौह संगठन
सुन्दर तन, श्रद्धा दीपित मन,
भव जीवन प्रति अथक समर्पण,
मूढ़, असभ्य, अशिक्षित, निर्धन,
लोक कलामयि
रस विलासिनी!

अपने पहले प्रारूप में अगर 'भारत माता' देश का वास्तविक चित्र जान पड़ती थी तो इस दूसरे प्रारूप में 'भारत माता' (१९५७) नेहरू युग के छलावे का ही एक और उपक्रम जान पड़ती है, जहाँ गंगा-यमुना में अब 'आँसू जल' की बजाय 'शुचि श्रम जल' है और 'खेतों में फैला धूल भरा मैला-सा आँचल' पंचवर्षीय योजनाओं के प्रताप से मृग-मरीचिका में परिवर्तित हो कर 'शस्य भरा जन जीवन आँचल' बन गया है। 'भारत माता' भी अन्तिम पंक्तियों तक आते-आते 'जग जननी जीवन विकासिनी' की बजाय 'लोक कलामयि रस विलासिनी' बन गयी है।

एक ही कविता के इन दो प्रारूपों के बीच सत्रह वर्षों का जो अन्तराल है, क्या उसके बारे में यह कहा जा सकता है कि वह सचमुच कविता के इस दूसरे प्रारूप के लिए एक विश्वसनीय आधार-भूमि प्रदान करता है ? १९४० में देश पर विदेशी हुकूमत का शासन था, चारों तरफ़ भुखमरी, शोषण, दमन और उत्पीड़न था, इसलिए पन्त जी ने १९४० में भारत माता का जो रूप उकेरा, वह प्रामाणिक जान पड़ता है। लेकिन क्या १९५७ तक

आते-आते देश के आर्थिक-सामाजिक जीवन में ऐसा परिवर्तन आ चुका था कि 'भारत माता' के दूसरे प्रारूप को उचित ठहराया जा सके ? क्या १९५७ तक भी भारत माता 'मिट्टी की प्रतिमा उदासिनी' ही नहीं बनी हुई थी ? यह वही समय है जिसके आस-पास डॉ.राम मनोहर लोहिया ने संसद में अपना प्रसिद्ध और चौंका देने वाला अभिभाषण दिया था जिसमें भारत के औसत नागरिक के ढाई आने प्रति दिन पर गुज़र-बसर करने की बात कही गयी थी। फिर पन्त जी की कविता में इस परिवर्तन का क्या आधार था ? यह क्यों और कैसे घटित हुआ ? इसी प्रश्न के उत्तर में पन्त जी की आलोचना के कारक निहित हैं।

अकारण नहीं है कि सन ५७-५८ के आस-पास जिन लोगों के सामने १९४७ की आज़ादी और नेहरू युग के सपनों की असलियत खुल चुकी थी, जिनकी चेतना फ़ैज़ की 'ये दाग़-दाग़ उजाला ये शब ग़ज़ीदा सहर / ये वो सहर तो नहीं कि जिसका इन्तज़ार था हमें' से निर्मित हुई थी, उन्हें पन्त जी की बदली हुई मनोभूमि आलोचना के काबिल लगी। लगभग इसी समय पन्त से बिलकुल भिन्न मानसिकता के एक कवि ने संकट के संकेत पहचान कर क्षितिज पर घुमड़ रही आसन्न आँधियों की ओर इशारा करते हुए बड़ी प्रोफ़ेटिक पंक्तियाँ लिखी थीं :

> "अभी तीन दिन पहले चोर बाज़ारी की कमाई हुई पाप-सम्पत्ति को खुली छूट देने की घोषणा करके पूँजीपतियों के आगे जवाहर लाल नेहरू ने फिर मत्था टेका ही था कि ख़बर आयी है कि राष्ट्रीय स्वयं सेवक संघ के सदस्य कांग्रेस में घुसेंगे। कांग्रेस दिन-प्रतिदिन अधोगति को प्राप्त होती जा रही है। समझदार लोगों के लिए यह बात तो तभी स्पष्ट हो गयी थी जब ब्रिटिश सरकार से समझौता हुआ। अब भी यदि कोई कांग्रेस के द्वारा प्रगति और देश कल्याण का स्वप्न देखे तो वह केवल आत्म-प्रवंचक और हठी ही नहीं, निश्चित रूप से जनता को धोखा देने वाला है। उफ़, यह देश किधर जा रहा है। क्या विस्फोट को रोका जा सकेगा ? कई वर्षों पहले जब आर्य समाज कांग्रेस में घुसा था, तभी कांग्रेस में साम्प्रदायिकता काफ़ी आ गयी थी। परन्तु वह समय संघर्ष का था, इसलिए उसका रूप उग्र न हो सका। अब तो कांग्रेस शोषण की भूमिका में है। इस समय राष्ट्रीय स्वयं सेवक संघ तो कांग्रेस को निगल जायेगा और पूँजीपतियों का फ़ासिज़्म साम्प्रदायिकता के साथ उग्र रूप धारण करेगा।"

(विजय देव नारायण साही : डायरी : ९-१०-१९४८)

यह भी ध्यान देने योग्य है कि जिस अवधि में पन्त जी 'जग जननी जीवन विकासिनी' से 'लोक कलामयि रस विलासिनी' की पर्सेप्शन तक पहुँचे थे, उसी अवधि के दौरान निराला 'नये पत्ते की कविताओं' से होते हुए 'गहरी विभावरी शीत की' की मनोभूमि तक पहुँचे थे–

सूख गया किसान एकाकी
रोया, रहा न लेखा बाकी
कर्म धर्म को कर के साखी
दुहरी डगर भरी

यही कारण था कि पन्त जी को न केवल अपनी कविताओं के नये-नये चयन प्रस्तुत करने की ज़रूरत महसूस होने लगी, बल्कि इन चयनों पर, भले ही वे बहुत थोड़े-थोड़े अन्तरालों पर किये गये, लम्बी-लम्बी, सफ़ाई देने की तर्ज़ पर लिखी गयी भूमिकाएँ भी देनी पड़ीं। 'चिदम्बरा' (१९५८) में दिये गये विस्तृत आमुख में अपनी बात कहने के थोड़े ही समय बाद पन्त जी ने एक अपेक्षाकृत छोटे संकलन 'रश्मिबन्ध' में भी एक लम्बा प्राक्कथन प्रस्तुत किया। इसके कुछ ही समय बाद जब 'आधुनिक कवि' का दूसरा संस्करण प्रकाशित हुआ तो हालाँकि पन्त जी ने मूल भूमिका वैसी-की-वैसी रहने दी, लेकिन संकलन में शामिल कविताओं को आमूल-चूल बदल दिया। 'आधुनिक कवि-२' (१९४१) में कुल ४९ कविताएँ थीं। 'आधुनिक कवि-२' (१९६०) में इनमें से केवल २१ ही रह पायीं। 'भारत माता' के १९४० वाले प्रारूप की जगह १९५७ वाले प्रारूप ने ले ली और कविताओं की कुल संख्या भी बढ़ कर ५६ हो गयी। हर लिहाज़ से यह एकदम नया और भिन्न चयन था। इस तथाकथित दूसरे संस्करण, मगर वास्तव में दूसरे चयन, पर दी गयी संक्षिप्त भूमिका में पन्त जी ने लिखा :

> "'आधुनिक कवि भाग-२' के इस संस्करण में मैंने यत्र-तत्र परिवर्तन-परिवर्धन कर दिये हैं, जिससे यह मेरी वर्तमान विकास-धारा का प्रतिनिधित्व कर सके। प्रस्तुत संस्करण की पृष्ठभूमि को स्पष्ट करने के लिए 'उत्तरा' तथा 'चिदम्बरा' की भूमिकाएँ भी सहायक सिद्ध होंगी।'

यह अध्ययन सचमुच कुछ दिलचस्प तथ्य उजागर कर सकता है कि पन्त जी ने 'आधुनिक कवि-२' (१९४१) की कौन-कौन-सी कविताएँ 'आधुनिक कवि-२' (१९६०) से बाहर कर दीं और उनकी जगह बाद की लिखी किन कविताओं से भरी। यही नहीं, बल्कि इस बात की भी छान-बीन अगर की जाय कि १९४१ तक के रचना-संसार में से ही दोनों संग्रहों की संरचना में फेर-बदल के लिए क्या छोड़ा या जोड़ा गया है तो इससे भी 'चिदम्बरा,' 'रश्मिबन्ध' और 'आधुनिक कवि-२' (१९६०) के काल में पन्त जी की मनोभूमि और सोच का एक अनुमान किया जा सकता है। 'भारत माता' के पहले प्रारूप की जगह दूसरे प्रारूप को सम्मिलित करने का ज़िक्र किया जा चुका है। एक और मिसाल इस सन्दर्भ में यहाँ दी जा सकती है। 'आधुनिक कवि' के पहले संचयन में पन्त जी ने 'ग्राम्या' से एक कविता शामिल की थी – 'सन १९४०' :

समर भूमि पर मानव शोणित से रंजित निर्भीक चरण धर,
अभिनन्दित हो दिग् घोषित तोपों के गर्जन से प्रलयंकर,
इधर अड़ा साम्राज्यवाद, शत शत विनाश के ले आयोजन,
इधर प्रतिक्रिया रुद्ध शक्तियाँ क्रुद्ध दे रहीं युद्ध निमन्त्रण।
तुमुल वर्ग संघर्ष में निहित जन गण का भविष्य लोकोत्तर,
इन्द्रचाप पुल सा नव वत्सर शोभित प्रलयप्रभ मेघों पर।
आओ हे दुर्धर्ष वर्ष! लाओ विनाश के साथ नव सृजन,
विंश शताब्दी का महान विज्ञान ज्ञान ले, उत्तर यौवन।

'आधुनिक कवि-२' (१९६०) से इस कविता को ख़ारिज करते हुए पन्त जी ने

'ग्राम्या' ही से जो कविता शामिल की, वह थी – 'संस्कृति का प्रश्न' :

राजनीति का प्रश्न नहीं रे आज जगत के सम्मुख,
अर्थ साम्य भी मिटा न सकता मानव-जीवन के दु:ख।
व्यर्थ आज राष्ट्रों का विग्रह औ' तोपों का गर्जन,
रोक न सकते जीवन की गति शत विनाश आयोजन।

'पल्लविनी' से 'चिदम्बरा' तक और 'ग्राम्या' से 'वाणी' तक के लगभग बीस वर्षों में पन्त जी की मनोभूमि में कितना परिवर्तन हो गया था, इसके लिए केवल ऊपर के अंशों का मिलान करना ही काफ़ी है। 'ग्राम्या' पन्त जी की हृदय-पोषित जनोन्मुखता का उन्मेष था। आज भी जब हम 'ग्राम वधू,' 'वह बुड्ढा,' 'वे आँखें,' 'धोबियों का नृत्य,' 'चमारों का नाच,' 'भारत माता' और 'वाणी' जैसी कविताएँ पढ़ते हैं तो न केवल उस दौर के सुमित्रानन्दन पन्त की सूक्ष्म दृष्टि और जनवादी मानसिकता से प्रभावित होते हैं, बल्कि उस युग के यथार्थ से भी रू-ब-रू होते हैं। अकारण नहीं कि 'ग्राम्या' की 'अहिंसा' शीर्षक कविता में पन्त जी की प्रमुख चिन्ता यही थी कि –

बन्धन बन रही अहिंसा आज जनों के हित
वह मनुजोचित निश्चित, कब ? जब जन हों विकसित
भावात्मक आज नहीं वह, वह अभाव वाचक
. . .
वह लक्ष्य शून्य अब : भर न सकी जन में जीवन;
निष्क्रिय : उपचेतन ग्रस्त : एक देशीय परम
सांस्कृतिक प्रगति से रहित आज, जन हित दुर्गम

हालाँकि उसी दौर में पन्त जी के भीतर उस आध्यात्मिकता की अन्तर्धारा भी मौजूद थी, जो छायावाद काल से उनके काव्य की अन्त:-सलिला बनी हुई थी और जनोन्मुखता के इस उन्मेष के तिरोहित हो जाने के बाद उत्तरोत्तर उभर कर सतह पर आने वाली थी, तो भी यह देखना-परखना सचमुच दिलचस्प है कि बाहरी दबावों ने किस हद तक पन्त जी को अमूर्त मानव प्रेम से मोड़ कर ज़मीन और ज़मीन के बाशिन्दों के करीब ला खड़ा किया था।

'ग्राम्या' के बाद पन्त जी का वह उन्मेष समाप्त होने लगा। इसीलिए वे फिर अपनी उस अन्तर्धारा की ओर मुड़ गये। 'तुमुल वर्ग संघर्ष में निहित जनगण का भविष्य लोकोत्तर' के सत्य की बजाय उन्हें 'अर्थ साम्य भी मिटा न सकता मानव जीवन के दु:ख' का सत्य ज़्यादा सही मालूम देने लगा। यही कारण है कि 'ग्राम्या' के बाद पन्त जी ने यद्यपि मार्क्सवाद और प्रगतिशील विचारधारा को नकारा तो नहीं, लेकिन इन दोनों ही से उनका लगाव ऊपरी, औपचारिक और कोरा बुद्धि-विलास रह गया। 'भारत माता' के दूसरे प्रारूप के पीछे भी कारण यही था कि 'ग्राम्या' की जनोन्मुखता को त्यागने के क्रम में पन्त जी यथार्थ से धीरे-धीरे दूर होने लगे और १९४७ की झूठी आज़ादी के छद्म को उजागर करने की बजाय उन्होंने अपनी सारी आशाएँ प्रगति के नेहरूवादी मॉडल से बाँध लीं। १९५५ में

प्रकाशित संग्रह – 'अतिमा' – में पन्त जी ने 'नेहरू युग' शीर्षक कविता में इसे घोषित भी कर दिया –

अभिवादन
हे नेहरू युग के नए संचरण,
शत अभिवादन!
गांधी युग के सूक्ष्म कुहासों से कढ़,
प्रौढ़ यन्त्र युग के मारुत गति चक्रों पर बढ़,
उतर रहा लो, मूर्त रूप धर
जन समाजवादी धरती पर
नेहरू युग, निर्धूम अग्नि सा उज्वल,
पावन शीतल!

लेकिन १९४७ के बाद देश में कुछ और हलचलें भी अपना प्रभाव डाल रही थीं। यह युग दूसरे महायुद्ध के बाद साम्राज्यवाद के पुनर्गठित होने और शीतयुद्ध के उत्तरोत्तर तीखे होते जाने का भी था, जिसने आज़ादी के छलावे के उजागर होने की परिघटना के साथ जुड़ कर धीरे-धीरे एक अनास्था, मूल्यों का एक संकट भी पैदा करना शुरू कर दिया था। यही वह काल था जिसमें पूर्ववर्ती प्रगतिशील धारा मन्द पड़ रही थी और नयी कविता का आन्दोलन तेज़ हो रहा था। इसका भी असर पन्त जी की कविता पर पड़ा।

❐

यहाँ, थोड़ा-सा विषयान्तर करते हुए एक संकेत करना उपयुक्त ही होगा। इलाहाबाद विश्वविद्यालय की 'निराला व्याख्यान माला' के अन्तर्गत 'छायावाद : पुनर्मूल्यांकन' शीर्षक से अपना ऐतिहासिक व्याख्यान देते हुए पन्त जी ने १९६५ में यह कह कर ख़ासा विवाद पैदा कर दिया था कि 'नयी कविता की शिल्प कला के लिबास' में 'छायावादी चैतन्यबोध' ही प्रस्तुत किया गया है। पन्त जी की स्थापना थी कि नयी कविता की 'सबसे महनीय देन यह है कि उसने सामूहिक साधारणता में खोये व्यक्ति मूल्य के वैशिष्ट्य का तथा व्यक्तित्व के वैचित्र्य का पुनरुद्धार कर, उसे काव्य द्वारा नव-प्रतिष्ठित करने का प्रयत्न किया।'

वही पन्त, जिन्होंने 'आधुनिक कवि-२' की भूमिका में यह कहा था कि 'दर्शन मनुष्य के वैयक्तिक संघर्ष का इतिहास है, विज्ञान सामूहिक संघर्ष का' और 'सन १९४०' के शीर्षक कविता में किये गये उद्बोधन – 'आओ हे दुर्धर्ष वर्ष! लाओ विनाश के साथ नव सृजन, / विंश शताब्दी का महान विज्ञान ज्ञान ले उत्तर यौवन' – की ताईद करते हुए सामूहिक संघर्ष की वकालत की, वे १९६५ तक आते-आते नयी कविता द्वारा 'व्यक्ति मूल्य के वैशिष्ट्य' और 'व्यक्तित्व के वैचित्र्य' के पुनरुद्धार को एक महनीय देन मानने लगे थे।

प्रकट ही पन्त जी के विचारों में यह परिवर्तन १९५० के दशक के बाद की परिवर्तित सामाजिक-राजनैतिक परिस्थितियों और नयी कविता के ज्वार ने पैदा किया था। अपने प्रथम उत्थान के उन्मेष और उसकी जीवन्तता के क्षरित होते जाने पर पन्त जी अपने शिल्प-सौष्ठव का इस्तेमाल हर आने वाली धारा का साथ निभाने के लिए करते रहे।

'पल्लविनी' से लें कर 'चिदम्बरा' तक पन्त जी की काव्य-धारा हृत्तन्त्रियों को झंकृत करने का गुण खोती चली गयी और केवल उसमें 'साथ निभाने' की एक साध पूरी करने का उपक्रम मात्र लक्षित होता है। यह अकारण नहीं है कि पन्त जी नयी कविता को छायावाद का विस्तार मान रहे थे। 'अतिमा' (१९५५) की कविताओं से ही इस वैचारिक तब्दीली का संकेत मिलने लगा था। 'नव अरुणोदय,' 'नव जागरण,' 'कृतज्ञता' और 'मनसिज' जैसी कविताएँ लिखते-लिखते पन्त जी 'सोन जुही,' 'कौए बत्तखें मेंढक,' 'प्रकाश पतिंगे छिपकलियाँ' और 'केंचुल' जैसी कविताएँ लिखने लगे थे। 'वाणी' (१९५८) की एक कविता है 'घोंघे शंख (सभी नहीं)' जो इस समय की हिन्दी कविता के प्रति पन्त जी की भावनाओं का परिचय देती है। पन्त जी को नयी कविता 'गीदड़ों चीलों के संग मोंम, फूल, मेमनों, मेंढकों और वन चूहों' की नयी सेना जान पड़ती है। कविता का एक अगला अंश विशेष रूप से ध्यान देने योग्य है :

बदल गई कविता की सज्जा
रक्त, अस्थि, त्वक्, मज्जा।
बिगड़ गई भावों की धज्जा,
ढीठ दीठ अब, उर में लज्जा।
सूना छज्जा।।
छाया छाँव बनी पछाड़ खा,
कुत्ता लेंडी बना हाड़ खा,
(चूहा शेर बना पहाड़ खा।)
पथ अँधियारा गलियारा बन
भटक गया, खो गहन व्यथा के वन में
चन्दा के आँगन में।

यदि इस कविता को निराला की कविता 'हिन्दी के भावी सुमनों के प्रति पत्र' से मिला कर पढ़ें तो कुछ दिलचस्प निष्कर्ष निकल सकते हैं। पहला तो यही कि नवोत्कर्ष की सारी कामना के बावजूद पन्त जी के भीतर नये के प्रति वह ऊष्ण सहानुभूति और प्रेम नहीं है, जो निराला में नज़र आता है। इसके विपरीत वे कविता की अगली पीढ़ी को 'काव्य सैन्य नव' मान कर चलते हैं। बीज-पौधा-पत्ता-फूल-बीज के अनवरत, उर्वर क्रम की जगह पन्त जी का बिम्ब नाश-सूचक है, टकराहट वाला है – 'सैन्य'। दूसरा यह कि नयी कविता को पन्त जी ने जो यह बुरा-भला कहा है, वैसा करते हुए अनायास ही उनकी शब्दावली भी बदल गयी है। 'ग्राम्या' की कविताओं में चाहे जितना ठेठपन रहा हो, लेकिन 'कुत्ता लेंडी बना हाड़ खा, चूहा शेर बना पहाड़ खा' जैसी उक्तियाँ वहाँ भी नहीं हैं।

निराला में चूँकि शुरू ही से एक राँगड़पन रहा, जो 'हमारे कालेज का बचुआ' से ले कर 'बापू तुम मुर्गी खाते यदि' जैसी कविताओं में प्रकट होता रहा, इसलिए जब-जब निराला ने मारक व्यंग्य-बाण चलाये उनकी कविताओं का स्वर सहज ही गली-मुहल्ले की तर्ज़ में ढलता रहा। लेकिन पन्त जी में यह एक नया परिवर्तन था, भले ही वह क्षणिक रहा, और अप्रभावी भी।

बहरहाल, इस कविता से उस आतंक का आभास तो मिल ही जाता है, जो नयी कविता ने पन्त जी के भीतर पैदा कर दिया था। इसलिए 'वाणी' के बाद पन्त जी ने अचानक पहले के अपने क्राफ़्ट को, शिल्प और शैली को पूरी तरह बदल कर 'कला और बूढ़ा चाँद' की कविताएँ लिखीं। 'कला और बूढ़ा चाँद' की कविताएँ १९५८ में लिखी गयीं। अगर इन कविताओं को उसी काल में लिखी जा रही नयी कविता के नमूनों से मिला कर पढ़ा जाय तो उनमें कई स्थानों पर एक विलक्षण साम्य दिखायी देगा – मानसिकता के स्तर पर भी और भाषा-शिल्प के लिहाज़ से भी। शायद यह एकमात्र संग्रह है पन्त जी का, जिसमें वे अपनी बाद की पीढ़ी के कवियों के साथ कदम-दर-कदम चल सके हैं। इसीलिए शायद अनेक लोगों को 'छायावाद : पुनर्मूल्यांकन' में नयी कविता के बारे में उनके विवादास्पद वक्तव्य में काफ़ी सच्चाई भी लगी थी। मगर यह दौर अल्पजीवी था। केवल 'कला और बूढ़ा चाँद तक' चला। उसके बाद हिन्दी कविता और पन्त-काव्य फिर अलग-अलग डगर पर चलने लगे।

❒

इस विषयान्तर के बाद अगर हम फिर पन्त जी द्वारा आत्म-छवियाँ अंकित करने के प्रयासों पर नज़र डालें तो तीन संकलन हमारे सामने आते हैं। इनमें से पहला – 'रश्मिबन्ध' – १९५८ में प्रकाशित हुआ और बहुत हद तक 'चिदम्बरा' का वैसा ही सहचर-चयन है, जैसा 'आधुनिक कवि-२' (१९४१) 'पल्लविनी' का था। फ़र्क बस इतना है कि 'रश्मिबन्ध' पन्त जी द्वारा स्वयं किया गया एकमात्र संकलन है, जिसे वे अपने निधन के वर्ष तक 'अपडेट' करते रहे; हर नये कविता संग्रह से कुछ कविताएँ ले कर उसमें जोड़ते रहे; हालाँकि इस बीच – अर्थात 'रश्मिबन्ध' के प्रथम प्रकाशन के बाद – अन्य चयनकर्ता उनकी कविताओं के तीन प्रतिनिधि चयन प्रस्तुत कर चुके थे – 'आज के आधुनिक कवि' माला में हरिवंश राय बच्चन; 'अभिषेकिता' में नरेन्द्र शर्मा और शान्ति जोशी; और 'तारापथ' में दूधनाथ सिंह। यह भी सम्भव है कि कवि और चयनकर्ताओं के बीच 'विश्वास' और 'भरोसे' का संकट परस्पर रहा हो। जिस तरह अन्य चयनकर्ताओं को पन्त जी के चयन सन्तोषदायक न लगते रहे हों, वैसे ही पन्त जी को भी चयनकर्ताओं से बहुत आश्वस्ति का अनुभव न होता रहा हो, जिसके नतीजे के तौर पर वे बराबर 'रश्मिबन्ध' में अंकित अपनी छवि के नख-शिख अन्त तक सुधारते-सँवारते रहे। 'रश्मिबन्ध' की भूमिका के आरम्भ में अपने चयन के बारे में पन्त जी ने लिखा है :

> "इसके छोटे आकार में मेरी वाणी केवल इंगितों द्वारा ही अपने को अभिव्यक्त कर सकी है, फिर भी, चयन की दृष्टि से, मुझे विश्वास है यह किरणों का पुलिन्दा अपने सतरंगे वैभव से पाठकों का ध्यान आकर्षित कर, अपना नाम सार्थक कर सकेगा।"

और भूमिका का अन्त पन्त जी ने इन शब्दों से किया :

> "आज के महासंक्रान्ति के युग में मुझे प्रतीत होता है कि मेरे भीतर मेरे उदयकाल में जिस किशोर कवि ने वीणा के गीत गुनगुनाये थे, आज वह अपना सर्वस्व गँवा कर केवल विश्व-जीवन का तथा भविष्य के अन्तरिक्ष से मुस्कराती हुई नवीन

मानवता का विनम्र स्वर, सौम्य सन्देशवाहक एवं दूत भर रह गया है, उसकी क्षीण कण्ठ-ध्वनि आज के तुमुल कोलाहल में लोगों को सुनायी देगी कि नहीं, मैं नहीं जानता।"

प्रकट ही, जैसे-जैसे हिन्दी कविता की मुख्यधारा के साथ पन्त जी का साथ छूटता जा रहा था, उनके भीतर अनाश्वस्ति और असुरक्षा की भावना बढ़ रही थी। कविता की वसुन्धरा पर अब शायद वे एक जीवन्त उपस्थिति नहीं रह गये थे, बल्कि उनकी उपस्थिति विगत युगों की उपलब्धियों की एक प्रतिमा के रूप में निर्मित होती जा रही थी। हो सकता है कि पन्त जी स्वयं अपनी कविता के नये-नये चयन प्रस्तुत करके पाठकों से भी अधिक ख़ुद को यह विश्वास दिलाना चाहते रहे हों कि वे अब भी हिन्दी कविता के धरातल पर एक जीवन्त उपस्थिति बने हुए हैं।

'रश्मिबन्ध' के बाद पन्त जी ने अपने काव्य के दो और चयन प्रस्तुत किये – 'हरी बाँसुरी सुनहरी टेर' (१९६३) और 'चित्रांगदा' (१९६९)। 'हरी बाँसुरी सुनहरी टेर' (पुस्तक पर दिये गये पन्त जी के अति संक्षिप्त 'विज्ञापन' के अनुसार) उसके 'शृंगार काव्य के सा रे ग म' का संकलन है। 'पल्लविनी,' 'आधुनिक कवि,' 'चिदम्बरा' और 'रश्मिबन्ध' जैसे संकलनों के बाद पन्त जी को अपनी शृंगार-परक रचनाओं का अलग से एक चयन प्रस्तुत करने की आवश्यकता क्यों महसूस हुई ? इसका कोई सीधा-सरल उतर देना सम्भव नहीं है। रही बात 'चित्रांगदा' की तो यह पन्त जी की कविताओं का अन्तिम चयन है, जो स्वयं कवि द्वारा किया। ६८ कविताओं के दो सौ से अधिक पृष्ठों के इस चयन के बारे में पन्त जी ने लिखा – "चित्रांगदा के कलेवर के अन्तर्गत मेरी वे रूपात्मक रचनाएँ संकलित हैं, जिनमें चित्रात्मकता विशेष रूप से उभरी है। वैसे तो तथाकथित छायावादी काव्य का एक प्रमुख गुण उसकी चित्रात्मकता ही मानी जाती है, पर चित्रांगदा में संगृहीत कविताओं में प्रकृति सौन्दर्य की प्रमुखता होने के कारण चित्रवत्ता अधिक सजीव रूप से प्रस्फुटित हो सकी है।"

'चित्रांगदा' की कविताओं के साथ कुछ रेखाचित्र भी दिये गये थे, जिनके माध्यम से, पन्त जी के अनुसार, कविताओं में 'अन्तर्निहित अनेक अमूर्त संकेत भी कला का परिधान ग्रहण' कर सके थे।

'हरी बाँसुरी सुनहरी टेर' में अपनी शृंगार विषयक रचनाएँ और 'चित्रागंदा' में प्रकृति सौन्दर्य के ओत-प्रोत चित्रात्मक कविताएँ प्रस्तुत करते हुए पन्त जी मानो एक वृत्त पूरा करके अघोषित रूप से 'वीणा,' 'पल्लव' और 'गुंजन' की मानसिकता को ही अपनी आधारभूत काव्य-भूमि सिद्ध कर रहे थे। १९६० के बाद धीरे-धीरे पन्त जी वापस अपनी मूल मनोभूमि की तरफ़ सरकने लगे थे। यही वजह है कि वे सचेत रूप से बीच के अपने प्रगतिशील दौर से किनारा करते हुए प्रकृति सौन्दर्य, शृंगारपरकता और एक अमूर्त मानव-प्रेम की ओर लौट गये। १९६९ में 'चित्रांगदा' के प्रकाशन के बाद फिर पन्त जी ने स्वयं अपना कोई चयन नहीं प्रस्तुत किया, बस, 'रश्मिबन्ध' में अभिवृद्धि करने से ही सन्तुष्ट रहे।

❒

सन १९६० में पन्त जी की षष्ठिपूर्ति के अवसर पर तीन महत्वपूर्ण काव्य संकलन प्रकाशित हुए।

'रूपाम्बरा' के शीर्षक के हिन्दी के प्रकृति-काव्य का एक चुनिन्दा संकलन अज्ञेय ने सर्वेश्वरदयाल सक्सेना के साथ मिल कर सम्पादित-संकलित किया और उसे 'हिन्दी जगत की शुभाशंसाओं के प्रतीक के रूप में सादर' पन्त जी को अर्पित करते हुए इस उपक्रम द्वारा अपने तईं उनका एक मूल्यांकन भी किया। संकलन में अमीर ख़ुसरो से ले कर कीर्ति चौधरी तक सौ से अधिक हिन्दी कवियों की प्रकृति-विषयक कविताएँ शामिल की गयी थीं और संकलन के अन्त में पन्त जी के प्रकृति-चित्रण पर भारत भूषण अग्रवाल के सुचिन्तित आलेख के साथ प्रकृति-काव्य के विवेचन-स्वरूप कुछ अन्य लेख भी दिये गये थे। वात्स्यायन जी ने संकलन में पन्त जी छै कविताएँ सम्मिलित कीं – 'छाया,' 'एक तारा,' 'ग्राम श्री,' 'झंझा में नीम,' 'सोन जुही' और 'कूर्मांचल के प्रति'। अपने सम्पादकीय में भी अज्ञेय ने पन्त जी की कविताओं – 'छाया' और 'बाँसों का झुरमुट' – से उद्धरण देते हुए उन्हें प्रकृति का अप्रतिम चितेरा सिद्ध किया।

एक अलग किस्म का ख़िराज हरिवंश राय बच्चन ने दिया। 'वीणा' से ले कर 'कला और बूढ़ा चाँद' तक पन्त जी के विभिन्न संग्रहों से चुनी हुई कविताओं के संकलन से 'आज के लोकप्रिय हिन्दी कवि' माला का आरम्भ करते हुए बच्चन ने पन्त जी के काव्य पर एक लम्बी भूमिका भी लिखी। बच्चन की आँखों से देखी गयी पन्त जी की छवि किन्हीं अर्थों में आज भी अधिक यथार्थ और समग्र जान पड़ती है। (अपनी भूमिका में बच्चन ने यह स्पष्ट कर दिया था कि – "पन्त जी की कविता से परिचय प्राप्त करना एक युग से परिचय प्राप्त करना है। कवि के जीवन और काव्य की जो उदात्त कपना हो सकती है, पन्त जी ने उसे अपने जीवन और काव्य में मूर्तिमान करने के लिए साधना की है। समय की विकृतियों से आज बहुत-सी चीज़ें अपने सही पैमाने में नहीं दीख रही हैं। जब सदियाँ बीत जायेंगी और हिन्दी हिन्द की एकता की भाषा होगी, तब यह सहज स्पष्ट होगा कि राष्ट्रभाषा का यह कवि सचमुच उस युग-राष्ट्र का 'जन-चारण' था, जिसने कर्म, भावना और प्रज्ञा के प्रतीक गाँधी, टैगोर और अरविन्द जैसी प्रतिभाओं को जन्म दिया था।"

प्रकट ही बच्चन ने कविताओं का चयन ही उपरोक्त आधार पर किया था। उन्होंने कुछ ऐसी कविताओं को यकसर छोड़ दिया, जिन्हें पन्त जी स्वयं कई बार संकलित करके अपनी प्रिय रचनाएँ घोषित कर चुके थे। मिसाल के लिए 'परिवर्तन,' 'मौन निमन्त्रण,' 'शिशु,' 'मोह,' 'छाया' अथवा 'सृष्टि'। लेकिन बच्चन ने 'प्रथम रश्मि,' 'नौका विहार,' 'उच्छवास,' 'द्रुत झरो,' 'ताज,' 'ग्राम युवती' और 'हिमाद्रि' जैसी कई बार संकलित कविताओं को चयन में बरकरार रखा।

अति-संकलित अथवा अल्प-संकलित कविताओं से हट कर बच्चन ने 'गुंजन' से ले कर 'कला और बूढ़ा चाँद' तक के संग्रहों से २१ ऐसी कविताएँ शामिल कीं, जो पहले के किसी चयन में नहीं थीं। इन सारी कविताओं को संकलित करते समय ऐसा लगता है कि बच्चन ने पन्त जी की जन-चारण वाली छवि को ही अंकित करने की कोशिश की। चाहे 'ज्योत्सना' से लिया गीत – 'निर्भय हो, निर्भय मानव ! निर्भीक विचर पृथ्वी पर'– हो या

लगभग चौथाई सदी बाद के संग्रह 'वाणी' से ली गयी 'रूपं देहि' और 'जयं देहि' जैसी रचनाएँ, बच्चन की दृष्टि प्रमुख रूप से पन्त जी की उस पुरानी उक्ति पर ही टिकी रही, जो उन्होंने 'ज्योत्स्ना' के एक गीत में व्यक्त की थी–

जीवन का श्रम ताप हरो, हे।
सुख–सुषमा के मधुर स्वर्ण से
सूने जग–गृह द्वार भरो, हे।

पन्त जी की ऐसी छवि अंकित करते हुए अगर बच्चन को 'भारत माता' शीर्षक से लिखी गयी कविता के दोनों प्रारूप छोड़ कर 'भारत गीत' जैसी कविता शामिल करनी पड़ी तो अपनी आँखों देखी पन्त जी की छवि को वैसा ही अंकित करने के लिए उन्होंने कतई गुरेज़ नहीं किया।

यह दिलचस्प है कि निराला भले ही आजीवन रवीन्द्रनाथ से प्रभावित रहे, उन्होंने कभी रवीन्द्रनाथ की तर्ज़ पर लिखने की कोशिश नहीं की। लेकिन पन्त जी ने न केवल रवीन्द्रनाथ के रचे राष्ट्रगान की तर्ज़ पर 'भारत गीत' के तीन प्रारूप रचे, बल्कि इसी के आस–पास 'स्वर्णोदय' शीर्षक प्रदीर्घ कविता में बंकिमचन्द्र के गीत 'वन्दे मातरम' जैसा एक गीत रचा।

जय जन भारत, जय आभा रत
जय जन राष्ट्र विधाता!
गौरव भाल हिमाचल उज्जवल
हृदय हार गंगा जल
विन्ध्य श्रोणिवत्, सिन्धु चरणनत
महिमा शतमुख गाता।

(भारत गीत - १)

जय जन भारत, जन मन अभिमत
जन गण–तन्त्र विधाता!
गौरव भाल हिमाद्रि तपोज्वल,
हृदय हार गंगा जल,
कटि विन्ध्याचल, सिन्धु रचत तल
महिमा शाश्वत गाता!

(भारत गीत - २)

(भारत गीत–३ में भारत गीत–१ और भारत गीत–२ से कुछ–कुछ पंक्तियाँ ले कर इसी छन्द में उनका समायोजन किया गया है।)

वन्दे मातरम्!
जन धरणीं जन भरणीं
रत्न प्रसवनीं मातरम् !
नृत्य हरित, पिक कूजित यौवन,

अनिल तरंजित उदधि जल वसन,
छत्र सूर्य शशि दीप्त नत गगन
प्रणयाकांक्षी स्वर्ग चिरन्तन,
वन्दे मातरम्!

(स्वर्णोदय)

अगर इस बात को नज़रन्दाज भी कर दिया जाय कि 'भारत गीत' के तीनों प्रारूप हू-ब-हू रवीन्द्रनाथ और बंकिमचन्द्र के राष्ट्रगीतों की तर्ज़ पर रचे गये हैं तो भी यह सवाल तो बना ही रहता है कि बच्चन ने 'भारत माता' के दोनों प्रारूपों अथवा १९४० में रची गयी 'राष्ट्रगान' शीर्षक कविता को छोड़ एक ऐसी कविता को क्यों चुना, जिसे रवीन्द्र नाथ की कविता की नकल न मानने के लिए मन पर काफ़ी ज़ोर देना पड़ता है ? क्या इसलिए कि जिस समय बच्चन यह चयन कर रहे थे, उस समय नेहरूयुगीन राजनीति और स्वयं बच्चन की अपनी राजनैतिक मान्यता के अधिक निकट न तो 'भारत माता' के दोनों प्रारूप थे, न 'राष्ट्र गान' जैसी कविता ? या फिर हो सकता है कि मन में पन्त जी को 'जन चारण' के रूप में बसा लेने के बाद बच्चन इस जन चारणत्व को सिद्ध करने में कोई कोर-कसर बाकी नहीं रहने देना चाहते थे ? इस एक गड़बड़ी को यदि छोड़ दिया जाय तो निश्चय ही बच्चन का चयन आज भी एक सन्तुलित, सर्वांग सुन्दर चयन जान पड़ता है, जिसमें उस काल तक पन्त जी की हर रंग की कविता शामिल है। इस लिहाज़ से बच्चन का संकलन 'आधुनिक कवि' के उस संशोधित, परिवर्तित और परिवर्धित संस्करण से कहीं बेहतर ठहरता है, जिसे स्वयं कवि ने इन्हीं दिनों तैयार किया।

षष्ठिपूर्ति के उपलक्ष्य में उपहार स्वरूप पन्त जी को उनकी चुनी हुई कविताओं का एक और संकलन 'अभिषेकिता' के शीर्षक से भेंट किया गया। संकलन पर दी गयी प्रस्तावना के अनुसार पन्त जी की ३७ कविताओं का यह चयन 'कई अधिकारी साहित्यिकों और स्वयं कवि के परामर्श से हुआ' और 'कवि-परिचय' शान्ति जोशी तथा नरेन्द्र शर्मा ने प्रस्तुत किया। 'अभिषेकिता' की अहमियत इस लिहाज़ से तो थी ही कि इन कविताओं को भारत की ११ भाषाओं में अनूदित कर, ये अनुवाद कवि के जन्म दिन पर भेंट किये गये, इन अर्थों में भी थी कि उसी समय जब पन्त जी स्वयं 'आधुनिक कवि' का एक परिवर्धित रूप तैयार कर रहे थे और बच्चन भी उनकी कविताओं का एक चयन प्रस्तुत कर रहे थे, तब एक और संकलन द्वारा पन्त जी की छवि के दबे-ढँके अथवा छूट गये पहलुओं को समेटने की कोशिश की गयी।

प्रकट ही ३७ कविताओं के छोटे-से चयन में यह काम दुस्तर था। इसीलिए 'अभिषेकिता' में कुछ ऐसी कविताएँ शामिल की गयीं, जो अन्य किसी चयन में नहीं थीं, जैसे 'अनंग' (पल्लव), 'लोगी मोल' (गुंजन), 'लक्ष्मण' (स्वर्णधूलि), 'प्राणाकांक्षा' (स्वर्णधूलि) 'श्री अरविन्द के प्रति' (वाणी), 'कूर्मांचल के प्रति' (अतिमा), 'राष्ट्रगान' (ग्राम्या), 'कवीन्द्र के प्रति' (वाणी), 'रक्त कमल श्वेत कमल' (सौवर्ण), 'सदानीरा' और 'मधुछत्र' (कला और बूढ़ा चाँद)। अलावा पन्त जी के कुछ ऐसे नख-नख उभारने के, जो पहले के छविकारों द्वारा आलोकित नहीं हो पाये थे, 'अभिषेकिता' ने एक और ज़रूरी काम

भी किया। अनेक बार किसी चयन की सार्थकता इस दृष्टि से भी निर्धारित होती है कि वह कवि की कुछ ऐसी रचनाओं की ओर ध्यान आकर्षित करता है, जो आगे के चयनों का आधार बनती हैं। यह दिलचस्प बात है कि 'अभिषेकिता' में संगृहीत अनेक कविताएँ हालाँकि 'पल्लविनी' अथवा 'चिदम्बरा' को छोड़ कर अन्य किसी चयन में शामिल नहीं हुई थीं और बाद में भी नहीं हुईं, कई कविताएँ ऐसी भी थीं, जो बाद के चयनों में शामिल हुईं, जैसे 'लोगी मोल,' 'प्राणाकांक्षा,' 'सदानीरा' और 'मधुछत्र।'

❒

१९६० में षष्ठिपूर्ति के अवसर पर प्रकाशित तीन संकलनों के बाद पन्त जी के जीवन-काल में उनकी चुनी हुई रचनाओं का केवल एक और संकलन प्रकाशित हुआ – 'तारापथ' (१९६८) इस संकलन पर 'सम्पूर्णता का कवि' शीर्षक से कवि-कथाकार दूधनाथ सिंह का एक लम्बा आलेख भी दिया गया, जिसमें पन्त जी की तब तक की काव्य-यात्रा का समग्र मूल्यांकन किया गया था। भूमिका दूधनाथ सिंह की अवश्य थी, किन्तु चयन, जैसा कि पन्त जी ने पुस्तक के आरम्भ में दिये गये विज्ञापन में बताया, 'काव्य-प्रेमी विद्वानों की सहायता से' प्रकाशक ने कराया था। आगे पन्त जी ने यह भी स्पष्ट किया कि - "इस संकलन की विशेषता यह हो सकती है कि इसमें मेरी नवीनतम कृतियों का प्रतिनिधित्व पाठकों को मिलता है, जिसमें लोकायतन तथा उसके बाद की रचनाओं से सामग्री संगृहीत की गयी है।"

प्रश्न यह उठता है कि जब पन्त जी स्वयं 'रश्मिबन्ध' के कलेवर में अपनी प्रतिनिधि रचनाओं का चयन प्रस्तुत कर चुके थे और उसे बराबर 'अप डेट' भी करते जा रहे थे तब महज़ 'नवीनतम कृतियों का प्रतिनिधित्व' पाठकों को उपलब्ध कराने के उद्देश्य से इस नये चयन की आवश्यकता क्यों पड़ी ? यह काम तो बड़ी सरलता से पन्त जी 'रश्मिबन्ध' को ही परिवर्तित-परिवर्धित करके कर सकते थे, जैसे कि उन्होंने 'आधुनिक कवि-२' के सिलसिले में किया था। 'तारापथ' के पूरे आयोजन के पीछे कारण शायद कुछ गहरे थे।

पहली बात तो यह थी कि १९६० से ले कर १९६९ तक पन्त जी हिन्दी कविता की मुख्य धारा से कुछ इस तरह विलग हो गये थे कि नयी पीढ़ी के बेशतर कवियों को वे प्रासंगिक नहीं जान पड़ते थे। १९६६ में प्रकाशित अपने कविता संग्रह 'मछलीघर' की कविता 'कवि मीडास' में विजय देव नारायण साही पन्त जी के 'स्वर्ण प्रेम' (स्वर्ण किरण, स्वर्ण धूलि, स्वर्णोदय, सौवर्ण) पर एक कटु-तिक्त टिप्पणी कर चुके थे :

कहते हैं गिरता है मानस में लगातार
सरपत के फूलों सा नरम-नरम निर्झर
अन्तर में तैरता समुन्दर है आबदार
जिसमें है खाड़ी जलडमरूमध्य, सागर
अक़्ल में हिमांचल की बरफ़दार चोटी है
जिस पर लहराती है सिल्क की पताका
आत्मा में सात संगमरमर के आँगन हैं

जिनमें है धुले हुए मलमल सी राका
मर्म कोठरी के पार बन्द है तिलिस्म एक
बीच में सरोवर है चारों ओर सीढ़ियाँ
आधी रात खिलता है अंजलि-सा कुईं फूल
बाहर टकराती हैं जाँ निसार पीढ़ियाँ

. . .

कविवर मीडास तुम सब छू कर स्वर्ण करो
सोने का पानी और सोने की थाली है
प्यासे मर जाने की शिकायत है ओछापन
सोने का दोष क्या कसौटी ही काली है

ख़ुद दूधनाथ सिंह ने 'लहर' के सितम्बर-अक्तूबर १९६७ अंक में प्रकाशित, और पन्त जी को समर्पित, अपनी 'उत्तराधिकार' शीर्षक कविता में सवाल किया :

मैं इधर कई-एक वर्षों से मौन हूँ
फिर-फिर वही एक सवाल - अन्ततः
मैं तुम्हारा कौन हूँ ?
यह तुम्हें अजूबा-सा लगेगा - किन्तु
मेरी याददाश्त तुम्हारे लिए नष्ट हो गयी है
मेरी इन्द्रियाँ तुम्हारे लिए काम नहीं करतीं
मेरी कोई ज़िम्मेदारी नहीं रह गयी है तुम्हारे प्रति,
मैं जो कहूँगा वह तुम्हें अजूबा-सा लगेगा -
मैं एक पुराने बारूदख़ाने में दिन भर सोता हूँ
जब से तुम्हारी यह भाषा निरर्थक हो गयी
तब से मैं मात्र एक श्रोता हूँ।

इसी बीच 'लोकायतन' के प्रकाशन के बाद 'विवेचना' की गोष्ठी में विजयदेव नारायण साही के कथन - 'मैंने लोकायतन न पढ़ा है, न पढ़ूँगा'- से एक तीखा विवाद उठ खड़ा हुआ था। १९६८ में ही 'आरम्भ' में लीलाधर जगूड़ी ने पन्त जी की कुछ कविताओं के 'अनुवाद' प्रस्तुत करके यह आभास दिया था कि पन्त जी की भाषा इतनी पुरातन हो गयी है कि अब उनकी कविताओं को सीधे ग्रहण करना सम्भव नहीं रहा। यह वही दौर था, जब निराला धीरे-धीरे नयी पीढ़ी के लिए कविता को सम्भव बनाने वाले आदि पुरुष के रूप में उभर कर सामने आ रहे थे। प्रकट ही, पन्त जी को यह महसूस हो रहा था कि कवि-समाज में अब उनकी उपस्थिति वैसी वज़नदार नहीं रह गयी है। एक कारण शायद यह भी था कि कवि-समुदाय अथवा सामान्य पाठक-समुदाय से धीरे-धीरे कटते जाने के बावजूद जहाँ तक विश्वविद्यालयों के हिन्दी पाठ्यक्रमों का सवाल है, वहाँ पन्त जी की उपस्थिति बराबर बनी हुई थी। इसलिए भी उनकी कविताओं के ऐसे एक नये संग्रह की ज़रूरत महसूस हो रही थी, जो हिन्दी पाठ्यक्रमों में 'रश्मिबन्ध' अथवा 'आज के लोकप्रिय कवि : पन्त' का स्थानापन्न बन सके।

यों, दूधनाथ सिंह की भूमिका – 'सम्पूर्णता का कवि' – के आरम्भिक अंश में भी प्रकारान्तर से इस नये संकलन (और मूल्यांकन भी) की ज़रूरत का संकेत मिल जाता है :

"प्रत्येक युग में रचना-सक्षम, संघर्षशील और स्वतन्त्रचेता कवि के बारे में अकसर एक विशेष प्रवृत्ति परिलक्षित होती है। उसके बारे में उसके जीवन काल में ही उसकी काव्य-रचना को ले कर अनेक प्रकार की परस्पर विरोधी, प्रशंसात्मक, आशंसात्मक, चमत्कारपूर्ण और चौंकाने वाली विचार पद्धतियाँ सामने आती हैं। उसके आलोचक और प्रशंसक जब तक उसके बारे में एक विशेष विचार-कसौटी का निर्धारण करते हैं, तब तक अपनी रचनाशीलता और सत्योपलब्धि में कवि किसी दूसरे बिन्दु पर खिसक जाता है।

"अकसर कवि के अन्दर ही यह सतत रचनात्मक गतिशीलता उसके आलोचकों, प्रशंसकों और विरोधियों – सभी को एक साथ चौंकाती है, उन्हें हतप्रभ करती है, उनकी विचार-कसौटियों या आग्रहों, दुराग्रहों, सदाग्रहों को काटती चलती है। अकसर प्रशंसक घोर विरोधियों में बदल जाते हैं या तटस्थ, उदासीन हो जाते हैं। चाहे उनके आग्रह और उनकी आशंसाएँ कवि की विचार-सरणि के निकट ही क्यों न हों, कवि की गतिशीलता के साथ ही वे अपने को गतिशील नहीं बना पाते और इस तरह जो सदाग्रह होता है, उसी से एक घोर-विरोधी अथवा कुतर्कपूर्ण पूर्वाग्रह का निर्माण होता है।...

"...महाकवि श्री सुमित्रानन्दन पन्त के समस्त काव्य-वैभव का एक तटस्थ और सम्पूर्ण विवेचन प्रस्तुत करने के लिए इस भूमिका के बिना आगे नहीं बढ़ा जा सकता।

"आज सन १९६८ ई० में, जब पन्त जी ६९वें वर्ष में प्रवेश (जन्म, २० मई, १९०० ई०) कर चुके हैं और उनके अदम्य साहसी, जीवन्त और शक्तिशाली रचनात्मक व्यक्तित्व के लगभग ५० वर्ष हमारे सामने हैं, अर्थात ५० वर्षों का रचित काव्य-वैभव, जो अपने स्वतन्त्रचेता निर्णयों और अपनी सतत गतिशीलता के कारण लगातार तथाकथित 'आलोचनामिथों' का निर्माण अपने इर्द-गिर्द करता रहा है, जब कि उनके प्रशंसक उनके घोर विरोधी हो गये हैं, अथवा तटस्थ और उदासीन, जब कि उनकी रचनाओं और भावबोध की नयी-नयी दिशाओं के सतत अन्वेषण ने उनके विरोधियों के लिए पूर्वाग्रहों और ग़लत व्याख्याओं और तरह-तरह के विवादों को जन्म देने के लिए और अधिक उत्तेजित किया है, प्रस्तुत उपर्युक्त भूमिका का महत्व और भी बढ़ जाता है। यहाँ यह स्पष्ट कर देना उचित होगा कि प्रस्तुत मूल्यांकन की दृष्टि पन्त जी की उस सतत संघर्षशील, गतिमय और अनेक स्तरीय काव्य-सम्पदा के अन्दर से हो कर आने वाली दृष्टि होगी।"

'तारापथ' के संयोजन की आवश्यकता का ज़िक्र करने के बाद दूधनाथ सिंह ने इस भूमिका में पन्त जी के काव्य का जो मूल्यांकन किया है, उसके भी कुछ अंश दृष्टव्य हैं।

'उच्छवास' से ले कर 'गुंजन' तक पन्त जी के प्रथम उत्थान के बारे में दूधनाथ सिंह का विचार है कि –

"पन्त जी की इस काल की कविता शिल्प-तन्त्र, भाषा, शब्द, लय और कथ्य की एकान्विति में सम्पूर्णतः गूँथी हुई है और उसमें से कोई एक अलग से लाया गया अथवा आरोपित नहीं लगता। कविता की यह सफलता अप्रतिम है और कालिदास के 'वागर्थाविव सम्पृक्तौ' को सार्थक करती है।"

'युगान्त' से ले कर 'वाणी' तक के दूसरे उत्थान का जायज़ा दूधनाथ सिंह ने यह कहते हुए लिया है कि –

"इन काव्य संग्रहों को पढ़ने से एक बात स्पष्ट हो जाती है कि भाषा और सम्पूर्ण भाव यन्त्र कवि का अनुगामी है। उसके तार साधे हुए हैं और अपनी इच्छानुसार अपने आन्तरिक उद्वेलन को व्यक्त करने के लिए वह मनोनुकूल ध्वनि का सर्जन कर सकता है। यहाँ आ कर कवि की उपलब्धि की दिशाएँ स्पष्ट होने लगती हैं। यह उपलब्धि लोक-मंगल की अन्तरकामना से अनुप्राणित है।"

'लोकायतन' के बारे में मूल्यांकन निम्नलिखित था –

"काव्योपलब्धि की इसी भूमिका पर 'लोकायतन' की रचना हुई है। पन्त जी के काव्य की सम्पूर्ण अन्तरमुख और बहिर्मुख परिणतियाँ यहाँ आ कर एकमेक हो गयी हैं। सौन्दर्य सृष्टि से ले कर बौद्धिक चैतन्यता और लोक मंगल की एक गहरी दृष्टि यहाँ नियोजित है। कविता की आन्तरिक और बाहरी संरचना यहाँ पूर्ण है और एक महान युगद्रष्टा के दर्शन हमें इस 'भागवत काव्य' में मिलते हैं..."

'वाणी' के बाद के उत्तरवर्ती काव्य का उल्लेख करते हुए भी दूधनाथ सिंह ने अतिशयोक्तिपूर्ण प्रशंसा के स्वर में कोई कोताही नहीं की :

" 'लोकायतन' जैसे वृहदाकार काव्य की रचना के बाद भी महाकवि पन्त की रचना-आकुलता और सृजन-क्षमता कम नहीं हुई है, बल्कि वे उसी सतत गति से सृजन में रत हैं और कविता के नये-नये आयामों की खोज में लगे हुए हैं। 'वाणी' के बाद का उनका उत्तरवर्ती काव्य इसका प्रमाण है... भाषा के आन्तरिक संस्कार के साथ-ही-साथ इन उत्तरवर्ती कविताओं में एक दूसरे प्रकार की ताज़गी के दर्शन होते हैं। यह ताज़गी शान्ति, शालीनता और शिशुवत निश्छलता की ताज़गी है।... कविता यहाँ कवि के लिए 'हस्तामलकवत' है और उसकी हर पंक्ति के काव्य गुण के विभिन्न और सम्पन्न रूपाकार खुलते चलते हैं। भाषा, शिल्प-तन्त्र, भाव-सम्पदा और अभिव्यक्ति – सभी दृष्टियों से पन्त जी के सारे काव्य में इन संग्रहों की कुछ कविताएँ अग्रिम पंक्ति में रखी जा सकती हैं। इन कविताओं का अर्थ संसार अनेक मुखी है। अन्तर-बाह्य जीवन की समग्रता अपने अलग-अलग रूपों में जगह-जगह प्रकट हुई है।... 'जन-भू' चेतना से मण्डित यह उत्तरवर्ती काव्य पन्त जी की कविता में एक अप्रतिम रचना-शक्ति की सृष्टि करता है..."

'तारापथ' की भूमिका से उद्धृत किये गये ये सुदीर्घ अंश पन्त जी की अतिशयोक्तिपूर्ण

प्रशंसा के अतिरिक्त अमूर्त वाग्जाल का एक घटाटोप ही खड़ा करते हैं। यह सारी वाग्मिता कवि को अथवा उसके काव्य को समझने का मार्ग सुगम करने की बजाय एक कुज्झटिका की ही सृष्टि करती है। इन अंशों में कवि की निकटता की गर्माहट नहीं, बल्कि एक निर्जीव ठण्डापन है, जो इस बात का संकेत देता है कि भूमिका लेखक के पास अपूर्व शब्द कौशल अवश्य है, भले ही उसके भीतर कवि के प्रति आन्तरिक लगाव न हो। अपने सार रूप में यह समूचा आलेख हिन्दी के पाठ्यपुस्तकीय लेखन का एक अनुपम नमूना है – ठण्डा, पाण्डित्यपूर्ण, निर्लिप्त और अमूर्त। ऐसी कसरत दूधनाथ सिंह को अपनी 'उत्तराधिकार' शीर्षक कविता के साल-डेढ़ साल के अन्दर ही क्यों करनी पड़ी थी, यह सचमुच विस्मयकारी लगता है। आज तो और भी, जब हम सन १९९५ में प्रकाशित दूधनाथ सिंह की पुस्तक 'लौट आ ओ धार' में पन्त जी की कविता के बारे में निम्नलिखित अंश पढ़ते हैं :

> "अपने कवि-जीवन के बारे में वे क्या सोचते होंगे ? क्या वे सचमुच विश्वास करते होंगे कि एक कवि के रूप में वे अभी भी जीवित हैं ? क्योंकि बाद के दिनों में कविता में वे जो कुछ भी कर रहे थे – सिर्फ़ एक छटपटाहट थी। वे तैरना भूल चुके थे और डूबने से बचने के लिए हाथ-पाँव मार रहे थे। इस बेचैनी ने उनको किस तरह आहत किया होगा। जबकि ऊपर से वे बिलकुल शान्त दिखते थे। वे समझते थे कि शायद इस रियाज़ से ही कुछ निकल आये। शायद शब्द-सम्पदाएँ दया-भाव से उन्हें कुछ दे दें। शायद वे बच जायँ।
>
> "यह जो विचारों का परिवर्तन है उनमें – वह सबूत है कि वे ज़मीन से कटे हुए कवि हैं। तभी तो सिर्फ़ विचारों की दुनिया में संचेत रूप से भ्रमण करते हैं। विचारों की यह शब्द-बद्ध यायावरी – यही उन्हें ले डूबी। शुरू के दिनों में वे एक नयी भाषा के निर्माण में जुटे रहे और शब्दों के साथ एक विस्मय-विमूढ़ भोले शिशु की तरह खेलते रहे। शुरू की कविताओं में अपनी ही ईजाद की हुई जादूगरी में वे रीझे हुए रहे।... कोमलता, अतिसंस्कारिता, भले मानसपन उनसे छल कर बैठा। एक अच्छा मनुष्य बने रहने में उनका कवि-जीवन निकल गया। क्या वे जानते थे कि वे वास्तव में बर्बादी के रास्ते पर हैं ? शायद नहीं। ऐसा क्यों ? इसलिए कि जीवन से उनका सम्पर्क टूट गया था। इसीलिए वे गपियाने के लिए भी तरसते रहते थे। उन्होंने अपनी देह को सजाने-सँवारने, सुघर बने रहने में बहुत समय गँवा दिया। इसी में उनकी आत्मा का शृंगार छिन्न-भिन्न हो गया। जब वे कविता की बाज़ी हार गये तो शब्द-जाल में उलझ गये। उनकी प्रतिमा धीरे-धीरे रेत हो गयी। अगर वे सचमुच सामान्य बने रहते, अगर वे फक्कड़ होते, अगर उनसे लोग घृणा-प्रेम साथ-साथ करते, अगर वे भुगतते होते, टूटते-सँवरते होते, अगर उन्होंने जीवन-दान दे दिया होता – तो वे अपने अन्तिम दिनों में कितने समृद्ध-सुखी (कविता में) होते। क्योंकि उनके पास स्वयं-निर्मित अपार शब्द-सम्पदा थी। लेकिन आश्चर्य कि वे दिनों-दिन दरिद्र होते गये। आत्मा के अभावों ने उनकी काव्यात्मा को छिन्न-भिन्न कर दिया। वे भागते रहे – कभी उदय शंकर की तरफ़, कभी कालाकाँकर के एकान्त में, कभी

महर्षि अरविन्द की तरफ़, कभी वेदों की ओर, और अन्त में प्रकृति के प्रांगण में। जहाँ से उन्होंने शुरू किया था।"

बहरहाल, 'तारापथ' की भूमिका के जो अंश ऊपर उद्धृत किये गये, उनमें दूधनाथ सिंह ने अक्सर प्रशंसकों के घोर विरोधियों में बदल जाने या तटस्थ, उदासीन हो जाने की बात तो कही ही है। इसलिए यदि ख़ुद दूधनाथ सिंह का स्टैण्ड भी परिवर्तित होता रहा तो इसे सांयोगिक न मान कर दूधनाथ द्वारा प्रवर्तित सत्य का ही एक लक्षण मानना होगा। लेकिन ऐसा करने पर दो परिणाम अवश्यम्भावी हैं। पहला, 'तारापथ' की भूमिका में दूधनाथ सिंह द्वारा प्रस्तुत पन्त जी की कविता के मूल्यांकन का सन्दिग्ध और अविश्वसनीय हो जाना। दूधनाथ के अनुसार 'आलोचना मूल्यांकनकर्ता के विचारों का कवि-रचनाकार के ऊपर आरोपण नहीं है, बल्कि कविता के अन्दर से हो कर आने वाली उसकी (कविता की) जीवन्तता और शक्तिमत्ता को खोलने वाली एक उत्तरदायित्वपूर्ण संरचना है।' इस कथन की पृष्ठभूमि में जब हम 'तारापथ' की भूमिका और 'लौट आ ओ धार' में पन्त जी की कविता पर दूधनाथ के विचारों का मिलान करते हैं तो न तो 'तारापथ' की भूमिका विश्वसनीय रह जाती है, न 'लौट आ ओ धार' में व्यक्त विचार। दूसरा परिणाम है - 'तारापथ' के समूचे चयन की प्रक्रिया का प्रश्नों के घेरे में आ जाना, क्योंकि जो व्यक्ति पन्त जी को 'सम्पूर्णता का कवि' घोषित कर रहा है, उसने चयन में कोई भूमिका नहीं निभायी है और जिन्होंने चयन का काम सरंजाम दिया है, उन्होंने अपने चुनाव के बारे में कुछ कहा नहीं। इतना ही नहीं, बल्कि जब हम 'तारापथ' के पहले संस्करण को १९९९ में प्रकाशित संस्करण से मिलाते हैं तो सहसा मूल चयन में नौ कविताएँ जुड़ी पाते हैं। पहले पृष्ठ पर प्रकाशक की विज्ञप्ति भी है कि - "तारापथ का यह परिवर्धित संस्करण पन्त जी के समग्र काव्य साहित्य का प्रतिनिधित्व करता है। 'वीणा' से ले कर अधुनातन कृति 'संक्रान्ति' तक के काव्य संग्रहों से उनकी रचनाओं का सुरुचिपूर्ण चयन इसमें प्रस्तुत किया गया है।"

हिन्दी में प्रचलित स्वैराचार का यह अप्रतिम उदाहरण है।

पन्त जी ने जब 'आधुनिक कवि-२' को १९६० में 'अप डेट' करते हुए लगभग आमूल परिवर्तित करके नया संकलन ही बना दिया था अथवा १९५८ में 'रश्मिबन्ध' का पहला चयन प्रस्तुत करने के बाद अन्त तक उसे 'अप डेट' करना जारी रखा था - बिना यह स्पष्ट किये कि दोनों संकलनों के मूल रूप क्या थे और उनमें कब-कब और किन आधारों पर परिवर्तन किये गये - तो यह एक अनियमित कार्य था। पन्त-काव्य के अध्येताओं की दृष्टि से अनुचित भी। लेकिन चूँकि ये चयन स्वयं पन्त जी ने किये थे और उन्हीं ने इनमें फेर-बदल की थी, इसलिए इसे कवि के विशेषाधिकार के तहत रखा जा सकता था। लेकिन 'तारापथ' में किये गये परिवर्तन किसी भी दृष्टि से उचित नहीं ठहराये जा सकते। ख़ास तौर पर जब भूमिका में इन परिवर्तनों की कोई चर्चा नहीं है। यही नहीं, बल्कि इस परिवर्धित संस्करण पर पन्त जी की वही विज्ञप्ति प्रकाशित की जा रही है, जो उन्होंने १९६९ में मूल चयन की ताईद में लिखी थी। दिलचस्प है कि विज्ञप्ति १९६९ की है और परिवर्धित चयन में कविताएँ उन संग्रहों की भी हैं, जो १९६९ के बाद प्रकाशित हुए। यही नहीं, बल्कि यह परिवर्धन भी पन्त जी के निधन के २२ वर्ष बाद १९९९ में किया

गया। दबाव शायद पन्त जन्म शताब्दी का रहा होगा या फिर पाठ्यक्रम की बदलती हुई ज़रूरतों को पूरा करने के लिए कोई नया चयन प्रस्तुत करने की बजाय पुराने चयन को ही 'ठीक-ठाक करके काम चलाने' की मानसिकता का। फिर, यह परिवर्धन भी अत्यन्त स्वैच्छिक और तदर्थ ढंग से किया गया है। जोड़ी गयी नौ कविताओं में से केवल छै कविताएँ १९६८ के बाद प्रकाशित तीन संग्रहों से ली गयी हैं - दो 'आस्था' से, दो 'संक्रान्ति' से और दो 'गीत हंस' से। शेष तीन, पुराने संग्रहों से ले कर, अन्त में कालक्रम भंग करते हुए जोड़ दी गयी हैं और 'शंख ध्वनि,' 'शशि की तरी' और 'गीत अगीत' से एक भी रचना शामिल नहीं की गयी।

इस सन्दर्भ में अन्तिम बात केवल यह कि 'तारापथ' के इस उदाहरण के विपरीत बच्चन जी के चयन का उल्लेख किया जा सकता है। १९६० में किये गये इस चयन में न तो चयनकर्ता बच्चन जी ने आगे चल कर कुछ जोड़ा, न प्रकाशक ने। चयन की सैंक्टिटी उन्होंने बनाये रखी।

❐

पन्त जी के समग्र काव्य से चुनी हुई रचनाओं का नवीनतम संकलन 'स्वच्छन्द,' पन्त-काव्य के पिछले चयन से तीन दशक बाद और पन्त जी के निधन के २३ वर्ष उपरान्त प्रकाशित हुआ है। इस लगभग चौथाई सदी के अर्से में, जैसा कि अशोक वाजपेयी ने अपनी भूमिका 'पन्त-पथ पर' में ज़िक्र किया है, 'कविता की रुचि बेहद बदल गयी है।' उन्होंने आगे यह भी इंगित किया है कि कविता की रुचि पन्त जी के रहते भी "ख़ासी बदल चुकी थी, और इस बदली हुई रुचि और सम्वेदना से पन्त स्वयं प्रतिकृत हुए थे। आसान नहीं था, लेकिन दो छायावादी मूर्धन्यों - निराला और पन्त - ने अपने छायावादी मुहावरों का जोखिम उठा कर, पर बड़ी खरी पारदर्शिता के साथ पुनराविष्कार किया था।"

निश्चय ही, यह पुनराविष्कार दोनों कवियों ने अपने अपने-अपने ढंग से, अपनी विचार-सरणियों और सम्वेदना-जगत के आधार पर किया और हिन्दी जगत में इसकी भी पर्याप्त चर्चा हुई। यह एक दिलचस्प अध्ययन का विषय हो सकता है कि इन दो छायावादी कवियों ने अपने जीवन-काल में समय-समय पर परिवर्तित होने वाली काव्य-धारा के साथ स्वयं अपनी कविता को किन-किन रूपों में और कैसे बदला। लेकिन परिवर्तनों का सम्बन्ध काव्य-प्रयत्नों ही से नहीं, बल्कि कविता की पसन्द-नापसन्द और भावन-अनुभावन (एप्रिसिएशन) से भी रहता है। इस लिहाज़ से भी यह देखना महत्वपूर्ण साबित हो सकता है कि एक तो इन बदलती हुई रुचियों ने विभिन्न कवियों को पाठकों के कितना नज़दीक अथवा दूर कर दिया है। (कई बार यह प्रक्रिया किसी छवि-विशेष के महत्व अथवा अमहत्व का प्रमाण न हो कर उस युग की विशेषताओं को ही अभिव्यंजित और व्याख्यायित करती है।) दूसरे यह कि कविता की रुचि में आये इस बदलाव ने किसी कवि-विशेष की छवि के पर्सेप्शन में कितना परिवर्तन किया है।

अगर हम पिछली चौथाई सदी के अर्से पर नज़र डालें तो यकीनन इस बात से

इनकार नहीं किया जा सकता कि इस दौरान चारों छायावादी कवियों में से केवल निराला ही हैं, जिन्हें आने वाली पीढ़ियों के कवियों ने ही नहीं, सामान्यतः काव्य-प्रेमियों ने भी निर्विवाद रूप से अपने हृदय में स्थान दिया है। दूसरी ओर यह भी पूरे निश्चय के साथ कहा जा सकता है कि आज पन्त जी की जो छवि सामान्य रूप से उनके बाद के विभिन्न पीढ़ियों के कवियों में ही नहीं, बल्कि कविता पढ़ने-पढ़ाने वालों में बनी हुई है, वह ठीक वैसी नहीं है, जैसी उनके जीवन-काल में थी। पन्त का काव्य-रिक्थ तो अब भी वैसे-का-वैसा है, जैसा वे उसे १९७७ में अपने निधन के समय छोड़ गये थे, लेकिन समय ने इस काव्य-भण्डार के आधार पर बनने वाली पन्त जी की छवि को काफ़ी बदल दिया है। या कहें कि उस छवि के पुनराविष्कार की आवश्यकता को एक बार फिर बल दे कर, लगभग चुनौती के स्तर पर, सामने ला दिया है।

'स्वच्छन्द' की भूमिका में अशोक वाजपेयी ने पर्याप्त ज़ोर देते हुए न सिर्फ़ वर्तमान समय की 'स्मृतिक्षीणता' और 'शब्द-दरिद्रता' का उल्लेख किया है, बल्कि हिन्दी जगत की 'कृतघ्नता' पर भी खेद प्रकट किया है। इसमें हिन्दी जगत की सामान्य अपढ़ता और बिना पढ़े ही पूर्ववर्ती रचनाकारों को ख़ारिज कर देने के दो प्रमुख लक्षण भी जोड़े जा सकते हैं, जिन्होंने काव्य-विवेक विकसित करने की जगह एक 'अहो अहो सम्प्रदाय' को जन्म दिया है। बहुतों के लिए साहित्यिक प्रयत्न अब 'स्वान्तः सुखाय' अथवा/और 'बहुजन हिताय' होने की बजाय बाज़ार, उपभोक्तावाद और प्रतिष्ठा-उपार्जन की चीज़ हैं।

इन कारणों से भी हिन्दी की पुरानी काव्य-सम्पदा हमारे लिए महत्वपूर्ण हो उठती है। उसका आस्वादन तो अपनी जगह एक अहमियत रखता ही है, लेकिन उसकी उपलब्धियों को भी दोबारा-सहबारा जाँचने-परखने की ज़रूरत उठ खड़ी होती है ताकि हम ख़ुद को समृद्ध करके आगे की काव्य-रचना के लिए कुछ दिशा-संकेत, कुछ शिल्प-सम्बन्धी कौशल और कुछ अनुभवजनित सत्य हासिल कर सकें।

'स्वच्छन्द' के आरम्भ में ही अशोक वाजपेयी ने इस संग्रह के आधार को स्पष्ट करते हुए लिखा है :

> "इस संचयन को 'स्वच्छन्द' कहने के पीछे सिर्फ़ हिन्दी की स्वच्छन्दतावादी काव्य-धारा को, उसके एक प्रमुख स्थपति के माध्यम से, अनुगुंजित करना अभीष्ट नहीं है। अभीष्ट यह भी है कि हिन्दी भाषा और कविता को अपना जातीय छन्द देने में पन्त की भूमिका को कृतज्ञतापूर्वक याद किया जाना चाहिए।"

इस अभीष्ट को पूरा करने में जो कठिनाइयाँ हैं, उन्हें भी सामने रखने से अशोक ने गुरेज़ नहीं किया है। हिन्दी जगत के व्यवहार और वर्तमान समय की जटिलता का ज़िक्र ऊपर आ चुका है। इसके अलावा एक, और कहा जाय प्रमुख, कठिनाई स्वयं पन्त जी की कविता प्रस्तुत करती है :-

> "कविता के पन्त-प्रयत्न को उसकी पूरी विविधता और विपुलता में समेटना कठिन कार्य है : ऐसा बहुत-सा है, जो एक समय मार्मिक और प्रभावपूर्ण लगता था, पर अब अपनी धार खो चुका है। सौभाग्य से, ऐसा पर्याप्त है, जो बासी या पुराना नहीं पड़ा।"

'एक समय मार्मिक और प्रभावपूर्ण' प्रतीत होने वाले, पर अब अपनी 'धार खो बैठने वाले' को या फिर उसे, जो 'बासी या पुराना नहीं पड़ा है' – छाँट कर निकालना आसान काम नहीं है, ख़ास तौर पर इसलिए कि छायावादियों में पन्त ही ने 'सबसे अधिक और सबसे लम्बे समय तक कविताएँ लिखी हैं।' यह काम एक सुनिश्चित पद्धति, एक चयन-प्रणाली को विकसित किये बग़ैर नहीं किया जा सकता और इसमें कवि के विपुल काव्य-भण्डार का एक मूल्यांकन भी निहित है, जो उसकी रचनाओं के चयन की एक कसौटी का भी काम करेगा।

साहित्यिक मूल्यांकन के सन्दर्भ में वस्तुपरकता की चाहे जितनी चर्चा की जाय, व्यवहार में वस्तुपरकता एक मिथ ही साबित होती है। रचना के आस्वादन के बाद जैसे ही हम उसके मूल्यांकन की ओर बढ़ते हैं, उसके 'स्वाद' को परिभाषित करने की कोशिश करते हैं, वस्तुपरकता और आत्मपरकता के डाँडे कुछ इस तरह मिलने लगते हैं कि उन्हें एक-दूसरे से अलग कर पाना मुश्किल हो जाता है। पन्त जी के प्रभूत काव्य-भण्डार से इस संचयन को तैयार करने की प्रक्रिया के बारे में अशोक वाजपेयी ने भूमिका के अन्त में लिखा है : -

> "हमारे सामने जो मुख्य बात रही है, वह यह कि आज की काव्य-रुचि और सम्वेदना की जो हमारी समझ है, उसके अनुसार पन्त के यहाँ क्या है, जो आज भी टिका हुआ है और जिसे पढ़-गुन कर आज भी रसिक रस और समझ पा सकते हैं। हो सकता है, इस संचयन में अपने समय में प्रसिद्ध हुई कुछ कविताएँ न मिलें। हो सकता है कि ऐसी कुछ मिल जायँ, जिन पर ध्यान कम गया है। हमें विश्वास है कि यह संचयन हिन्दी के एक महाकवि को, उसके स्पन्दित और ऊर्जस्वित कविता संसार को, पूरी कृतज्ञता और विनय के साथ आज के पाठकों के सामने प्रस्तुत करने में सफल हो सकेगा।"

इस लम्बे उद्धरण में कुछ बातें विशेष रूप से ध्यान देने योग्य हैं। पहली यह कि चयन-सम्पादन में कहीं भी यह दावा नहीं है कि यही पन्त जी का प्रतिनिधि संचयन है। इसके विपरीत, 'आज की काव्य-रुचि और सम्वेदना की जो हमारी समझ है' – इस वाक्यांश को पर्याप्त बल दे कर व्यक्त किया गया है। दूसरा यह कि चयनकर्ता इस प्रश्न से भी दो-चार हुए हैं कि 'पन्त के यहाँ क्या है, जो आज भी टिका हुआ है।' तीसरा यह कि कसौटी बस, उपरोक्त इन्हीं दो तत्वों से निर्मित हुई है, रचनाओं की पूर्व प्रसिद्धि अथवा लोकप्रियता के पैमानों से नहीं।

ज़ाहिर है, इस क्रम में 'स्वच्छन्द' के चयनकर्ताओं-सम्पादकों को पन्त जी की कविता के बारे में, भले ही वह कितनी वस्तुपरक अथवा आत्मपरक हो, एक अवधारणा या प्रतिच्छवि तो निर्मित करनी ही पड़ी है। यह प्रतिच्छवि ही अन्ततः इस चयन के आधार का काम करती नज़र आती है। पन्त जी के काव्य की विपुलता और वैभव, विस्तार और विविधता को किसी एक सर्वानुमतिपरक सूत्र में बाँधना, व्याख्यायित करना एक असम्भव काम है। शायद इसीलिए अशोक वाजपेयी ने अपनी भूमिका में हिन्दी कविता और कवि-कर्म और इनके सन्दर्भ में पन्त जी के अवदान को एक

मोज़ेक की तरह प्रस्तुत किया है।

इस मोज़ेक पर नज़र डालते हुए 'पन्त-पथ' को हिन्दी के मानचित्र पर कुछ इस प्रकार रेखांकित किया जा सकता है :

> "छायावाद कविता के लिए इस शताब्दी का स्वर्णयुग था और पन्त जी उसके एक प्रमुख स्तम्भ हैं। पन्त की कविता उनकी गहरी ऐन्द्रिकता से निकली थी : उसमें शास्त्रीय गरिमा और लोक उच्छलता, दोनों संग्रथित थीं। खड़ी बोली के खड़ेपन के बावजूद उसमें उपयुक्त अन्त:संगीत विन्यस्त करने का लगभग क्रान्तिकारी काम पन्त जी ने बड़ी सूझ-बूझ और कल्पना-प्रवणता के साथ किया। पन्त में छन्दों और लय-प्रयोग की विविधता देखना स्वयं अपने समय में कवि-कर्म की जटिलता को बेहतर समझना है। पन्त की कविता में हमारी लम्बी भारतीय कविता परम्परा और सौन्दर्यबोध की असमाप्त गूँजें हैं। पन्त ने सैकड़ों नये शब्द गढ़े और इन शब्दों से कविता गढ़ी। पन्त की कविता में स्थानीय से सार्वभौम को छूने और सार्वभौम को स्थानीय बनाने के प्रयत्न पूरी उदात्तता के साथ मौजूद हैं। पन्त अपने जीवन भर संसार, भाषा और समय को एक तरह के अक्षय बाल-विस्मय से देखते रहे और उसे कविता में ढालते रहे। पन्त में अपनी दृष्टि और शैली का अतिक्रमण करने का साहस था, भले ही ऐसा करने पर उसमें वैसा काव्योत्कर्ष सम्भव न रहा हो। हिन्दी के प्रकृति काव्य में पन्त की कविता शीर्ष स्थानीय है। पन्त जी ने आस-पास की दुनिया को नज़रन्दाज़ नहीं किया, लेकिन उन्होंने दूसरी दुनिया और दूसरे लोक की ओर भी निहारा। सार रूप में कहना हो तो लगभग अबोध विस्मय से आरम्भ कर पन्त का कविता-संसार ऐन्द्रिकता और दैनन्दिन जीवन की छवियाँ अंकित करता हुआ दार्शनिक अभिप्रायों और आध्यात्मिक चिन्ताओं की ओर जाता हुआ संसार है।"

पन्त-पथ पर चलने के क्रम में 'स्वच्छन्द' के सम्पादकों ने निश्चय ही ऊपर उद्धृत किये गये पथ-प्रदर्शक चिन्ह पहचाने होंगे, और फिर इन सूत्रों के आधार पर इस पथ का अन्वेषण किया होगा। पन्त-पथ की इस पहचान, इस शिनाख़्त, की तसदीक अनिवार्यत: पन्त जी की कविता के संचयन ही से हो सकती है।

'स्वच्छन्द' में कुल ७७ रचनाएँ संगृहीत हैं। चाहे जैसा भी माप-दण्ड बना कर चला जाय, पन्त जी के विपुल काव्य-भण्डार से उपयुक्त कविताएँ चुनना सदा ही से एक कठिन काम रहा है। अगर 'पल्लविनी,' 'चिदम्बरा' और चित्रागंदा' को छोड़ दिया जाय तो केवल 'रश्मिबन्ध' ही एक ऐसा चयन है, जो संख्या की दृष्टि से 'स्वच्छन्द' के नज़दीक बैठता है। लेकिन एक तो वह स्वयं कवि द्वारा किया गया है; दूसरे, उसके पीछे यह देखने का आग्रह नहीं है कि बदली हुई काव्य-रुचि के सन्दर्भ में पन्त जी की कविता में से 'कितना कुछ आज भी टिका हुआ है, जिसे पढ़ कर अब भी रसिक रस पा सकते हैं।' इसीलिए शायद 'स्वच्छन्द' के चयनकर्ताओं ने न केवल पन्त काव्य को उसकी अधिकांश छटाओं में प्रस्तुत करने का प्रयास किया है, बल्कि इस बात की भी परवाह नहीं की कि उन्हें पन्त-छवि ऐसे ऐंगल से अंकित करनी है कि वह सर्वाधिक फ़ोटोजेनिक प्रतीत हो। अगर पन्त जी ने किसी

दौर में अपनी दृष्टि और शैली का अतिक्रमण किया, भले ही ऐसा करने पर उसमें वैसा 'काव्योत्कर्ष' सम्भव न रहा हो – जैसा कि चयनकर्ताओं की मान्यता है – तो चयनकर्ताओं ने इसे भी सामने रखने से गुरेज़ नहीं किया है। इसीलिए शायद 'कला और बूढ़ा चाँद' से 'दन्तकथा,' 'मधुछत्र' और 'धेनुएँ' जैसी पूर्व-संकलित कविताओं के अलावा 'प्रबोध,' 'बूढ़ा चाँद' और 'कोंपले' जैसी कविताएँ भी 'स्वच्छन्द' में शामिल की गयी हैं और इसी संग्रह की दो ऐसी कविताएँ -'प्रेम' और 'सदानीरा' - छोड़ दी गयी है, जिनमें पन्त जी अपनी दृष्टि और शैली का अतिक्रमण करने के बाद भी काव्योत्कर्ष से स्खलित नहीं होते -

मैंने
गुलाब की
मौन शोभा को देखा!

उससे विनती की
तुम अपनी
अनिमेष सुषमा की
शुभ्र गहराइयों का रहस्य
मेरे मन की आँखों में
खोलो!

मैं अवाक रह गया!
वह सजीव प्रेम था!

(प्रेम)

'स्वच्छन्द' में संकलित कविताओं पर नज़र डालें तो निःसन्देह पन्त जी के काव्य-प्रयत्नों की विविधता सबसे पहले आकर्षित करती है। और इस विविधता को उभारने के लिए चयनकर्ताओं ने यथासम्भव पन्त जी के सभी कविता-संग्रहों से कविताएँ चुनी हैं। एकदम आरम्भिक 'वीणा' से अगर 'काला बादल,' 'काले रंग का दुकूल,' 'अल्मोड़े में विवेकानन्द,' 'मैं सबसे छोटी होऊँ' और 'इस विस्तृत हॉस्टल में' सरीखी कविताएँ चुनी हैं जिनमें प्रकट ही आज हमें आरम्भिक प्रयासों का कच्चापन नज़र आता है तो 'अतिमा' से 'सोनजुही' और 'कौए बत्तखें मेंढक' जैसी कविताएँ भी शामिल की हैं, जिनमें पन्त जी का स्वर अपने सुपरिचित सधेपन के साथ अभिव्यक्त हुआ है। 'मौन निमन्त्रण,' 'मोह,' 'छाया,' 'प्रथम रश्मि,' 'नौका विहार' और 'एक तारा' जैसी प्रसिद्ध कविताएँ तो शामिल की गयी हैं, मगर इसी के साथ कुछ और लोकप्रिय रचनाएँ जैसे 'उच्छवास,' 'भावी पत्नी के प्रति,' 'दो लड़के' या 'वह बुड्ढा' छोड़ दी गयी हैं। लेकिन यह तो सम्पादक ने अपनी भूमिका में ही स्पष्ट कर दिया है कि सम्भव है, कुछ अति परिचित रचनाएँ इस संकलन में न मिलें और इसके विपरीत कुछ ऐसी रचनाएँ मिलें, जिन पर कम ध्यान गया है। इस बयान के आख़िरी हिस्से पर ध्यान केन्द्रित करें तो यह देखना दिलचस्प होगा कि वे कौन-सी कविताएँ हैं, जिन पर कम ध्यान गया है। 'स्वच्छन्द' में एक छोटी-सी कविता संकलित है – 'चाँद' :

टूटी चूड़ी-सा चाँद
न जाने निर्जन नभ में
किसकी मृदुल
कलाई से गिर पड़ा

हाय, दूज की चाँद
कौन, जग से अदृश्य
गोरी होगी वह।

बेशक, अनेक लोगों को यदि यह न बताया जाय कि यह पन्त जी की कविता है तो वे इसे नयी कविता के दौर की कविता मानने को तैयार हो जायेंगे। अलावा इस बात के, जो चीज़ इस कविता में ध्यान खींचती है, वह है इसका शिल्प। मीर का एक बहुत जाना-माना शेर है :

गोर किस दिल जले की है ये फ़लक
शोला हर सुबह याँ से उठता है

इस शेर की सम्वेदना भले ही पन्त जी की उपरोक्त कविता से भिन्न हो, पर दोनों रचनाओं में 'कॉस्मिक-इमेजरी' का इस्तेमाल एक ही तरीके से किया गया है। फ़र्क बस पन्त और मीर की रोमानियत में है। इसी तरह 'कला और बूढ़ा चाँद' से ली गयी रचना - 'प्रबोध' - की आरम्भिक पंक्ति - 'यह गौर माँस सरोवर जिसमें मैं कूद गया हूँ' - पढ़ते हुए अचानक मुझे यूनानी कवि जॉर्ज सेफ़ेरिस की कविता 'स्ट्रैटिस द सेलर डिस्क्राइब्स ए मैन' की पंक्तियाँ स्मरण हो आयी :

देन द मेट टुक मी बाई द कॉलर एण्ड थ्रू मी इनटू द वेल
वॉर्म वाटर, एण्ड सो मच लाइफ़ अराउण्ड द स्किन

(फिर नौका-नायक ने मुझे कॉलर से पकड़ कर कुएँ में फेंक दिया
ऊष्ण जल, और त्वचा के गिर्द इतना जीवन)

देह-गाथा के विवरण निश्चय ही दोनों कविताओं में भिन्न हैं, मगर काम के जीवन - क्षम, तृप्तिकर अनुभव का चित्रण दोनों कवियों ने किया है। इसी तरह 'पतझर : एक भाव क्रान्ति' से ली गयी कविता 'होटल का बैरा' भी पन्त जी के परिचित काव्य-प्रयासों से बिलकुल भिन्न है। कविता के दोनों खण्ड - पहला, होटल में ठहरे व्यक्ति की ओर से लिखा गया और दूसरा, होटल के बैरे की तरफ़ से - एक अजीब-से द्वन्द्व, विचित्र-से तनाव की सृष्टि करते हैं, जिसमें होटल में ठहरे मेहमान और होटल के बैरे की जीवन-गत भूमिकाएँ और कार्य-व्यापार - वह नाटक जिसमें दोनों पात्र हैं - उभर कर सामने आ जाता है। होटल के बैरे की तरफ़ से लिखी गयी पंक्तियाँ ख़ासे यथार्थवादी ढंग से स्थिति का चित्रण करती हैं :

क्योंकि साहबों की दुनिया यह ! वे क्या जानें
इससे भी कितने बदतर ढंग से अमीर बन
पैसा कमा रहे !...

अकारण नहीं कि इस कविता को पढ़ते हुए हमें रघुवीर सहाय की वे दोनों कविताएँ – 'इन्तज़ार (कुछ पते कुछ चिट्ठियाँ) और 'नशे में दया' (लोग भूल गये हैं) – याद हो आती हैं, जो उन्होंने होटल के मेहमानों और ख़ानसामों पर लिखी है :

'एक बड़े होटल के कमरे में बैठ कर
सभी ख़ानसामों से ऐसे मुस्कुराता है
जैसे वह शोषित के प्रति करुणाशील है'

(इन्तज़ार)

'होश खो बैठे हो तुम कल की ख़बर तुम को नहीं
तुम जहाँ हो दरअसल उस जगह पर तुम हो नहीं'

(नशे में दया)

अपेक्षाकृत अल्प-ख्यात रचनाओं पर ध्यान केन्द्रित करने के क्रम में ही 'ग्राम्या' से 'धोबियों का नृत्य' के साथ 'चमारों का नाच' शीर्षक कविता 'स्वच्छन्द' में शामिल की गयी है, जबकि ज़्यादातर चयनकर्ताओं ने और स्वयं पन्त जी ने भी अपनी कविताओं का चयन करते समय 'कहारों का रुद्र नृत्य' जैसी कविता को ही वरीयता दी है। वैसे तो तुलना करना अपने आप में एक निरानन्द, निष्फल चेष्टा है, लेकिन इन तीनों कविताओं को अगर एक साथ पढ़ा जाय तो पन्त जी की आँखों से देखे गये ग्राम-जीवन के तीन अलग-अलग चित्र और इन चित्रों से कवि के मन पर बनने वाली तीन भिन्न-भिन्न सम्वेदना-छवियों से रू-ब-रू होने का अवसर मिलता है। इसे स्पष्ट करने के लिए तीनों कविताओं से एक-एक उद्धरण ही पर्याप्त होगा :

उर की अतृप्त वासना उभर
इस ढोल मँजीरे के स्वर पर
नाचती, गान के फैला पर
प्रिय जन गण को उत्सव अवसर,-

(धोबियों का मृत्य)

खोल गये संसार नया तुम मेरे मन में, क्षण भर
जन संस्कृति का तिग्म स्फीत सौन्दर्य स्वप्न दिखला कर

(कहारों का रुद्र नृत्य)

ये समाज के नीच अधम जन,
नाच कूद कर बहलाते मन,
वर्णों के पद दलित चरण ये
मिटा रहे निज कसक औ' कुढ़न
कर उच्छृंखलता, उद्धतपन।

(चमारों का नाच)

तीनों कविताएँ जनवरी-फ़रवरी १९४० में लिखी गयी थीं और उपरोक्त अंशों के आगे-पीछे पन्त जी ने अपनी सुपरिचित शैली और अपूर्व चित्रात्मक लिरिकैलिटी के साथ नृत्य का

सूक्ष्म अंकन किया है। लेकिन आज के बदले हुए मिज़ाज में 'उर की अतृप्त वासना' के उभरने अथवा 'जन-संस्कृति के तिग्म स्फीत सौन्दर्य स्वप्न' को देखने-दिखाने से कहीं ज़्यादा महत्वपूर्ण है उस उच्शृंखलता और उद्धतपन को सही सन्दर्भ में, सही परिप्रेक्ष्य में, रखना - जिसके माध्यम से 'वर्णों के पद दलित चरण' 'निज कसक औ' कुढ़न' मिटाते हैं। इसलिए शायद 'स्वच्छन्द' के संकलनकर्ताओं ने 'चमारों का नाच' को संकलित किया, जबकि इसे अब तक के किसी चयन में जगह नहीं मिली थी।

इसी तरह जब हम 'स्वच्छन्द' में शामिल की गयी ऐसी तमाम कविताओं पर नज़र दौड़ाते हैं, जिन्हें पहली बार पन्त-पथ पर चलते हुए चिह्नित किया गया है तो उसके पीछे यही आधार दिखायी देता है कि रचना बदली गयी काव्याभिरुचियों पर भी खरी उतरे और पन्त जी की शैली का परिचय भी दे। 'ग्राम कवि,' 'ग्राम युवती' अथवा 'ग्राम नारी' की बजाय 'ग्राम वधू' का चयन करने के पीछे शायद इसी दृष्टि का हाथ है। 'ग्राम वधू' में जिस तरह पन्त जी ने ग्राम-जीवन के एक दैनन्दिन प्रंसग को उसकी समूची करुणा, कातरता और परिपाटीगत विडम्बना में पकड़ा है, वह 'ग्राम नारी,' 'ग्राम युवती' और यहाँ तक कि 'मज़दूरनी के प्रति' की वर्णनात्मकता से कहीं आगे, जीवन की नाटकीयता से रंजित है और इसीलिए शायद हमें आज भी आकर्षित करता है -

भीड़ लग गई लो, स्टेशन पर
सुन यात्री ऊँचा रोदन स्वर
झाँक रहे खिड़की से बाहर
जाती ग्राम वधू पति के घर

. . .

नहीं आँसुओं से आँचल तर
जन बिछोह से हृदय न कातर
रोती वह, रोने का अवसर,
जाती ग्राम वधू पति के घर
लो, अब गाड़ी चल दी भर-भर,
बतलाती धनि पति से हँस कर
सुस्थिर डिब्बे के नारी-नर
जाती ग्राम वधू पति के घर
रोना गाना यहाँ चलन भर,
आता उसमें उभर न अंतर
रूढ़ि यंत्र जन जीवन परिकर
जाती ग्राम वधू पति के घर

'स्वच्छन्द' में शामिल की गयी 'कविधर्म'' शीर्षक कविता की पंक्तियाँ हैं :-

बाहर का जन घोष नहीं कवि की वाणी
भीतर स्वर जगने पर वह लगता गाने

'स्वच्छन्द' में पन्त जी के इसी भीतरी स्वर को पकड़ने की चेष्टा की गयी है और इसमें कोई सन्देह नहीं कि ऐसा करने में चयनकर्ता सफल भी हुए हैं। निश्चय ही 'स्वच्छन्द' का महत्व केवल इन्हीं अर्थों में नहीं है कि वह पिछली चौथाई सदी के अर्से में किया गया पन्त जी का एक ताज़ा संकलन है, बल्कि इन अर्थों में उसकी अहमियत है कि वह पन्त-छवि के कुछ दबे-ढँके नक्श उभार कर, और कुछ अति आलोकित पक्षों को मद्धम करके, एक बार फिर से समूचे पन्त-काव्य की विशेषताओं पर ध्यान दिलाता है। ख़ास तौर पर अगर संकलन को केवल पन्त जी की कविताओं के रसास्वादन के लिए पढ़ा जाय। लेकिन अगर उद्देश्य पन्त जी के काव्य-प्रयत्नों का पुनर्मूल्यांकन भी हो, जो अब शायद ज़रूरी भी है और 'स्वच्छन्द' के समूचे उपक्रम का एक, भले ही गौण, मकसद भी, तो कुछ बातें अवश्य खटकती हैं।

पहली तो यह कि कविताओं के नीचे उनका रचनाकाल नहीं दिया गया है। चयनकर्ताओं ने पन्त-पथ की शिनाख़्त चाहे जैसे की हो, 'स्वच्छन्द' का पाठक इस पथ का सहयात्री नहीं बन पाता। रचनाओं को चाहे कालक्रमानुसार न भी प्रस्तुत किया जाता, मगर उनके साथ उनका रचनाकाल न देना पाठक को यह जानने से वंचित करना है कि पन्त जी ने अपना पथ किस प्रकार निर्मित किया या फिर अगर उनकी कविता 'छायावाद' के स्वर्णलोक' से मुक्त हो कर 'एक नये संसार' में प्रवेश कर पायी और इस क्रम में यदा-कदा पन्त जी को अपने काव्योत्कर्ष से डिगना पड़ा तो ये स्थल इस पन्त-पथ में कब, कहाँ और कैसे हैं और उन्हें कैसे लक्षित किया जा सकता है। ज़ाहिर है, इससे पन्त-काव्य के पुनर्मूल्यांकन में एक बाधा उत्पन्न होती है, जबकि यह काम सहज ही कविताओं के नीचे उनका रचनाकाल और स्रोत (कविता संग्रह का नाम) दे कर किया जा सकता था।

दूसरी खटकने वाली बात है रचनाओं के शीर्षक। पन्त जी ने अपने संग्रहों में कई बार कविताओं के शीर्षक न दे कर, उन्हें अंकों से चिह्नित किया है। कई बार पन्त जी ने कविता-संग्रहों की अनुक्रमणिकाओं में कविता की पहली पंक्ति को ही कविता के शीर्षक के रूप में बरता है। लेकिन 'पल्लविनी' में उन्होंने कविताओं के शीर्षक भी दिये हैं और पंक्ति-क्रम भी। 'चिदम्बरा' में हालाँकि पंक्ति-क्रम ही अनुक्रमणिका के रूप में दिया है, मगर कविताओं पर बाकायदा शीर्षक दिये गये हैं। 'चित्रांगदा' और 'रश्मिबन्ध' में केवल शीर्षक हैं, पंक्ति-क्रम नहीं। ऐसी स्थिति में

जब हम 'स्वच्छन्द' में कविताओं के शीर्षक बदले हुए रूप में पाते हैं तो सम्भ्रम पैदा होता है। मिसाल के लिए 'पल्लविनी' में 'आशंका' शीर्षक से संकलित कविता मूलतः 'वीणा' में 'माँ, अल्मोड़े में आये थे' शीर्षक से प्रकाशित हुई थी, जिसे 'स्वच्छन्द' में 'अल्मोड़े में विवेकानन्द' कर दिया गया है। इसी तरह 'युगान्त' की कविता 'बाँसों का झुरमुट' का शीर्षक बदल कर 'सन्ध्या का झुटपुट' कर दिया गया है। 'वीणा' का गीत 'मिले तुम राकापति में आज,' जो इसी शीर्षक से मूलतः प्रकाशित हुआ था, 'स्वच्छन्द' में 'याद है क्या न प्रात की बात' शीर्षक से संकलित है। 'कला और बूढ़ा चाँद' की कविता 'ओ रँभाती नदियों' को 'धेनुएँ' कर दिया गया है। अगर 'स्वच्छन्द' के लिए कविताओं का चयन करते समय सम्पादकों को पन्त जी द्वारा दिये गये शीर्षक उपयुक्त नहीं जान पड़ते थे

तो उन्हें बदलते समय कम-से-कम मूल शीर्षकों का ज़िक्र तो करना ही चाहिए था, भले ही यह परिशिष्ट-स्वरूप कर दिया जाता।

तीसरी चीज़ जो खटकती है, वह है 'स्वच्छन्द' जैसे चयन में पन्त जी की लम्बी कविता के अंश शामिल करना और वे भी नये शीर्षक दे कर। 'परिवर्तन' पन्त जी की अति प्रसिद्ध कविता है। इसके महत्व से 'स्वच्छन्द' के सम्पादकों को भी इनकार न होगा (वरना वे इस सुदीर्घ कविता के दो-दो अंश क्यों शामिल करते)। 'पल्लव' में पहली बार प्रकाशित यह कविता 'पल्लविनी,' 'रश्मिबन्ध,' 'अभिषेकिता' और 'तारापथ' में अपने सम्पूर्ण रूप में संकलित हुई है। पन्त जी ने केवल 'आधुनिक कवि' में इसके एक अंश को शामिल किया था - 'अहे निष्ठुर परिवर्तन' के शीर्षक से। लेकिन 'स्वच्छन्द' में इस कविता के तीन अंश तीन स्वतन्त्र शीर्षकों के अन्तर्गत संकलित किये गये हैं - 'आज बचपन का कोमल गात,' 'कहाँ आज वह पूर्ण पुरातन' और 'हाय सब मिथ्या बात।' यही नहीं, बल्कि कविताएँ चूँकि कालक्रमानुसार नहीं संकलित की गयी हैं, इसलिए क्रम में इस सुदीर्घ कविता का तीसरा अंश पहले आया है, पहला और दूसरा बाद में। 'स्वच्छन्द' की यह सबसे ज़्यादा खटकने वाली स्वच्छन्दता है। कारण यह कि 'परिवर्तन' जैसी लम्बी कविता के अंश देने का काम वैसा ही है, जैसे मुक्तिबोध की कविता 'अँधेरे में' के बीच से अंश निकाल कर स्वाधीन शीर्षक देते हुए स्वतन्त्र रचनाओं के रूप में संकलित कर दिये जायँ। 'स्वच्छन्द' में न केवल ३२ खण्डों वाली कविता 'परिवर्तन' के केवल तीन खण्ड संकलित किये गये हैं, बल्कि यह उल्लेख भी नहीं किया गया कि ये खण्ड 'परिवर्तन' शीर्षक कविता से लिये गये हैं। ऊपर से इन्हें अलग-अलग शीर्षक दे कर स्वतन्त्र रचनाएँ बना दिया गया है, जो एक अलग भ्रम पैदा करता है। इतने चाव, और श्रम से किये गये चयन और सम्पादन में ऐसी ख़ामियाँ इसलिए भी खटकती हैं, क्योंकि वे पन्त जी के काव्य-संसार को उसके समूचे ऊर्जस्वी, स्पन्दनशील रूप में प्रस्तुत करने के उद्देश्य में(जो कि सम्पादकों ने बुनियादी तौर पर अपने सम्मुख रखा है) पर्याप्त बाधा उत्पन्न करती हैं।

❒

और अन्त में पन्त जी की कविता के पुनराविष्कार का मसला तो रह ही जाता है। 'स्वच्छन्द' में संकलित ७५ कविताओं से हो कर गुज़रते हुए कुछ प्रश्न बार-बार मन में उठते हैं। क्या कारण है कि अपने समस्त रचना-वैभव और काव्य-ऐश्वर्य के बावजूद पन्त जी की कविता दिल को नहीं छूती ? क्यों उसे तीव्र भावावेगों का मन्मथित करने वाला संस्पर्श नहीं मिला है ? क्यों पन्त जी की कविता में एक अजीब-सा ठण्डापन है ? वह उस तरह से जीवन-पथ पर हमारी सहचर-सहयात्री नहीं बन पाती, जैसे निराला, नागार्जुन या मुक्तिबोध की कविता ? हिन्दी के साहित्यिक और साहित्य-प्रेमी समाज की कृतघ्नता, स्मृति-क्षीणता, अपढ़ता और बिना पढ़े ही कृतियों अथवा कृतिकारों को ख़ारिज कर देने की प्रवृत्ति के होते हुए भी, आख़िर क्या कारण है कि अपने बाद की पीढ़ियों में पन्त जी को वैसी हरदिल अज़ीज़ी हासिल नहीं हो पायी जैसी, मिसाल के तौर पर, निराला को ? क्या कारण है कि पन्त जी के शिल्प-सौष्ठव, छन्द-कौशल और शब्दों के वैभवपूर्ण संसार से बाद की पीढ़ी की कवियों ने,

बहुत कुछ खोने का जोखिम उठाते हुए भी, नाता तोड़ लिया ? यहाँ तक कि अगर श्रीकान्त वर्मा के हवाले से कहें तो पन्त जी नयी पीढ़ी के लिए सन्दर्भ ग्रन्थ भी नहीं रह गये।

इन प्रश्नों के उत्तर खोजने के क्रम में ही पन्त जी की कविता का वास्तविक पुनराविष्कार और मूल्यांकन सम्भव हो सकता है।

पन्त जी ने अपनी कविता के बारे में स्वयं विस्तार से अनेक अवसरों पर चर्चा की है 'पल्लव' की ऐतिहासिक भूमिका के बाद पन्त जी की ओर से अपनी कविता का शायद सबसे विशद विवेचन 'आधुनिक कवि' के पहले संस्करण (१९४१) पर आमुख स्वरूप दिये गये सुदीर्घ 'पर्यालोचन' में मिलता है। पन्त जी ने माना भी है कि –

> "पल्लव की भूमिका में काव्य के बहिरंग पर अपने विचार प्रकट करने के बाद यह प्रथम अवसर है कि अपने विकास की सीमाओं के भीतर से काव्य के अन्तरंग का विवेचन कर रहा हूँ।"

'आधुनिक कवि' पर दी गयी भूमिका इसलिए भी महत्वपूर्ण है कि इसमें पन्त जी ने सामान्य रूप से अपनी कविता के बारे में विचार करने के क्रम में उन आलोचनाओं, विवादों और मत-मतान्तरों को भी ध्यान में रखा है, जो सन १९४१ तक समय-समय पर उनकी कविता को ले कर उठते रहे। साथ ही उन्होंने उस प्रश्नावली के उत्तरों का भी समावेश इस भूमिका में कर दिया, जो अज्ञेय ने पन्त-पथ को चिह्नित करने के उपक्रम में तैयार की थी। एक तरह से 'आधुनिक कवि' की भूमिका 'पल्लव' की भूमिका के साथ जुड़ कर कवि-कर्म के सन्दर्भ में पन्त जी का घोषणा-पत्र बन जाती है।

अपनी कविता के उत्स और प्रारम्भिक प्रेरणा के सिलसिले में पन्त जी ने 'आधुनिक कवि' की इस भूमिका में 'प्रकृति निरीक्षण' और प्रकृति के सौन्दर्य के आकर्षण का उल्लेख करते हुए लिखा है –

> "प्रकृति के साहचर्य ने जहाँ एक ओर मुझे सौन्दर्य, स्वप्न और कल्पनाजीवी बनाया, वहाँ दूसरी ओर जन-भीरु भी बना दिया। यही कारण है कि जन-समूह से मैं अब भी दूर भागता हूँ।"

कुछ आगे चल कर पन्त जी लिखते हैं –

> "यह सच है कि व्यक्तिगत सुख-दुख के सत्य को अथवा अपने मानसिक संघर्ष को मैंने अपनी रचनाओं में वाणी नहीं दी है क्योंकि वह मेरे स्वभाव के विरुद्ध है।... सत्य के दोनों रूप हैं। शराबी शराब पीता है, यह सत्य है, उसे शराब नहीं पीना चाहिए यह भी सत्य है। एक उसका वास्तविक (फ़ैक्चुअल) रूप है, दूसरा परिणाम से सम्बन्ध रखने वाला। मेरी रचनाओं में सत्य के दूसरे पक्ष के प्रति मोह मिलता है, वह मेरा संस्कार है, आत्म विकास (सबलिमेशन) की ओर जाना।...मैं कल्पना के सत्य को बड़ा सत्य मानता हूँ और उसे ईश्वरीय प्रतिभा का अंश भी मानता हूँ।"

पन्त जी की उपरोक्त मान्यताओं में आगे चल कर भी मूलभूत रूप से कोई अन्तर नहीं पड़ा, भले ही वे बार-बार अपने काव्य में आये परिवर्तनों का उल्लेख बल दे कर करते रहे। लगभग दो-ढाई दशक बाद भी, 'रश्मिबन्ध' की भूमिका में उनका यही मत था कि –

"आज धरा-सृजन और विश्व संहार आमने-सामने खड़े हो कर ताल ठोक रहे हैं... ऐसी महान सम्भावनाओं और घोर दुःसम्भावनाओं के युग में कवि एवं कलाकार को अपने अन्तर्विश्वास के शिखर पर अविचल खड़ा रह कर मानव अन्तश्चैतन्य से प्रकाश ग्रहण कर स्वप्न और कल्पना के ही उपादानों से सही महत्तम मानव-भविष्य का निर्माण करना है और धरती के मानस को - पिछली मान्यताओं एवं परिस्थितियों का कल्मष-कर्दम धो कर - उसे नवीन चैतन्य के सौन्दर्य से मण्डित कर मानवीय एवं स्वर्गोपम बनाना है।"

ऊपर दिये गये वक्तव्यों में ही पन्त जी के समूचे काव्य-प्रयत्न की सीमा देखी जा सकती है और उसका सामर्थ्य भी। पन्त जी की कविता में जो विस्मयकारी प्रकृति चित्रण मिलता है, अन्तिम दौर तक, वह उनकी प्रारम्भिक प्रेरणा ही से निःसृत हुआ है :

उड़ गया अचानक लो भूधर
फड़का अपार पारद के पर
रव शेष रह गये हैं निर्झर
है टूट पड़ा भू पर अम्बर
धँस गये धरा में समय शाल
उठ रहा धुँआ, जल गया ताल
यों जल यान में विचर-विचर
था इन्द्र खेलता इन्द्रजाल

(उच्छवास : पर्वत प्रदेश में पावस, १९२१)

साँझ मुझे पर अधिक सुहाती
छाई निर्जन गिरि आँगन पर
स्वप्नों में सी डूबी तन्मय
शनैः उतरती वह श्री सुन्दर
स्वर्ण नील गैरिक छाया में
भाव निमज्जित हो गिरि प्रान्तर
ध्यानावस्थित सा लगता
अपलक निश्चल अन्तर्मुख भास्वर
रजत वारि दिन का उँडेल कर
रक्तिम ताम्र कलश सा भास्कर
ज्योति रिक्त अब ऊब डूब सा
करता पश्चिम सागर तट पर

(उषा सन्ध्या : पौ फटने से पहले, १९६७)

मगर यह प्रकृति चित्रण अन्ततः प्रकृति का एक निर्वैयक्तिक अंकन ही है। 'बादल राग' अथवा 'स्नेह निर्झर बह गया है' में जिस तरह निराला प्रकृति और मनुष्य के तनाव-भरे द्वन्द्वात्मक रिश्ते को उभारते हैं - जो चीज़ कि नागार्जुन की 'बादल को घिरते देखा है' में नज़र आती है, यहाँ तक कि मुक्तिबोध की 'डूबता चाँद कब डूबेगा' जैसी कविता में भी

– वह पन्त जी की कविता में अनुपस्थित है। मानवीय उपस्थिति का यह अभाव निकोलस रोरिक के उन चित्रों में भी दिखायी देता है, जिनमें उन्होंने हिमालय की दिव्य झाँकियाँ अंकित की हैं। मगर आरम्भ से ही ऐसा नहीं था। निकोलस रोरिक के चित्र 'एक शहर का निर्माण १९१६' में एक जीता-जागता, धड़कता शहर नज़र आता है। मगर लगता है कि १९१७ की क्रान्ति से पराङ्मुख हो कर रूस से चले आने के बाद निकोलस रोरिक के चित्रों से वह ऊष्म, स्पन्दनशील मानवीय उपस्थिति ग़ायब होती चली गयी और वहाँ केवल हिमालय की उत्तुंग, निर्जन अकेली ऊँचाइयाँ ही शेष रहीं। पन्त जी की कविता में भी 'ग्राम्या' तक यदि यथेष्ट नहीं, तो भी अनुभव-योग्य मात्रा में यह मानवीय स्पन्दन मौजूद है। लेकिन जैसे-जैसे वे 'दूसरी दुनिया' की ओर बढ़ते हैं, उनकी कविता में मानवीय उपस्थिति अर्थात सहज मानवीय उद्वेलन-आलोड़न विरल होता चला जाता है। स्वप्नजीवी और कल्पना-लोकवासी होने के कारण अथवा व्यक्तिगत दुख-सुख और मानसिक संघर्ष को सहज स्वभाविक रूप से वाणी न देने के कारण ही पन्त जी की कविता में जीवन की ऊष्मा से रहित एक ठण्डापन महसूस होता है। यथार्थ को – उसकी कटुता, विद्रूपता, भयावहता को – निरन्तर सब्लिमेट करने का प्रयत्न इसीलिए किया गया है, क्योंकि पन्त जी 'जन समूह से दूर' भागते हैं। वे निराला की तरह नहीं कह सकते :

जीवन विष विषम पिया
जनता के हृदय जिया

'जीवन विष विषम' पीना और 'जनता के हृदय' जीना उनका लक्ष्य नहीं। यह उनके संस्कारों के भी विपरीत है। निराला, नागार्जुन, मुक्तिबोध अथवा मीर और ग़ालिब के काव्य में व्यक्तिगत सुख-दुख, मानसिक संघर्ष और जीवन के हर्ष-उल्लास-नैराश्य-तिक्तता की जो मार्मिक और अप्रतिम झलकियाँ मिलती हैं, जिनकी वजह से ये कवि और उनका कृतित्व जीवन-यात्रा में हमारा सहचर बनता है, वह काव्य के पन्त-प्रयास का उद्देश्य नहीं है।

एक छोटा-सा उदाहरण ही काफ़ी होगा। निराला की कविता 'सरोज स्मृति' हिन्दी के दुर्लभ शोक गीतों में से है। जीवन के अन्तिम वर्षों में पन्त जी भी एक नन्हीं-सी बालिका की अकाल असामयिक मृत्यु से इतने उद्वेलित हुए कि उन्होंने ५१ खण्डों की एक सुदीर्घ कविता – 'शशि की तरी' – में अपनी भावनाएँ व्यक्त कीं।

भूमिका में उन्होंने लिखा कि 'अनुपमा के इस प्रकार अकस्मात अप्रत्याशित रूप से चले जाने के कारण मेरे हृदय को जो आघात लगा, उसे शब्दों द्वारा व्यक्त करना असम्भव है।' इस स्वीकारोक्ति के बाद हम 'शशि की तरी' में अनुपमा के देहान्त के सिलसिले में पन्त जी के निम्नलिखित उद्गार पढ़ते हैं :

अर्ध रात्रि को चली गयी
तुम असमय
विश्व प्रकृति तब
रोयी होगी निश्चय
डाल पात पर तभी
काँपते थर-थर

सजल स्वर्ग मोती
आँखें आतीं भर

या फिर

तुम्हीं नहीं जब रही चाँद
जीवन में क्या आकर्षण ?
पतझर बन सा सूना
डूबा रहता अपने में मन !

अचानक 'सरोज स्मृति' की अन्तिम पंक्तियाँ स्मृति में कौंधती हैं :

मुझ भाग्यहीन की तू सम्बल
युग वर्ष बाद जब हुई विकल
दुख ही जीवन की कथा रही
क्या कहूँ आज, जो नहीं कही
हो इसी कर्म पर वज्रपात
यदि धर्म रहे नत सदा माथ
इस पथ पर मेरे कार्य सकल
हों भ्रष्ट शील के-से शतदल
कन्ये, गत कर्मों का अर्पण
कर करता मैं तेरा तर्पण

प्रकट ही पन्त जी के उद्‌गारों में निराला की उत्कट वेदनाकुलता नहीं है। कारण यही है कि अव्वल तो पन्त जी ने अपने स्वाभाविक संकोच के कारण व्यक्तिगत दुख और मानसिक संघर्ष को वाणी देने से गुरेज़ किया। फिर, जब इसका प्रयास उन्होंने किया भी तो उसमें हृदय का बाँध फट पड़ने के भाव से अधिक दुख को कविता का बाना पहनाने का उपक्रम ही सध पाया। शोक का शिल्प तो रहा, उसकी आत्मा - भावाकुलता - अनुपस्थित ही रही।

दिलचस्प बात है कि 'स्वच्छन्द' की भूमिका में अशोक वाजपेयी ने जिस पन्थ-पथ को रेखांकित किया है, उसमें भी शब्द-शिल्प और काव्य-कौशल की ही चिन्हानी अधिक है। चाहे वह खड़ी बोली के खड़ेपन में उपयुक्त अन्तःसंगीत विन्यस्त करने का कार्य हो अथवा छन्दों और लय प्रयोग का वैविध्यपूर्ण आयोजन हो या फिर नये शब्द गढ़ने और उन्हें कविता में खपाने की दक्षता हो। लेकिन जहाँ तक जीवन-व्यापार के विविध भाव-संसार का सवाल है, उसके जीवन्त प्रामाणिक हृदयानुभूत संस्पर्श से रहित होने के कारण पन्त जी अन्त तक बाल सुलभ विस्मय से मुक्त नहीं हो पाते। जहाँ होते भी हैं, वहाँ वे जीवन को उसकी वास्तविकता में, उसके अमिय-गरल स्वरूप में, अंकित करने के मध्यवर्ती - कहा जाय कि अनिवार्य - चरण को फलाँग कर दार्शनिक अभिप्रायों और आध्यात्मिक चिन्ताओं की ओर चले जाते हैं। जीवन का वह ऊष्ण स्पर्श, जीवन का वह कटु-तिक्त स्वाद जो हमें निराला, मीर और ग़ालिब में मिलता है, पन्त जी की कविता से छूट जाता है।

पन्त जी की कविता को उसकी समग्रता में देखते हुए यह अकारण नहीं है कि बार-बार जामिनी राय के चित्रों की याद आती है। रंगों और रेखाओं की सिद्धहस्तता जिस तरह

जामिनी राय को, अशोक वाजपेयी के शब्दों में कहें तो, 'शास्त्रीय गरिमा और लोक उच्छलता' से होते हुए, वास्तविक जीवन और यथार्थ से दूर एक अतीन्द्रिय संसार में ले जाती है, उसी तरह पन्त जी की कविता भी अन्ततः एक शिल्प-सिद्ध अनवरतता में पर्यवसित होती है। यह अनवरतता साँचे का, ठप्पे का टकसाली नैरन्तर्य है, जीवनोपम उर्वरता का सतत क्रम नहीं, 'एक और फेरा है जी का' से चिन्हाई गयी नश्वर निरन्तरता नहीं।

इसके बावजूद, निश्चय ही बीसवीं सदी के हिन्दी काव्य-प्रयत्नों में पन्त जी का महत्वपूर्ण अवदान है। पन्त के कवि-कर्म की कुशलता, उनके शब्द-शिल्प, छन्द और लय के वैविध्यपूर्ण प्रयोग, प्रकृति का अपूर्व चित्रांकन, हिन्दी कविता को सांसारिक स्थूलता से निकाल कर सूक्ष्म भावाभिव्यक्ति के योग्य बनाने के क्रान्तिकारी प्रयास, एक आधुनिक सेन्सिबिलिटी से लैस करने की ज़रूरी ज़िम्मेदारी का निभाव और उनकी सुदीर्घ काव्य-साधना को अनदेखा करना सचमुच कृतघ्नता होगी। भले ही यह सही हो कि पन्त जी की कविता सदा साथ रहने वाली न हो कर, यदा-कदा याद आने वाली कविता है; भले ही वह जीवन-संघर्ष के उत्कट भावावेगों से अनुप्राणित न हो कर, निश्चिन्त क्षणों के मन्द्र आलोड़न-विलोड़न से अनुस्यूत है। यह ठीक है कि पन्त जी की कविता जीवन के द्वन्द्वों और बीसवीं सदी के जटिल नैराश्यपूर्ण नरक का साक्षात्कार नहीं करती, बल्कि कल्पना के पंखों पर एक अमूर्त काल्पनिक स्वर्णिम लोक में विचरती है। अशोक वाजपेयी के इस कथन से भी कदाचित कोई असहमत नहीं होगा कि 'कविता का एक ज़रूरी और पुराना काम हमें इस दुनिया से दूसरी दुनिया में ले जाना भी है' जैसा कि उन्होंने 'स्वच्छन्द' की भूमिका में पन्त जी के काव्य-प्रयत्नों के एक प्रमुख गुण के सन्दर्भ में लिखा भी है। लेकिन हमें यह ज़रूर देखना होगा कि इस 'दूसरी दुनिया' का स्वरूप क्या है या होगा ? कहीं ऐसा तो नहीं है कि वह 'दूसरी दुनिया' भी उतनी ही काल्पनिक, अयथार्थ और अवास्तविक होगी और उसे भी ज्ञान-सिद्ध प्रौढ़ता से नहीं, बल्कि एक बाल सुलभ विस्मय भाव से देखना होगा ?

२०००

बिजली का छन्द

सुभद्रा कुमारी चौहान के कृतित्व के बारे में लिखना, उसका मूल्यांकन-पुनर्मूल्यांकन करना आसान नहीं है। समय ने कुछ अन्य कारकों के साथ मिल कर उनकी रचनाओं पर एक ऐसा झीना-सा पर्दा डाल दिया है कि उनके नख-शिख साफ़-साफ़ नज़र नहीं आते। इनमें से कुछ कारण तो ऐसे हैं, जो प्रकृति में भिन्न होते हुए भी आपस में रस्सी के रेशों की तरह बँटे हुए हैं। पहला तो है सुभद्रा जी की कविता 'झाँसी की रानी' को मिली अभूतपूर्व लोकप्रियता। बिरले ही सही, मगर ऐसे रचनाकार भी देखे गये हैं, जिनकी कुछ रचनाएँ इतनी चर्चित हो जाती हैं कि उनकी ओट में उनका शेष कृतित्व ओझल-सा हो जाता है। तुलसीदास का 'रामचरितमानस' अपनी सारी लोकप्रियता के बावजूद उनकी 'विनय पत्रिका' अथवा 'कवितावली' को दबा नहीं सका। इसी तरह 'कामायनी' की प्रसिद्धि 'आँसू,' 'झरना' और 'प्रेमपथिक' सरीखी प्रसाद की अन्य काव्य रचनाओं पर भारी नहीं पड़ी। मगर सुभद्रा जी की ख्याति आज केवल 'झाँसी की रानी' की कवयित्री के रूप में है, या फिर 'वीरों का कैसा हो वसन्त' की रचयिता के रूप में। आज हिन्दी के अधिकांश पाठकों की तो बात ही क्या, बहुतेरे कवि-कथाकार भी नहीं जानते कि सुभद्रा जी ने इन कविताओं के अलावा भी कुछ महत्वपूर्ण रचनाएँ की थीं।

विडम्बना यह है, और उनके प्रति बरती गयी उपेक्षा का एक उदाहरण भी, कि आज उनका सम्पूर्ण कृतित्व भी नहीं मिलता। सुभद्रा जी के तीन कविता संग्रह प्रकाशित हुए - 'त्रिधारा,' 'मुकुल' और 'बंगीय साहित्य परिषद' द्वारा प्रकाशित 'बुन्देले हरबोलों के मुँह' - और दो कहानी संग्रह - 'बिखरे मोती' और 'उन्मादिनी।' इनके अलावा 'प्रभा,' और 'कर्मवीर' सरीखे उस समय के पत्रों-पत्रिकाओं में सुभद्रा जी के लेख, निबन्ध और टिप्पणियाँ भी छपती रहीं। अब हंस प्रकाशन द्वारा जारी 'सुभद्रा समग्र' में कुल-जमा ८८ कविताएँ हैं और ४६ कहानियाँ। लेखों, निबन्धों, आदि का कुछ अता-पता नहीं है और यह भी सम्भव है कि कुछ कविताएँ और कहानियाँ भी छूट गयी हों।

एक और कारण, जो इससे जुड़ा हुआ है, वह महज़ ४४ वर्ष की आयु में उनका अकाल दिवंगत हो जाना है। १९४८ में अपने देहावसान के वर्ष तक हिन्दी कविता के क्षेत्र में सुभद्रा जी की एक जीवन्त उपस्थिति बनी हुई थी। आज की तरह कवि सम्मेलन सिर्फ़ गीतकारों, हास्य-कवियों और लतीफ़ाबाज़ों के अखाड़े नहीं बने थे, बल्कि उनमें प्रतिष्ठित कवि और प्रबुद्ध श्रोता भाग लेते थे। लेकिन अपने अकाल निधन के कारण सुभद्रा जी

धीरे-धीरे कविता के परिदृश्य से बाहर होती चली गयीं। उनके बारे में तीन लेख तो उनके निधन के वर्ष ही लिखे गये। माखन लाल चतुर्वेदी ने एक संक्षिप्त-सी टिप्पणी में उन्हें याद किया तो शमशेर बहादुर सिंह और मुक्तिबोध के लम्बे आलेखों में उनकी कविता की विशद चर्चा हुई। फिर सन '६० के दशक में लक्ष्मीकान्त वर्मा ने साहित्य कोष में सुभद्रा जी पर एक टिप्पणी लिखी और '९० के दशक में उपेन्द्रनाथ अश्क ने सुभद्रा जी की कहानियों का विस्तृत विवेचन किया। यहाँ मैं सुभद्रा जी पर लिखे गये महादेवी जी के लेख का ज़िक्र जान-बूझ कर छोड़ गया क्योंकि उसमें केवल साहित्यिक आशंसा और निजी स्मृतियों का उल्लेख ही नहीं है, बल्कि बचपन के सहेलपने का भी प्रच्छन्न पुट है।

ऐसी स्थिति में सवाल उठता है कि सुभद्रा जी के कृतित्व के समुचित मूल्यांकन के अभाव का क्या कारण है ? जिस कवयित्री को शमशेर बहादुर सिंह जैसे कवि ने 'राष्ट्रीय बसन्त की प्रथम कोकिला' कहा था और जिसकी कविता के अध्ययन की आशा मुक्तिबोध ने हिन्दी के लेखकों और आलोचकों से की थी, वह धीरे-धीरे चर्चा से बाहर क्यों होती चली गयी ? क्या इसका कारण मात्र हिन्दी समाज की वह कृतघ्नता और स्मृतिहीनता है, जिसका उल्लेख एकाधिक बार कवि-आलोचक अशोक वाजपेयी ने किया है ? या फिर साहित्य के क्षेत्र में सुभद्रा जी का योगदान ही इतना कम है कि उसकी चर्चा नहीं होती रही ?

यों स्मृतिहीनता की शिकार अकेली सुभद्रा कुमारी चौहान नहीं हैं ? उनके साथ की, और उनके कुछ बाद की भी, कवयित्रियों में, महादेवी वर्मा को छोड़ कर, लगभग सभी इस विस्मृति का निशाना बनी हैं। चाहे तोरन देवी शुक्ल हों या तारा पाण्डे, रामेश्वरी देवी 'चकोरी' हों या विद्यावती 'कोकिल,' सुमित्रा कुमारी सिन्हा हों या चन्द्रमुखी ओझा 'सुधा'। हिन्दी के लेखक, आलोचक और पाठक अपनी कवयित्रियों के प्रति विशेष रूप से कृपण रहे हैं। क्या कारण है कि इन कवयित्रियों के अनुभव और भाव संसार के प्रति पाठकों और आलोचकों में आकर्षण नहीं रहा ? सुभद्रा जी के सिलसिले में तो कांग्रेस के साथ उनका सक्रिय जुड़ाव इसका एक कारण हो सकता है, या फिर उनका राष्ट्रीय काव्य-धारा का अंग होना। क्योंकि इस काव्य-धारा के कवियों को १९४७ के बाद धीरे-धीरे कांग्रेस के प्रति असन्तोष के चलते भी उपेक्षा का सामना करना पड़ा है। आज कितने लोग हैं, जो माखन लाल चतुर्वेदी या बालकृष्ण शर्मा नवीन की कविताओं को पढ़ते हैं ? लेकिन केवल राजनीतिक मतभेद या मोहभंग इसका कारण नहीं, क्योंकि अन्य कवियत्रियों के सन्दर्भ में वह लागू नहीं होता। निश्चय ही इसके कारण पिछली आधी सदी के दौरान हिन्दी के बदलते साहित्यिक-सामाजिक परिदृश्य में खोजने होंगे।

हिन्दी के उन्मेष काल में, यानी उन्नीसवीं शताब्दी की अन्तिम चौथाई सदी और बीसवीं सदी के पहले दो दशकों में हिन्दी कविता की वसुन्धरा अधिक व्यापक और समाजोन्मुखी थी और विविध रूपी अनुभवों और भावों से निर्मित हुई थी। वह अधिक मुखर और बहिर्मुखी थी। छायावाद ने इस दृश्यावली को बदलने में पहला हस्तक्षेप किया। कविता व्यक्ति-केन्द्रित हुई, जटिल अनुभवों और भावों को व्यक्त करने में सक्षम बनी, मगर इसी के साथ उसका दायरा पहले की अपेक्षा सीमित भी हुआ। यह ठीक है कि महादेवी वर्मा और प्रसाद भले ही छायावाद की सीमाओं में बँधे रहे - प्रसाद अगर

'कामायनी' में दर्शन की ओर गये तो महादेवी ने अन्त तक अपनी पुरानी भाव-सम्पदा को ही सँजोये रखा - लेकिन 'ग्राम्या' तक आते-आते सुमित्रानन्दन पन्त और 'कुकुरमुत्ता' तक आते-आते निराला ने छायावाद की सीमाओं को पहचान कर उससे, और उससे जुड़े काव्य आभिजात्य से, मुक्त होने के प्रयास शुरू कर दिये थे। यही कारण है कि राष्ट्रीय काव्य-धारा के कवि, चाहे वे माखन लाल चतुर्वेदी हों या बालकृष्ण शर्मा नवीन या फिर सुभद्रा कुमारी चौहान, छायावाद के आरम्भिक प्रबल ज्वार को झेल ले गये और बाद के दौर में राजनीतिक-सामाजिक संघर्ष के स्वरूप में परिवर्तन होने पर भी वे कवियों के लिए प्रेरणा-स्रोत बने रहे। बच्चन और नरेन्द्र शर्मा ने अपने गीतों के लिए अगर पहले के दौर की व्यक्तिपरकता से प्रेरणा ली तो दिनकर और शैलेन्द्र ने पूर्ववर्ती राष्ट्रीय काव्य-धारा से।

यह भी ध्यान देने योग्य है कि जिसे आज हम राष्ट्रीय काव्य-धारा कहते हैं, वह केवल उद्‌बोधनपरक नहीं थी, बल्कि उसकी सामाजिकता जीवन के दैनन्दिन प्रसंगों, घर-परिवार, मित्र-बन्धु, प्रेम और गार्हस्थ्य और स्त्री-पुरुष सम्बन्धों - यानी जीवन को समग्रता में चित्रित करने के प्रयासों-प्रयत्नों में भी निहित थी। अकारण नहीं है कि छायावाद के सम्मोहित कर देने वाले आकर्षण के बावजूद केदार नाथ अग्रवाल, नागार्जुन, शमशेर, त्रिलोचन, यहाँ तक कि अज्ञेय की आरम्भिक कविताओं में भी यह सामाजिकता और घरेलूपन नज़र आता है। अपनी पत्नी को ले कर लिखी गयी केदार नाथ अग्रवाल की कविताएँ हों या नागार्जुन की 'यह सिन्दूर तिलकित भाल' जैसी रचनाएँ - वे उन्हीं भावों की अभिव्यक्तियाँ हैं, जो हमें सुभद्रा जी की कविताओं में प्रचुरता से मिलते हैं। यह ठीक है कि समय के साथ उनका रूप हू-ब-हू वैसा नहीं रहा। रह भी नहीं सकता था और रहना चाहिए भी नहीं था, क्योंकि परवर्ती कवि केवल अनुकरण नहीं करते, बल्कि पुरानी भाव-सम्पदा को नया करते हुए उसे नये अर्थों और सन्दर्भों में ढालते हैं। लेकिन '५० के दशक के बाद से यह स्थिति तेज़ी से बदली। नयी कविता और उसके बाद की काव्य-धारा में जटिलता बढ़ती चली गयी, जो समाज में बढ़ती जटिलताओं का ही प्रतिफलन थी। नेहरू युग से मोहभंग ने १९४७ से पहले की सारी उद्‌बोधनपरक कविताओं को भी सन्देह के दायरे में धकेल दिया। पुराने आदर्शों और मूल्यों के प्रति एक अनास्था नज़र आने लगी और सामाजिक परिवर्तन का साथ निभाने का संकल्प लेने वाले कवियों ने भी बीसवीं सदी के आरम्भिक दशकों की राष्ट्रीय काव्य-धारा से प्रेरणा लेने की बजाय उसे भुला देना ही श्रेयस्कर समझा और प्रेरणा के लिए विदेशी कवियों का सहारा लिया। कवि सम्मेलन, जो कवियों और कविता को जनता से जोड़े रखने का सबसे महत्वपूर्ण साधन थे, केवल सस्ते मनोरंजन का साधन बन गये। निराला ने छन्दों के शासन से मुक्ति को कविता की मुक्ति बताया था। बाद के कवियों ने इस सूत्र को अधूरे रूप में लागू करके छन्दों से ही पीछा छुड़ा लिया और कविता की मुक्ति को कविता की उच्छृंखलता में प्रस्फुटित किया। कविता की वाचिक परम्परा को त्याग दिया गया। नतीजे के तौर पर कवियों की तादाद तो बढ़ी, लेकिन कविता की वसुन्धरा पहले से छोटी हो गयी। जो कवि सामाजिक परिवर्तन की धारा से जुड़े थे, जैसे नागार्जुन, सर्वेश्वरदयाल सक्सेना, गोरख पाण्डेय, आदि, उन्होंने राष्ट्रीय काव्य-धारा के उद्‌बोधनपरक स्वर को तो अपने-अपने ढंग से, और कुछ बदले हुए

रूप में, बरकरार रखा, लेकिन दैनन्दिन जीवन-प्रसंगों को अभिव्यक्त करने के प्रयास मन्द-से-मन्दतर होते चले गये और पिछले लगभग तीस वर्ष की हिन्दी कविता में वे यदा-कदा ही झलक उठते हैं।

वैसे भी, हिन्दी साहित्य एक पुरुष प्रधान समाज है। अगर हम पिछले पचास-साठ वर्ष की हिन्दी कविता पर नज़र डालें तो कवयित्रियों की कमी खटकने की हद तक महसूस होती है। कथा के क्षेत्र में तो महिलाओं ने अपनी सक्रिय उपस्थिति दर्ज करायी है और विपुल साहित्य भी रचा है, लेकिन कविता का क्षेत्र अब भी बहुत हद तक पुरुषों के अधीन है। निश्चय ही, सायास कवयित्रियाँ बनाना सम्भव नहीं है, मगर यह स्थिति हमें हिन्दी साहित्य के समाज-शास्त्र और आलोचना की पद्धति के कुछ पहलुओं पर विचार करने के लिए तो प्रेरित करती ही है।

अक्सर इस तथ्य को नज़रन्दाज़ कर दिया जाता है कि आलोचना सत्ता का विमर्श है। जो लोग 'निष्पक्ष आलोचना' की बात करते हैं, उन्हें न तो कला-कर्म - उसके प्रेरणा-स्रोतों, उसके उत्स और प्रकृति - की जानकारी होती है, न आलोचना के स्वभाव की। अगर किसी समाज में प्रचलित विचार, जैसा कि मार्क्स ने कहा है, शासक वर्ग के विचार होते हैं तो अनिवार्य रूप से उस समाज में प्रचलित आलोचना पद्धतियाँ, उनकी कसौटियाँ और निष्कर्ष भी शासक वर्ग के नज़रिये का प्रतिनिधित्व करते हैं। यही कारण है कि आलोचना का एक प्रमुख परिणाम श्रेणी-निर्धारण और कैननाइज़ेशन होता है, प्रतिमानीकरण होता है। और यह भी सत्ता का ही विमर्श होता है। लेकिन यह कोई स्थिर, अटल या अपरिवर्तनीय निर्णय नहीं होता, जो आलोचना किसी कृति अथवा लेखक के सन्दर्भ में करती है। यही कारण है कि समय के साथ मानकों में निरन्तर परिवर्तन होता रहता है। आचार्य शुक्ल के मानक में कबीर बड़ी मुश्किल से जगह पाते हैं, जबकि आचार्य हज़ारीप्रसाद द्विवेदी का मानक कबीर को शामिल किये बिना सम्भव ही नहीं है। यह तो हुई आलोचना की स्थिति। अगर जनता की दृष्टि से देखें तो कबीर सदा स्वीकृत रहे हैं। प्रकट ही, वर्गों में बँटे हुए समाज की रचनात्मकता ही नहीं, आलोचना भी वर्ग-विभाजन के तर्कों पर चलेगी।

इसी से मुख्य धारा और हाशिये का सवाल भी पैदा होता है। अक्सर यह कहा जाता है कि जिस अवधि में सुभद्रा जी ने अपनी अधिकतर कविताएँ लिखीं, उस समय की मुख्य धारा छायावाद है। वैसे तो यह मुख्य धारा और गौण अथवा हाशिये की धारा का सवाल ही कोई अर्थ नहीं रखता, लेकिन अगर इसे खाते में लिया जाय तो इस पर भी वही तर्क लागू होंगे, जिनका उल्लेख आलोचना के सन्दर्भ में ऊपर किया गया। यों, इस प्रश्न पर भी विवाद हो सकता है कि किसी सुदीर्घ काव्य परम्परा में मुख्य धारा किसे कहा जायेगा। छायावाद से ले कर अकविता तक, जितने काव्यान्दोलन हुए - प्रयोगवाद, प्रतीकवाद, प्रगतिवाद, नयी कविता, आदि - उनका आयुष्य पाँच-पाँच, दस-दस वर्षों से अधिक का नहीं रहा। न उन्होंने कोई अलग परम्परा ही स्थापित की। इसके विपरीत, वे पहले से चली आ रही काव्य परम्परा में समाहित कर लिये गये। वैसे ही, जैसे भारतीय विचार परम्परा में समय-समय पर उभरने वाले मत-मतान्तरों को समाहित कर लिया जाता रहा है।

इस सन्दर्भ में यह भी ग़ौर करने की बात है कि दो-तीन वर्ष आगे-पीछे जन्म लेने वालों पर भी समय क्या प्रभाव डालता है। सुभद्रा जी का जन्म १९०४ में हुआ, महादेवी वर्मा और हरिवंश राय बच्चन का १९०७ में। फिर यह कैसे हुआ कि सुभद्रा जी उस राष्ट्रीय काव्य धारा का अंग बनीं, जो मैथिलीशरण गुप्त और माखन लाल चतुर्वेदी से हो कर उन तक आयी थी, जबकि महादेवी छायावाद की ओर गयीं और बच्चन ने सर्वथा एक अलग राह पकड़ी। इसलिए अगर मुख्य धारा और हाशिये की बात करनी ही हो तो सबसे पहले यह स्पष्ट करना होगाा कि मुख्य धारा की पहचान क्या है ? क्या वह भी उसी कैननाइज़ेशन – प्रतिमानीकरण – की प्रक्रिया से नहीं गुज़रेगी, जो रचनाकारों के सिलसिले में लागू की जाती है ?

इसलिए शायद कवयित्रियों पर कभी सम्यक विचार नहीं हुआ। एक और कारण इस सिलसिले में यह भी हो सकता है कि हिन्दी कविता के संकलनों और उच्च अथवा उच्चतर पाठ्यक्रमों में हिन्दी की कवयत्रियों को उनका उचित स्थान नहीं मिला। अपवादस्वरूप अगर महादेवी वर्मा को छोड़ दें तो हिन्दी कवयित्रियों की एक लम्बी कतार है, जो इस कैननाइज़ेशन के चलते उपेक्षा का शिकार हुई है। इसलिए नहीं कि उनका साहित्यिक योगदान कमतर है।

इस विषयान्तर के बाद सुभद्रा जी की कविताओं की ओर लौटें तो विपुल न होते हुए भी उनके कृतित्व में एक उल्लेखनीय वैविध्य और अनोखी सहजता दिखायी देती है। प्रेम, परिवार, राजनीति, उद्बोधन – जिन विषयों को सुभद्रा जी ने अपनी कविताओं में उठाया, उन्हें उनकी विविधता में एक ऐसी सहजता से चित्रित किया, जो पहली नज़र में तो आयासहीन प्रतीत होती है, मगर गहराई से परखने पर सुभद्राजी के अर्जित कलात्मक कौशल की पर्याप्त गवाही देती है। यह ठीक है कि उनमें छायावादी कवियों की-सी भाव-सघनता नहीं है। हो भी नहीं सकती थी क्योंकि वे न तो महादेवी की तरह 'नीर-भरी दुख की बदली थीं' न निराला की तरह 'बसन्त की अग्रदूत'। उनकी राह कुछ दूसरी ही थी, जैसा कि उन्होंने 'मेरी प्याली' शीर्षक से लिखी कविता में स्पष्ट भी किया –

अपने कविता कानन की मैं हूँ कोयल मतवाली
मुझ से मुखरित हो गाती उपवन की डाली-डाली
सूखे सुमनों के दल पर मैं मधु संचालन करती
मैं प्राणहीन का अपने प्राणों से पालन करती

इसी तरह उनकी एक और कविता 'मेरा जीवन' में उनकी कविताओं की भावभूमि और उसके आधार को समझने का एक और सूत्र उपलब्ध होता है –

मैंने हँसना सीखा है मैं नहीं जानती रोना।
बरसा करता पल-पल पर मेरे जीवन में सोना।
आशा आलोकित करती मेरे जीवन के प्रतिक्षण।
हैं स्वर्ण सूत्र से वलयित मेरी असफलता के घन।
सुख भरे सुनहले बादल रहते हैं मुझको घेरे।
विश्वास, प्रेम, साहस हैं जीवन के साथी मेरे।

कहना न होगा कि 'प्राणहीन का पालन अपने प्राणों से' करने का व्रत ही उस सामाजिकता का आधार है, जो सुभद्रा जी की कविताओं की अन्तर्धारा है। इस सामाजिकता के चलते उनका प्रेम भी मुखर ही हो सकता था, गोपन नहीं। उनका प्रिय 'निशीथ नीरवता में चुपचाप' आने वाला प्रेमी नहीं, बल्कि जीवन-संघर्ष में साथ निभाने वाला प्रियतम है -

विषय-विकार-हीन दो हृदयों का यह पावन स्नेह विधान,
आत्मोन्नति के पथ पर चढ़ने का बन जायेगा सोपान।।

यों, सुभद्रा जी ने प्रेम की भी विभिन्न छवियाँ अंकित की हैं। इनमें मान-मनुहार भी है और एकान्तिक निष्ठा और समर्पण भी -

तुम मुझे पूछते हो 'जाऊँ?' मैं क्या जवाब दूँ, तुम्हीं कहो
'जा...' कहते रुकती है ज़बान किस मुँह से तुम से कहूँ रहो।
सेवा करना था जहाँ मुझे कुछ भक्ति-भाव दरसाना था
उन कृपा-कटाक्षों का बदला बलि हो कर जहाँ चुकाना था
मैं सदा रूठती ही आयी प्रिय! तुम्हें न मैं ने पहचाना
वह मान बाण-सा चुभता है, अब देख तुम्हारा यह जाना।

इस मान-मनुहार का एक दूसरा पक्ष भी है, जहाँ सुभद्रा जी एक और ढंग से प्रेम का चित्रण करती हैं, भले ही उसमें भी एक समर्पण की-सी ध्वनि आये -

बहुत दिनों तक हुई परीक्षा, अब रूखा व्यवहार न हो।
अजी, बोल तो लिया करो तुम, चाहे मुझ पर प्यार न हो।।

. . .

जरा-जरा सी बातों पर, मत रूठो मेरे अभिमानी।
लो प्रसन्न हो जाओ, गलती मैंने अपनी सब मानी।

. . .

मैं भूलों की भरी पिटारी, और दया के तुम आगार।
सदा दिखायी दो तुम हँसते, चाहे मुझ से करो न प्यार।।

अत्यन्त सीधी-सरल भाषा-शैली में सुभद्रा जी ने एक ऐसे प्रेम को चित्रित किया है जो पति-पत्नी के बीच भी हो सकता है। गृहस्थ जीवन में ऐसे प्रसंगों की कमी नहीं है। मगर सोचने की बात है कि कितने कवियों की नज़र इस सामान्य-से अनुभव खण्ड पर जाती है।लेकिन इस सारे समर्पण भाव और प्रेम के मुखर निवेदन में दीनता नहीं है। बल्कि नारी के अधिकारों के प्रति एक सजगता सदा झलकती है। 'मानिनि राधे' में वे कृष्ण के प्रति राधा के अनन्य भाव पर भी प्रश्न करने से नहीं हिचकतीं -

मुझे बता दो मानिनि राधे प्रीति-रीति वह न्यारी
क्योंकर भी उस मनमोहन पर अविचल भक्ति तुम्हारी।
तुम्हें छोड़ बन बैठे जो मथुरा-नगर निवासी
कर कितने ही ब्याह, हुए जो सुख-सौभाग्य-विलासी

ले आदर्श तुम्हारा, रह-रह मैं मन को समझाती हूँ
किन्तु बदलते भाव न मेरे शान्ति नहीं पाती हूँ।

स्त्री-पुरुष सम्बन्धों में जिस सामंजस्य को सुभद्रा जी ने अपनी कविताओं में आदर्श के रूप में चित्रित किया, यह उसी का तकाज़ा था कि वे राधा से दो-टूक शब्दों में कह सकीं - 'श्यामा कहला कर, हो बैठीं बिना दाम की चेरी।' वे एक ओर तो बेहिचक अपने को अपने प्रियतम पर निछावर करने का साहस रखती हैं -

मैं उन्मत्त प्रेम की लोभी हृदय दिखाने आयी हूँ
जो कुछ है, वह यही पास है, इसे चढ़ाने आयी हूँ
चरणों पर अर्पित है, इसको चाहो तो स्वीकार करो
यह तो वस्तु तुम्हारी ही है ठुकरा दो या प्यार करो

दूसरी ओर यह उन्मत्त प्रेम भी उनके कर्तव्यबोध को विस्मृत करने की शक्ति नहीं रखता। उनकी चिन्ता यही है कि प्रेम कहीं पथ से विचलित होने का कारक न बन जाये -

लगे आने, हृदय धन से कहा मैंने कि मत आओ
कहीं हो प्रेम में पागल न पथ में ही मचल जाओ
कठिन है मार्ग, मुझको मंज़िलें वे पार करनी हैं
उमंगों की तरंगें बढ़ पड़ें - शायद फिसल जाओ
तुम्हें कुछ चोट आ जाये कहीं लाचार लौटूँ मैं
हठीले प्यार से व्रत-भंग की घड़ियाँ निकट लाओ

इसीलिए सुभद्रा जी की कविताओं में जिस प्रेम के जिस रूप के दर्शन हमें होते हैं, वह एकान्तिक भक्ति और भाव-विह्वलता से आगे बढ़ कर सेवा-भाव और जन-कष्ट-निवारण को अपने दायरे में शामिल कर लेता है -

मधुर-मधुर मीठे शब्दों में मैंने गाना गाया एक
वे प्रसन्न हो उठे ख़ुशी से शाबाशी दी मुझे अनेक
हुई प्रेम-विह्वल मैं उनके चरणों पर बलिहार गयी
बदले में प्रिय का चुम्बन पा जीत गयी या हार गयी
घटने लगा किन्तु धीरे-धीरे यह पागलपन मेरा
एक नशा था, उतर गया, हो गया दुखी-सा मन मेरा
गाना एक और गाया, अब केवल मन बहलाने को
सेवा-भाव लिये निकली मैं अब जन कष्ट मिटाने को
मैं प्रसन्न थी, पर प्रसन्नता मेरी आज निराली थी
मैं न आज मैं थी यह कोई विश्व-प्रेम मतवाली थी

सुभद्रा जी के अन्दर की यह 'विश्व-प्रेम मतवाली' ही है, जो उन्हें न केवल व्यक्तिगत जीवन में एक परम्परागत परिवार की चहारदीवारी से बाहर निकल कर राजनीतिक कार्यकर्ता बनने और सक्रिय राजनीति में भाग लेने की ओर उन्मुख करती है, बल्कि अपनी कविता में उस क्षेत्र के अनुभवों का चित्रण करने के लिए भी प्रेरित करती है। राष्ट्रीय आन्दोलन के अनेकानेक चित्र सुभद्रा जी की कविताओं में एक कोलाज की तरह सजे मिलते हैं -

मेरा बन्धु माँ की पुकारों को सुन कर के तैयार हो जेलख़ाने गया है,
छीनी हुई माँ की स्वाधीनता को वह जालिम के घर में से लाने गया है

. . .

कृष्ण मन्दिर में प्यारे बन्धु पधारो निर्भयता के साथ
तुम्हारे मस्तक पर हो सदा कृष्ण का वह शुभचिन्तक हाथ

. . .

गिरफ़्तार होने वाले हैं आता है वारन्ट अभी
धक् सा हुआ हृदय, मैं सहमी हुए विकल आशंक सभी

. . .

गोली लाठी-चार्ज जेल की वे भीषण दीवारें
काल कोठरी दण्ड यातना वे कोड़ों की मारें

. . .

प्रभुता-मद से भरी शत्रु की व्यंग्य भरी बौछारें
साक्षी हैं साहस की, फिर हम जीतें अथवा हारें

प्रेम और संघर्ष के इन्हीं दो छोरों के बीच, या कहें कि उन्हें जोड़ने वाले धागे में सुभद्रा जी ने घर-परिवार, पास-पड़ोस, बन्धु-बान्धवों के संसार की छवियाँ मनकों की तरह पिरोयीं। एक ओर वे अपनी नन्ही-सी बेटी में अपने बचपन के अवतार को देखती हैं -

मैं बचपन को बुला रही थी बोल उठी बिटिया मेरी
नन्दन वन-सी फूल उठी यह छोटी-सी कुटिया मेरी
पाया मैंने बचपन फिर से बचपन बेटी बन आया
उसकी मंजुल मूर्ति देख कर मुझ में नवजीवन छाया

दूसरी ओर 'पुत्र-वियोग' में एक दुखी माँ की विकलता को व्यक्त करती हैं -

थपकी दे दे जिसे सुलाया जिसके लिए लोरियाँ गायीं
जिसके मुख पर ज़रा मलिनता देख आँख में रात बितायी

जिसके लिए भूल अपनापन पत्थर को भी देव बनाया
कहीं नारियल, दूध, बताशे कहीं चढ़ा कर शीश नवाया

फिर भी कोई कुछ न कर सका छिन ही गया खिलौना मेरा
मैं असहाय विवश बैठी ही रही उठ गया छौना मेरा।

इन्हीं कविताओं की कड़ी में एक कविता है - 'इसका रोना।' माँ के वात्सल्य के साथ दाम्पत्य के एक अत्यन्त सामान्य पक्ष का चित्रण, जिससे लगभग हर माता-पिता को दो-चार होना पड़ता है -

तुम कहते हो मुझको इसका रोना नहीं सुहाता है
मैं कहती हूँ, इस रोने से अनुपम सुख छा जाता है
कैसी करुणा-जनक दृष्टि है ! हृदय उमड़ कर आया है
आत्मीयता के यह सोते भाव जगा कर लाया है

हँसी बाहरी चहल-पहल को ही प्रायः दरसाती है
पर रोने में अन्तरतम तक की हलचल मच जाती है

इस तरह की कविताओं में जो सहजता है वही उनका प्राण-तत्व है, जो जीवन के अत्यन्त सामान्य, साधारण और अनछुए पहलुओं को चित्रित करने में सुभद्रा जी के कौशल और आग्रह का भी पता देती है।

इन कविताओं के अलावा सुभद्रा जी ने अपने ही बच्चों को केन्द्र में रख कर अनेक बाल-कविताएँ लिखी हैं, जिनमें इसी प्रकार के घरेलू चित्र बिखरे हुए हैं।

सुभद्रा जी ने अपनी प्रारम्भिक कविताओं की प्रेरणा मैथिलीशरण गुप्त और माखन लाल चतुर्वेदी जैसे कवियों और गणेश शंकर विद्यार्थी जैसे सम्पादकों से प्राप्त की थी। उनकी पहली रचना 'नीम' ही को देखें तो उसकी अनेक पंक्तियों पर मैथिलीशरण गुप्त की शैली की स्पष्ट छाया है –

वे जन तिहारे ही शरण हे नीम! आते हैं सदा
तेरी कृपा से सुख सहित आनन्द पाते सर्वदा
तू रोग मुक्त अनेक जन को सर्वदा करती रहै
इस भाँति से उपकार तू हर एक का करती रहै

नौ साल की उमर में इस आरम्भिक तुकबन्दी से शुरू करके सुभद्रा जी ने धीरे-धीरे अपने पूर्ववर्ती कवियों के प्रभावों से मुक्त हो कर अपनी अलग राह बनायी। उनके समग्र काव्य को देखने पर एक और विशेषता नज़र आती है। उनकी कविता में हिन्दी की अपनी भाषा-शैली अपने प्रांजल बोल-चाल वाले रूप में मौजूद है, जिसमें हिन्दुस्तानी ज़बान में लोक भाषा और बोलियों से लिये गये शब्दों का प्रयोग एक ऐसे समय किया गया, जब छायावाद की संस्कृत-बहुल शब्दावली का वर्चस्व था। इससे सायास किनारा करते हुए सुभद्रा जी ने हिन्दी की उस धारा का वरण किया, जो न तो आवृत्तिमूलक है, न इतिवृत्तात्मक, बल्कि आख्यानमूलक है। भले ही इसके लिए उन्हें छन्दों के गीति-तत्व को त्यागना पड़ा। उनकी छोटी-सी-छोटी कविता में भी एक कथा-तत्व बना रहता है। एक कविता एक प्रसंग की झलक दिखाती है। गीतों में जिस तरह एक भाव या मनःस्थिति को आवृत्ति के द्वारा सघन-से-सघनतर बनाया जाता है, उसके विपरीत सुभद्रा जी वर्णनात्मकता से काम लेती हैं।

इसीलिए उनकी कहानियों के समग्र-संकलन का शीर्षक – 'सीधे सादे चित्र – उनकी कविताओं के सन्दर्भ में भी उपयुक्त ठहरता है। यही उनकी रचनात्मकता का सार है और उनकी कविताओं का मूल स्वर भी। उनकी कविताओं और उनके जीवन या राजनैतिक कर्म में या फिर उनकी कविताओं और उनकी कहानियों में कोई फाँक नहीं दिखायी देती। उनके बरक्स अगर हम महादेवी वर्मा के कृतित्व को उसकी समग्रता में देखें तो महादेवी जी की कविताओं की भावभूमि और 'शृंखला की कड़ियाँ' के लेखों या फिर 'अतीत के चलचित्र' अथवा 'मेरा परिवार' की गद्य रचनाओं में वैसी एकसूत्रता नहीं है। वे मानो ऐसी लेखिका की रचनाएँ हैं, जिसका रचनात्मक अन्तर अलग-अलग ख़ानों में बँटा हुआ है।

सुभद्रा जी ने ठेठ हिन्दी के ठाठ को ही नहीं, बल्कि उसकी मूल प्रतिज्ञाओं को भी

अपनाया था और उन पर अपनी रचनाओं की आधारशिला रखी थी। आज तो ख़ैर, हिन्दी सत्तर-पचहत्तर साल के उस दौर से बहुत आगे चली आयी है। कहा जाय कि सारा परिदृश्य ही बदल गया है और परिस्थितियों के दबाव और सत्ता के प्रलोभन ने हिन्दी का सारा समाजशास्त्र ही उलट दिया है। लेकिन उस दौर में, जिसमें सुभद्रा जी की कविता विकसित हो कर परवान चढ़ी, हिन्दी राजभाषा या राष्ट्रभाषा के सिंहासन पर आसीन हो कर शासकों की भाषा नहीं बनी थी, बल्कि उसे वंचितों की वाणी और प्रतिरोध की भाषा होने पर गर्व था और अपनी बुनियादी प्रतिज्ञाओं से उसका सम्बन्ध क्षीण नहीं हुआ था। ये बुनियादी प्रतिज्ञाएँ थीं - विषमता और उत्पीड़न के ख़िलाफ़ मनुष्य के संघर्ष में सतत हिस्सेदारी; यथास्थिति से समझैता न करना; और, सत्ता तथा उसके प्रलोभनों का त्याग। इसीलिए अकारण नहीं है कि सुभद्रा जी की कविता में किसी प्रकार का चमत्कार नहीं है। न उक्ति का, न भाव का। उनमें निराला की तरह बार-बार अपने ही उपलब्ध साँचों को तोड़ कर नये साँचे गढ़ने की प्रयोगशीलता अथवा महादेवी वर्मा सरीखी भाव-सघनता और गीतात्मकता भी नहीं है। लेकिन उनकी समग्र कविताओं में हिन्दी की बुनियादी प्रतिज्ञाओं पर टिके रहने का आग्रह सर्वत्र परिलक्षित होता है और यह न केवल उनके जीवन और व्यक्तित्व की टेक है, बल्कि उस दौर के स्वाधीनता संग्राम का मूल स्वर भी ।

बर्टोल्ट ब्रेश्ट ने अपनी एक कविता में कवियों के उत्तरदायित्व का ज़िक्र करते हुए लिखा है -

वे यह नहीं कहेंगे : वह अन्धकार का युग था
बल्कि वे पूछेंगे : कवि क्यों ख़ामोश थे ?

कहना न होगा कि यह एक ज़रूरी प्रश्न ही नहीं एक प्रतिमान भी है। अगर इस कसौटी को लागू करें तो कविता के अन्य प्रतिमान भी बदल जायेंगे और तब हम पायेंगे कि सुभद्रा जी वही 'दीदा-ए-बीना-ए-क़ौम' हैं, जिसे इक़बाल ने 'शायरे-रंगीं नवा' की पहली शर्त बताया था।

अन्त में, किसी कवि की सफलता का प्रमाण इस बात में भी है कि देश-काल के परिवर्तन के बावजूद उसमें कुछ ऐसा है कि नहीं, जो लोगों को प्रेरित कर सके। 'झाँसी की रानी' और 'वीरों का कैसा हो बसन्त' जैसी कविताओं की युनीवर्सल अपील की बात न भी की जाय तो भी उनकी कुछ कविताएँ ऐसी हैं, जिनमें आश्चर्यजनक रूप से आज की स्थितियों की झलक दिखायी देती है। ऐसी ही एक कविता है - 'सेनानी का स्वागत'। जब आन्दोलन ज़ोरों पर हो, तब आशावाद और उद्‌बोधनपरक रचनाएँ किसी विशेष उद्यम की अपेक्षा नहीं रखतीं, लेकिन निराशा के दौर में उद्‌बोधन के स्वर को कायम रखना ऐसे जीवट की माँग करता है, जो जीवन के उतार-चढ़ाव का सीधा सामना करने से ही हासिल होता है। 'सेनानी के स्वागत' में ऐसा ही जीवट परिलक्षित होता है-

अन्धकार छा रहा भ्रमित-सी आज हमारी मति है
जिधर उठाते दृष्टि दिखायी देती क्षति ही क्षति है
ऐसी घोर निराशा में तुम आशा बन कर आओ
स्वागत है शत बार विजय का आओ मार्ग दिखाओ

रण भेरी का नाद सदा को क्या अब रुक जायेगा ?
जिसको ऊँचा किया वही क्या झण्डा झुक जायेगा ?
गोली लाठी चार्ज जेल की वे भीषण दीवारें
काल-कोठरी दण्ड यातना वे कोड़ों की मारें
हैं सन्तप्त तदपि आशा से स्वागत आज तुम्हारा
एक बार फिर कह दो झण्डा ऊँचा रहे हमारा

कविता के ये अंश आज की स्थितियों पर किस हद तक लागू होते हैं, यह बताने की ज़रूरत नहीं है और जो आशा-आकांक्षा इसमें कवि ने व्यक्त की है, वह भी आज अनेक परिवर्तनकामी रचनाकारों और कार्यकर्ताओं के हृदय की बात है। सुभद्रा जी की कविताओं का यह गुण अपने समय के जीवन में रच-बस कर, उससे सम्वेदित हो कर, उसे अभिव्यक्त करने की अन्तःप्रेरणा से उपजा है। इसीलिए उनकी कविता सर्वगम्य ही नहीं है, सबको सम्वेदित करने वाली भी है। कवि से प्रगतिशील कविता इससे अधिक और क्या उम्मीद रख सकती है ?

२००५

पीड़ा का उत्सव

विश्व की अनेक कवियित्रियों और कवियों के विपरीत, जो अपने जीवन के अन्त तक सृजनरत रहे, महादेवी वर्मा का काव्य-जीवन केवल १६-१७ वर्षों की अवधि ही में सीमित है - 'नीहार' (१९३०) से ले कर 'दीपशिखा' (१९४२) तक - 'रश्मि' (१९३२), 'नीरजा' (१९३४), और 'सान्ध्य गीत' (१९३६) को जोड़ कर इन पाँच संग्रहों में १९२३-१९४० तक की रचनाएँ संकलित हैं।*

अपनी कविताओं के दूसरे संग्रह - 'रश्मि' (१९३२) - की भूमिका में महादेवी वर्मा ने लिखा था -

> "जैसे मेरे बिना जाने हुए ही मेरे स्वभाव में अनेक गुण-दोष आ गये हैं, उसी प्रकार कुछ लिखते रहने की दुर्बलता भी उत्पन्न हो गयी है। कब और कैसे, यह तो मैं स्वयं ही नहीं जानती हूँ, केवल इतना कह सकती हूँ कि लिखने में सुख मिलता है, न लिखने से जीवन में एक अभाव-सा प्रतीत होता है।'

जहाँ तक सृजन और रचना-कर्म की रहस्य-भरी प्रक्रिया का सम्बन्ध है, महादेवी का अनुभव अकेला अनुभव नहीं है। और भी बहुत-से कवियों ने अपनी रचनात्मकता के बारे में अक्सर ऐसा ही महसूस किया है। ग़ालिब का प्रसिद्ध शेर है -

आते हैं ग़ैब से ये मज़ामीं ख़याल में
ग़ालिब, सरीर-ए-खामः नवा-ए-सरोश है

---

* (यहाँ तिथि-सम्बन्धी एक भ्रम की चर्चा करना ज़रूरी है। प्रायः सभी जगह 'दीपशिखा' का प्रकाशन-काल १९४२ बताया जाता है और इस संग्रह पर महादेवी जी की लम्बी भूमिका की तारीख़ भी रामनवमी, १९४२ ही है। मेरे पास किताबिस्तान, इलाहाबाद से प्रकाशित 'दीपशिखा' के पहले संस्करण की जो प्रति है, उस पर 'प्रथमावृत्ति १९४२' ही दी हुई है, और 'आज के लोकप्रिय हिन्दी कवि' माला में गंगाप्रसाद पाण्डेय ने महादेवी वर्मा की कविताओं का जो संचयन प्रस्तुत किया था, उसमें 'दीपशिखा' का प्रकाशन वर्ष १९४२ ही लिखा है। लेकिन 'साहित्य कोश' में महादेवी वर्मा पर शम्भूनाथ सिंह की टिप्पणी में 'दीपशिखा' का प्रकाशन वर्ष १९४० बताया गया है, और हिन्दी साहित्य सम्मेलन की 'देव पुरस्कार ग्रन्थावली' के अन्तर्गत प्रकाशित 'आधुनिक कवि' शृंखला में महादेवी वर्मा की ख़ुद चुनी हुई कविताओं पर जो भूमिका दी गयी है, वह ५.१०.१९४० की है और इस चयन में 'दीपशिखा' के गीत भी शामिल हैं। सम्भव है, महादेवी वर्मा ने 'दीपशिखा' के प्रकाशन से पहले, 'आधुनिक कवि' के इस चयन में कुछ ऐसे गीत भी शामिल कर दिये, जो बाद में 'दीपशिखा' में संकलित हुए। भ्रम शायद इसीलिए पैदा हुआ होगा।)

इसी तरह महादेवी के समकालीन कवि सुमित्रानन्दन पन्त ने अपनी कविता के स्रोतों पर विचार करते हुए लिखा है –

"मैं क्यों लिखता हूँ – यह प्रश्न मेरे जैसे व्यक्ति के लिए उतना स्वाभाविक नहीं जितना कि मैं क्यों न लिखूँ। जब लिखने को जी करता है, उसमें सुख मिलता है जो कि एक उपेक्षणीय वस्तु नहीं – तब कोई क्यों न लिखे ? किन्तु जागतिक ऊहापोहों के कारण कभी मेरे मन में भी यह बात आती है कि मैं वास्तव में क्यों लिखता हूँ। मेरा मन आज तक इस प्रश्न का कोई सन्तोषजनक उत्तर नहीं दे सका है... वास्तव में 'क्यों' एक अत्यन्त गूढ़ तथा भयानक प्रश्न है।"

लेकिन जहाँ ग़ालिब अपने दीवान की अन्तिम ग़ज़ल में कहते हैं –

वरक तमाम हुआ और मद्ह बाकी है
सफ़ीनः चाहिए इस बह्र-ए-बेकराँ के लिए

वहाँ 'दीपशिखा' की अन्तिम पंक्तियों में महादेवी बस इतना कह कर अपना सफ़र पूरा कर लेती हैं कि –

मैं सुख से चंचल दुख-बोझिल
क्षण-क्षण का जीवन जान चली
मिटने को कर निर्माण चली

वे निराला की तरह यह भी नहीं कह पातीं कि – 'पुनः सबेरा एक और फेरा ही जी का।'

महादेवी को लिखने में सुख मिलना कब और कैसे बन्द हो गया, 'मिटने' को ही उन्होंने निर्माण की अन्तिम और चिरस्थायी परिसमाप्ति क्यों मान लिया और न लिखने से जीवन में अभाव की प्रतीति किन कारणों से लुप्त हो गयी – कहना कठिन है, क्योंकि उन्होंने ख़ुद इस बारे में कुछ नहीं कहा है।

महादेवी वर्मा की कविताओं की तुलना में उनका रचनात्मक और वैचारिक गद्य अपेक्षाकृत लम्बी अवधि में फैला हुआ है, अधिक दीर्घजीवी है। 'अतीत के चलचित्र' के संस्मरणों और 'श्रृंखला की कड़ियाँ' के वैचारिक निबन्धों से ले कर 'मेरा परिवार' (१९७२) में संकलित पालतू पशु-पक्षियों के संस्मरणात्मक रेखाचित्रों तक, लगभग चार दशकों की अवधि है जिसमें महादेवी के लेख, संस्मरण और निबन्ध कुछ-कुछ अन्तराल के बाद प्रकट होते रहे। इस तथ्य को ध्यान में रखें तो दूसरा सवाल यह उठता है कि १९२४ से १९४२ तक तो महादेवी वर्मा कविता और गद्य को समान रूप से साधे रख सकीं, लेकिन उसके बाद उनके लिए इन दोनों को समान रूप से साधे रखना क्यों सम्भव नहीं रहा ? इन दोनों ही प्रश्नों के सिलसिले में कुछ संकेत स्वयं महादेवी की कविता के भीतर ही से मिल सकते हैं और प्रकारान्तर से उसके मूल्यांकन के लिए भी कुछ सूत्र उपलब्ध करा सकते हैं।

❐

महादेवी वर्मा के अपेक्षाकृत संक्षिप्त काव्य-रिक्थ के बावजूद उनकी कविता का मूल्यांकन, या कहा जाये पुनर्मूल्यांकन, आसान नहीं है। वह कई तरह की दिक्कतें पैदा करता है और कुछ ऐसे प्रश्नों को जन्म देता है, जिनके उत्तर हमें सहज रूप से उपलब्ध नहीं होते। इसका

शायद सबसे बड़ा कारण है उनकी कविता की अत्यन्त अन्तर्मुखी प्रकृति। उनकी कविता का यह स्वभाव, यह अन्तर्मुखी पीठिका, 'नीहार' में संकलित और जुलाई १९२८ में लिखी गयी कविता 'मेरा राज्य' से ही स्पष्ट होने लगती है –

इन ललचायी पलकों पर
पहरा जब था व्रीड़ा का
साम्राज्य मुझे दे डाला
उस चितवन ने पीड़ा का
उस सोने के सपने को
देखे कितने युग बीते
आँखों के कोष हुए हैं
मोती बरसा कर रीते
अपने इस सूनेपन की
मैं हूँ रानी मतवाली
प्राणों का दीप जला कर
करती रहती दीवाली

यह अन्तर्मुखी स्वभाव अन्तिम संग्रह 'दीपशिखा' तक महादेवी की कविता का प्रमुख स्वर बना रहता है –

मैं पलकों में पाल रही हूँ
यह सपना सुकुमार किसी का
जाने क्यों कहता है कोई
मैं तम की उलझन में खोई
धूममयी वीथी-वीथी में
लुक-छिप कर विद्युत-सी रोई
मैं कण-कण में ढाल रही अलि आँसू के मिस प्यार किसी का
मैं कैसे उलझूँ इति-अथ में
गति मेरी संसृति है पथ में
बनता है इतिहास मिलन का
प्यास भले अभिसार अकथ में
मेरे प्रति पग पर बसता जाता सूना संसार किसी का

महादेवी की कविता की इस अन्तर्मुखी प्रकृति के अलावा, उसके मूल्यांकन और पुनर्मूल्यांकन की कठिनाई को बढ़ाने में दो और तत्वों का योगदान है। पहला है, उनकी कविता के संसार और उनके गद्य के संसार में एक विलक्षण पार्थक्य। उनकी कविता जितनी अन्तर्मुखी है, उनका गद्य उतना ही बाहरी जगत और उसकी प्रकृति, और उसमें उठ रही हलचलों के प्रति सचेत और जागरूक। उनके गद्य में उस एकान्तिक पीड़ा और वेदना का, तिल-तिल कर मिटने का, वियोग, व्यथा और समर्पण का कोई चिह्न नहीं दिखायी देता है। इसके विपरीत उसमें अपने समय की चुनौतियों का आमना-सामना करने और परिवर्तन की

पक्षधरता का संकल्प नज़र आता है। जबकि उनकी कविता में न तो बाहरी संसार की इन ध्वनियों का प्रवेश है, न परिवर्तन के संकल्प का। उनका सत्य 'और कहेंगे मुक्ति-कहानी, मैंने धूलि-व्यथा भर जानी' के इर्द-गिर्द घूमता है। आश्चर्य नहीं कि आचार्य रामचन्द्र शुक्ल को महादेवी के काव्य में शुरू से आख़िर तक सघन पीड़ा और वेदना ही की छवियाँ देख कर उनकी काव्यानुभूति ही सन्दिग्ध जान पड़ी और उन्होंने लिखा, 'कहाँ तक वे वास्तविक अनुभूतियाँ हैं और कहाँ तक अनुभूतियों की रमणीय कल्पना, यह कहा नहीं जा सकता।'

महादेवी वर्मा के मूल्यांकन-पुनर्मूल्यांकन में कुछ समस्याएँ उन विवादों, फ़तवों और आक्षेपों ने भी पैदा की हैं, जो हिन्दी की काव्य-धारा के नैसर्गिक विकास, इस विकास-क्रम में छायावाद के स्थान और स्वयं छायावादी कहे जाने वाले कवियों के सन्दर्भ में उठते रहे। वह सब कुछ अब इतिहास की सम्पदा बन चुका है, इसलिए उसके विस्तार में जाने की ज़रूरत नहीं, लेकिन फिर भी कुछ बातों का उल्लेख करना ज़रूरी है।

❐

अगर हम आज मुड़ कर बीसवीं सदी के आरम्भिक तीन दशकों पर निगाह डालें तो हम सहज ही समझ सकते हैं कि हिन्दी कविता की नैसर्गिक परम्परा और छायावाद के सन्दर्भ में इतना शोर-गुल क्योंकर हुआ होगा।

१९१२ में मैथिलीशरण गुप्त की कृति 'भारत भारती' प्रकाशित हुई थी, जिसमें हिन्दी की काव्य-भाषा का यह रूप था –

चर्चा हमारी भी कभी संसार में सर्वत्र थी,
वह सद्गुणों की कीर्ति मानो एक और कलत्र थी।
इस दुर्दशा का स्वप्न में भी क्या हमें कुछ ध्यान था ?
क्या इस पतन ही को हमारा वह अतुल उत्थान था !

दो वर्ष बाद १९१४ में अयोध्या सिंह उपाध्याय हरिऔध अपनी प्रबन्ध कविता 'प्रिय प्रवास' में कुछ ऐसी हिन्दी लिख रहे थे –

रो-रो चिन्ता-सहित दिन को राधिका थीं बिताती,
आँखों को थी सजल रखतीं उन्मना थीं दिखाती।
शोभा वाले जलद-वपु की हो रही चातकी थीं,
उत्कण्ठा थी परम प्रबला वेदना वर्द्धिता थीं।

ठेठ हिन्दी के इस ठाठ को महज़ चार वर्ष के अन्तर पर सुमित्रानन्दन पन्त ने १९१८ में लिखी अपनी कविताओं से पलट दिया –

उठ रे, उद्यत हो अज्ञात
स्तब्ध हुआ है सब संसार
इस नीरवता से तू कर ले
अपने साधन का शृंगार
यह सुहाग की है प्रिय रात

यह दीपक अपने सम्मुख धर
जिससे पीछे गिरे मोह की
छाया, अन्तर हो गोचर
वह भविष्य होवे अवदात!

श्रीधर पाठक से ले कर हरिऔध, मैथिलीशरण गुप्त और अनूप शर्मा तक जो हिन्दी उड़ने की कोशिश में छलाँगें लगा-लगा कर फिर धरती पर रेंगने लगती थी, अब पूरे डैने फैला कर भावों और विचारों के असीम आकाश में तरारे भरने लगी। 'भारत भारती' में मैथिलीशरण गुप्त ने लिखा था -

भू-लोक का गौरव, प्रकृति का पुण्य लीला-स्थल कहाँ ?
फैला मनोहर गिरि हिमालय और गंगाजल जहाँ।
सम्पूर्ण देशों से अधिक किस देश का उत्कर्ष है ?
उसका कि जो ऋषि भूमि है, वह कौन ? भारतवर्ष है।

१९२० में निराला एक बिलकुल नयी भाव-भूमि के साथ सामने आये -

त्रिदश कोटि नर समाज
मधुर-कण्ठ-मुखर आज
चपल चरणभंग नाच तारागण सूर्य चन्द्र
चूम चरण ताल मार गरज जलधि मधुर मन्द्र
वधिर विश्व चकित भीत सुन भैरव वाणी
जन्मभूमि मेरी है जगन्महारानी

कहना न होगा कि इन कविताओं की भाषा ही नहीं, भाव भी नये थे। अब तक की हिन्दी कविता में जो राष्ट्रीय मुक्ति के स्वर थे - सीधे, सपाट, मुखर और आवाहन-भरे - उनसे यह कविता-धारा बिलकुल अलग थी। ब्रज भाषा की रस-छन्द-अलंकार प्रधान शैली और कृष्ण, राधा और गोपिकाओं की आड़ में प्रेम व्यक्त करने की पुरानी परिपाटी के विरुद्ध इसंमें सीधे-सीधे प्रेम की अभिव्यक्ति थी; राष्ट्रीय मुक्ति को मनुष्य की मुक्ति से जोड़ कर देखने पर बल था और कहीं-कहीं उस विद्रोही, विप्लवी धारा की भी प्रेरणा थी, जो एक ओर तो १९०६ के आस-पास बंगाल के क्रान्तिकारियों में लक्षित हुई थी, दूसरी ओर बंगला कविता की स्वच्छन्दतावादी रूमानी काव्य-धारा में। १९२० में ही पन्त की कविता 'छाया' प्रकाशित हुई :

कौन-कौन तुम परिहत वसना
म्लान मना, भू-पतिता-सी
वात-हता विच्छिन्न लता-सी
रति-श्रान्ता व्रज-वनिता-सी
चिर अतीत की विस्मृत स्मृति-सी
नीरवता की-सी झंकार,
आँख मिचौनी-सी असीम की
निर्जनता की-सी उद्गार

किस रहस्यमय अभिनय की तुम
सजनि! यवनिका हो सुकुमार
इस अभेद्य पट के भीतर है
किस विचित्रता का संसार ?

इस 'विचित्रता के संसार' को पुराने तरीकों से समझना-समझाना सम्भव नहीं था। इसके अलावा 'नीरवता की-सी झंकार' और 'निर्जनता की-सी उद्गार' जैसे प्रयोग इससे पहले हिन्दी में नहीं देखे गये थे। आज अगर हिन्दी कविता के पाठक विजय देव नारायण साही की कविता में 'सन्नाटा बोलता है' या फिर अज्ञेय की कविता में 'सन्नाटे का छन्द' जैसे प्रयोगों को सहज ही स्वीकार कर लेते हैं तो इसके पीछे इस नयी काव्य-धारा द्वारा स्थापित परम्परा का भी बहुत बड़ा हाथ है। इन प्रयोगों के अतिरिक्त कविता के बारे में कवियों के वक्तव्य भी सम्पादकों और समीक्षकों के काम को सुगम बनाने की बजाय दुष्कर ही बना रहे थे। अपने युगान्तरकारी कविता संग्रह 'पल्लव' की भूमिका में पन्त ने लिखा -

> "कविता हमारे परिपूर्ण क्षणों की वाणी है। हमारे जीवन का पूर्ण रूप, हमारे अन्तरतम प्रदेश का सूक्ष्माकाश ही संगीतमय है; अपने उत्कृष्ट क्षणों में हमारा जीवन छन्द ही में बहने लगता; उसमें एक प्रकार की सम्पूर्णता, स्वरैक्य तथा संयम आ जाता है। प्रकृति के प्रत्येक कार्य, रात्रि-दिवस की आँख-मिचौनी, षड्-ऋतु परिवर्तन, सूर्य-शशि का जागरण-शयन, ग्रह-उपग्रह का अश्रान्त नर्तन-सृजन, स्थिति संहार - सब एक अनन्त छन्द, एक अखण्ड संगीत ही में होता है।"

१९२० में जबलपुर की 'श्री शारदा' पत्रिका में कवि मुकुटधर पाण्डे ने इस नयी काव्य-धारा की विशेषताएँ बताने का एक सटीक प्रयास करते हुए 'हिन्दी में छायावाद' शीर्षक से चार लेख प्रकाशित कराये। उन्होंने लिखा -

> "अंग्रेज़ी या किसी पाश्चात्य साहित्य अथवा बंग साहित्य की वर्तमान स्थिति की कुछ भी जानकारी रखने वाले तो सुनते ही समझ जायेंगे कि यह शब्द मिस्टिसिज़्म के लिए आया है... छायावाद एक ऐसी मायामय सूक्ष्म वस्तु है कि शब्दों द्वारा उसका ठीक-ठीक वर्णन करना असम्भव है। ऐसी रचनाओं में शब्द अपने स्वाभाविक मूल्य को खो कर सांकेतिक चिह्न मात्र हुआ करते हैं। छायावाद के कवि वस्तुओं को असाधारण दृष्टि से देखते हैं... अस्थिरता और क्षीणता के साथ उसमें एक तरह की उन्मादकता और अन्तरंगता होती है, जिसके कारण वस्तु उसके प्रकृत रूप में नहीं, किन्तु एक अन्य रूप में दीख पड़ती है। उसके इस अन्य रूप का सम्बन्ध कवि के अन्तर्जगत से रहता है। यह अन्तरंग दृष्टि ही छायावाद की विचित्र प्रकाशन रीति का मूल है। काव्य में चित्रकारी और संगीत का अपूर्व एकीकरण उसका आदर्श है।"

जब कवि ख़ुद ही अपनी रचना को विचित्र बता रहे हों तो सम्पादकों और आलोचकों का भ्रमित हो जाना स्वाभाविक था। महावीर प्रसाद द्विवेदी ने लिखा कि "छायावाद से लोगों का क्या मतलब है, कुछ समझ में नहीं आता। शायद उनका मतलब

है कि किसी कविता के भावों की छाया यदि कहीं अन्यत्र जा कर पड़े तो उसे छायावादी कविता कहना चाहिए।" उधर आचार्य रामचन्द्र शुक्ल ने अपना ध्यान मिस्टिसिज़्म यानी रहस्यवाद शब्द पर केन्द्रित किया और इस नयी काव्य-धारा का सम्बन्ध रवीन्द्रनाथ ठाकुर, ब्रह्म समाज, ईसाई धर्म और आध्यात्मिकता से जोड़ते हुए छायावाद को हिन्दी काव्य परम्परा में एक विदेशी प्रभाव बताया। अन्य आलोचकों ने इसे सूफ़ियों के प्रभाव, रोमानी काव्य-धारा और स्वच्छन्दतावाद से जोड़ा। यानी एक लम्बे समय तक मुण्डे-मुण्डे मतिर्भिन्ना की हालत रही। लेकिन सिर्फ़ सम्पादकों और आलोचकों के क्षेत्र में। कवि अपनी राह पहचान चुके थे।

❐

यही वह सामान्य साहित्यिक वातावरण था, जिसमें महादेवी वर्मा ने कविता लिखनी शुरू की। शुरुआत उन्होंने समस्या-पूर्ति और ब्रज भाषा से की, लेकिन फिर शीघ्र ही उन्होंने अपने युग के मुख्य स्वर को पहचान लिया। जैसा कि उन्होंने 'आधुनिक कवि' की भूमिका में लिखा है - "बचपन में जब पहले-पहल खड़ी बोली की कविता से मेरा परिचय पत्रिकाओं द्वारा हुआ, तब उसमें बोलने की भाषा में ही लिखने की सुविधा देख कर मेरा अबोध मन उसी ओर उत्तरोत्तर आकृष्ट होने लगा।" अपने प्रारम्भिक प्रयासों को याद करते हुए महादेवी ने बताया है कि उन्होंने मैथिली शरण गुप्त की तरह हरिगीतिका और रोला छन्दों में कुछ रचनाएँ कीं, माँ से सुनी एक करुण कहानी पर सौ छन्दों का एक खण्ड काव्य लिखने के साथ-साथ 'अबला,' 'विधवा,' आदि शीर्षक से कुछ शब्द-चित्र प्रकाशित कराये और सामाजिक-राष्ट्रीय जागृति की भावना से प्रेरित हो कर 'शृंगारमयी अनुरागमयी भारत जननी भारत माता' और 'तेरी उतारूँ आरती माँ भारती' जैसी रचनाएँ भी कीं। लेकिन उन्हीं के शब्दों में कहें तो "वे विद्यालय के वातावरण में ही खो जाने के लिए लिखी गयी थीं। उनकी समाप्ति के साथ ही मेरी कविता का शैशव भी समाप्त हो गया।"

१९३० में महादेवी वर्मा का पहला कविता-संग्रह 'नीहार' प्रकाशित हुआ, जिसमें १९२४ से ले कर १९२९ तक की रचनाएँ संकलित हैं। दस वर्ष बाद इस संग्रह के सन्दर्भ में अपनी मनोभूमि का ज़िक्र करते हुए महादेवी ने लिखा -

> "इस समय से मेरी प्रवृत्ति एक विशेष दिशा की ओर उन्मुख हुई, जिसमें व्यक्तिगत दुःख समष्टिगत गम्भीर वेदना का रूप ग्रहण करने लगा। और प्रत्यक्ष या स्थूल रूप एक सूक्ष्म चेतना का आभास देने लगा। कहना नहीं होगा कि इस दिशा में मेरे मन को वही विश्राम मिला जो पक्षिशावक को कई बार गिर-उठ कर अपने पंखों को सँभाल लेने पर मिलता होगा।"

व्यष्टिगत दुःख और समष्टिगत वेदना, प्रत्यक्ष या स्थूल रूप और सूक्ष्म चेतना का यह अन्तर्सम्बन्ध ही छायावादी काव्य-धारा की वह आधार-भूमि थी, जिस पर महादेवी ने अपनी कविताओं की इमारत खड़ी की।

छायावाद की इस आधार-भूमि पर जब हम महादेवी वर्मा की कविताओं की इमारत का जायज़ा लेते हैं तो हमें बहुत कुछ चीन्हा हुआ नज़र आता है। छायावाद की मनोभूमि से,

जिसका उल्लेख ऊपर किया गया, उसका तालमेल बैठाने में हमें दिक्कत नहीं होती। छायावाद के बारे में पिछले साठ-सत्तर वर्षों में इतना लिखा गया है कि उस सब को दोहराने की ज़रूरत भी नहीं है। आत्म-प्रसार की भावना हो या व्यक्तिवाद, मुक्ति की चेतना हो या पुरानी पड़ गयी रूढ़ियों से विद्रोह, प्रेम की सीधी अभिव्यक्ति हो या प्रकृति का मानवीकरण - यह सब महादेवी वर्मा की कविता में मौजूद है। लेकिन इसके बावजूद छायावादी कवि एक-दूसरे की कार्बन-प्रतिलिपियाँ नहीं थे। इनमें से हरेक का अपना एजेण्डा था। प्रसाद का एजेण्डा अगर 'तुमुल कोलाहल कलह में हृदय की बात' था तो पन्त का एजेण्डा था - 'प्रेयसि कविते! हे निरुपमिते! अधरामृत से इन निर्जीवित शब्दों में जीवन लाओ, आँखों ने जो देखा, कर को उसे खींचना सिखलाओ।' निराला ने अपना एजेण्डा 'अधिवास' में ही स्पष्ट कर दिया था -

कहाँ -
मेरा अधिवास कहाँ ?
क्या कहा ? रुकती है गति जहाँ ?
भला इस गति का शेष सम्भव है क्या,
करुण स्वर का जब तक मुझमें रहता है आवेश ?
मैं ने 'मैं' शैली अपनाई
देखा दुखी एक निज भाई
दुख की छाया पड़ी हृदय में मेरे
झट उमड़ वेदना आई।

महादेवी ने भी 'नीहार' में प्रकाशित कविता 'मिलन' में अपना एजेण्डा तय किया। पन्त की कविता-पंक्तियाँ याद दिलाते हुए कहें तो अन्तर गोचर होने लगा :-

मूक प्रणय से, मधुर व्यथा से
स्वप्न लोक के-से आह्वान
वे आये चुपचाप सुनाने
तब मधुमय मुरली की तान
चल चितवन के दूत सुना
उनके, पल में रहस्य की बात,
मेरे निर्निमेष पलकों में
मचा गये क्या क्या उत्पात

जीवन है उन्माद तभी से
निधियाँ प्राणों के छाले
माँग रहा है विपुल वेदना
के मन प्याले-पर-प्याले
पीड़ा का साम्राज्य बस गया
उस दिन दूर क्षितिज के पार
मिटना था निर्वाण जहाँ
नीरव रोदन था पहरेदार

कैसे कहती हो सपना है
अलि! उस मूक मिलन की बात ?
भरे हुए अब तक फूलों में
मेरे आँसू उनके हास !

यही स्वर थोड़े से परिवर्तन-परिवर्द्धन के साथ अन्त तक महादेवी की कविता का प्रमुख स्वर बना रहा। उन्होंने 'चाहता है यह पागल प्यार, अनोखा एक नया संसार' की कामना तो की, लेकिन इस अनोखे संसार में भी 'मूक प्रणय' और 'मधुर व्यथा' की छाया ही मँडराती रही। इसीलिए उनका प्रेम दिन के उजाले की नहीं, रात के अँधेरे की बाट जोहता है :-

सजनि कौन तम में परिचित-सा, सुधि-सा, छाया-सा आता ?
सूने में सस्मित चितवन से जीवन-दीप जला जाता

. . .

प्रिय मेरा निशीथ नीरवता में आता चुपचाप,
मेरे निमिषों से भी नीरव है उसकी पदचाप

मिलन की उत्कट कामना और फिर मिलन से गुरेज़ करके विरह का वरण और इस विरह में ही मिलन का सुख मानना या चिर अतृप्ति में जलना - यह सब महादेवी की जटिल प्रेमाभिव्यक्ति के स्थायी तत्व हैं। एक विचित्र-सा एकात्म और द्वन्द्व उनकी कविता में एक साथ उपस्थित मिलता है, जिसमें पूरकता कम है।

अकारण नहीं कि जब निराला 'तुम और मैं' में लिख रहे थे 'तुम तुंग हिमालय शृंग और मैं चंचल गति सुर सरिता' या 'तुम प्राण और मैं काया' या फिर 'तुम शिव हो मैं हूँ शक्ति' तब महादेवी 'मैं और तू' में लिख रही थीं -

स्वरलहरी मैं मधुर स्वप्न की
तुम निद्रा के तार,
जिसमें होता, इस जीवन का
उपक्रम उपसंहार।

. . .

मैं तुमसे हूँ एक, एक हैं
जैसे रश्मि प्रकाश ;
मैं तुमसे हूँ भिन्न, भिन्न ज्यों
घन से तड़ित्‌विलास

इसी तरह जिस व्यथा, वेदना और पीड़ा का वरण महादेवी ने 'नीहार' में किया, वह 'दीपशिखा' तक अकम्पित रूप से बनी रही। 'नीर भरी दुख की बदली' की भूमिका अपनाने के बाद उनकी परिणति स्पष्ट और अपरिहार्य थी -

विस्तृत नभ का कोई कोना
मेरा न कभी अपना होना
परिचय इतना इतिहास यही
उमड़ी कल थी मिट आज चली।

या फिर

मैं नभ के रज के रस-विष के
आँसू के सब रंग जान चली
दुख को कर सुख-आख्यान चली
मैं उपवन निर्जन पथ के हर
कंटक का मृदु मन जान चली
गति का दे चिर वरदान चली

प्रकट ही सीमाओं के प्रति विद्रोह महादेवी की कविता में एक निरन्तर गति का वरण करता है, लेकिन यह गति जहाँ तक महादेवी की कविता का सम्बन्ध है, रेखीय न हो कर चक्राकार है। बार-बार उन्हीं-उन्हीं भावों का, अनुभूतियों का, कसक का, कचोट का, चोट का आवर्तन है। निस्सन्देह उनकी तीव्रता और मार्मिकता हमें प्रभावित करती है, लेकिन साथ ही मन में अनेक प्रश्न भी उठाती है।

❒

क्या कारण है कि 'नीहार' से ले कर 'दीपशिखा' तक की काव्य-यात्रा में महादेवी एक बार भी अपने स्वनिर्मित अन्तर्मुखी प्रासाद से बाहर नहीं आ पातीं ? नामवर सिंह ने महादेवी की इस एकान्त अन्तरंगता और अन्तर्मुखी प्रकृति के पीछे तत्कालीन सामन्ती समाज की रूढ़ियों को ज़िम्मेदार ठहराया है -

> "यहाँ तो यह स्थिति है कि नारी जिस घर में बन्दिनी है, उसमें कोई खिड़की भी नहीं है - न तो हवा के लिए और न प्रकाश के लिए। उसे तो अभी खिड़की भी खोलनी है और सन्तोष की बात है कि नयी शिक्षा ने मध्यवर्गीय घरों में भी प्रवेश किया। शिक्षा ने चारों ओर से बन्द घरों में छोटी-सी खिड़की खोल दी। कवि की जो आकांक्षा थी कि कोई आँधी-तूफ़ान आ कर उस खिड़की को भी तोड़ दे, वह तो न हो सका, लेकिन खिड़की ज़रूर खुल गयी, भले ही उस पर पर्दा भी टाँग दिया गया हो।"

निस्सन्देह, नामवर जी इस तर्क से उस समय की सामाजिक परिस्थिति की एक झाँकी ज़रूर मिलती है, लेकिन महादेवी की कविता में वेदना का जो स्थायी, चिरन्तन भाव है, पीड़ा में सुख पाने, धीरे-धीरे गल कर मिट जाने, रुकने लायक कोई ठौर न पाने की जो अनुभूति बार-बार व्यक्त हुई है, उसका समाधान नहीं हो पाता। रात के अँधेरे में प्रियतम का आना तो समझा जा सकता है, लेकिन केवल इतने भर के लिए जीना एक ग्रन्थि ही लगती है, विशेष रूप से जब हम देखते हैं कि 'दीपशिखा' की लम्बी भूमिका में महादेवी तत्कालीन सामाजिक -राजनैतिक परिस्थिति की विस्तृत चर्चा करने के बाद लिखती हैं -

> "जहाँ तक नारी की स्थिति का प्रश्न है, वह आज इतनी संज्ञाहीन और पंगु नहीं कि पुरुष अकेले ही उसके भविष्य और गति के सम्बन्ध में निश्चय कर ले। हमारे राष्ट्रीय जागरण में उसका सहयोग महत्वपूर्ण और बलिदान असंख्य हैं। समाज में

वह अपनी स्थिति के प्रति विशेष सजग और सतर्क हो चुकी है। साहित्य को कुछ ही वर्षों में उसकी सजीवता का जैसा परिचय मिल चुका है, वह भी उपेक्षणीय नहीं। इसके अतिरिक्त इस संक्रान्ति काल में सभी देशों की नारी अपने कठिन त्यागों से अर्जित गृह, सन्तान तथा जीवन को अरक्षित देख कर और पुरुष की स्वभावगत बर्बरता का नया परिचय पा कर सम्पूर्ण शक्ति के साथ जाग उठी है। भारतीय नारी भी इसका अपवाद नहीं।"

यहाँ यह भी ध्यान देने योग्य है कि १९३५ में ही महादेवी वर्मा ने 'चाँद' में प्रकाशित टिप्पणियों से हिन्दी में पहली बार स्त्री-विमर्श का सिलसिला शुरू किया था। बाद में ये टिप्पणियाँ 'शृंखला की कड़ियाँ' में समग्र रूप से प्रकाशित हुईं। चिन्तन के स्तर पर जो विद्रोही स्वर इन टिप्पणियों में मिलता है, वह अनुभूति से रहित रहा होगा, इस पर विश्वास करना कठिन है। फिर यह अनुभूति उनकी कविता में क्यों नहीं ढल पायी ?

अपनी तीसरी कविता पुस्तक अपनी माँ को समर्पित करते हुए महादेवी वर्मा ने मीरा के पदों का उल्लेख किया है। अन्यत्र भी उन्होंने मीरा के पदों की प्रेरणा स्वीकार की है। लेकिन मीरा तो और भी पहले के एक ऐसे समाज में पैदा हुई थीं, जहाँ सामन्ती वर्जनाओं और विधि-निषेधों का जाल कहीं अधिक अभेद्य था। लेकिन मीरा के पदों में जो विप्लवी स्वर है, वह महादेवी की सम्पदा नहीं बन पाता। मीरा की कविता में अगर एक ओर विरह की कसक है तो दूसरी ओर मिलन का उल्लास भी है -

रंग भरी राग भरी राग सूँ भरी री
होली खेल्याँ स्याम संग रंग सू भरी री

साजण म्हारे घर आया हो
जुगाँ जुगाँ री जोवताँ बिरहण पिव पाया हो
पिया आया म्हारे साँवरा, अंग आणन्द साजाँ हो

इसके विपरीत महादेवी का प्रेम, या कहा जाय 'मूक मिलन,' या तो स्मृति अथवा स्वप्न तक सीमित रहता है या फिर विक्टोरियन मर्यादाओं और विधि-निषेधों के दायरे में घटित होता है। इसीलिए वह सेंसुअल (ऐन्द्रिक) होते हुए भी अयौनिक (एसेक्सुअल) बना रहता है। वे स्वीकार करती हैं कि -

करुणामय को भाता है
तम के परदों में आना
हे नभ की दीपावलियो
तुम पल भर को बुझ जाना

उनके यहाँ अभिसार का अयोजन भी एक उत्सव नहीं, बल्कि गोपन प्रक्रिया है, जिसका अन्त अभिसार का सूना रह जाना है -

क्यों वह प्रिय आता पार नहीं
मैं आज चुपा आयी चातक
मैं आज सुला आयी कोयल

कण्टकित मौलश्री हरसिंगार
रोके हैं अपने श्वास शिथिल
सोया समीर नीरव जग पर
स्मृतियों को भी मृदुसार नहीं
दिन-रात पथिक थक गये लौट
फिर गये मना कर निमिष हार
पाथेय मुझे सुधि मधुर एक
है विरह पन्थ सूना अपार
फिर कौन कह रहा है सूना अब तक मेरा अभिसार नहीं ?

जबकि मीरा का प्रेम विधि-निषेध नहीं मानता -

माई री म्हाँ लियो गोविन्दो मोल
थैं कह्यो छाणे म्हाँ कहूँ चौड़े लियो बजन्ताँ ढोल

माई साँवरे के रंग राची
साज सिंगार बाँध पग घूँघर लोक लाज तज नाची

इसीलिए वे सत्ता को भी चुनौती देती हैं -

सीसोद्यो रूठ्यो म्हाँरो काईं कर लेसी
म्हें तो गुण गोविन्द का गास्याँ, हो माई
राणो जी रूठ्याँ बाँरो देस रखासी
हरि रूठ्याँ कुम्हलास्याँ, हो माई
लोक लाज की काण न मानूँ
निरभै निसाणा घुरास्याँ, हो माई

यह निर्द्वन्द्व विप्लवी स्वर महादेवी की कविता में नज़र नहीं आता।

❑

१९२५-४० तक का समय, जिसमें महादेवी का समूचा काव्य रचा गया, हमारे देश में अभूतपूर्व राजनैतिक सामाजिक हलचलों का समय है। लेकिन महादेवी की कविता में इसका भी कोई प्रतिबिम्ब नहीं मिलता। 'रश्मि' में संकलित 'दुविधा' शीर्षक से लिखी गयी कविता में वे इसका संकल्प साधती नज़र आती हैं, जब वे लिखती हैं -

कह दे माँ क्या अब देखूँ
देखूँ खिलती कलियाँ या प्यासे सूखे अधरों को
तेरी चिर यौवन-सुषमा या जर्जर जीवन देखूँ!

. . .

तेरा वैभव देखूँ या जीवन का क्रन्दन देखूँ

लेकिन यह संकल्प उनकी कविता में चरितार्थ होता दिखायी नहीं देता। जर्जर जीवन की छवियाँ या जीवन का क्रन्दन अन्त-अन्त तक प्रकृति के वैभव को लाँघ कर उनकी

कविता में अंकित नहीं हो पाता। जर्जर जीवन की जैसी स्पष्ट और मुखर अभिव्यक्ति निराला में, यहाँ तक कि पन्त में भी है, वैसी न तो 'नीरजा' में मिलती है और न 'सान्ध्य गीत' और 'दीपशिखा' में। अगर कभी कहीं व्यंजित होती भी है तो वहाँ भी इस पर अनेक अवगुण्ठन पड़े हुए हैं। यही हाल इस काल की सामाजिक और राजनैतिक हलचलों का है। जबकि उनसे केवल तीन वर्ष बड़ी सुभद्रा कुमारी चौहान की कविता में सामाजिक और राजनैतिक जागृति की अन्तर्ध्वनियाँ कहीं अधिक स्पष्ट और मुखर हैं।

यों महादेवी जी ने 'शृंखला की कड़ियाँ' की भूमिका में अपने गद्य की भावभूमि को स्पष्ट कर दिया था – 'विचार के क्षणों में मुझे गद्य लिखना ही अच्छा लगता रहा है, क्योंकि उसमें अपनी अनुभूति ही नहीं, बाह्य परिस्थितियों के विश्लेषण के लिए भी पर्याप्त अवकाश रहता है।' लेकिन इतने भर से उस फाँक को समझ या समझा पाना कठिन है जो उनकी कविता और उनके गद्य के बीच नज़र आती है। एक तरह से महादेवी का कृतित्व दो रचनात्मक व्यक्तित्वों का कृतित्व जान पड़ता है और एक विचित्र से स्कित्सोफ्रेनिया – व्यक्तित्व के विखण्डन – का सूचक है। मानो रचनाकार के व्यक्तित्व का एक हिस्सा बाह्य जगत से पूरी तरह विमुख हो कर पीड़ा, वेदना, वियोग और अपूर्णकाम प्रेम के संसार में लीन, व्यथा ही से सुख पाता है और इसी को कविता में व्यक्त करता है, जबकि दूसरा हिस्सा पीड़ा के इस स्वनिर्मित संसार से कोई वास्ता न रखते हुए, बाहरी दुनिया के प्रति अत्यन्त जागरूक और चेतना-सम्पन्न है। यह द्वैत महादेवी की कविता और उनके गद्य की समूची बनावट में झलकता है, ख़ास तौर पर जब हम 'अतीत के चलचित्र' और 'पथ के साथी' के संस्मरणों की स्निग्ध ऊष्मा और सम्वेदनशीलता से परिचित होते हैं। यह ऊष्मा और सामाजिकता उनकी कविता का अभिप्रेत नहीं बन पाता।

वैसे तो कोई रचनाकार क्या लिखे, क्या नहीं, और अभिव्यक्ति के लिए कौन-सा रूपाकार अथवा शैली अपनाये, कौन-सी नहीं – यह स्वयं रचनाकार का निर्णय होता है। लेकिन क्या इस बात को अनदेखा करना सम्भव है, विशेष रूप से किसी रचनाकार को समग्र कृतित्व को देखते हुए, कि एक व्यक्ति के रूप में रचनाकार का सम्बन्ध अपने समय के समाज से भी होता है और इस सामाजिक घात-प्रतिघात की छाप उसके कृतित्व में भी परिलक्षित होती है। स्वयं महादेवी वर्मा ने इस बात को अपने वैचारिक गद्य में स्वीकार किया है। 'शृंखला की कड़ियाँ' में संकलित लेख 'समाज और व्यक्ति' (१९३७)में वे लिखती हैं –

> "व्यक्ति तथा समाज का सम्बन्ध सापेक्ष कहा जा सकता है, क्योंकि एक के अभाव में दूसरे की उपस्थिति सम्भव नहीं। व्यक्ति के स्वत्वों की रक्षा के लिए समाज बना है और समाज के अस्तित्व के लिए व्यक्ति की आवश्यकता रहती है।"

व्यक्ति और समाज के इस अन्योन्याश्रित सम्बन्ध को जब वे साहित्य के सन्दर्भ में परखती हैं तो तीन वर्ष बाद १९४० में लिखी गयी 'आधुनिक कवि' की भूमिका में वे स्पष्ट करती हैं –

> "साहित्य में मनुष्य की बुद्धि और भावना इस प्रकार मिल जाती है जैसे धूपछाँही वस्त्र में दो रंगों के तार, जो अपनी-अपनी भिन्नता के कारण ही अपने रंगों से भिन्न एक तीसरे रंग की सृष्टि करते हैं। हमारी मानसिक वृत्तियों की ऐसी

सामंजस्यपूर्ण एकता साहित्य के अतिरिक्त और कहीं सम्भव नहीं। उसके लिए न हमारा अन्तर्जगत त्याज्य है और न बाह्य, क्योंकि उसका विषय सम्पूर्ण जीवन है, आंशिक नहीं।''

इसी भूमिका में महादेवी ने आगे दर्ज किया है -

'इस युग का कवि हृदयवादी हो या बुद्धिवादी, स्वप्नद्रष्टा हो या यथार्थ का चित्रकार, अध्यात्म से बँधा हो या भौतिकता का अनुगत, उसके निकट यही एक मार्ग शेष है कि वह अध्ययन में मिली जीवन की चित्रशाला से बाहर आ कर जड़ सिद्धान्तों का पाथेय छोड़ कर अपनी सम्पूर्ण संवेदनाशक्ति के साथ जीवन में घुल मिल जावे।'

यह अंश चूँकि हू-ब-हू १९६२ में प्रकाशित निबन्ध-संग्रह 'साहित्यकार की आस्था तथा अन्य निबन्ध' में संकलित लेख 'सामयिक समस्या' में उद्धृत है, इससे अनुमान होता है कि महादेवी को इन २२ वर्षों के दौरान अपने इस मत में परिवर्तन की आवश्यकता नहीं महसूस हुई होगी। इतना ही नहीं, बल्कि इस लेख में अपनी पुरानी मान्यता को और स्पष्ट करते हुए उन्होंने लिखा, 'नूतन निर्माण के लिए नवीन कलाकार को जीवन के कोने-कोने में खोज कर सब अमूल्य उपकरण एकत्र करने होंगे, अतः साधारण जीवन का सम्पर्क उसकी पहली आवश्यकता है।'

महादेवी वर्मा की इन मान्यताओं के बरक्स जब हम उनकी कविता को रखते हैं तो उसमें साधारण जीवन के चित्रों का एक विचित्र अभाव पाते हैं। यह साधारण जीवन उनके गद्य में तो है पर उनकी कविता की वसुन्धरा उससे पूरी तरह रिक्त है। इन प्रश्नों और गुत्थियों को और महादेवी वर्मा के वक्तव्यों और उनकी कविता के बीच अन्तर्विरोधों को सुलझाने-समझाने के क्रम में एक बार फिर छायावाद की पूरी-की-पूरी आधारभूमि को परखने की जरूरत है।

छायावादी कवि केवल ब्रज की जीर्ण-शीर्ण चोली से अथवा स-छन्द-अलंकार वाली पुरानी परिपाटी से ही मुक्ति नहीं चाहते थे, बल्कि वे खड़ी बोली हिन्दी की उन रूढ़ियों को भी तोड़ने के इच्छुक थे, जो छायावाद से पहले की कविता में बन गयी थीं और बेड़ियों की तरह कवियों को उड़ान भरने से रोक रही थीं। छायावाद में आ कर पहली बार हिन्दी कविता ने विचारों और भावों, अनुभूतियों और चिन्तन के आकाश में उड़ान भरी। इसके लिए पद-विन्यास से ले कर शब्द-चयन तक - सब कुछ नये सिरे से गढ़ना पड़ा। लेकिन जल्द ही छायावाद की भी रूढ़ियाँ बन गयीं। दूसरी ओर सीधी सपाट भाषा से हट कर संस्कृत-बहुल शब्द-विन्यास अपनाने की वजह से छायावादी कविता उस सहजता से भी दूर होती चली गयी जो सामाजिकता की पहली शर्त है। इसीलिए अकारण नहीं है कि यह पहला दौर बीतते ही छायावादी कवियों ने इन रूढ़ियों को भी तोड़ने के प्रयास शुरू किये - भाषा के स्तर पर भी और भाव के स्तर पर भी। छन्दों का साथ न छोड़ते हुए भी उनकी पारम्परिक जकड़बन्दी से निराला 'अधिवास' और 'जुही की कली' जैसी प्रारम्भिक कविताओं में ही मुक्त हो चुके थे। 'कुकुरमुत्ता' और 'नये पत्ते' की कविताओं में एक प्रखर सामाजिकता और राजनैतिक चेतना व्यक्त होने लगी। पन्त ने भी 'पल्लव' और 'गुंजन' की भाव-भूमि छोड़ कर

'ग्राम्या' की कविताओं में चारों ओर के यथार्थ को उकेरने के प्रयास शुरू किये।

महादेवी वर्मा छायावादी कवियों में इन अर्थों में विशिष्ट कही जा सकती हैं कि उन्होंने छायावाद का संग-साथ अन्त तक नहीं छोड़ा। उनमें व्यक्तिवाद तो था, पर ध्वंस करके निर्माण करने का कठिन व्रत चुनने की बजाय उन्होंने 'मिटने को कर निर्माण चली' की राह चुनी। धीरे-धीरे गलने में ही जीवन की सार्थकता समझी। सीमाओं के प्रति विद्रोह करके उन्होंने अनन्त और असीम में उड़ान तो भरी, लेकिन इस क्रम में वे धीरे-धीरे सामजिकता से दूर होती चली गयीं। अगर हम 'दीपशिखा' की कविताओं को उसी दौर में लिखी गयी सुमित्रानन्दन पन्त की कविता 'भारतमाता' के सामने रख कर पढ़ें तो यह अन्तर और भी स्पष्ट हो जायेगा। प्रसाद और पन्त किसी हद तक और निराला पूरी तरह छायावाद की मनोभूमि से अगर बाहर आ पाये तो इसीलिए कि उन्होंने छायावाद की सीमाओं को पहचान लिया था और कविता के स्वनिर्मित साँचों को तोड़ने का जोखिम उठाया था। महादेवी ने छायावाद का साथ छोड़ने की बजाय कविता ही का साथ छोड़ना श्रेयस्कर समझा। द्वन्द्व और एकात्म को एक साथ साधने की यही तार्किक परिणति हो भी सकती थी। 'नाश भी हूँ मैं अनन्त विकास का क्रम भी' की द्वण्द्वात्मकता जब 'पात्र भी मधु भी मधुप भी मधुर विस्मृत भी' की एकात्मता तक पहुँच जाये तो वह 'मैं मृत्यु मन्दिर हूँ' की द्वण्द्वहीन परिणति में ही पर्यवसित हो सकता है और हुआ भी, क्योंकि मृत्यु में ही सारे द्वण्द्व, सारी क्रियाएँ शमित हो जाती हैं। इसीलिए पन्त ने 'छायावाद पुनर्मूल्यांकन' में लिखा कि 'महादेवी के काव्य में छायावादी अभिव्यंजना तथा भाव-वस्तु ने अपनी पूर्णता प्राप्त की।' ज़ाहिर है, पूर्णता के बाद विकास कहाँ सम्भव था!

महादेवी वर्मा की कविताओं को समग्रता में पढ़ने पर तराशे गये पत्थरों से घिरी एक गहरी बावड़ी का बिम्ब मन में उभरता है, जिसकी सतह पर जल शान्त है, मगर जिसके भीतर उतरने पर पृथ्वी तल से फूटते जल की क्षिप्र तरंगों और अन्तर्धाराओं का अनुभव सहज ही किया जा सकता है। प्रसाद का काव्य जहाँ हिमालय की उपत्यका में बहते हुए झरने सरीखा है, जो ऊँचाई पर पहुँच कर नीचे चट्टानों में बनी झील में गिर रहा हो, निराला की कविता लहराती हुई नदी जैसी और पन्त की कविता किसी विशाल झील की-सी, वही महादेवी की रचनाएँ एक छोटे-से सुरम्य कुण्ड जैसी हैं। उनकी कविता में वेदना, पीड़ा, व्यथा, अतृप्ति और विरह-वियोग की एक अनन्त रागिनी गूँजती रहती है। इसी भाव-सम्पदा की सूक्ष्म-से-सूक्ष्म और विविध-रूपी छवियाँ वे अपनी कविता में उकेरती हैं। 'नीहार' की कविता 'मिटने का खेल' में ही वे इसका आधार निर्मित कर देती हैं :

मैं अनन्त पथ में लिखती जो
सस्मित सपनों की बातें
उनको कभी न धो पायेंगी
अपने आँसू से रातें

उड़ उड़ कर जो धूल करेगी
नभ के मेघों का अभिषेक
अमिट रहेगी उसके अंचल
में मेरी पीड़ा की रेख

जब असीम से हो जायेगा
मेरी लघु सीमा का मेल
देखोगे तुम! अमरता
खेलेगी मिटने का खेल

इस आधार को निर्मित करके वे उसी प्रकार इस पर बार-बार भिन्न-भिन्न संरचनाएँ खड़ी करती हैं, जिस तरह शास्त्रीय रागदारी में स्वरों और श्रुतियों के एक पूर्व-निर्धारित क्रम के आधार पर कोई संगीतकार एक अमूर्त वास्तु, एक अमूर्त संरचना निर्मित करता है और आरोह-अवरोह के एक क्रम को पूरा करके सम पर आने के बाद फिर एक वैसी ही संरचना का एक और प्रतिरूप निर्मित करने की दिशा में बढ़ जाता है।

चित्रकला की शब्दावली में कहें तो उनका फलक असीम और अनन्त के सारे आग्रह के बावजूद विस्तृत नहीं है। उनकी कविताएँ किसी भित्ति-चित्र की तरह एक व्यापक, विविध दृश्यावली को अंकित नहीं करतीं। इसके विपरीत वे भारतीय चित्रकला के उन नमूनों की तरह हैं, जिनमें एक-एक टहनी, एक-एक पत्ती और पत्ती का एक-एक रेशा बारीकी से उकेरा गया होता है।

❐

एक अजीब-सा सादृश्य पन्त के उत्तरवर्ती काव्य और महादेवी की कविताओं में नज़र आता है। इसके लिए चित्रकला के क्षेत्र से एक कसौटी निर्मित करें तो कहा जा सकता है कि इन दोनों कवियों की कविताएँ अनायास यामिनी राय के चित्रों का स्मरण कराती हैं। जिस तरह यामिनी राय अपने उत्तरवर्ती कृतित्व में चित्रकला को एक टकसालीपन तक ले जाते हैं जहाँ विकास नहीं, बल्कि बाल-सुलभ कौतुक, लीला और इन्द्रियों का एक उत्सव दिखायी देता है, वैसा ही पन्त और महादेवी की कविताओं में प्रकट होता है। महादेवी के सन्दर्भ में अन्तर यह है कि जहाँ यामिनी राय के चित्रों में ढोल-मादल और वंशी के साथ नाचते सन्थालों, गोप-गोपिकाओं, कृष्ण-बलराम और भक्तिनों, घोड़ों-हाथियों और वृक्षों की अन्तहीन चित्रावली रंगों के ऐश्वर्य और रेखाओं के संगीत में निबद्ध हो कर देश-काल से परे एक अद्‌भुत आनन्द की सृष्टि करती है, वहीं महादेवी की कविता में पीड़ा और दुख, तृष्णा और विराग, बेचैनी और गति की अवसाद-भरी उपस्थिति मिलती है। इन्द्रियों का उत्सव यह भी है, भले ही वेदना में ही आनन्द को उपलब्ध करता हो।

निस्सन्देह उनके गीतों में जहाँ-जहाँ यह आत्मपीड़क अवसाद थोड़ा झीना हुआ है, वहाँ हमें प्रकृति की और स्वयं महादेवी के अन्तर्मन की अप्रतिम झाँकियाँ मिलती हैं। 'धीरे-धीरे उतर क्षितिज से आ वसन्त रजनी,' 'आज क्यों तेरी वीणा मौन,' 'कौन तुम मेरे हृदय में,' 'बीन भी हूँ मैं तुम्हारी रागिनी भी हूँ,' 'मुखर पिक हौले बोल,' 'प्रिय! सान्ध्य गगन मेरा जीवन,' 'मैं नीर भरी दुख की बदली,' 'लाये कौन सँदेस नये घन' और 'पन्थ रहने दो अपरिचित प्राण रहने दो अकेला' जैसे गीत न सिर्फ़ छायावादी कविता की, बल्कि हिन्दी की आधुनिक काव्य-धारा की भी महत्वपूर्ण रचनाएँ हैं, जिनमें अपूर्व चित्रात्मकता, संगीत और मार्मिकता है। इसलिए अपने समूचे स्वनिर्मित पीड़ामय संसार और अकेलेपन और अभाव

के बाद भी महादेवी यह कहने का सामर्थ्य रखती हैं :

आँसू का मोल न लूँगी मैं निर्जल हो जाने दो बादल
मधु से रीते सुमनों के दल
करुणा बिन जगती का अंचल
मधुर व्यथा बिन जीवन के पल
मेरे दृग में अक्षय जल
रहने दो, विश्व भरूँगी मैं आँसू का मोल न लूँगी मैं
मिथ्या प्रिय मेरा अवगुण्ठन
पाप शाप, मेरा भोलापन
चरम सत्य, यह सुधि का दंशन
अन्तहीन, मेरा करुणा कण
युग युग के बन्धन को प्रिय!
पल में हँस 'मुक्ति' करूँगी मैं आँसू का मोल न लूँगी मैं

यही निर्भ्रान्त आत्मविश्वास, यही निर्व्याज प्रेम और अकुण्ठ आत्मविश्वास, यही 'अन्तर का गोचर होना' महादेवी वर्मा की कविता की शक्ति है।

२००६

आत्मपरकता की अन्धी गली

१९६६ में हिन्दी साहित्य सम्मेलन से प्रकाशित 'आधुनिक कवि' शृंखला में अपनी प्रतिनिधि कविताओं का संचयन प्रस्तुत करते हुए 'भूमिका' में भगवती चरण वर्मा ने लिखा था –

> "मैंने अपना साहित्यिक जीवन कवि की हैसियत से आरम्भ किया है, शायद बहुत लोगों को इस बात का पता न हो।' दिलचस्प बात है कि इस संचयन से मात्र चार वर्ष पहले ही भगवती बाबू ने अपनी कविताओं का चौथा संग्रह 'रंगों से मोह' प्रकाशित कराया था। 'आधुनिक कवि' की भूमिका में उन्होंने बड़े विस्तार से अपनी काव्य-यात्रा का जायज़ा लिया है। वे लिखते हैं - 'सन १९३७ में मुझे इलाहाबाद छोड़ कर कलकत्ता जाना पड़ा, सन १९४२ में कलकत्ता छोड़ कर बम्बई जाना पड़ा, सन १९४८ में बम्बई छोड़ कर लखनऊ आना पड़ा। इस बीच फ़िल्म-क्षेत्र में कहानी-लेखक की हैसियत से काम करना पड़ा, पत्रकार और सम्पादक की हैसियत से काम करना पड़ा और बरबस ही कविता के क्षेत्र से दूर, बहुत दूर भटक गया मैं। गद्य लिखने का अभ्यास बढ़ता गया। निबन्धों में, कहानियों में, उपन्यासों में ही मैंने आजीविका के लिए ग़ुलामी करने की विवशता से त्राण पाने का उपाय देखा। इन बारह वर्षों के संघर्ष ने जैसे मेरे साहित्य की धारा को बदल दिया हो। सन १९४८ में जब मैं लखनऊ आया, दैनिक नवजीवन के प्रधान सम्पादक के रूप में, तब मुझे अनुभव हुआ कि हिन्दी जगत में, 'चित्रलेखा,' 'टेढ़े मेढ़े रास्ते' उपन्यासों की सफलता के कारण एक उपन्यासकार और कहानीकार की हैसियत से मेरी ख्याति काफ़ी बढ़ चुकी है, लेकिन वहीं हिन्दी साहित्य जगत एक तरह से यह भूल ही चुका है कि मैं कवि हूँ।"

भगवती बाबू को १९४८ में ऐसा अनुभव क्यों कर हुआ होगा, यह सचमुच विचारणीय है, क्योंकि जुलाई १९४० में ही उनका तीसरा कविता संग्रह 'मानव' प्रकाशित हुआ था, जिसका दूसरा संस्करण जून १९४८ में छपा था और जिसकी अनेक कविताएँ, जैसे 'भैंसागाड़ी,' 'कदम कदम ऐ चलने वाले,' 'विषमता,' 'मानव' और 'पैंतीसवीं वर्षगाँठ पर,' काफ़ी चर्चित हुई थीं। इसे यदि भगवती बाबू की ग्रन्थि न भी माना जाय, तो भी यह सच है कि अपने कवि-रूप के भुलाये जाने या कविता से धीरे-धीरे सम्बद्ध-विच्छेद होने का एहसास या शिकायत, जो भी कह लीजिए, भगवती बाबू ने १९६२ में प्रकाशित अपने

चौथे कविता संग्रह 'रंगों से मोह' में भी ज़ाहिर की थी – "एक बहुत लम्बे अर्से के बाद मैं अपनी कविताओं का यह संग्रह हिन्दी साहित्य में प्रस्तुत कर रहा हूँ। वैसे मैंने अपना साहित्यिक जीवन कवि की हैसियत से आरम्भ किया है, पर आज मैं भूल-सा गया हूँ कि मैं कवि हूँ।" इस उपालम्भ-भरे वाक्य के पीछे क्या कारण रहा होगा, जबकि ठीक एक वर्ष पहले १९६१ में अमृतलाल नागर ने राजपाल एण्ड सन्ज़ की 'आज के लोकप्रिय हिन्दी कवि' माला में भगवती बाबू की प्रतिनिधि कविताओं का एक चयन अपनी लम्बी भूमिका के साथ प्रस्तुत किया था।

निस्सन्देह, कविता से भगवती बाबू के लगाव के क्षीण होने के पीछे उनके उपन्यासों – 'चित्रलेखा,' 'तीन वर्ष' और 'टेढ़े-मेढ़े रास्ते' की अभूतपूर्व प्रसिद्धि और आजीविका के लिए उपन्यास लिखने की विवशता – इन दोनों ही कारणों का योगदान रहा होगा, लेकिन 'रंगों से मोह' की भूमिका के अन्त में भगवती बाबू ने इसका एक सैद्धान्तिक औचित्य ठहराने का प्रयत्न करते हुए यह भी लिखा था कि – "यह युग कविता का नहीं है। कविता को अपने को पुन: स्थापित करना पड़ेगा भावनात्मक अभिव्यक्ति के क्षेत्र में। मैं न इतना समर्थ हूँ और न इतना सक्षम हूँ कि यह कर सकूँ।" यही भाव उनके मरणोपरान्त प्रकाशित उनकी अन्तिम सर्ग-बद्ध कविता 'सविनय' के 'आमुख' में भी व्यक्त हुआ है :

यह युग कविता का नहीं, जानता हूँ मैं
भावना किन्तु है निश्चय ही अविनश्वर
विज्ञान-ज्ञान के अविरत संघर्षों में
कब डूब सका हँसने का, रोने का स्वर ?

तिस पर पर भी, कविता से भगवती बाबू का सम्बन्ध आजीवन बना रहा, जैसा कि उनके मरणोपरान्त प्रकाशित उनकी कविता पुस्तक 'सविनय और एक नाराज़ कविता' से आभास होता है। यह सम्बन्ध कितना प्रगाढ़ था, इसका अनुमान सहज ही उन लम्बी-लम्बी भूमिकाओं से भी लगाया जा सकता है, जो भगवती बाबू ने अपने लगभग सभी कविता-संग्रहों और संचयनों में दी हैं। अपवाद केवल दो हैं। १९५८ में प्रकाशित 'एक दिन' और १९७४ में प्रकाशित 'मेरी कविताएँ'। जैसा कि उन्होंने 'रंगों से मोह' की भूमिका में स्पष्ट भी किया है कि – 'कविता एक प्रवृत्ति है, तबियत नहीं मानती थी तो जब-तब मैं लिख लेता था।' शायद यही कारण है कि जब-जब परिस्थितियाँ अनुकूल हुईं, मसलन आकाशवाणी में हिन्दी सलाहकार के रूप में नियुक्त होने पर या फिर बाद में, जब आर्थिक परेशानियों का दबाव उतना नहीं रहा, भगवती बाबू ने कविता की छूटी हुई डोर दोबारा-तिबारी पकड़ी। अलबत्ता, यह एक रोचक अध्ययन का विषय हो सकता है कि पद्य से गद्य और गद्य से पद्य में इस बारम्बार के सन्तरण से भगवती बाबू का गद्य उनकी कविता से और उनकी कविता उनके गद्य से कितनी प्रभावित हुई।

❑

जैसा कि भगवती बाबू ने अपनी कविता-पुस्तकों की भूमिकाओं में एकाधिक बार उल्लेख किया है, उनकी पहली कविता सन १९१६ में, जब वे मात्र तेरह वर्ष के थे और आठवें

दर्जे में पढ़ रहे थे, स्कूल की हस्तलिखित पत्रिका में प्रकाशित हुई थी। कानपुर के थियोसॉफ़िकल स्कूल में, जहाँ भगवती बाबू पढ़ रहे थे, उनके हिन्दी के अध्यापक थे – श्री जगमोहन विकसित, जो स्वयं भी कविता करते थे। विकसित जी ने भगवती बाबू को न केवल पत्र-पत्रिकाएँ पढ़ने की प्रेरणा दी, बल्कि उनके आरम्भिक प्रयासों को सुधारने में भी सहायता की। इस आरम्भिक निर्माण काल के बारे में भगवती बाबू ने अपने संग्रह 'विस्मृति का फूल' की भूमिका में बड़ा विस्तृत और रोचक विवरण दिया है :

> "मुझे बाल्यकाल से संगीत में रुचि थी – रामायण का सस्वर पाठ करने में मुझे आनन्द मिलता था। और इसलिए यह स्वाभाविक था कि मैं कविताओं की ओर आकृष्ट होऊँ। 'सरस्वती' की कविताएँ मैं बड़े चाव से पढ़ता था, और उससे भी अधिक चाव से गाता भी था। मुझे याद नहीं है कि उन कविताओं को मैं समझता भी था, लेकिन जहाँ तक मुझे स्मरण है, उन दिनों की कविताएँ इतनी क्लिष्ट न होती थीं कि समझी न जा सकें। और सरस्वती में तो जो भाषा व्यवहृत होती थी, वह बोलचाल की भाषा कही जा सकती है। इन कविताओं में मुझे सबसे अधिक प्रभावित किया मैथिलीशरण गुप्त की कविताओं ने। सीधी-सादी भाषा, स्पष्ट और सुबोध। कविताओं के गाने में मुझे बहुत अधिक आनन्द आता था। और श्री मैथिलीशरण गुप्त की कविताओं में सबसे अधिक प्रभावित किया मुझे उनकी 'भारत भारती ने।...
>
> "उन्हीं दिनों कानपुर से 'प्रताप' हिन्दी के निर्माण का काम कर रहा था। 'प्रताप' में देश-प्रेम की ओजस्वी कविताएँ प्रकाशित हुआ करती थीं। उनका प्रभाव भी मुझ पर पड़ता था। इसका परिणाम यह हुआ कि एक दिन मैंने 'भारत भारती' के छन्द को आधार बना कर एक कविता लिख डाली। दूसरे दिन मैं अपनी उस प्रथम कविता को ले कर विकसित जी के सम्मुख उपस्थित हुआ। उन्होंने मेरी कविता पढ़ी; उसमें छन्द सम्बन्धी जो दोष थे, वह उन्होंने मुझे बताये, छन्दों में मात्राएँ होती हैं, यह भी उन्होंने मुझे समझाया और मात्राएँ किस प्रकार गिनी जाती हैं, उसका ज्ञान भी उन्होंने मुझे करा दिया। कविता पर मैंने यह पहला पाठ पढ़ा और वी मेरा अन्तिम पाठ भी था। उस दिन के बाद मैंने किसी से अपनी कविता शुद्ध नहीं करायी – शायद इसकी मुझे आवश्यकता ही नहीं पड़ी। मेरी प्रथम कविता सन १९१८ में 'प्रताप' में प्रकाशित हुई थी। और तब से मैं लगातार 'प्रताप में कविताएँ लिखता रहा। उस समय की कविताएँ मेरे पास नहीं – वे प्रयोगकाल की कविताएँ हैं।"

इस प्रयोग काल के बाद भगवती बाबू की कविताओं का दूसरा दौर शुरू हुआ सन १९२४ के आस-पास, जब उन्होंने इण्टरमीडिएट करने के बाद इलाहाबाद विश्वविद्यालय में प्रवेश किया। इस दौर की कविताओं का संग्रह 'मधुकण' सन १९३२ में प्रकाशित हुआ, जिसमें १९२६ से १९३२ की कविताएँ संकलित हैं। दूसरा कविता संग्रह 'प्रेम संगीत' १९३७ में प्रकाशित हुआ। इसी बीच भगवती बाबू कविताओं के साथ-साथ कहानियाँ और उपन्यास भी लिखने लगे थे। उनका तीसरा कविता संग्रह 'मानव' १९४० में सामने आया।

१९५६ में भगवती बाबू ने इन तीनों कविता-संग्रहों को 'विस्मृति के फूल' के नाम से संकलित कर दिया। १९६१ में भगवती बाबू ने अपना चौथा कविता-संग्रह 'रंगों से मोह' प्रकाशित कराया, लेकिन इससे पहले उनका एक और संग्रह 'एक दिन' के नाम से प्रकाशित हुआ, जिसका एक रोचक उल्लेख उन्होंने 'रंगों से मोह' की भूमिका में किया है –

> 'नयी कविता लिखना ऐसा कोई कठिन काम नहीं है। हरेक आदमी अगर वह चाहे तो वह एक दिन में दस-पाँच नयी कविताएँ लिख सकता है। लेकिन न जाने क्यों यह नयी कविता लिखने की तबियत नहीं होती। एक बार कई वर्ष पहले आर्थिक संकट में ग्रस्त हो कर एक दिन में मैंने इस प्रकार की कविता की किताब लिख डाली थी, जिसका प्रकाशन गंगा पुस्तक माला ने 'एक दिन' नाम से किया था। मुझे उस पुस्तक के लिखने पर आज दुख है, क्योंकि मेरे नाम से छपी हुई उस 'मज़ाक' वाली पुस्तक को लोग ख़रीद लेते हैं।"

'रंगों से मोह' के बाद भगवती बाबू का कोई स्वतन्त्र संग्रह नहीं प्रकाशित हुआ। यों, उनका कविता लिखना जारी रहा और १९६६ में उन्होंने 'हिन्दी साहित्य सम्मेलन' से प्रकाशित होने वाली 'आधुनिक कवि' माला में एक विस्तृत भूमिका के साथ अपनी कविताओं का प्रतिनिधि चयन किया। १९७४ में भगवती बाबू की सत्तरवीं वर्षगाँठ के अवसर पर उनकी समग्र कविताओं का संकलन 'मेरी कविताएँ' के नाम से प्रकाशित हुआ, जिसमें १९२६ से १९६१ के बीच लिखी कविताएँ सम्मिलित हैं। लेकिन पाँच कविताओं पर कोई तिथि नहीं दी गयी है, 'एक दिन' से कोई रचना इसमें शामिल नहीं है, और 'मधुकण' की तीन रचनाएँ –'अतीत स्मृति,' 'घृणा' और 'तारा' (एकांकी) तथा 'प्रेम संगीत' का कविता-रूपी समर्पण भी इसमें संकलित नहीं किया गया है। 'प्रताप' के आरम्भिक प्रयास भी छोड़ दिये गये हैं। 'मेरी कविताएँ' के बाद भगवती बाबू की एक और कविता-पुस्तक उनके मरणोपरान्त सन १९८४ में प्रकाशित हुई – 'सविनय और एक नाराज़ कविता' – जिसमें दो खण्ड-काव्य हैं।

'सविनय' पर भगवती बाबू की एक भूमिका भी है, जिसमें अपने आरम्भिक जीवन से ले कर १९५७ में रेडियो की नौकरी से मुक्त होने के विविध रूपी खट्टे-मीठे-कटु-तिक्त अनुभवों का उल्लेख करते हुए भगवती बाबू ने इस खण्ड काव्य की भी कथा बयान की है –

> "१९५७ से १९८० – तेईस वर्ष का लम्बा काल। इस बीच मैंने जो कुछ लिखा, बड़ी मेहनत के साथ, उससे मुझे सन्तोष है। अब लगता है कि एक थकावट-से भरती जा रही है मुझमें। उम्र भी तो ७८ वर्ष की हो गयी है। लेकिन जब तक हाथ-पैर सलामत है, दिमाग़ ठीक तौर से काम करता है, तब तक लिखते जाना है। और इसी लिखने के क्रम में मुझ लगा कि मेरे अन्दर वाला पद्य-लेखक कहीं समाप्त हो गया है। तो यह पद्य-लेखक कवि अभी तक कायम है, इस बात को स्थापित करने के लिए मैंने खण्ड-काव्य के रूप में एक पद्यात्मक कहानी उठा ली। और उस कहानी में मेरी यह स्थापना कि हम सब बड़े विवश हैं, कोई लक्ष्य नहीं दिखता जीवन का, उभर आयी। पद्य-लेखन पर

मेरा अधिकार शिथिल पड़ गया है, कदम-कदम पर मुझे यह अनुभव हुआ; लेकिन महाकाव्य से खण्ड-काव्य बन कर रह जाने वाला काव्य मैं बड़े संकोच के साथ प्रस्तुत कर रहा हूँ। इस संकोच में विनय प्रमुख है। इसलिए इस खण्ड काव्य का शीर्षक मैं सविनय रख रहा हूँ।"

इसके विपरीत 'एक नाराज़ कविता' पर कोई भूमिका नहीं है, हालाँकि उसका कलेवर भी एक पद्य-बद्ध कथा का-सा है। 'सविनय' जहाँ प्रकट ही भगवती बाबू का अन्तिम काव्य-प्रयास है, वहीं 'एक नाराज़ कविता' काफ़ी पहले की आत्म-कथात्मक रचना जान पड़ती है। छन्द वही है, जो 'सविनय' का है ओर इसमें ५१ बन्द हैं। कथा का प्रसार १९४८ से ले कर १९६१-६२ के शीत-युद्ध के काल तक का है, जिससे अनुमान होता है कि यह उसी दौर में लिखी गयी होगी, भले ही इसका प्रकाशन काफ़ी बाद में हुआ।

❐

इस प्रकार, अगर भगवती बाबू के 'प्रयोगकाल' के प्रारम्भिक प्रयासों को छोड़ दिया जाय तो उनकी कविताओं का रचनाकाल प्रमुख रूप से सन '२० के दशक से सन '६० के दशक तक लगभग चालीस वर्षों में फैला हुआ है। भगवती बाबू ने जिस युग में लिखना शुरू किया, उसमें गद्य और पद्य में, कविता और कहानी अथवा अन्य विधाओं में ऐसी ख़ानेबन्दी नहीं थी, जैसी आज नज़र आती है।

आज तो ख़ैर, कविता और कथा साहित्य के बीच की विभाजक रेखाएँ कहीं अधिक गहरी हैं, मगर बीसवीं सदी के आरम्भ में अनेक साहित्यकार एकाधिक विधाओं में सक्रिय थे। जयशंकर प्रसाद, निराला, महादेवी वर्मा, उदय शंकर भट्ट, हरि कृष्ण प्रेमी, अश्क, अज्ञेय, नागार्जुन, यहाँ तक कि बाद में मुक्तिबोध, श्रीकान्त वर्मा और रघुवीर सहाय भी कविता से शुरू करके और उसके साथ-साथ कहानी, उपन्यास, नाटक और गद्य की अन्य विधाओं में रचनाएँ करते रहे। भगवती बाबू शायद इन अर्थों में अनोखे कहे जा सकते हैं कि उन्होंने बहुत पहले ही कविता को भावना और गद्य को बुद्धि अथवा विचार से जोड़ कर ख़ुद अपने तईं एक ख़ानाबन्दी कर ली थी, हालाँकि शुरू-शुरू में, विशेष रूप से जब तक भगवती बाबू ने 'पतन' और 'चित्रलेखा' की रचना नहीं की थी, यह विभाजन उतना स्पष्ट नहीं था। 'मधुकण' की भूमिका में उन्होंने लिखा था -

"कविता वास्तव में वह गतिमय गद्य है, जिसकी गति आदि से अन्त तक निर्धारित रहे... संगीत और कविता में भेद केवल इतना है कि संगीत स्वर-प्रधान है और कविता भाव-प्रधान है... मेरे मत से कविता और दर्शन से कोई सम्बन्ध नहीं। कविता कला है, दर्शन ज्ञान हैं कविता का काम मस्तिष्क को सुख देना है, उसको ऊपर उठने में सहायता देना है, यह काम दर्शन का है कि वह मनुष्य को जीवन का ठीक मार्ग दिखलाये - कविता का यह क्षेत्र नहीं।"

पाँच वर्ष बाद, 'चित्रलेखा' की रचना और सफलता के परिप्रेक्ष्य में भगवती बाबू ने इसे कुछ और स्पष्ट करते हुए, 'प्रेम संगीत' की भूमिका में लिखा -

> "काव्य का मुख्य कार्य भावनाओं का व्यक्तिकरण है, और जितनी सफलता के साथ एक कवि अपनी भावना को, उसी सम्मोहन, उसी प्रखरता और उसी प्रभाव के साथ जैसी उसमें थी, दूसरे पर व्यक्त कर देता है, दूसरे को अपने में तन्मय कर लेता है, वह उतना ही सफल है।"

इस कथन के महज़ तीन वर्ष बाद भगवती बाबू ने अपने तीसरे कविता संग्रह 'मानव' में पहली बार बुद्धि की वकालत की – "मैं बुद्धिवादी हूँ, मेरा देवता है ज्ञान और इस देवता के अलावा मुझे किसी देवता पर विश्वास नहीं। ... और बौद्धिक विकास ही मानवता का चरम विकास है।" भगवती बाबू की यह स्वीकारोक्ति इसलिए भी महत्वपूर्ण और अर्थवान है, क्योंकि 'मानव' की इस भूमिका में वे पहली बार अपनी दो और प्रवृत्तियाँ स्पष्ट करते हैं। पहली है – राजनीति से अपने विकर्षण की – "राजनीति से मुझे अरुचि रही है; राजनीति की एक महान आत्मा श्रद्धेय गणेश शंकर विद्यार्थी के प्रभाव में पला हुआ मैं राजनीति से दूर भागता रहा हूँ।" और दूसरी प्रवृत्ति है अहमवादी होने की – "मैं अहम का उपासक रहा हूँ।...अहम अस्तित्व है;...दुनिया में आज नग्न रूप में आगे आने वाले समाजवाद की असफलता का मुख्य कारण यह है कि वह समाज के हित के लिए अहम को मिटा देने वाले सिद्धान्त पर विश्वास करता है, जबकि उसका यह सिद्धान्त अस्तित्व के बुनियादी सिद्धान्त का विरोधी है।"

इसी को कुछ और स्पष्ट करते हुए भगवती बाबू ने अपने पहले तीन संग्रहों की संकलित कविताओं के संग्रह 'विस्मृति के फूल' की भूमिका में लिखा –

> "कविताएँ मैंने बहुत कम लिखी हैं। जहाँ तक मुझे स्मरण है, अधिक कविताएँ लिखने की मुझे प्रेरणा भी नहीं हुई। सम्भवतः इसका कारण रहा है मेरा बुद्धिवादी हो जाना। उपन्यास और कहानी के प्रति मुझमें आरम्भ से ही रुचि पैदा हो गयी थी, और इसलिए उपन्यासकार के तौर से ही मेरा विकास हुआ है। फिर भी कविता लिखने की प्रेरणा कभी-कभी हो ही जाती है, और इसलिए कविताएँ समय-समय पर लिख लिया करता हूँ।"

कहना न होगा कि इन्हीं विचारों ने भगवती बाबू की कविता का स्वरूप और उसकी मनोभूमि ही नहीं, बल्कि उसकी शैली और शिल्प को गढ़ने में भी एक प्रमुख भूमिका अदा की इन्हीं विचारों ने उनकी कविता की शक्ति और उसकी घनघोर सीमाएँ भी निर्धारित कीं।

❑

भगवती बाबू के काव्य पर विचार करते हुए कवि बालकृष्ण राव ने लिखा था – "वर्मा जी का संगीत वीणा या सितार का नहीं, हारमोनियम का संगीत है, उससे गमक की माँग करना ज़्यादती है।" आज जब हम मुड़ कर भगवती बाबू की कविताई पर समग्रता से विचार करते हैं तो यह रूपक और भी उपयुक्त लगता है। हार्मोनियम पर संगत करते हुए वादक जिस तरह षडज से निषाद और निषाद से षडज तक निरन्तर सन्तरण करता है, उसी तरह भगवती बाबू ने भी जीवन भर कविता के षडज और निषाद के बीच आवाजाही बनाये रखी। १९३२ मे लिखी कविता 'कुछ सुन लें कुछ अपनी कह लें' में भगवती बाबू ने लिखा था –

हम हैं अजान पथ के राही
'चलना' – जीवन का सार प्रिये !

निरन्तर चलते रहने का यह भाव भगवती बाबू की कविताओं में बार-बार उभरता है। २५ वर्ष बाद १९५७ में लिखी कविता 'मैं चल रहा' की तो स्थायी थीम ही यही है –

निर्बाध अक्षय गति लिये
मैं चल रहा, बस चल रहा
जो रुक गया वह मर गया,
चलना अकेले ज़िन्दगी
विश्वास भ्रम से खेलता
मैं चल रहा बस चल रहा

यहाँ तक कि १९६१ में लिखी अपने अन्तिम दौर की कविता 'चलना है बहुत कठिन' में भी भगवती बाबू की यही प्रतिज्ञा है :

मन कितना भारी हो
आँखें कितनी नम हों
प्राणों में काँटों-से
चुभते कितने भ्रम हों
पर हमको चलना है, चलते ही रहना है

वे निराला की तरह यह नहीं कहते कि –

बैठ लें कुछ देर
आओ, एक पथ के पथिक से
प्रिय, अन्त और अनन्त के,
तम-गहन-जीवन घेर
मौन मधु हो जाय
भाषा मूकता ही आड़ में
मन सरलता की बाढ़ में
जल-बिन्दु-सा बह जाय

न पन्त की तरह छाया के अंक में विश्राम करने की कामना कर सकते हैं –

हे सखि ! इस पावन अंचल से
मुझको भी निज मुख ढँक कर
अपनी विस्तृत सुखद गोद में
सोने दो सुख से क्षण भर
गाओ गाओ विहग बालिके
तरुवर से मृदु मंगल गान
मैं छाया में बैठ तुम्हारे
कोमल स्वर में कर लूँ स्नान

इसके विपरीत भगवती बाबू का अनुभव है कि –

नहीं कहीं मिलती है छाँव
नहीं कहीं रुकते हैं पाँव

यही कारण है कि भगवती बाबू कभी किसी वाद से नहीं बँधे, मौन और मनन की बजाय मुखरता उन्हें रुचती रही और उनका मूल स्वर रहा गत–आगत की चिन्ता न करके, वर्तमान में, क्षण में जीना। जैसा कि उन्होंने 'मैंने जीवन को कब समझा' में कहा भी है –

'विगत' विगत बन चुका, न उसको बाँध सकूँगा प्राणों से
मुझमें यह रुचि नहीं कि उलझूँ कटुता के पाषाणों से
तुम चाहो तो कायर कह दो
टिक न सके ये मेरे दो पग
ढूँढ रहा मैं विकल, विसुध–सा
निज कल्पित सुन्दरता का जग
मुझको इतना मिला कि बरबस बस आगे बढ़ते जाना
मैंने जीवन को कब समझा ? कब अपने को पहचाना ?

वैसे यदि भगवती बाबू के उन्मेष काल को देखें तो वहीं उनकी कविता के समूचे स्थापत्य की आधारभूत संरचना दिखायी दे जाती है। एकदम आरम्भिक काल की वे रचनाएँ तो उपलब्ध नहीं हैं, जो 'प्रताप' में अथवा जबलपुर की मासिक पत्रिका 'श्री शारदा' में छपी थीं, हालाँकि नागर जी ने अपनी भूमिका में उस काल की एक पंक्ति उद्धृत की है, जो कुछ फेर–फार के साथ 'प्रताप' में छपी थी। मूल पंक्ति थी – 'चलता होवे वायु हड़हड़ाता औ आँधी हो विकट बड़ी,' जिसका संशोधित रूप था – 'हहर हहर हो पवन प्रवाहित, आँधी होवे विकट बड़ी।' प्रकट ही, ये आरम्भिक कविताएँ 'प्रताप' में छपने वाली देश–प्रेम में पगी, उद्‌बोधनपरक रचनाओं जैसी रही होंगी। यह छायावाद से कुछ पहले का समय था और इसकी छाप माखनलाल चतुर्वेदी और बालकृष्ण शर्मा नवीन की कविताओं में दिखायी देती है। भगवती बाबू भी 'भारत भारती' से प्रभावित–प्रेरित होने के बावजूद आरम्भ यहीं से करते हैं। उनके पहले संग्रह 'मधुकण' में संकलित १९२६ की एक कविता 'जीवन' में इसका आभास मिलता है :

यह अशान्त–सा जीवन हो
यहाँ प्यार में कसक मिली हो,यौवन में पागलपन हो
. . .
एक हाथ मेरा विनाश हो और दूसरा हो निर्माण
विश्व खिलौना बने, कहीं पर हँसी, कहीं पर रोदन हो

❐

लेकिन यह स्वर, जो माखनलाल चतुर्वेदी की 'एक फूल की अभिलाषा' अथवा बालकृष्ण शर्मा नवीन की 'कवि कुछ ऐसी तान सुनाओ' की कविताओं के स्वर से मिलता–जुलता था, 'मधुकण' की कविताओं का प्रमुख स्वर नहीं बन सका। कारण शायद यह था कि इस

बीच हिन्दी कविता में छायावाद अपने नवोन्मेषकारी स्वरूप के साथ स्थापित हो रहा था। निराला 'जुही की कली' और 'अनामिका' और सुमित्रानन्दन पन्त 'वीणा' और 'उच्छवास' के साथ हिन्दी कविता की एक नयी धारा का सूत्रपात कर चुके थे। इसलिए 'मधुकण' में भगवती बाबू भी छायावाद का साथ देते दिखायी देते हैं। 'छायावाद स्वयम् तो बहुत उच्च कोटि की चीज़ है' यह कह कर उन्होंने 'ब्रजभाषा स्कूल' के साथ-साथ खड़ी बोली हिन्दी के उस स्कूल को भी ख़ारिज किया, जिसमें उनके अनुसार 'भाव तथा छन्द पुराने' थे, पर 'भाषा नयी' थी। संग्रह की पहली कविता 'मधुकण' से ही यह आभास हो जाता है कि भगवती बाबू 'प्रताप' और 'भारत भारती' के दौर को पीछे छोड़ आये थे –

धीरे धीरे मलय पवन –
ओ मधुऋतु के मलय पवन !
कहो तुम्हारे झोंकों में है
किस विस्मृति का आलिंगन ?
सौरभ के पुलकित अधरों पर
किस मादकता का चुम्बन ?

निराला की-सी परुषता और उनकी सरोद जैसी सबल स्वर लहरी तो भगवती बाबू के बस की नहीं थी, लेकिन 'कवि,' 'क्रय-विक्रय,' 'कसक कहानी' और 'संसार' जैसी कविताओं पर सुमित्रानन्दन पन्त की कोमल झंकार कहीं स्पष्ट तो कहीं अस्पष्ट रूप से ध्वनित होती है –

कौन तुम अग्नि शिखा की ज्वाल ?
तुम्हारा सुधा पूर्ण गायन –
मधुर कोमल शिशु का-सा हास
कल्पना के सुख का सागर
तुम्हारा है अनुपम उल्लास

(कवि)

यहाँ कल्पना का संसार
'छाया' है जिसका आधार
मनसिज, मलय, मधुप, मधुमास
कमल, कुंज, उल्लास, विकास
नवल उमंगों का उपहार
जीवन की सुखमा का सार

(कसक कहानी)

वैसे, 'मधुकण' की कविताओं में कहीं-कहीं जयशंकर प्रसाद का प्रभाव भी झलक उठता है। उदाहरण के लिए 'अतीत स्मृति' और 'संसार' में –

प्रतिध्वनित हृदय की करुण कथा	*जहाँ क्षितिज से मिल जाता है*
मद पूर्ण उपेक्षा-अंक झूल	*संघर्षण का वेग अशान्त*

उठती है नभ पर लक्ष्यहीन
वह जीवन की प्रज्जवलित भूल
ओ विश्व, कल्पना के प्रसाद !
देखे थे कुछ रस-युक्त फूल
पर कैसे झोंके - अमित ताप
गिर गये फूल, रह गये शूल
(अतीत स्मृति)

जहाँ नाचता है निराश सा
काल रूप कर्कश एकान्त
पूर्ण चन्द्र के आलिंगन को
उठता है बन कर उद्‌भ्रान्त
पागल-सा लहराया करता
अरे यहीं पर उदधि अशान्त
(संसार)

इसी तरह निराला से सहज दूरी बनाये रखते हुए भी, उनके कुछ भाव भगवती बाबू की कविताओं में भी नज़र आ जाते हैं, मसलन 'स्वागत' में जो निर्भ्रान्त रूप से 'तुम तुंग हिमालय शृंग और मैं चंचल गति सुर सरिता' की याद दिलाती है-

मैं सागर का गर्जन हूँ
तुम सरिता की रँगरेली
मैं जीवन का विप्लव हूँ
तुम उसकी मौन पहेली
मैं ताप बनूँ पावक का
तुम हो प्रकाश की माला
उन्माद बनूँ मैं मधु का
तुम हो सुरभित मधुशाला

□

लेकिन छायावाद के प्रति भगवती बाबू का आकर्षण ज़्यादा दिन टिक नहीं पाया। इसके कई कारण थे। पहला तो यही कि छायावादी काव्यानुभूति के अशरीरी आधारों अथवा उसकी अतिशत मृदुलता भगवती बाबू की नैसर्गिक प्रकृति के प्रतिकूल थी। यह बात दीगर है कि स्वयं पन्त और निराला भी कुछ समय बाद धीरे-धीरे इस अमूर्तन और कोमल कान्त पदावली से आगे बढ़ कर 'गुंजन' और 'ग्राम्या' या फिर 'सरोज स्मृति' और 'राम की शक्ति पूजा' के माध्यम से जीवन के ठोस यथार्थ और भिन्न भाषा-भाव-शिल्प-शैली की दिशा में बढ़ने लगे थे, लेकिन भगवती बाबू का तो पट्टी पूजन ही छायावाद-पूर्व की कविता-धारा से हुआ था। छायावाद की ओर उनका झुकाव सायास और क्षणिक था। भले ही छायावाद से पहले के काव्य की भाव-सम्पदा भगवती बाबू को पुरानी लगती रही हो, पर उसकी सहज स्वच्छन्दता, रूमानी बेचैनी, अल्हड़पन और मस्ती ने भगवती बाबू के काव्य-विवेक को निर्मित करने में एक प्रमुख भूमिका निभायी थी। लेकिन मामला केवल भाव-सम्पदा ही का नहीं था। भाषा का भी था। पन्त हों या निराला, महादेवी वर्मा हो या जयशंकर प्रसाद - इन तीनों की भाषा संस्कृत बहुल थी, जब कि भगवती बाबू ने माखनलाल चतुर्वेदी, नवीन और मैथिली बाबू की खड़ी बोली हिन्दी से शुरुआत की थी, जिसमें उर्दू और बोल-चाल की भाषा का गहरा पुट था। यह केवल भगवती बाबू के सिलसिले में ही लक्षित नहीं होता, बच्चन के सन्दर्भ में भी देखा जा सकता है। भगवती बाबू का जन्म सन १९०३ में

हुआ। बच्चन और महादेवी वर्मा, दोनों का १९०७ में। लेकिन अपनी स्वाभाविक प्रवृत्ति के चलते जहाँ महादेवी वर्मा ने छायावादी अतीन्द्रियता को अपनाया, वहीं बच्चन छायावाद के निकट नहीं गये और भगवती बाबू गये भी तो जल्दी ही बाहर आ गये। एक कारण यह भी था कि भगवती बाबू ने शुरू ही से प्रबन्धात्मकता की बजाय गीतों और कविताओं ही की रचना की। निराला के मुक्त-छन्द और आगे चल कर छन्द-मुक्त और नयी कविता की काव्य-धारा को भगवती बाबू कभी अपना नहीं पाये। छायावादी निराला और पन्त तो 'नये पत्ते' और 'कला और बूढ़ा चाँद' की कविताओं में छन्दों के मोह को कुछ समय के लिए त्याग कर प्रयोग कर सके और बच्चन की 'निशा निमन्त्रण' और 'आकुल अन्तर' की मनोभूमि को छोड़ कर अपने अन्तिम दौर मैं 'कटती प्रतिमाओं की आवाज़,' 'दो चट्टानें' और 'बहुत दिन बीते' की कविताओं में नयी कविता की मनोभूमि के निकट आ गये, मगर भगवती बाबू ने छन्दों का साथ अन्त तक नहीं छोड़ा, छन्दोबद्ध कविता ही को वे कविता मानते रहे। उनकी सहज स्वातन्त्र्यप्रियता और किसी भी वाद से न बँधने के आग्रह के बावजूद छन्दों से बँधे रहने के उनके हठ को लक्षित करके ही बालकृष्ण राव ने एक चुटकी भी ली थी कि "यह उनकी सहज स्वातन्त्र्यप्रियता के प्रति नियति का हल्का, मीठा-सा परिहास ही है।"

बहरहाल, छायावादी काव्य-धारा का समर्थन करने और कुछ दूर तक उसके साथ चलने की कोशिश करने के बावजूद छायावाद से भगवती बाबू का असन्तोष अपने पहले संग्रह 'मधुकण' से ही झलकने लगा। भूमिका में उन्होंने छायावादी कविता की अस्पष्टता और उस पर पश्चिमी प्रभाव की तो चर्चा की ही, कई कविताओं में वे छायावाद-पूर्व की भाषा और शब्दावली की ओर पलटते नज़र आये। 'सुखमा,' 'वह्नि,' 'विस्मृति,' 'सौरभ,' 'प्रलय,' 'मनसिज,' 'मलयानिल,' और 'मधुमास' जैसी शब्दावली के बीच 'साकी,' 'मैख़ाना,' 'शबनम,' 'अफ़साना,' जैसे शब्द प्रकट होने लगे। 'आत्मसमर्पण'- जैसी कविता में, जो उनकी कविताओं के समग्र संकलन 'मेरी कविताएँ' में 'मधु छलक रहा था उन में' के नाम से शामिल की गयी, छायावाद के साथ-साथ हालावाद की ध्वनि सुनायी देने लगती है –

मधु छलक रहा था उर में
मैं था सुख का दीवाना
अलसायी-सी आँखों में
था झूल रहा मैख़ाना
हाथों में नाच रहा था
मेरे वैभव का प्याला
मैं बना हुआ था साकी
मैं ही था पीने वाला
कोई कहता था 'विष' है
कोई कहता था 'हाला'

•

शबनम के अश्रु बहा कर
फिर फूलों का मुरझाना
जीवन का और मरण का
मैं लिखता था अफ़साना

इन्हीं अंशों के बीच ऐसी छायावादी पंक्तियाँ भी मौजूद हैं –

देखा था मौन निशा में
तारों का हँस कर आना
कलरव से भरी उषा में
देखा उनका सकुचाना
मलयानिल के चुम्बन से
कलियों का खिलखिल जाना

अन्तर केवल शब्दावली ही का नहीं था, सोच का भी था। 'अरुण अधर का सुमधुर हास' और 'कल्पना का संसार' उन्हें बाहरी सच्चाइयों के साक्षात्कार से कब तक रोक पाता। 'मधुकण' में ही भगवती बाबू सामाजिक अन्तर्विरोधों के प्रति सचेत हो चले थे। 'हिन्दू' शीर्षक से लिखी कविता में वे फिर एक बार अपने पुराने आवाहनमूलक स्वर में पाखण्ड और पतन का विरोध करते नज़र आते हैं – 'तुम विनाश के लक्ष्य, पतन के कलुषित जीवन' से शुरू कर के अछूतों और विधवाओं की दुर्दशा पर फटकार लगाते हुए वे मनुष्यता और साहस की वकालत करते हैं।

१९३२ तक पहुँचते-पहुँचते भगवती बाबू छायावाद से बाहर आ चुके थे। इसी वर्ष में प्रकाशित कविता 'हम दीवानों की क्या हस्ती' एक तरह से उनके नये दौर का प्रस्थान बिन्दु भी कही जा सकती है और भगवती बाबू का घोषणा-पत्र भी –

हम दीवानों की क्या हस्ती
हैं आज यहाँ, कल वहाँ चले
मस्ती का आलम साथ चला
हम धूल उड़ाते जहाँ चले
आये बन कर उल्लास अभी
आँसू बन कर बह चले अभी
सब कहते ही रह गये, अरे
तुम कैसे आये, कहाँ चले
किस ओर चले ? यह मत पूछो
चलना है, बस इसलिए चले

यही कविता भगवती बाबू के परवर्ती काव्य की आधार-भूमि बनी। सहज-सरल भाषा-शैली में जीवन के सुख-दुख, हर्ष-विषाद, विषमता और प्रेम का चित्रण उनकी आगे की कविता में दिखायी देता है। भगवती बाबू के दूसरे कविता-संग्रह 'प्रेम संगीत' का प्रमुख स्वर प्रेम का था, मिलन-विछोह, पीड़ा-उल्लास, कसक और निराशा की रंग-बिरंगी छवियों के अंकन का, लेकिन इन पाँच वर्षों में वे छायावाद की अपार्थिवता से बाहर आ

गये थे। इन परिवर्तनों के अलावा, नियतिवाद का जो संकेत 'नूरजहाँ की कब्र पर' जैसी कविता में दिखायी पड़ा था, वह कुछ और प्रगाढ़ हो चला था। यह नियतिवाद भगवती बाबू की कविताओं में ही नहीं, उनके उपन्यासों में भी जगह-जगह झलकता है और 'तीन वर्ष' और 'टेढ़े-मेढ़े रास्ते' से ले कर 'सामर्थ्य और सीमा' तक बराबर बना रहता है। छायावाद के प्रभाव से मुक्त होने क्रम में जीवन की कठोर वास्तविकताओं से साक्षात्कार का जो सिलसिला शुरू हुआ, वह भगवती बाबू के तीसरे कविता-संग्रह 'मानव' में पूरी तरह उजागर हुआ। 'कवि का स्वप्न' शीर्षक कविता में बसन्त की मधुर ऋतु भी जीवन की वास्तविकता को ओझल करने में असमर्थ है -

कवि लिखने बैठा - मधुऋतु है
मधु से मतवाला है मधुवन
कवि लिखने बैठा - मधुवन में
फूलों का सुन्दर एक सदन

यहाँ से शुरू करके कविता का अन्त 'जग के क्रन्दन' पर होता है -

कवि सहसा सिहरा काँप उठा
सुन भूखे बच्चों का रोदन
पत्नी की पथराई आँखों में
केन्द्रित था जग का क्रन्दन

जीवन का विषमताओं का सीधा, साफ़ उल्लेख 'मानव' की अधिकांश कविताओं की विशेषता है, चाहे वह 'भैंसा गाड़ी' हो या 'पैंतीसवीं वर्षगाँठ पर,' 'ट्राम,' 'विषमता' और 'जीवन दर्शन।' जिन कविताओं में भगवती बाबू सीधे-सीधे जीवन के वैषम्य का चित्रण नहीं भी किया है, उनमें भी बिना किसी पेचीदगी के निजी सुख-दुख और हर्ष-विषाद की झाँकियाँ दिखायी देती हैं -

मैं देख रहा, मुझ से कितना
दुख की दुनिया का है लगाव
मैं सोच रहा, क्या जीवन की
चिर-तृष्णा ही है चिर अभाव

एक नया स्वर जो 'मानव' की कविताओं में उभरता दिखायी देता है, वह तीखे व्यंग्य का है। 'राजा साहब का वायुयान' और 'कवि जी का कितना विशद ज्ञान' में भगवती बाबू, कथनी और करनी के अन्तर पर, पाखण्ड पर, शोषण पर, तीखी चोट करते हैं -

राजा साहब हैं दानशील
राजा साहब हैं दयावान
राजा साहब के पैसों से
पलते हैं कितने ही नेता
पलते हैं कितने कवि-लेखक
पलते हैं कितने ही गुण्डे

पलते हैं कितने ही महन्त
पलते हैं कितने ही नौकर
पलते हैं कितने ही किसान
नेता हैं सब एहसानमन्द,
अफ़सर हैं उनसे दबे हुए;
कितने प्रताप से भरा हुआ –
राजा साहब का वायुयान!

'मानव' की कविताओं का यह स्वर और सीधी-सपाटता भगवती बाबू के अन्तिम दौर की कविताओं में और मुखर हो कर प्रकट हुई। लेकिन विषमता के विविध रूपों का जो चित्रण आगे चल कर और गहरा और संश्लिष्ट होना चाहिए था, वह थिर-सा होता चला गया। इसके बरक्स व्यक्तिगत अनुभवों और अनुभूतियों के इर्द-गिर्द ही उन्होंने कविताओं ताना-बाना बुना। 'जग का क्रन्दन' धीरे-धीरे व्यापकता ग्रहण करने के स्थान पर व्यक्तिपरक होता गया। यह तो ठीक है कि अपने आरम्भिक दौर में भगवती बाबू ने गति को जीवन मान कर निरन्तर चलते रहने का जो व्रत लिया था, वह अन्त तक उनका मूल मन्त्र बना रहा, लेकिन इस व्रत को साधने में उनकी कविता का इकहरी हो जाना अनिवार्य था। और ऐसा ही हुआ भी है।

अनवरत गति की अपनी कुछ सीमाएँ भी होती हैं। उसमें जीवन की रंगारंग, वैविध्यपूर्ण दृश्यावली के होते हुए भी, न तो गहराई की थाह ले पाना सम्भव होता है, न चिन्तन-मनन का अवकाश। जीवन की उथली सतह पर उभरते और विलीन होते बिम्ब ही शेष रहते हैं। जीवन के किसी पक्ष पर टिकना, उसके कार्य-कारण का विचार करना कठिन होता है। इसीलिए भगवती बाबू की कविताओं में वैषम्य का चित्रण तो है, पर उसके निवारण का विमर्श नहीं। ऊपर से उनकी अहम-साधना जीवन के तमाम दुख-सुख, अभाव और उत्पीड़न को उत्तरोत्तर नितान्त निजी व्यक्तिपरकता से मण्डित करती चली गयी। गति की एकान्त उपासना करने के क्रम में भगवती बाबू कई बार अस्थिरता को ही जीवन मान बैठते हैं और यह भूलते-से लगते हैं कि दिशाहीन गति अक्सर आगे बढ़ने का भ्रम पैदा करती हुई वास्तव में पश्चगमिता ही होती है। इसीलिए भगवती बाबू की कविताओं में भ्रमित होने का, क्षण को ही परम सत्य मानने का, अनिश्चय, अनिर्णय और अविश्वास का बिम्ब बार-बार उभरता है। 'आधुनिक कवि' की भूमिका में भगवती बाबू ने लिखा है –

> "मेरा दृष्टिकोण मेरा सत्य है, लेकिन मेरा दृष्टिकोण दूसरो का सत्य बन सके – यह अनिवार्य नहीं है।... मनुष्य होने के नाते मैं बौद्धिक प्राणी हूँ, और बुद्धि के क्षेत्र में मैं किसी भी व्यक्ति के आगे नत होने की तैयार नहीं हूँ।... जो कुछ मैं ने सीखा है, वह सब मैंने अपने जीवन के अनुभवों से सीखा है। ओर मेरे उन अनुभवों में भावनात्मक पक्ष ही प्रमुख रहा है, बौद्धिक पक्ष नहीं रहा है।"

अकारण नहीं है कि भगवती बाबू की कविता उनकी सारी मस्ती और अल्हड़पन के बावजूद ऐसे व्यक्तिगत अनुभवों और अनुभूतियों का समुच्चय बन कर रह जाती हैं, जो सबके नहीं बन पाते। व्यक्तिगत दुख-सुख का विशद चित्रण अन्य कवियों में भी मिलता

है। विषमता और पाखण्ड पर चोट अन्य रचनाकारों ने भी की है। ग़ालिब और निराला इसकी सबसे बड़ी मिसालें हैं। अहम भी दोनों में प्रभूत और प्रबल है। लेकिन जहाँ उनकी कविता में व्यक्त व्यक्तिगत अनुभूतियाँ 'दूसरों के सत्य' बन जाती हैं, वहीं भगवती बाबू की कविताएँ एक व्यक्ति और उसके दुखों का निजी लेखा-जोखा ही जान पड़ती हैं। यही कारण है कि अन्ततः उनका अहम एक ऐसी अनास्था-भरी सन्देहशीलता और अविश्वास में पर्यवसित होता है, जहाँ उनके अलावा हर व्यक्ति और उसका ज्ञान और अनुभव सन्दिग्ध बन जाता है और वे अपनी विषमता, अभाव और पीड़ा को अपने जैसे अन्य अनगिनत लोगों की विषमता, अभाव और पीड़ा से जोड़ कर देखने और सामूहिक मुक्ति का उपाय खोजने की बजाय अपने हर दुख के लिए दूसरों को दोषी मानने के अतिरेक पर उतर आते हैं। यहाँ तक कि भगवती बाबू का कटु-तिक्त, व्यंग्य-भरा स्वर व्यक्तिगत आक्षेप और गाली-गलौज की सीमाएँ छूने लगता है। यह प्रवृत्ति इस रूप में पहली बार १९५४ में लिखी कविता 'उलटी सीधी' में लक्षित होती है -

इन दिनों सुना तुम हो अज़हद मशगूल,
अच्छा ही है, कुछ मैं भी नहीं फ़िज़ूल
पर वहाँ अँधेरे कोने में चुप चाप
तुम मिला रहे हो बोलो किससे चूल ?
ओहो ! मुद्दत के बाद पुराना फँसा है चण्डूल

•

अनुप्रास व्यर्थ हैं, और व्यर्थ हैं छन्द
जो इन्हें मानता, वह केवल तुकबन्द
कुछ नई धजा हो, कुछ हो नया प्रयोग
बैठे-ठाले कुछ नया द्वन्द्व या फन्द
फ्रायड के भाई बन्द बन गये हैं सत-चित-आनन्द
तुम नये-नये कवियों की नयी जमात
कहने आयी है, नयी-नयी कुछ बात
यारो यह रंगत नयी, नये ये भाव
मैं इनको समझूँ, मेरी नहीं बिसात
मैं तुममें ऐसा, दाल-भात में जैसे मूसलचन्द

सन १९४९ और '५० में लिखी कविताओं - 'वर्माजी ने खाये आम' और 'वर्मा जी ने मारी लात' में जो दूसरों के साथ-साथ ख़ुद पर भी व्यंग्य करने की सिफ़त थी, वह धीरे-धीरे एक व्यक्तिकेन्द्रित, वैमनस्यपूर्ण कटुता में बदलती चली गयी। इन प्रवृत्तियों के विकास ने भगवती बाबू की कविताओं के शिल्प को भी प्रभावित किया। इन प्रवृत्तियों का एक लक्षण था - सन '५० की कविताओं की भाषा का उत्तरोत्तर इकहरा होते जाना। इन कविताओं की भाषा में वह चमक नहीं है, जो १९३२ से १९४८-४९ की कविताओं में थी। इस भाषा की रवानी भी महज़ मात्राओं और वर्णों की रवानी है और अनुप्रास और तुक के हठ की वजह से भाव-सम्पदा के संकुचित हो जाने के कारण अकसर कविता तुकबन्दी के करीब आ गयी है। बच्चन

जिस तरह अपने उत्तरवर्ती काव्य में नये-नये छन्दों और लोक गीतों की ओर बढ़े, भगवती बाबू ने इसके विपरीत छन्दों में भी प्रयोग से परहेज़ किया। भगवती बाबू के निधन के ३ वर्ष बाद १९८४ में प्रकाशित उनकी अन्तिम कविता पुस्तक 'सविनय और एक नाराज़ कविता' में ये प्रवृत्तियाँ अपने चरम रूप में उभर कर सामने आती हैं।

पुस्तक में दो खण्ड काव्य हैं - पहला है - 'सविनय,' जिसमें छै सर्ग हैं और आमुख तथा समर्पण को ले कर दस-दस पंक्तियों के ९७ बन्द हैं। दूसरा खण्ड काव्य है - 'एक नाराज़ कविता,' जिसमें वैसे ही दस-दस पंक्तियों के ५१ बन्द हैं। जैसा कि 'सविनय' की भूमिका में भगवती बाबू ने स्पष्ट किया है कि लगभग दो दशकों के अन्तराल के बाद उन्होंने मुख्य रूप से यह स्थापित करने के लिए इस 'पद्यात्मक कहानी' की रचना की कि उनके भीतर का 'पद्य लेखक, कवि अभी तक कायम है।'

'सविनय' की कहानी लखनऊ के चौक मुहल्ले में रहने वाले एक आदर्शवादी युवक शिवलोचन के बारे में है, जो बी.ए. में पढ़ने के दौरान गाँधी जी के सन तीस के आन्दोलन में जेल जाता है। जेल से छूटने के बाद वह एक महत्वाकांक्षी महिला नेता माया देवी के जाल में फँस कर कांग्रेसी राजनीति के सिलसिले में लन्दन जाता है। लन्दन में एक और राजनीतिकर्मी सगुनचन्द की पत्नी लछमी देवी के संसर्ग में आता है और उसके साथ लन्दन से लौटते समय जहाज़ के दुर्घटनाग्रस्त होने पर समुद्री डाकुओं के चंगुलों में जा फँसता है, किसी तरह समुद्र में कूद कर जान बचाता है और तैरता हुआ स्वदेश पहुँचता है। फिर तैंतीस के सत्याग्रह आन्दोलन में शामिल होता है और विफल हो कर पुरोहिताई करने लगता है। १९४२ में वह फिर गाँधी के भारत छोड़ो आन्दोलन में शामिल होता है और कुछ समय भूमिगत रहने के बाद बीमार हो जाता है। स्वस्थ होने के बाद वह राजनीति में प्रवेश करने की कोशिश करता है, पर स्वाभिमान के चलते विफल ही रहता है। इस बीच विश्वयुद्ध समाप्त होता है और भारत आज़ाद होता है। शिवलोचन पहले तो कम्यूनिस्ट बनता है फिर घुटन का शिकार हो जाता है। जिस रोज़ भारत में गणतन्त्र की स्थापना होती है, शिवलोचन बड़ी आशा लिये कौंसिल हाउस जाता है। वहाँ समारोह का माहौल है जबकि आम जनता अभाव पीड़ित है। यह देख कर शिवलोचन घर लौटता है और सदमे से मर जाता है।

अगर भगवती बाबू का उद्देश्य महज़ इतना साबित करना ही रहा हो कि उनके भीतर का 'पद्य लेखक कवि, अभी तक कायम है' और इसलिए उन्होंने लगभग दो दशकों से छूटी हुई कविता की डोर फिर से थामी तो सबसे पहले हमें यही देखना होगा कि 'पद्यलेखक कवि' से उनकी मुराद क्या है ?

भगवती बाबू का सम्पूर्ण काव्य-रिक्थ छन्दोबद्ध, गीतिकाव्य की रचनाओं का है। उनकी नैसर्गिक प्रकृति क्षण में जीने और नियति के उतार-चढ़ाव के इंगित पर बहने का समर्थन करती रही है। ऐसे स्फुट गीतों में उनकी भाषा की प्रवहमानता बहुत बार उनके वैचारिक अन्तर्विरोधों को ढाँक लेती रही है। जब यह मान लिया गया कि कवि को क्षण में जीना और उसी का चित्रण करना है, फिर अन्तर्विरोध तो आयेंगे ही। गत-आगत का लेखा-जोखा किये बिना अन्तर्विरोधों की पहचान ही मुश्किल है, उनसे बचने का तो प्रश्न ही क्या ? लेकिन यही प्रवृत्ति एक सूत्रबद्ध कथा लिखने में सबसे बड़ा अवरोध बन जाती है।

किसी हद तक यह भगवती बाबू के उपन्यासों में भी झलकती है, विशेष रूप से 'टेढ़े-मेढ़े रास्ते' और उसके बाद के उपन्यासों में, जब एक ओर तो उनके कथानकों में आकस्मिक मोड़ आते हैं, दूसरी ओर उनके पात्र अक्सर भगवती बाबू के इशारों पर नाचने वाली कठपुतलियाँ बन जाते हैं। इस कमज़ोरी को उपन्यासों में भगवती बाबू अक्सर सम्वादों से या फिर कुछ युक्तियों से ढाँपने की कोशिश करते हैं। उनके उपन्यासों में 'चौंक उठा,' 'धक्का लगा,' 'झटका लगा' जैसे उपवाक्य कसरत से मिलते हैं। दूसरी युक्ति है – अचानक किसी भाव का प्रकट हो जाना। अक्सर यह भाव उदासी, उदासीनता, विषाद का होता है, उदाहरण के लिए, 'एकाएक मेरे मन में न जाने कहाँ से एक तरह की उदासी उतर आयी' या 'न जाने क्यों मेरे अन्दर वाला सारा उल्लास मर गया है।' तीसरी युक्ति है, जीवन-जगत या समाज-राजनीति पर किसी सूक्तिपरक वाक्य का इस्तेमाल, जो भले ही भगवती बाबू के दीर्घ वैचारिक चिन्तन का परिणाम हो, पर जैसे ही जाँच-परख के दायरे में आता है, कथानक की कमज़ोरी को ढाँपने के उपाय के अलावा भगवती बाबू के आन्तरिक संसार और उसके उत्तरोत्तर बढ़ते उजाड़ का भी परिचय कराता है। 'प्रश्न और मरीचिका' से ऐसी ही दो सूक्तियाँ यहाँ उद्धृत हैं –

> "घृणा, हिंसा और क्रूरता ! इनके दौरों का इतिहास ही मानव जाति का इतिहास है। शौर्य, पराक्रम और विजय और इनके साथ वाली कायरता, विवशता और पराजय-अगर इतिहास से इनका वर्णन निकाल दिया जाय तो इतिहास ही नष्ट हो जायेगा। लूटमार, कत्ले आम, आगजनी-अनादि काल से यह सब चलता आ रहा है, अनन्त काल तक यह सब चलता रहेगा।"

दूसरा उद्धरण है –

> "पराजय ! भारत के इतिहास में इस पराजय की एक लम्बी परम्परा है। ग्रीक, शक, हूण, अफ़गान, मुग़ल और अन्त में अंग्रेज़ – सुदूर देशों से ये लोग आक्रामकों के रूप में भारत आये, और इस देश के निवासियों को इन लोगों के हाथों पराजय ही प्राप्त हुई। दया, प्रेम अहिंसा ओर इन तथाकथित मानवीय एवं उच्च आदर्शों एवं सिद्धान्तों के नारों में छिपी हुई कायरता, नपुंसकता और अकर्मण्यता। यही तो है विरासत इस देश की।"

'प्रश्न और मरीचिका' के ये दोनों उद्धरण अकेले नहीं है। ऐसा निहिलिज़्म, ऐसा सिनिसिज़्म और ऐसी उक्तियाँ अन्य कथा-कृतियों में भी न्यूनाधिक मात्रा में मिल जायेंगी। लेकिन यहाँ इन्हें देने का उद्देश्य यह भी है कि 'प्रश्न और मरीचिका' का रचना-काल वही है, जो 'सविनय' का। इसलिए अकारण नहीं है कि 'सविनय' की पद्य-बद्ध कथा को रचने में भी भगवती बाबू ऐसी ही युक्तियों से काम लेते हैं। कथानक के फ़िल्मीपन और घटनाओं के आकस्मिक उतार-चढ़ाव और परिवर्तनों को छोड़ भी दें तो भी भगवती बाबू की वैचारिक और राजनीतिक अपरिपक्वता और सर्वव्यापी सन्देहशीलता इस खण्ड काव्य में व्याप्त है। उनके अनुसार क्षण ही सत्य है। वह क्षण जिसमें वे जीवित हैं। उनका ज्ञान स्वार्जित है, अन्दर जलन है, बाहर घुटन है, और शंका तथा संशय ही वास्तविक अनुभूति है –

जो कुछ है – तब तक सत्य कि जब तक मैं हूँ –
उसमें मेरी गति, मेरी सब आस्थाएँ
यदि दृष्टि–दोष है यह विश्वासों का पथ ?
तो दृष्टि–दोष है, पथ की सब बाधाएँ !
मैं लिये हुए हूँ सीमा, निर्बाध असीमित तम है
असफलता और सफलता इस तम अपार का भ्रम है

•

भ्रमने में मुझको नहीं अरुचि या लज्जा

•

यह ज्ञान–तर्क है केवल एक छलावा
जिन्दगी यहाँ पर केवल दो दिन की एक कहानी

•

मैंने निज से ही अपना ज्ञान सँजोया
आरोपित करने बैठा मैं अपने उसी अहम को
अन्दर की तीव्र जलन को बाहरी घुटन के क्रम को
भ्रम में ही तो अथ–इति है, कौतुक है, कौतूहल है
जग में जीवित रहने को भ्रम ही केवल सम्बल है

•

मैं तो बस संशय का समूह हूँ केवल
भ्रमते रहना ही गुण है मेरे मन का
संशय में उर का स्पन्दन कौतूहल है
संशय ही प्रेरक तत्व यहाँ जीवन का

'सविनय' के समर्पण और आत्म निवेदन में ऐसी उक्तियों के बाद जब भगवती बाबू इस रचना के उद्देश्य को यह कह कर व्यक्त करते हैं –

कोमलता, संवेदना और करुणा में
विश्वास जगाने बैठा हूँ जन–जन का

तो सहसा विश्वास नहीं होता क्योंकि यदि यह मान भी लिया जाय कि 'विश्वास वहीं सम्भव है दंश जहाँ संशय का' तो जन और जीवन के बारे में कुछ आगे चल कर भगवती बाबू की दो उक्तियाँ उनके उद्देश्य को एक खोखले दावे से ज्यादा नहीं रहने देतीं –

वैसे जो कुछ है वह सब केवल माया
माया में ही तो निहित सत्य–सर्जन का
माया में ही है वस्तु, वस्तु की छाया

और

नेतृत्व स्थापना सबल और सक्षम की
जो बन सकता हो हरदम अपना स्वामी
यह सत्य कठिन–जन से चलते आन्दोलन

जन होता है नेताओं का अनुगामी
भावना युक्त जन भीड़ सदा से बनता –
यह भीड़ – काम है उसका भरना हामी

जीवन को केवल माया और जनता को भीड़ मान लेने का यह एकान्तिक आग्रह पहले के अतिवादी आग्रहों के साथ मिल कर जिस तरह की राजनीतिक अपरिपक्वता ओर वैचारिक अन्तर्विरोध को जन्म देता है, उसके प्रमाण 'सविनय' में जगह-जगह नज़र आते हैं। सारी राजनीति भ्रष्ट है, कांग्रेस दिशाहीन है, कोई व्यक्ति या तो पूरी तरह अच्छा है या पूरी तरह बुरा, पूँजी से सब कुछ ख़रीदा जा सकता है और पश्चिम से आने वाले विचारों ने देश का सत्यानाश किया है –

काँग्रेस का अगला कदम कहाँ कब होगा ?
लेने को अपना अति महत्व का निर्णय
कान्फ्रेंस हुई थी एक बड़ी लन्दन में
जिसमें करना था नेताओं को निश्चय
लन्दन में जन्मे कितने ही आन्दोलन
लन्दन में है स्वतन्त्र चिन्तन का आशय
अंग्रेज़ों के ग़ुलाम भारत वालों को
लन्दन में पाना बड़ा सुगम था आश्रय

गोल मेज़ कॉन्फ्रेंस के इस चलताऊ उल्लेख से शुरू करके गणतन्त्र की स्थापना तक भगवती बाबू सरलीकरणों की एक श्रृंखला निर्मित करते चले जाते हैं –

आधार बना था गाँधी का आन्दोलन
इनकार नहीं कर सकता इससे कोई
पर वर्ण व्यवस्था घुसी हुई रग रग में
गाँधी की मति थी उसमें सहज डुबाई
बनिये की इष्ट बना था केवल ब्राह्मण
गाँधी की आस्था बस नेहरू में खोयी

•

थे बाँट रहे सौग़ातें नेहरू गिन-गिन
फल-फूल रहे थे उनके सब दरबारी

•

गाँधी-नेहरू – दोनों प्रतीक वर्णों के
वल्लभ भाई पटेल – दलितों के नेता
थे मौलाना आज़ाद मुसलमानों की
राष्ट्रीय भावना के कमजोर प्रणेता
थे अम्बेडकर प्रधान अस्पृश्यों के
अस्पृश्य अकेला अपनी नौका खेता

कांग्रेस की नीतियों से असन्तोष केवल भगवती बाबू ही को रहा हो ऐसा नहीं है, लेकिन इतनी एकांगिकता से राजनीतिक घटनाक्रम को देखने के कारण ही भगवती बाबू की नज़र उन सारे आन्दोलनों की ओर नहीं जाती जो जनता के अधिकारों के लिए समय-समय पर चलते रहे हैं। राजनीति को केवल वर्ण-व्यवस्था के प्रतिबिम्बन के रूप में देखने की दुराग्रह के कारण राजनीति की अन्तर्वस्तु इस कविता से ओझल ही रहती है। कविता का नायक तो घुटन और हताशा का शिकार होता ही है, 'कोमल, संवेदना और करुणा में जन-जन का विश्वास जगाने का' संकल्प भी तिरोहित होता है, जिसे भगवती बाबू उद्देश्य के रूप में ले कर चले हैं। बच जाती है निराशा, भ्रम, नियतिवाद और एक थकान -

मानव निज भ्रम से बनता जाता कर्त्ता
पर घिसट रहा है बड़ा विवश-सा मानव
अपने घुटनों पर अविकल जीता-मरता।

•

मैं सोच रहा क्या जड़ है ? है और यहाँ क्या चेतन ?
खोखली हँसी यह मेरी, है अर्थहीन सब चिन्तन

•

लेखनी स्वयं रुक जाती - उसमें भी एक थकन है
बस स्वयं घिसटता जाता, तिल-तिल मेरा जीवन है

भगवती बाबू का संशय 'राम की शक्ति पूजा' का संशय नहीं है, न उनमें 'सरोज-स्मृति' की-सी अन्तर्दृष्टि और अमर्ष है। अपने शब्दों में भले ही जगह-जगह उन्होंने भी जगत को फूल-फल देने और अपनी प्रभा से चकित चल करने के दावे किये हों, लेकिन अन्त में वे यह नहीं कह पाते कि 'पुनः सबेरा एक और फेरा है जी का।' उनका सारा असन्तोष, विरोध और आक्रोश एक अवसाद में पर्यवसित होता है, जो नियतिवाद का अनिवार्य परिणाम है।

'सविनय' में यदि भगवती बाबू ने शिवलोचन नाम के एक युवक को नायक के रूप में चुना है तो 'एक नाराज़ कविता' के नायक वे स्वयं है। ५१ बन्द वाले इस आत्मकथात्मक खण्डकाव्य में कोई सर्ग नहीं, कोई व्यक्तिक्रम नहीं ओर जिस दौर का वर्णन है, वह १९४८ में कलकत्ता से भगवती बाबू के लखनऊ लौटने से ले कर १९५९-६० के शीत-युद्ध का दौर है।

कविता चूँकि आत्मकथात्मक है, इसलिए इसमें आये अनेक पात्र भी वास्तविक हैं और वास्तविक नामों ही से चित्रित भी किये गये हैं। कविता का उत्स भगवती बाबू का निजी राग-द्वेष है जिसका संकेत उन्होंने 'सविनय' की भूमिका में पुरुषोत्तम दास टण्डन और जगदीश चन्द्र माथुर से अपने विग्रह का उल्लेख करके दे दिया है। यही नहीं, बल्कि कविता के अन्त में विभिन्न व्यक्तियों और प्रसंगों के बारे अपनी व्यक्तिगत आशंसाएँ और मूल्यांकन भी टिप्पणियों के रूप में दे दिये हैं। चूँकि कविता का शीर्षक ही है 'एक नाराज़ कविता' इसलिए भगवती बाबू की नाराज़गी भी जगह-जगह व्यक्त हुई है -

कुछ प्रथा चल पड़ी है लिखने के पहले
कवि का है पावन धर्म वन्दना करना,
जैसे नेता का धर्म यहाँ चन्दे से
संस्था के पहले अपने घर को भरना
या कांग्रेसी का धर्म मिनिस्टर के घर
ऊँचा पद पाने को है देना धरना

यहाँ से शुरू करके भगवती बाबू राजनीति, साहित्य, कांग्रेस, सोशलिस्ट पार्टी, कम्यूनिज़्म, पूँजीवाद, भाषा-विवाद और जनतन्त्र आदि पर अपनी छन्दोबद्ध टीका-टिप्पणियों की झड़ी लगाते चलते हैं और डालमिया, बिरला, टाटा से ले कर नेहरू, पटेल, पुरुषोत्तम दास टण्डन, गोविन्द वल्लभ पन्त, लोहिया, चन्द्र भानु गुप्त, अशोक मेहता, अच्युत पटवर्धन - अनगिनत नेताओं पर अपनी व्यक्तिगत आशंसाएँ दर्ज करते हैं -

मैं डालमिया भी नहीं सात बीबी हों
जो रोज़ एक से अपना सर दबवाता

•

मैं भी दावे से कहता, है मुझको नहीं ज़रा शक
लाला लल्लूमल ही हैं इस कम्यूनिज़्म के पोषक

•

नेहरू हों या मौलाना पोषक हैं बेकारों के
दरबार लगा करते हैं नित नये कलाकारों के

•

है मुझे नहीं दुश्मनी सोशलिस्टों से
पर नापसन्द है मुझे लाल वह टोपी
जाने क्यों मुझको वह ऐसी दिखती है
जैसे कि आम के सिर पर खट्टी चोपी

•

है एक कहावत - खोदा पर्वत तो निकली चुहिया
कुछ ऐसे ही दिखते हैं काफ़ी हाउस में लुहिया

इसी तरह की टीका-टिप्पणी इस कविता में जगह-जगह भगवती बाबू ने की है। लेकिन अगर इस व्यक्तिगत राग-द्वेष और उससे निःसृत कटाक्षों को अलग कर दें तो समाज और राजनीति के बारे में कुछ चौंकाने वाली बातें भी सामने आती हैं। जीवन, समाज और जनता के बारे में भगवती बाबू बार-बार अत्यन्त अनास्थापूर्ण टिप्पणियाँ करते हैं। उन्हें सर्वत्र कुरूपता, कदाचार और कर्दम ही दिखायी देता है -

लग गया हाथ बस एक सत्य इस सब में
जो चित्र यहाँ पर देखा वही अधूरा
यह दुनिया केवल बौनों की बस्ती है
है नहीं यहाँ पर कोई ऊँचा-पूरा

•

जर्जर मन, जर्जर प्राण, चेतना जर्जर
अवरुद्ध हो गयी मानो गति की धारा
दुर्गन्ध सड़न से भरी हुई यह दुनिया
मैं नहीं पा रहा अपना स्वयं सहारा
हर व्यक्ति या कि भिखमंगा या कि लुटेरा
केवल वह जीवित जो कि बना हत्यारा
इन दिनों हो रहा भान मुझे कुछ ऐसा
निःसार खोखला प्रेम दया का नारा

'सविनय' में जनता को भीड़ करार देने से जो क्रम शुरू हुआ था, वह यहाँ आ कर और भी अनास्था-भरा हो गया है, जहाँ कुछ भी पवित्र और पावन नहीं है – न जीवन, जनता और न जीवन के मूल्य।

जहाँ तक राजनीतिक दलों का सवाल है, भगवती बाबू कांग्रेस को तो भ्रष्ट बताते ही हैं, अन्य दलों में भी उन्हें कोई उम्मीद नज़र नहीं आती। सोशलिज़्म और सोशलिस्ट नेताओं को वे सन्निपातग्रस्त, लगुए-भगुए और गपबाज़ कहते हैं। कम्यूनिस्टों पर भगवती बाबू का कोप पुराना है। 'एक नाराज़ कविता' में भी वे कम्यूनिस्टों को पाखण्डी, दलाल और रूसी एजेंट ठहराते हैं –

यह बात छिपी है नहीं किसी से हर्गिज़
है कम्यूनिस्ट का एक तर्क हथगोला,
हिंसा का है वह तो अनन्य आराधक
अस्तित्व लिए वह यहाँ घृणा में घोला।

. . .

रँग लिया यहाँ पर बैठे-बैठे उसने
है लाल रूस के रंग से अपना चोला।

•

विश्वास भावना की सुन्दर प्रतिमा पर
कर रहा चोट है उसका सबल हथौड़ा,
नैतिक, आध्यात्मिक जितना ज्ञान यहाँ पर
वह एक बार में यहाँ पड़ गया चौड़ा।
रूखी-सूखी रोटी का उसका नारा,
कंगालों का दल उस रोटी पर दौड़ा,
दुर्भाग्य यह कि आँखें मूँदे आनन्द से
लाला लल्लूमल हैं खा रहे पकौड़ा।

फलस्वरूप वे राजनीति नाम्ना सामाजिक गतिविधि को एकान्तिक रूप से त्याज्य ठहराने की ही तार्किक परिणति तक पहुँचते हैं –

यह राजनीति तो रही सदा ख़ुदग़रज़ी

•

दुर्भाग्य यह कि मानव का, मानवता का
है राजनीति पर निर्भर खाना-पीना
दंगे, हड़तालें राजनीति के हरबे
है राजनीति पर निर्भर मरना-जीना

यहाँ राजनीति के किसी प्रकार-विशेष से किनाराकशी का सवाल नहीं, बल्कि राजनीति को ही ख़ारिज करने की वकालत है क्योंकि भगवती बाबू किसी वैकल्पिक राजनीति का कोई ख़ाका नहीं पेश करते। प्रकट ही, यह भी अन्ततः एक राजनीति ही है, जो प्रथम चरण में अराजकता और दूसरे चरण में फ़ासिज़्म की ओर ले जाती है। अकारण नहीं है कि भगवती बाबू, जिस व्यक्तित्व की खुली प्रशंसा करते हैं, वे हैं राष्ट्रीय स्वयं सेवक संघ के सरसंघ चालक गुरु गोलवलकर –

उनके नयनों में ज्योति भरी विद्युत की
मल्हार मेघ-सा उनकी वाणी में स्वर
उनका भगवा है झंझावत भयंकर
स्वीकार मुझे यह ठूँस-ठाँस का रूपक
पर ठूँस-ठाँस की कविता का मैं शायर

•

क्यों राजनीति पर गुरू जी हैं दीवाने
यह राजनीति तो रही सदा खुदगर्ज़ी
गुरू जी ही ले सकते हैं बड़े-बड़ों से टक्कर
पर दूर रखें अपने से वह राजनीति का मक्कर

दिलचस्प बात है कि गुरु गोलवलकर के प्रति अपने अतिशय प्रेम के चलते भगवती बाबू राष्ट्रीय स्वयं सेवक संघ के इतिहास की भी एक भ्रामक तस्वीर पेश करते हैं। कविता के अन्त में दी गयी टिप्पणियों में गुरू गोलवलकर के बारे में वे लिखते हैं –

> "गुरु गोलवलकर राष्ट्रीय स्वयं सेवक संघ के कर्ता-धर्ता-विधाता थे। राष्ट्रीय स्वयं सेवक संघ की विधिवत स्थापना १९४५-४६ के आस-पास हुई थी, जब हिन्दू-मुसलमानों के दंगे ज़ोर पकड़ रहे थे। अहिंसावादी एवं व्यक्तिवादी होने के कारण हिन्दू जाति ह्रासोन्मुख हो गयी थी और उन दंगों में हिन्दू बुरी तरह मारे जाते थे। एक अजीब तरह की कायरता हिन्दू शब्द के साथ जुड़ गयी थी। जातिवाद के नाम पर मुसलमानों से लोहा छत्रपति शिवाजी ने महाराष्ट्र में लिया था और उन्होंने हिन्दुओं में वीरता की भावना उत्पन्न की थी। गुरु गोलवलकर महाराष्ट्र के ब्राह्मण थे। उन्होंने मुसलमानों से लोहा लेने के लिए राष्ट्रीय स्वयं सेवक संघ की स्थापना की थी।"

अलावा इसके कि राष्ट्रीय स्वयं सेवक संघ के बारे में दिया गया यह विवरण भयंकर तथ्यात्मक भूलों से भरा हुआ है, यह भी द्रष्टव्य है कि भगवती बाबू ने जहाँ श्यामा प्रसाद मुखर्जी, वीर सावरकर, डॉक्टर खरे और महन्त दिग्विजय नाथ का नाम लिया है, वहीं वे

राष्ट्रीय स्वयं सेवक संघ के संस्थापक डॉ० केशव बलिराम हेडगेवार का ज़िक्र भी नहीं करते।

बहरहाल, 'एक नाराज़ कविता' जैसी आत्मपरक कविताओं का अन्त कहीं भी हो सकता है, लेकिन भगवती बाबू उसका अन्त जिस बिन्दु पर करते हैं, वह उनके राजनीतिक विचारों की अनिवार्य परिणति जान पड़ता है, जहाँ शोषक और शोषित, उत्पीड़क और उत्पीड़ित दोनों ही कटघरे में ला कर खड़े कर दिये जाते हैं -

बज रहे युद्ध के अविकल गाजे बाजे
हो रही विभाजित दो शिविरों में दुनिया
योजना प्रलय की बना रहे दोनों ही
मज़दूर रूस का, अमरीका का बनिया
यह पढ़ा-लिखा दार्शनिक या कि वैज्ञानिक
बन चुका महज़ टुकड़ों का एक नचनिया

यहाँ हल्के-से विषयान्तर का ख़तरा मोल लेते हुए भगवती बाबू के उपन्यास 'टेढ़े-मेढ़े रास्ते' की उस समीक्षा का एक अंश उद्धृत करना समीचीन होगा, जो डॉ. राम विलास शर्मा ने १९४६ में उपन्यास के प्रकाशित होने पर की थी -

> "कई पाठकों ने यह उपन्यास पढ़ने पर मुझसे सवाल किया कि वर्मा जी आख़िर किस रास्ते को सही समझते हैं; उनकी राय से किस राह पर चल कर आदमी मंज़िले मकसूद तक पहुँच सकता है। हर पाठक को चाहिए भी कि उपन्यास ख़त्म करने पर वह अपने से यह पूछे कि लेखक किस रास्ते पर चलने का इशारा करता हैं अगर उसको अपने सवाल का जवाब साफ़-साफ़ न मिले तो उसे वर्मा जी को उनकी सफलता पर बधाई देनी चाहिए। पर उनका ध्येय सही रास्ता दिखाना नहीं है, बल्कि पाठक को टेढ़े-मेढ़े रास्तों में भटकाना है और इस तरह भटकाना है, इस होशियारी से और उसके बिना जाने हुए कि उसे रास्ते पर चलने से ही नफ़रत हो जाय, वह अपने मकसद तक पहुँचने की तरफ़ से निराश हो जाय। यानी लेखक का उद्देश्य जीवन के प्रति विश्वास डिगाना है; सामाजिक परिवर्तन में आस्था का खण्डन करना है; जनवादी क्रान्ति और वर्गहीन समाज की रचना की तरफ़ से मन फेर कर आदमी को दुश्मन के सामने लाचार और अपाहिज बना देना है।"

'टेढ़े-मेढ़े रास्ते' के बारे में राम विलास जी के इस कठोर आकलन के कुछ बिन्दुओं को यदि छोड़ भी दिया जाय तो भी इसके अनेक बिन्दु 'सविनय' और 'एक नाराज़ कविता' पर सही उतरते हैं। 'सविनय' के नायक शिवलोचन के माध्यम से भगवती बाबू केवल पतनशीलता, भ्रष्टाचार, घुटन, विफलता और एक हताश मृत्यु का ही रूपक रचते हैं। समूचे खण्डकाव्य में आशा की एक किरण नहीं, परिवर्तन की सम्भावना का कोई संकेत नहीं। इसी तरह 'एक नाराज़ कविता' में भी वे राजनीति, समाज और अनेक छोटे-बड़े व्यक्तित्वों का उपहास करते हुए, उन पर चोट करते हुए उस बिन्दु पर पहुँचते हैं जहाँ दुनिया दो शिविरों में बँटी हुई है, राष्ट्रीय राजनीति भ्रष्ट है, जवाहर लाल नेहरू पस्त हैं, रूस का मज़दूर

और अमरीका का बनिया दोनों ही प्रलय की योजना तैयार कर रहे हैं, पढ़े-लिखे दार्शनिक और वैज्ञानिक टुकड़ख़ोर नचनिये बने हुए हैं। क्या अब भी अनास्था, घुटन और संशय के वातावरण के निर्माण में कुछ बाकी है ? 'एक नाराज़ कविता' अन्ततः आक्रोश उत्पन्न करने की बजाय एक ऐसे बिन्दु पर ख़त्म होती है, जहाँ कवि की सारी नाराज़गी एक खीझ-भरे आत्महनन में रूपान्तरित हो गयी है। ऊपर उद्धृत अंश के आगे की पंक्तियाँ हैं -

कुछ यही सत्य ले कर बोली थी मुझसे
मेरे घर की महरी वह अल्हड़ धनिया -
'बाबू जी यह बेकारी, फिर उस पर खर्चा गहरा,
तुम पढ़े-लिखे लोगों से, अच्छा है मेरा महरा।'

धनिया का महरा छैल-छबीला पट्ठा
जो सचिवालय के मन्त्री का चपरासी
तनख़्वाह और बख़शीश मिला कर सब कुछ
जिसको मिल जाते हैं रुपये चौरासी

जो जगह-जगह घूमा मोटर पर चढ़ कर
जो कभी नहीं खाता है रूखा-बासी
है जिसे दख कर आता अपने मन में
मर जायँ गले में यहाँ लगा कर फाँसी
वह रहता कभी बनारस, औ' कभी आगरा रमता
यह कवि कर सकता कैसे है, उस महरा की समता

यह ठीक है कि भगवती बाबू ने एकाधिक बार प्रबन्ध-कविता लिखने में अपने असामर्थ्य को स्वीकार किया है, लेकिन प्रश्न कुछ अटपटे तुकों अथवा ठूँस-ठाँस के छन्दों का नहीं है। समस्या दृष्टि और दृष्टिकोण दोनों की है। निराला ने भी अपनी कविताओं में अनेक तीखी उक्तियाँ दर्ज की हैं। 'वनबेला,' 'सरोज स्मृति' और कुकुरमुत्ता' में व्यक्तिगत कटुता से ले कर सामाजिक वैषम्य ओर पाखण्ड पर तीखी चोटें नज़र आती हैं। लेकिन हताश-से-हताश क्षणों में भी निराला जीवन में आस्था बनाये रखते हैं भगवती बाबू के यहाँ इस सन्तुलन का अभाव और नियतिवादी निराशा उत्तरोत्तर बढ़ती गयी है। 'मानव' के स्फुट गीतों में समाज की विषमता का जो चित्रण था और उसके विरुद्ध पाठक में अमर्ष जागृत करने का जो उद्देश्य था, वह आगे चल कर लुप्त होता चला गया। यह वही काल है १९५०-६२ का जिस बीच भगवती बाबू के अनेक परवर्ती उत्तरोत्तर भ्रष्ट होते लोकतन्त्र की जटिलताओं की परतें उघाड़ने की युक्तियाँ खोज रहे थे। कवि केवल अपने पूर्ववर्तियाँ और समकालीनों ही से नहीं, उत्तरवर्तियों से भी प्रेरणा और दृष्टि प्राप्त करता है। राजनीतिक अन्तर्वस्तु ऐसे अनेक उत्तरवर्तियों की कविताओं की विशेषता है - वे चाहे शमशेर, त्रिलोचन और मुक्तिबोध हों या विजय देव नारायण साही, श्रीकान्त वर्मा और रघुवीर सहाय। सम्भव है, इनमें से अनेक को भगवती बाबू कवि ही न मानते रहे हों, क्योंकि जैसा कि भगवती बाबू ने साफ़-साफ़ कहा है - 'न जाने क्यों यह नयी कविता लिखने की तबियत नहीं होती।' लेकिन उनकी नज़र भवानी प्रसाद मिश्र की तरफ़ भी नहीं गयी जो

छन्दों ही में लिखते थे और राजनीति से जिन्हें परहेज़ भी नहीं था। बहरहाल भगवती बाबू की काव्य-धारा जहाँ से शुरू करके जिस अन्त तक पहुँची उसके कारणों की खोज उनके व्यक्तिगत जीवन के उतार-चढ़ाव, उनके व्यक्तित्व, उनके अहम, उनके रूमानीपन और जीवन और समाज के प्रति उनके दृष्टिकोण ही में करनी होगी। अपने काव्य-जीवन के आरम्भिक दौर में भगवती बाबू ने अपने लिए एक मार्ग चुना था -

हम दीवानों की क्या हस्ती
हैं आज यहाँ, कल वहाँ चले
मस्ती का आलम साथ चला
हम धूल उड़ाते जहाँ चले

यह मस्ती और अल्हड़पन एक लम्बे अर्से तक भगवती बाबू का साथ देता रहा। इसका तिराहित होना परिपक्वता का भी संकेत हो सकता था, क्योंकि परिस्थितियाँ जब प्रतिकूल हों तो निःसंग मस्ती और अल्हड़पन, भ्रान्त दृष्टिहीनता ही कही जायेगी। लेकिन जब इस बेफ़िक्र फक्कड़पन का स्थान नितान्त आशाहीन विषाद और सर्वग्रासी कटूता ले ले तब भी यह एक विकारग्रस्त मानस का ही लक्षण माना जायेगा। धूल उड़ाते चलने में भी कोई हर्ज नहीं, अगर रास्ता का ज्ञान हो। पर भगवती बाबू का तो आदर्श रहा है -

किस ओर चले ? यह मत पूछो
चलना है, बस इसलिए चले

ऐसा दिशाहीन मार्ग किन-किन अँधेरी गलियों में, गह्वरों में, ले जा सकता है और मस्ती कैसी पस्ती में पर्यवसित हो सकती है, यह भगवती बाबू के सम्पूर्ण काव्य को परखने पर सहज ही पता चल जाता है। इस यात्रा में सिर्फ़ आस्था और विश्वास के खण्डित होने का ही ख़तरा नहीं रहता, उस मस्ती और अल्हड़पन की भी बलि चढ़ती है जो जीवन के सारे ज्वार-भाटे में भी अपने और दूसरों के प्रति विश्वास और आस्था को बनाये रखता है।

अन्त में, अगर मनुष्यों की मुक्ति की तरह कविता की भी मुक्ति होती है तो मनुष्यों की बुढ़ापे की तरह कविता के भी बुढ़ापे की कल्पना की जा सकती है। अंग्रेज़ी का एक आम मुहावरा है - 'टू ग्रो ओल्ड ग्रेसफ़ुली' - गरिमा के साथ बुढ़ाना। मनुष्यों की ही तरह कविता भी कई बार गरिमा के साथ बुढ़ाने में विफल रहती है। भगवती बाबू के काव्य को उसकी समग्रता में देखने पर एक ऐसे व्यक्ति का बिम्ब उभरता है, जो उम्र के साथ अनुभवी, उदार, प्रज्ञाशील और सहिष्णु होने के स्थान पर कटु, चिड़चिड़ा और शंकालु होता चला गया है। यह एक विडम्बना ही है कि उनके उत्तरवर्ती काव्य के कारण उसके यौवन काल का सौन्दर्य क्रमशः ओझल होता चला गया है और उसकी छवि का पुनस्स्मरण प्रयत्नसाध्य ही नहीं, कठिन भी हो गया है।

२००४

अंजलि दो पूर्वजों को

(यह लेख निराला जन्मशती के अवसर पर लिखा गया था। मुझसे कहा गया था कि 'निराला और मेरी कविताएँ' शीर्षक से एक आलेख पेश करूँ। ऐसा विषय देने के पीछे क्या आशय रहा होगा, इसे मैं ठीक-ठीक नहीं समझ पाया था। अगर आशय यह रहा हो कि मैं यह जाँचने या बताने की कोशिश करूँ कि निराला की कविता से मैंने क्या सीखा या मेरी कविता पर उनका और उनकी कविता का क्या प्रभाव पड़ा तो यह काम किसी तीसरी एजेंसी को सौंपना बेहतर होता, क्योंकि किसी भी कवि के लिए अपनी कविता का ऐसा वस्तुपरक मूल्यांकन करना और अपने प्रेरणा-स्रोतों के बारे में बता पाना आसान काम नहीं है। इससे भी महत्वपूर्ण बात यह है कि यहाँ चर्चा मेरी कविता पर नहीं, बल्कि निराला पर होनी थी, इसलिए यकीनन ऐसा विषय देने के पीछे यह आशय नहीं हो सकता।

फिर, अगर उद्देश्य यह रहा हो कि मैं बताऊँ कि एक परवर्ती कवि की हैसियत से मैं निराला के बारे में क्या सोचता हूँ तो शायद इस विषय को किसी दूसरी तरह रखना अधिक उपयुक्त होता। इसलिए मैं सही मानी में यह नहीं समझ पा रहा था कि मुझसे क्या अपेक्षा रखी गयी है और मैं इस अपेक्षा पर किस तरह खरा उतर सकता हूँ। इसी सिलसिले में कभी-कभी मन में संकोच भी पैदा होता कि निराला के निधन के इन पैंतीस-छत्तीस वर्षों में उनके बारे में जो कुछ लिखा गया है, या उनके बारे में हम लोग जो कुछ सोचते-कहते हैं, उसे अगर निराला देख-सुन पाते तो जाने उनकी क्या प्रतिक्रिया होती।

बहरहाल, निराला के बाद की पीढ़ी के एक कवि के नाते और एक ऐसे कवि के नाते, जिसने निराला को काफ़ी ध्यान और लगाव के साथ पढ़ा है, मैं अपनी बातें छिट-पुट नोट्स की शक्ल में यहाँ रख रहा हूँ।)

२.

बहुत पहले महाभारत की एक कथा पढ़ी थी।

एक ऋषि थे जरत्कारु। संसार के इस मायाजाल को देख कर उन्होंने आजीवन ब्रह्मचारी रह कर तपस्या करने का व्रत लिया। वे बराबर एक जगह से दूसरी जगह चलते रहते थे। इसी तरह एक दिन घूमते-फिरते वे एक कुएँ के पास पहुँचे। उन्होंने देखा कि कुएँ

के किनारे बरगद का एक विशाल पेड़ है, जिसकी एक जड़ कुएँ के भीतर तक लटकी हुई हैं। जड़ के उस छोर के साथ, जो कुएँ के अन्दर तक चला गया है, कई पितर-स्वरूप बाल-खिल्य ऋषि लटके हुए हैं। बरगद की जड़ को एक चूहा कुतर रहा है और अब जड़ का एक रेशा ही बाकी बचा है। जरत्कारु ऋषि यह दृश्य देख कर बहुत विस्मित हुए और उन्होंने कुएँ की जगत पर जा कर बाल-खिल्य ऋषियों से पूछा कि आप लोग कौन हैं और इस तरह बरगद की जड़ पकड़ कर कुएँ में क्यों लटके हुए हैं, जबकि यह जड़ अब-तब की मेहमान है ? बाल-खिल्य ऋषियों ने उत्तर दिया कि हम अमुक परम्परा के ऋषि हैं। बरगद की यह जड़ हमारी वंश-परम्परा है और यह चूहा, जो इसे धीरे-धीरे कुतर रहा है, वह काल है। यह कुआँ विस्मृति है। जिस तरह इस जड़ का एक रेशा ही बाकी बचा है, वैसे ही हमारे वंश को चलाने वाला एक ही व्यक्ति बचा है। जब यह आख़िरी रेशा भी कट जायेगा तब हम विस्मृति-रूपी इस कुएँ की अतल गहराई में सदा-सदा के लिए विलीन हो जायेंगे। हमारा नामलेवा भी न बचेगा। यही हमारे परम दुख का कारण है।

ऋषियों के दुख से विचलित हो कर उसके निवारण के उपाय जानने की ख़ातिर जरत्कारु ने जब उनसे और पूछ-ताछ की तो ऋषियों ने बताया कि हमारी वंश-परम्परा में अब जरत्कारु नामक व्यक्ति ही बाकी बचा है, मगर उसने वंश न चलाने का फ़ैसला किया हुआ है और इसीलिए हमें भय है कि उसके साथ ही हमारी वंश-परम्परा भी समाप्त हो जायेगी और हम विस्मृति के गर्त में समा जायेंगे।

कथा बहुश्रुत है, बहुत लम्बी है, मगर जाने क्यों इधर के वर्षों में निराला के बारे में सोचते हुए मुझे यह कथा अकसर याद आती रही है। एक तो शायद इसलिए कि विस्मृति का भय और परम्परा को जीवित रखने की आकांक्षा - ये दो ऐसे बुनियादी जज़्बे हैं, जो मनुष्य के जीवनगत कार्य-व्यापार के ही नहीं, बल्कि मनुष्य के तमाम सांस्कृतिक क्रिया-कलाप के भी मूल में बने रहते हैं। हम कौन हैं ? कहाँ से आये हैं ? और कहाँ जा रहे हैं? - ये सवाल आदिकाल से मनुष्य की चिन्ता का विषय रहे हैं। एक ओर तो हम पीछे की ओर झाँक कर अपने पुरखों से अपने रिश्ते तय करते हैं, दूसरी ओर हम अपने वजूद को आने वाली पीढ़ियों में प्रोजेक्ट करके देहोपरान्त जीवन की कामना करते हैं। निराला की ही पंक्तियों का सहारा ले कर कहें कि -

मेरे ही अविकसित राग से
विकसित होगा बन्धु दिगन्त
अभी न होगा मेरा अन्त

हम अनोखे हैं, मगर इसके साथ-साथ हम एक सुदीर्घ परम्परा का अंग भी हैं और यह परम्परा आगे भी जारी रहेगी - यह ख़याल हमेशा एक अदम्य जीवनी-शक्ति से हमें अनुप्राणित करता रहता है। 'हिन्दी के सुमनों के प्रति पत्र' शीर्षक कविता में निराला ने इसी बात को धरती पर गिरे पत्ते, डाली पर खिले फूल और फल तथा बीज के रूपक से बहुत सुन्दर ढंग से व्यक्त किया है।

या शायद जरत्कारु की यह कथा मुझे इसलिए भी याद हो आती रही हो, क्योंकि इस कथा के उत्तरार्द्ध में जरत्कारु का पुत्र आस्तीक ही नाग जाति के उस विराट नर-संहार को

रोक कर आर्यों और नागों के बीच परस्पर सद्भाव स्थापित करने वाले ऋषि के रूप में सामने आया था, जिस नर संहार की भूमिका जरत्कारु के समय में बननी शुरू हो गयी थी, मगर जिसका समाहार जरत्कारु के समय तक नहीं हो सका था और मेरे अवचेतन में परम्परा को जारी रखने का मतलब कहीं-न-कहीं पिछली पीढ़ी के अधूरे छोड़ दिये गये कामों को पूरा करने की कोशिश से भी हो। रघुवीर सहाय ने एक जगह लिखा भी है। :

सारे अधूरे काम
नयी पीढ़ी करती है
अपने पिता को माफ़
नयी पीढ़ी करती है

इसलिए अगर इस पुराकथा के रूपक को तनिक खींचने की इजाज़त मुझे दी जाय तो मैं कहना चाहूँगा कि जिस तरह आर्यों और नागों का विग्रह जरत्कारु के काल तक एक अनसुलझा मसला था, उसी तरह हिन्दू-मुस्लिम साम्प्रदायिक सद्भाव की समस्या भी हमारे समय की एक जलती हुई समस्या है, जिसके बानक दरअसल १८५७ के स्वाधीनता संग्राम के बाद उन्नीसवीं सदी के उत्तरार्ध में बनने शुरू हो गये थे। निराला के समूचे कृतित्व को देखें तो हम पाते हैं कि जहाँ उन्होंने हमारे समय के एक अन्य जलते हुए मसले को - यानी ब्राह्मणवादी वर्ण-व्यवस्था के चलते मनुष्य-मनुष्य के बीच पैदा किये गये विभेद-विग्रह को - अपनी चिन्ताओं के केन्द्र में रख कर अपनी कविताओं, कहानियों, उपन्यासों या लेखों में दो-टूक ढंग से उसका सामना किया, वहीं हिन्दू-मुस्लिम साम्प्रदायिक सद्भाव की उस दूसरी अनसुलझी, लेकिन उतनी ही ज्वलन्त, समस्या पर उसी दो-टूकपन से विचार करने का निहायत ज़रूरी काम बाकी छोड़ दिया - या कहें कि निराला की बुनियादी संस्कार-भूमि के कारण यह काम उनसे बाकी छूट गया।

३.

आज हिन्दी का शायद ही कोई कवि होगा, जो अपने प्रेरणा-स्रोत निराला और उनकी कविता में न खोजता हो। पन्त से ले कर शमशेर बहादुर सिंह तक और राम विलास शर्मा से ले कर बोधिसत्व तक - निराला के अनेक समकालीन और परवर्ती कवियों ने निराला पर कविताएँ लिखी हैं। अगर यह कहा जाय कि आज उन्हें सर्वसम्मति से आधुनिक हिन्दी कविता का एकमात्र 'आदि-पुरुष' मान लिया गया है तो यह भी अतिशयोक्ति नहीं होगी। लेकिन अब, जबकि निराला और उनकी कविता, तीखे विरोध से ले कर लगभग सर्वमान्य स्वीकृति तक, अनेक सोपानों को पार कर आयी है और हिन्दी की मूर्तिपूजक परम्परा के अलमबरदारों ने उन्हें प्रतिमा के रूप में स्थापित करने का काम शुरू कर दिया है, ज़रूरत इस बात की है कि निराला को हिन्दी कविता की सुदीर्घ परम्परा के एक महत्वपूर्ण रचनाकार के रूप में देखते हुए, उनकी ख़ूबियों और ख़ामियों का वस्तुपरक मूल्यांकन किया जाय, ताकि जो काम निराला से अधूरे छूट गये हैं, उन्हें पूरा करने की कोशिश की जा सके।

मैं ख़ुद पिछले लगभग तीस-पैंतीस वर्षों से निराला के कविता-संसार में डूबता-उतराता आया हूँ। उनके व्यक्तित्व और उनकी कविता के अनेक पहलू मुझे आकर्षित और चमत्कृत करते रहे हैं। प्रबल जीवन-संघर्ष और उसके घात-प्रतिघात को झेलते हुए भी अपनी रचनात्मकता को जीवन्त रखने की क्षमता निराला के कवि-व्यक्तित्व की पहली पहचान है। जिस तरह का जीवन निराला ने जिया, उसमें कई बार रचनात्मकता ही की पहली बलि चढ़ती है। लेकिन अभिव्यक्ति और जीवन को एक-दूसरे का पर्याय मानने के कारण ही निराला ने अपने रचना-स्रोतों को न तो सूखने दिया, न किन्हीं अन्य गतिविधियों में तिरोहित होने दिया। मगर रचनाकार का व्यक्तित्व कितना भी विराट और जीवन्त क्यों न हो, अन्ततः आने वाली पीढ़ियों के लिए रचनाकार का कृतित्व ही एकमात्र कसौटी होता है, इसलिए निराला के जीवन और व्यक्तित्व से विस्मित होने के बावजूद उन्हें निराला के काव्य के साथ घाल-मेल करके देखना या फिर उनकी कविता के मूल्यांकन का आधार बनाना न तो प्रासंगिक होगा, न समीचीन और न ही वस्तुपरक मूल्यांकन की ज़रूरत पूरी कर पायेगा।

निराला की कविता को देखें तो नितान्त निजी जीवन-प्रसंगों को कविता में ढालने की उनकी क्षमता मुझे ग़ालिब की याद दिलाती है। ज़िन्दगी की जद्दोजेहद से पैदा होने वाले जज़्बों का जैसा विशद चित्रण हमें निराला में मिलता है, वह अन्य भारतीय कवियों में शायद मीर और ग़ालिब के अलावा और कहीं नहीं मिलता। ये जज़्बे चाहे निराशा और अवसाद के हों, आक्रोश और बग़ावत के हों या फिर हर्ष और उल्लास के। दबे-कुचलों की पक्षधरता और एक सहज मानवीय दृष्टिकोण भी निराला की कविता की प्रमुख अन्तर्धारा है। शैली और शिल्प यानी कविता के क्राफ़्ट, उसकी कारीगरी, के लिहाज़ से भी निराला की उपलब्धियाँ और नये शब्द गढ़ने की उनकी सूझ चकित कर देने वाली है।

लेकिन इस सब के बाद यह सवाल तो रह ही जाता है कि आज की जटिल आर्थिक, सामाजिक और राजनीतिक परिस्थितियों में निराला की कविता कितनी दूर तक हमारा साथ दे सकती है ? परवर्ती कवि के दृष्टिकोण से कहें तो सवाल यह है कि भारतीय समाज अपने विकास-क्रम में जिस मंज़िल तक आ पहुँचा है, उसकी वास्तविकता को कविता में उतार पाने के लिए और उसके अन्तर्विरोधों से जूझने के लिए जैसे उपकरणों की ज़रूरत है, वे हमें किस हद तक निराला की कविता से उपलब्ध होते हैं ?

४.

आज से तकरीबन छै सौ साल पहले कबीर ने भारतीय समाज के सन्दर्भ में कविता का वैचारिक एजेण्डा तीन प्रमुख बिन्दुओं के गिर्द स्थापित किया था - शोषण और उत्पीड़न का विरोध, ब्राह्मणवादी वर्ण-व्यवस्था द्वारा निर्धारित सामाजिक ढाँचे और जातिवादपरक भेद-भाव का विरोध और धर्म के आधार पर सम्प्रदायीकरण का विरोध। चूँकि 'विरोध' शब्द के इस्तेमाल पर बहुत-से लोगों को एतराज़ हो सकता है - इस बिना पर कि कविता का एजेण्डा नकारात्मक नहीं, विध्वंसात्मक नहीं, बल्कि सकारात्मक और निर्माणमूलक होना

चाहिए, इसलिए कबीर द्वारा प्रस्तुत कार्यभार को एक समतामूलक, जाति-धर्म-निरपेक्ष मानवीय समाज-व्यवस्था के निर्माण के लिए प्रस्तावित एजेण्डा के रूप में देखा जा सकता है। इसी के साथ पाखण्ड का विरोध और तीखा क्रान्तिकारी स्वर भी कबीर की कविता की प्रमुख विशेषता है। कबीर का बुनियादी ज़ोर इस बात पर है कि मनुष्य को बहैसियत मनुष्य जाना-पहचाना और माना जाये, न कि किसी धर्म अथवा जाति-विशेष का ठप्पा लगा कर, और मनुष्य द्वारा मनुष्य का शोषण समाप्त हो।

अपनी इन्हीं चिन्ताओं और प्रखर क्रान्तिकारी स्टैण्ड के चलते कबीर अपने परवर्ती कवि तुलसीदास से बहुत आगे के कवि साबित होते हैं, क्योंकि उनके द्वारा प्रस्तावित तीन सूत्री एजेण्डा का एक सूत्र - धार्मिक आधार पर भेद-भाव का विरोध यानी धर्म-निरपेक्षता वाला पहलू - तुलसीदास तक आते-आते काफ़ी कुछ तिरोहित हो गया था और अगर तुलसीदास के काव्य में विप्रों, द्विजों और ब्राह्मणों की प्रशंसा वाले पक्ष को देखें तो लगता है कि जातिवादपरक भेद-भाव के विरोध वाला पक्ष भी उनकी मुख्य चिन्ता नहीं रह गया था। इसीलिए यह भी अकारण नहीं है कि कबीर की गूँज आगे के अनेक कवियों में सुनायी देती है। ग़ालिब का शेर 'बस कि दुश्वार है हर काम का आसाँ होना, आदमी को भी मयस्सर नहीं इन्साँ होना' इसी तरफ़ इशारा है और रघुवीर सहाय भी 'आदमी से एक दर्जा नीचे होने के दर्द' का ज़िक्र करते हुए उसी भेद-भाव की ओर संकेत करते हैं।

लेकिन चूँकि कबीर और तुलसी - दोनों कवि - मध्यकालीन सामन्ती समाज-व्यवस्था के कवि हैं, इसलिए वे ढाँचे के भीतर ही परिवर्तन की परिकल्पना पेश करते हैं। कबीर अगर अपनी निराकार, निर्गुण ईश्वर की अवधारणा के चौखटे के भीतर समाज-व्यवस्था के आमूल-चूल क्रान्तिकारी परिवर्तन को सामने रखते हैं, या कहा जाय कि क्रान्तिकारी परिवर्तन की परिकल्पना पेश करते हुए भी उस चौखटे से मुक्त नहीं हो पाते, तो दूसरी ओर तुलसीदास अपने रामराज्य के अन्तर्गत चारों वर्णों के शान्तिपूर्ण सहअस्तित्व की समन्वयवादी परिकल्पना प्रस्तुत करते हैं। मेरे ख़याल में यह भी इन दोनों कवियों के वैचारिक अन्तर्विरोधों का एक प्रमुख तत्व है।

इसके अलावा नारी के प्रति इन दोनों प्रमुख कवियों का दृष्टिकोण भी एक विचलित करने वाला तत्व है। अपनी तमामतर समतामूलक भाव-भूमि के बावजूद कबीर भी नारी के प्रति अपने दृष्टिकोण में उसी पुरातनपन्थी लीक का समर्थन करते प्रतीत होते हैं, जो नारी को पाप की खान और बुराइयों की जड़ मानती आयी है। शायद इसीलिए उनके यहाँ माया भी नारी-रूपी महाठगिनी बन कर आती है।

इसके पीछे एक कारण तो यह हो सकता है कि क्रान्तिकारी रचनाकार भी काफ़ी हद तक देश-काल की सीमाओं से बँधा होता है और यहीं मेरे ख़याल से परम्परा को जारी रखने वाले जरत्कारु के उस रूपक की सार्थकता भी है, जिसका ज़िक्र पिछली पीढ़ी के अधूरे छोड़ दिये गये कार्यों को पूरा करने के सिलसिले में मैंने किया है।

इन सीमाओं के बावजूद भारतीय काव्य परम्परा के अनिवार्य पड़ाव के रूप में आज मुझे कबीर ही नज़र आते हैं। क्योंकि उनके द्वारा प्रस्तावित एजेण्डा आज भी प्रासंगिक है,

कहा जाय कि और भी प्रासंगिक बन गया है। यही नहीं, बल्कि समय के परिवर्तन के साथ जब हम पाते हैं कि बीसवीं सदी तक आते-आते कविता, या कहें कि साहित्य, के एजेण्डा में कुछ और चीज़ें जुड़ गयी हैं – मिसाल के तौर पर लोकतान्त्रिक समाज का निर्माण, नारी मुक्ति और औद्योगिक विकास से पैदा होने वाले परिवर्तन का उचित दिशा-निर्धारण – तब हमें इस नज़रिये से भी पूर्ववर्ती कवियों और उनकी कविता का जायज़ा लेना पड़ता है ताकि हम अपने स्त्रोत और परम्परा को सुनिश्चित कर सकें।

इस लिहाज़ से अगर हम निराला और उनकी कविता को देखें तो हम पाते हैं कि पुराने मूल्यों से मुक्ति की छटपटाहट जिस हद तक उनकी कविता के रूपाकार के विकास में, कविता की भाषा-शैली और शिल्पगत प्रयोगों में दिखती है, उस हद तक यह छटपटाहट उनकी कविता की वस्तु में उनकी कविता द्वारा प्रस्तावित एजेण्डा में नहीं दिखती।

निराला के निजी जीवन संघर्ष के अनगिनत चित्र, अनगिनत भावाभिव्यक्तियाँ उनकी कविता में मौजूद हैं। इर्द-गिर्द के जीवन की विषमता से जनित आक्रोश और अवसाद के अप्रतिम रेखांकन वहाँ मिलते हैं, प्रकृति की रंगारंग छवियाँ नज़र आती हैं, मगर सब कुछ अन्ततः हिन्दू धार्मिक परम्परा और निराला के वैष्णवी संस्कारों के दायरे में ही है। निराला के समय के अनेकानेक महत्वपूर्ण पहलू इसी सीमा के कारण छूट गये हैं।

इसीलिए कई बार यह लगता है कि निराला के काव्य की बुनियादी पृष्ठभूमि ही हिन्दू धार्मिक पुराकथाओं और पौराणिक प्रतीकों से बुनी गयी है और इसी सन्दर्भ में उसे आँका जा सकता है। यहाँ मैं न तो उसकी व्यापकता, विलक्षणता और प्रभविष्णुता को कम करके आँक रहा हूँ, न उसकी वस्तु में निहित मानवतावाद, दबे-कुचले की पक्षधरता और जीवन की सहज ऐन्द्रिकता के तत्वों को – बल्कि उसकी एक विशेषता की तरफ़ ध्यान दिला रहा हूँ। 'भारति वन्दना' हो या 'सरोज स्मृति,' या 'वसन वासन्ती लेगी' जैसा गीत हो – जगह-जगह हिन्दू मिथकों की भरमार मिलती है। 'जागो फिर एक बार,' 'तुलसीदास' और 'छत्रपति शिवाजी का पत्र' जैसी रचनाएँ तो स्पष्ट रूप से निराला के हिन्दुत्ववादी रूझान को ही पुष्ट करती जान पड़ती हैं।

इस सिलसिले में निराला पर नज़र डालने की प्रक्रिया में उनके अन्य समकालीनों पर निगाह का जाना अत्यन्त स्वाभाविक है। यहाँ बहुत अधिक विस्तार में जाने की न तो गुंजाइश है, न मौका ही है, तो भी मैं कुछ उदाहरणों के माध्यम से अपनी बात कहने की कोशिश करूँगा।

मीर, नज़ीर अकबराबादी और ग़ालिब तो ख़ैर निराला से काफ़ी पहले के कवि हैं और भारतेन्दु हरिश्चन्द्र का निधन भी १८८५ में हो चुका था, मगर प्रेमचन्द, इकबाल, फ़िराक और फ़ैज अहमद फ़ैज़ – ये चार ऐसे साहित्यकार हैं, जिनकी रचनात्मक प्रतिभा बीसवीं सदी के उसी आरम्भिक दौर में परवान पर चढ़ी, जो निराला का भी कार्यकाल है।

इकबाल की शायरी के आध्यामित्क रुझान की चर्चा बहुत बार की गयी है। आध्यात्मिकता निराला के यहाँ भी कम नहीं है, मगर जब समाज और राजनीति के सन्दर्भ

में इन दोनों कवियों की रचनाओं को हम देखते हैं तो साफ़ फ़र्क नज़र आता है। निराला जहाँ 'भारति वन्दना' में – 'भारति जय विजय करे, कनक शस्य कमल धरे' से शुरू करके – 'प्राण प्रणव ओंकार' – तक पहुँचते हैं, देवी के रूप में देश की कल्पना करते हैं, वहीं इकबाल 'तराना-ए-हिन्दी' में – 'सारे जहाँ से अच्छा हिन्दोस्ताँ हमारा, हम बुलबुलें हैं इसकी यह गुलिस्ताँ हमारा' – कह कर देश की एक धर्म-निरपेक्ष अपधारणा पेश करते हैं। निराला की पहली प्रकाशित कविता 'मातृभूमि' की आरम्भिक पंक्तियाँ- 'बन्दूँ तव अमल-कमल, चिर-सेवित चरण-युगल' – इसी देवी रूप को स्थापित करती हैं। फिर, चाहे 'मातृभूमि' हो या उसके बहुत बाद की 'भारति वन्दना' दोनों कविताओं में निराला प्रमुखतः भारत का एक भौगोलिक रेखांकन ही प्रस्तुत करते हैं। अगर 'भारति वन्दना' में यह भौगोलिक रेखांकन सांस्कृतिक रेखांकन के अभिप्राय ग्रहण करता जान पड़ता है तो भी वह उनकी हिन्दू सांस्कारिकता की सीमाएँ पार नहीं कर पाता। जबकि इकबाल की नज़र में हिन्दुस्तान हमारा सन्तरी, हमारा पासबाँ और रश्के जनाँ यानी स्वर्ग सदृश है। इससे भी आगे बढ़ कर जब इकबाल कहते हैं –

मज़हब नहीं सिखाता आपस में बैर रखना
हिन्दी हैं हम, वतन है हिन्दोस्ताँ हमारा

तो वे अपना सेक्युलर स्टैण्ड स्पष्ट कर देते हैं।

इसी तरह निराला की दृष्टि जहाँ रामकृष्ण परमहंस, विवेकानन्द और प्रेमानन्द जी महाराज तक जाती है, वहीं इकबाल भी स्वामी रामतीर्थ और गुरु नानक को अपनी कविता का विषय बनाते हैं। लेकिन जहाँ निराला रामकृष्ण परमहंस को 'युगावतार' कह कर अपनी दृष्टि को सीमित कर देते हैं, वहीं इकबाल नानक को 'तौहीद की सदा' बुलन्द करने वाले ऐसे 'मर्दे कामिल' के रूप में देखते हैं, जिसने हिन्द को ख़्वाब से जगाया।

यों आध्यात्मिक रुझान के अलावा भी इकबाल और निराला में कई समानताएँ हैं। मिसाल के तौर पर सामन्ती निज़ाम के ख़िलाफ़ दोनों ने बड़े तीखे आक्षेप किये हैं, शान्ति और मानवीय आज़ादी के सबसे बड़े ख़तरे के रूप में पूँजीवाद और साम्राज्यवाद को चिह्नित किया है, लेकिन आर्थिक, सामाजिक और राजनीतिक समस्याओं के प्रति जैसा यथार्थवादी रवैया और प्रकृति की विकासवादी प्रक्रिया की जैसी अवधारणा इकबाल के यहाँ मिलती है, वह निराला में नहीं मिलती। इसीलिए इकबाल निराला के अग्रज समकालीन होते हुए 'नया शिवाला' जैसी कविता में कह पाते हैं –

सच कह दूँ ऐ बरहमन गर तू बुरा न माने
तेरे सनमकदों के बुत हो गये पुराने
आपस में बैर रखना तूने बुतों से सीखा
जंगो-जदल सिखाया वाइज़ को भी ख़ुदा ने

और फ़रिश्तों से उनके ख़ुदा का फ़रमान है कि –

उट्ठो मेरी दुनिया के ग़रीबों को जगा दो
काख़े-उमरा के दरो-दीवार हिला दो

जिस खेत से दहकाँ को मयस्सर नहीं रोटी
उस खेत के हर ख़ोशः-ए-गन्दुम को जला दो
हक-रा-बसुजूदे सनम-आँ-रा-बतवाफ़े[1]
बेहतर है चराग़े-हरम-ो-दैर[2] *बुझा दो*
सुल्तानिए जम्हूर का आता है ज़माना
जो नक्शे कुहन तुमको नज़र आये मिटा दो

इसी के समकक्ष ज़रा निराला की कविता 'जला दे जीर्ण-शीर्ण प्राचीन' को रख कर देखिए तो मेरा आशय समझ में आ जायेगा।

जला दे जीर्ण-शीर्ण प्राचीन
क्या करूँगा तन जीवन हीन ?
माँ, तू भारत की पृथ्वी है
उतर रूपमय माया तन धर
देवव्रत नरवर पैदा कर
फैला शक्ति नवीन -
फिर उनके मानस शतदल पर
अपने चारु चरणयुग रख कर
खिला जगत तू अपनी छवि में
दिव्य ज्योति हो लीन

जीर्ण-शीर्ण प्राचीन को जलाने के संकल्प को व्यक्त करने के बाद भी निराला जीवन शक्ति की कल्पना पुरातन के सन्दर्भ ही में करते हैं।

❑

इकबाल के चार साल बाद प्रेमचन्द का जन्म होता है – सन १८८० में। वे निराला से सोलह वर्ष बड़े थे। कहा जाय कि इकबाल ही की तरह निराला के अग्रज समकालीन थे। यही प्रेमचन्द 'हम ख़ुर्मा-ो-हम सवाब' से शुरू करके गाँधी और कांग्रेस की तहरीक की पुरपेच गलियों से होते हुए 'गोदान' और 'मंगल सूत्र' तक पहुँचते हैं। प्रेमचन्द की रचनाओं में सम्वेदना और विचारों का क्रमिक विकास उनकी सचेत बौद्धिक दृष्टि का सबूत है, साथ ही 'शतरंज के खिलाड़ी' जैसी कहानियों में व्यक्त उनकी इतिहास-दृष्टि चकित कर देती है। ऐसा नहीं है कि निराला प्रेमचन्द की रचनाओं से अनभिज्ञ हैं। तब फिर क्या कारण है कि निराला की रचनाओं में हिन्दू-मुस्लिम सम्बन्धों के बारे में वैसे विचार नहीं मिलते जैसे प्रेमचन्द की रचनाओं में ? हिन्दू-मुस्लिम समस्या के बारे में निराला का रवैया उतना स्पष्ट और निर्भीक नहीं है, जितना वर्ण-व्यवस्था के बारे में।

कारण शायद यह है कि शुरू ही से निराला की मूल मनोभूमि धर्म-निरपेक्ष न हो कर हिन्दू सांस्कारिकता से रंजित है। वे मध्यकाल के तरह-तरह के संघर्षों को, जो राजनीतिक रहे हों या आर्थिक, हिन्दू-मुस्लिम संघर्षों के रूप में ही चिह्नित करते हैं। 'हमारा

१. हक और सत्य के आगे सिर झुकाओ, २. मस्जिद और मन्दिर के चिराग़।

समाज' शीर्षक लेख में वे लिखते हैं – 'फिर हज़ार वर्षों से हिन्दू-मुस्लिम युद्ध चलने लगा।' 'महर्षि दयानन्द और युगान्तर' जैसा लेख हो या 'सामाजिक पराधीनता,' 'वर्तमान हिन्दू समाज' और 'हमारा समाज' जैसी टिप्पणियाँ, निराला का रुख़ एक ऐसे उदारमना हिन्दू का-सा है, जो वर्णाश्रम धर्म और हिन्दू धर्म के अन्तर्विरोधों को देख कर दुखी हो रहा है और कभी इसे आध्यात्मिकता और ज्ञान के लोप का नतीजा मान रहा है, कभी प्राचीन संस्कारों के विलोप का। 'वर्णाश्रम धर्म की वर्तमान स्थिति' में भी जब वे कहते हैं – 'क्या तमाम राजनीतिक अधिकार मुसलमानों की तरह हिन्दुस्तान की छाती पर रह कर भोग करना पारसियों के भी डण्डे का फल है ?' – या इसी लेख में मुसलमानों को 'भारतवर्ष की छाती के पीपल' की संज्ञा देते हैं तो वे अपना हिन्दूवादी झुकाव स्पष्ट कर देते हैं। यहाँ अधिक विस्तार में न जा कर मैं यह ज़रूर कहना चाहता हूँ कि आज जब हम बाबरी मस्जिद के तोड़े जाने की घटना के बाद चीज़ों का और बदली हुई स्थितियों का जायज़ा लें तो हमें इस नज़रिये से भी निराला के स्टैण्ड को परखना चाहिए।

इस विषयान्तर के बाद आगे बढ़ें। प्रेमचन्द की मृत्यु ५६ वर्ष की अवस्था में सन १९३६ में होती है। निराला का देहान्त १९६१ में यानी प्रेमचन्द के निधन के २५ वर्ष बाद होता है। इस बीच भारतीय उपमहाद्वीप अनेक युगान्तरकारी परिवर्तनों से गुज़र चुका होता है। देश का बँटवारा, बड़े पैमाने पर हिन्दू-मुस्लिम साम्प्रदायिक संघर्ष, हिन्दुओं और मुसलमानों की आपसी ख़ूँरेज़ी और आज़ादी के नाम पर केवल सत्ता हस्तान्तरण। विश्व-स्तरीय उथल-पुथल के लिहाज़ से भी देखें तो १९३९ में हिटलर का उदय, दूसरा महायुद्ध यहूदियों का जनसंहार और हीरोशिमा और नागासाकी पर बम गिराये जाने की घटनाएँ ऐसे विराट परिवर्तन हैं, जिनके असर से शायद ही दुनिया का कोई हिस्सा अछूता रहा हो, मगर इन घटनाओं की गूँज भी हमें निराला के काव्य में नहीं मिलती।

ऐसा नहीं हैं कि निराला की नज़र राजनीतिक परिवर्तनों पर नहीं रही है। 'महगू महगा रहा' और 'झींगुर डट कर बोला' जैसी कविताएँ इस बात का सबूत हैं कि निराला उन कवियों में नहीं हैं, जिनके लिए राजनीति अस्वस्तिकारक होती है। फिर क्या कारण है कि १९४६ में 'नये पत्ते' की रचनाओं में तत्कालीन राजनीति का ऐसा बारीक और कटु-व्यंग-भरा चित्रण करने के बाद निराला प्रकृति चित्रण, प्रार्थना गीतों और अर्चना-आराधना की भाव-भूमि की ओर लौट जाते हैं ? यहीं मुझे फ़ैज़ की कविता 'सुब्हे आज़ादी' याद आती है। कविता की पहली पंक्तियाँ ही उस भरम का पर्दाफ़ाश कर देती हैं कि यह जो आज़ादी के नाम पर हिन्दुस्तान को दिया गया है, उसमें कितनी मिलावट है :

ये दाग़-दाग़ उजाला ये शबग़ज़ीदा सहर
वो इन्तज़ार था जिसका ये वो सहर तो नहीं

कविता के अन्त में फ़ैज़ इसी नतीजे पर पहुँचते हैं कि –

अभी गरानी-ए-शब में कमी नहीं आयी
नजाते-दीदा-ओ-दिल की घड़ी नहीं आयी
चले चलो कि वो मंज़िल अभी नहीं आयी

इसके बरअक्स निराला '१९४६ के विद्यार्थियों के देश प्रेम के सम्मान' में 'ख़ून की होली जो खेली' जैसा गीत तो लिखते हैं, लेकिन १९४६-४७ के भयंकर कत्ले आम का

कोई चित्र उनकी कविता में नहीं मिलता ? अगर प्रेमचन्द इस समय तक जीवित रहे होते तो क्या वे भी इन घटनाओं से अछूते रह सकते थे ?

इस सिलसिले में मुझे निराला की एक प्रारम्भिक कविता याद आती है – 'अधिवास' – जिसकी पंक्तियाँ हैं –

देखा दुखी एक निज भाई
झट उमड़ वेदना आयी

दुखी दलित जनों के प्रति निराला का यह हमदर्दी–भरा भाव उनकी कविता की मूल सम्वेदना है, जो उनकी कविता में आये तमाम उतार–चढ़ाव के बावजूद अन्त तक अक्षुण्ण रूप में बनी रहती है – माला के मनकों को पिरोने वाले धागे की तरह। लेकिन कभी–कभी ऐसा लगता है कि 'निज भाई' में 'निज' और 'भाई' के बीच अशरीरी रूप में 'हिन्दू' शब्द मौजूद है। ख़ास तौर पर जब हम 'छत्रपति शिवाजी का पत्र' शीर्षक कविता में ऐसी पंक्तियाँ पढ़ते हैं :

फैले समवेदना
एक ओर हिन्दू एक ओर मुसलमान हों
व्यक्ति का खिंचाव यदि जातिगत हो जाय
देखो परिणाम फिर
स्थिर न रहेंगे पैर यवनों के

या

चाहते हो क्या तुम
सनातन–धर्म–धारा शुद्ध
भारत से बह जाय चिरकाल के लिए ?
याद रहे – बरबाद जाता है हिन्दू धर्म, हिन्दुस्तान।
जारी रहा ऐसा यदि अत्याचार महाराज
निश्चय ही हिन्दुओं की कीर्ति उठ जायेगी
चिह्न भी न हिन्दू सभ्यता का रह जायेगा।

और

धन्य हूँगा देव–द्विज–देश को
सौंप सर्वस्व निज

यहीं पर निराला की इतिहास–दृष्टि के बारे में भी मन मे प्रश्न उठने लगते हैं। कारण यह कि राणा प्रताप हों या शिवाजी या फिर गुरु गोविन्द सिंह – दिल्ली बादशाहत से उनका संघर्ष हिन्दू–मुस्लिम विग्रह से कहीं ज़्यादा एक केन्द्रीय सत्ता और राज्यों की आपसी कशमकश का परिणाम था, जो हमारे समय में क्षेत्रीयतावाद और क्षेत्रीय राजनीतिक दलों के उभार में नज़र आता है। अगर ऐसा न होता तो शिवाजी ने औरंगज़ेब के विरुद्ध गोलकुण्डा के मुस्लिम शासकों के साथ सन्धि न की होती और सूरत तथा पूना को लूटने के दौरान लूट–पाट में भी हिन्दू–मुसलमान का भेद किया होता। लेकिन निराला ने शिवाजी और औरंगज़ेब के संघर्ष को केवल हिन्दू–मुस्लिम संघर्ष के रूप में देखा। दरअसल,

निराला की यह भाव-भूमि उनके हिन्दू संस्कारी स्वभाव का ही अंग थी। शुद्ध सनातन धर्म धारा की यह परिकल्पना बार-बार निराला की कविताओं में उभरती हैं। 'खँडहर से,' 'दिल्ली,' 'भगवान बुद्ध के प्रति' या 'सहस्राब्दि' जैसी कविताओं में वे अतीत से मोहग्रस्त कवि के रूप में सामने आते हैं।

इसीलिए 'तुलसीदास' शीर्षक कविता में भी वे बराबर यवन, मोगल और पठान जैसे शब्दों का प्रयोग करते हुए तुलसीदास के कृतित्व को उसी धरातल पर ला खड़ा करते हैं, जिस धरातल पर तुलसी की यही छवि बनी है कि वे जन सामान्य के नहीं, बल्कि हिन्दू-धर्म और हिन्दुओं के उद्धारक हैं।

तुलसीदास या कबीर के काव्य को परखते समय निश्चय ही हम उसे उनके देश-काल के सन्दर्भों में ही परखते हैं। यहाँ तक तो ठीक है, लेकिन इन दोनों कवियों के बाद हिन्दुस्तान अनेक परिवर्तनों से गुज़र चुका है और निराला हिन्दुस्तान के इतिहास और काल के जिस मुकाम पर खड़े हो कर पीछे की ओर नज़रसानी कर रहे हैं, वहाँ पहुँचते-पहुँचते कई चीज़ें एक दूसरे ही ढंग से देखे जाने की माँग करने लगती हैं। मगर निराला चाहे राम को देखें या कृष्ण को, तुलसीदास को देखें या शिवाजी को, रामकृष्ण परमहंस को देखें या दयानन्द सरस्वती को - अपनी हिन्दू संस्कारी द्विज मानसिक बुनावट से मुक्त नहीं हो पाते और यह उनके देश-काल की सीमा नहीं, बल्कि उनकी अपनी मानसिक और वैचारिक भावभूमि की सीमा ही कही जायेगी।

निराला का तुलसीदास से आइडेण्टिफ़िकेशन कितना गहरा है, इसके लिए 'तुलसीदास' शीर्षक कविता का एक बन्द ही काफ़ी है :

युवकों में प्रमुख रत्न चेतन
समधीत शास्त्र काव्यालोचन
जो तुलसीदास वही ब्राह्मण कुल-दीपक
आयत दृग, पुष्ट देह, गत भय
अपने प्रकाश में निःसंशय
प्रतिभा का मन्दस्मित परिचय, संस्मारक

यह वर्णन तुलसीदास से अधिक स्वयं निराला का प्रतीत होता है तो इसमें आश्चर्य की कोई बात नहीं। यह उसी आइडेण्टिफ़िकेशन की चरम सीमा है, जो वस्तुपरक आलोचना-दृष्टि की परिचायक नहीं होती - भक्ति, समर्पण और आराध्य में व्यक्तित्व के प्रक्षेपण का परिणाम होती है।

शायद यही क़ारण है कि ग़ज़लों में भी हाथ आज़माने के बावजूद निराला इस काव्य-रूप में विफल ही साबित होते हैं। ग़ज़लों का मिज़ाज - ख़ास तौर पर निराला के समय तक आते-आते - जैसा स्वरूप ग्रहण कर चुका था, वह निराला की मूल संस्कार भूमि से बहुत भिन्न था। एक पारम्परिक विधा होते हुए भी ग़ज़ल बीसवीं सदी तक आते-आते एक सेक्यूलर मिज़ाज ग्रहण कर चुकी थी। इश्को-आशिकी और शराबो-प्याले के परम्परागत विषयों के अलावा भी यह काव्य-रूप अनेक सन्दर्भों को वहन करने की क्षमता अर्जित कर चुका था, लेकिन उसे साधने के लिए निराला को अपनी समूची संस्कार-भूमि

में आमूल चूल परिवर्तन करना पड़ता।

सच तो यह है कि अपनी अर्जित उपलब्धियों को धीरे-धीरे तोड़ते हुए निराला काव्य आभिजात्य से मुक्ति के प्रयास में 'नये पत्ते' की कविता 'महगू महगा रहा' के जिस धरातल पर पहुँचे थे, वहाँ से भी वे अपनी पहले की भाव-भूमि को पूरी तरह बदल कर ही आगे बढ़ सकते थे। आगे का रास्ता, ज़ाहिर है, अनजान ख़तरों से भरा था, इसलिए वे १९४६ के बाद फिर से अपने पुराने, परिचित मनोलोक में लौट गये।

इतना लिखने के बाद यह कहना बहुत ज़रूरी हो जाता है कि निराला की सारी हिन्दू सांस्कारिता और आध्यात्मिकता के बावजूद उन्हें न तो हम हिन्दू महासभा या भारतीय जनता पार्टी जैसे किसी हिन्दूवादी दल के ख़ेमे में डाल सकते हैं, न कोई हिन्दू साम्प्रदायिक दल या संस्था ही उन्हें अपने पक्ष में 'को-ऑप्ट' कर सकती है। कारण कई हैं। सबसे पहला कारण है निराला की कविताओं में निजी भावनाओं - ख़ास तौर पर प्रेम जैसे भावों - की निपट ऐन्द्रिक अभिव्यक्ति, जो साम्प्रदायिक दलों के प्यूरिटनिज़म या शुद्धतावाद के लिए सर्वथा अग्राह्य होगी। दूसरा कारण है 'जल्द-जल्द पैर बढ़ाओ' जैसी रचनाओं में व्यक्त समतामूलक विचारधारा, जिसकी पहली टकराहट साम्प्रदायिक दल की श्रेणीबद्ध संरचना से होगी। इसके अलावा निराला में परिवर्तन के प्रति जो अडिग निष्ठा है - भले ही वह समय-समय पर नैराश्य और हताशा की स्थितियों में क्षरित होती है - वह भी ऐसी किसी साम्प्रदायिक पार्टी को स्वीकार्य नहीं होगी, जो सामाजिक संरचना को यथावत बनाये रखने की हामी हो। निराला में दबे-कुचलों के प्रति जो हमदर्दी है और उनकी प्रतिष्ठा और उन्नयन के प्रति जो चिन्ता है, वह भी किसी हिन्दू साम्प्रदायिक दल को मंज़ूर नहीं होगी।

५.

निराला के कविता-संसार को निरखते-परखते हुए यह जानने की सहज इच्छा होती है कि एकदम निजी अनुभूतियों की अभिव्यक्ति से ले कर इर्द-गिर्द के समाज और परिवेश के साथ उनकी क्रिया-प्रतिक्रिया से उपजी भावनाओं और विचारों की अभिव्यक्ति तक - उनका भावबोध, उनकी सेन्सिबिल्टी किस धरातल पर सक्रिय है।

इस सवाल को गहराई से परखने के क्रम में हमें कुछ सूत्र प्रसिद्ध मार्क्सवादी आलोचक क्रिस्टोफ़र कॉडवेल की पुस्तक 'भ्रम और यथार्थ' से हासिल होते हैं। आधुनिक कविता के विकास के रेखांकित करते हुए वे लिखते हैं :

> "बुर्ज्वा ख़ुद को एक वीर नायक के रूप में देखता है, जो आज़ादी के लिए अकेला ही संघर्ष कर रहा है। वह ख़ुद को उस व्यक्तिवादी के रूप में देखता है, जो कुदरती इन्सान को बेड़ियों में जकड़ने वाले तमाम सामाजिक सम्बन्धों से लोहा ले रहा है; वह नैसर्गिक मनुष्य जो मुक्त पैदा हुआ है और कुछ अजीब-से कारणों से हर जगह बेड़ियों में जकड़ा हुआ है।...बुर्ज्वा व्यक्ति का यह व्यक्तिवाद, जो सामन्ती समाज के प्रतिबन्धों को नष्ट करने की ज़रूरत से पैदा होता है,

उत्पादन के क्षेत्र में एक विराट और अनवरत तकनीकी प्रगति का कारक बनता है। इसी तरह वह कविता में तकनीक के स्तर पर एक विराट और अनवरत गतिशीलता को जन्म देता है।...बुर्ज्वा एक ऐसा व्यक्ति है, जो ऐसी अन्तर्भूत स्वतःस्फूर्तता में विश्वास रखता है, जिससे मनुष्य की स्वाधीनता सुनिश्चित होती है। वह यह नहीं देख पाता कि मनुष्य उसी सीमा तक स्वाधीन है, जिस सीमा तक वह अपने कार्यों के उद्देश्य को ले कर सचेत है...उद्देश्य को ले कर सचेत होने का मतलब है कारण को ले कर अर्थात आवश्यकता को ले कर सचेत होना। लेकिन बुर्ज्वा व्यक्ति इसका विरोध करता है क्योंकि निश्चयवाद उसे इच्छाओं की स्वाधीनता का उलट जान पड़ता है।"

आगे चल कर 'कविता के भविष्य' पर विचार करते हुए कॉडवेल लिखते हैं -

"पेटी बुर्ज्वा वर्ग को हमेशा यह लगता है कि इतिहास को पीछे मोड़ा जा सकता है और एक ऐसे युग की ओर लौटा जा सकता है, जब निजी सम्पत्ति शोषण का साधन नहीं थी क्योंकि औज़ार इतने अविकसित थे और इतने बिखरे हुए थे कि जो आदमी उनसे काम लेता था, वही उनका स्वामी भी होता था।"

इन उद्धरणों को सामने रख कर अगर निराला की कविता और उनकी मानसिक बुनावट को परखा जाय तो कई दिलचस्प बिन्दु सामने आते हैं और कुछ सवाल भी उठते हैं।

छायावादी कवियों के व्यक्तिवाद को अनेक आलोचकों ने लक्षित किया है। 'कामायनी' के मनु हों या 'तुलसीदास' के तुलसीदास उसी बुर्ज्वा मनोभूमि से उपजे थे, जिसकी ओर कॉडवेल ने संकेत किया है। निराला में भी हम व्यक्तिवाद का एक सूत्र शुरू से अन्त तक पाते हैं। 'मैंने मैं शैली अपनायी' जैसी पंक्ति को छोड़ भी दें तो 'मैं कवि हूँ पाया है प्रकाश,' 'मैं अकेला देखता हूँ आ रही मेरे दिवस की सान्ध्य बेला,' 'मैं ही वसन्त का अग्रदूत,' 'दिये हैं मैंने जगत को फूल फल, किया है अपनी प्रभा से चकित चल,' 'मेरे ही अविकसित राग से विकसित होगा बन्धु दिगन्त' जैसी अनेक पंक्तियाँ हैं, जो उनके व्यक्तिवाद की बानगी पेश करती हैं। यहाँ तक कि अपनी अन्तिम कविता में भी वे अपनी कल्पना शरों की कठिन सेज पर लेटे भीष्म के रूप में करते हैं - इच्छा-मृत्यु का वरदान प्राप्त वह अप्रतिहत योद्धा, जीवन-रण में जिस पर मल्ल-मल्ल की मारें मूर्छित हुईं। इसी व्यक्तिवाद का एक पहलू है निराला की कविता में व्यक्तिगत सुख-दुख, हर्ष-विषाद का प्रचुर चित्रण, जिसका उल्लेख मैंने पहले भी किया है। तीसरी ओर, यह व्यक्तिवाद निराला की कविता में तकनीक के अनवरत विकास में दिखायी देता है। छन्दों का ऐसा विपुल वैविध्य अन्यत्र नहीं नज़र आता। यही नहीं, बल्कि तरह-तरह शैलियाँ और शिल्प अपना कर, भाषागत प्रयोगों से कविता को समृद्ध करके निराला काव्य-रूढ़ियाँ बनाने और उन्हें तोड़ने का अनवरत प्रयत्न करते हैं। पुराने सामाजिक बन्धनों को तोड़ने की प्रबल इच्छा भी निराला की कविताओं में व्यक्त हुई है। उनका मानो आदर्श ही है :

टूटें सकल बन्ध
कलि के, दिशा-ज्ञान-गत हो बहे गन्ध।

इसी के साथ व्यक्तिवाद का दूसरा लक्ष्मण भी निराला की कविता में यत्र-तत्र दिखायी दे जाता हैं, जहाँ उनकी निगाह अतीत की ओर बराबर टिकी रहती है। एक ऐसे युग की छवियाँ उनकी रचनाओं में जगह-जगह मिलती हैं, जब 'वर्तमान' का दुख-दैन्य, कलह-क्लेश और वैषम्य नहीं था। जब निजी सम्पत्ति शोषण का साधन नहीं थी :

क्या यही वह देश है
सन्ध्या की स्वर्ण-वर्ण किरणों में
दिग्वधू अलस हाथों से
थी भरती जहाँ प्रेम की मदिरा –
पीतीं थीं वे नारियाँ
बैठी झरोखे में उन्नत प्रासाद के ?
बहता था स्नेह-उन्माद नस-नस में जहाँ
पृथ्वी की, साधना के कमनीय अंगों में ?

(दिल्ली)

आ रही याद
तूलिका नारियों के चित्रण की निरपवाद
ब्राह्मण प्रतिभा का अप्रतिहत गौरव-विकास
वर्णाश्रम की नव स्फुरित ज्योति नूतन विलास

(सहस्त्राब्दि)

मगर क्या इतने भर से कहा जा सकता है कि निराला एक आधुनिक कवि हैं ? उनकी सेन्सिबिलिटी मॉडर्न है ? क्या कारण है कि 'नये पत्ते' की 'महगू महगा रहा' और 'कैलाश में शरत' शीर्षक कविताओं के बाद निराला अपनी मूल स्थापना – 'कविता की मुक्ति है छन्दों के शासन से मुक्त हो जाना' – को छोड़ कर अन्त तक केवल छन्दोबद्ध रचनाएँ ही करते रहे ? यह प्रत्यावर्तन क्यों हुआ ? क्या कारण है कि 'नये पत्ते' की मुखर राजनीतिक कविताएँ लिखने के बाद उनका उत्तरवर्ती कृतित्व राजनैतिक सन्दर्भों से उत्तरोत्तर रहित होता चला गया ? शरणागति, मोक्ष कामना और भक्ति से भरे प्रार्थना गीतों में भी उनका प्रखर व्यक्तिवाद करुण और कातर होता चला गया ? 'सरोज स्मृति' में निराला ने लिखा था :

अन्यथा, जहाँ है भाव शुद्ध
साहित्य कला-कौशल-प्रबुद्ध
हैं दिये हुए मेरे प्रमाण

•

एक साथ जब शतघात घूर्ण
आते थे मुझ पर तुले तूर्ण
देखता रहा मैं खड़ा अपल
वह शर-क्षेप, वह रण कौशल

वही निराला 'अर्चना' और 'आराधना' में 'माँ, अपने आलोक निखारो, नर को नरक-त्रास से वारो' या फिर 'विपदा हरण हार हरि हे करो पार' की मनोभूमि पर उतर आये। वे ग़ालिब की तरह नहीं कह पाये कि -

बन्दगी में भी वो आज़ाद:-ो-ख़ुदबीं हैं कि हम
उलटे फिर आये दरे काबा 'गर वा न हुआ

इन सवालों के उत्तर निराला की मानसिक बुनावट और उसका निर्माण करने वाले तत्वों ही में खोजे जाने चाहिएँ। निराला में एक प्रखर व्यक्तिवाद है - यह तो उनके समय की माँग है, पर यह व्यक्तिवाद कैसा है ? - इसकी परख भी ज़रूरी है। कॉडवेल ने जिस बुर्ज्वा व्यक्तिवाद को चिह्नित किया है, वह सामन्तवाद पर पूँजीवाद की विजय से उपजा है। मगर हमारे यहाँ पूँजीवाद उपनिवेशवाद के रूप में आया। उसने सामन्तवाद के ख़िलाफ़ संघर्ष करके उसे उलटा नहीं, बल्कि उसके साथ समझौता किया। नतीजे के तौर पर सामन्ती मूल्य भी बने रहे और पूँजीवाद के लक्षण भी प्रकट हुए। निराला का व्यक्तिवाद आधुनिक बुर्ज्वा व्यक्तिवाद नहीं है, बल्कि उसमें उनकी हिन्दू वैष्णवी कृषक सांस्कारिकता का गहरा पुट है। यही कारण है कि वे एक ओर दलित उत्पीड़ित जनों के पक्ष में खड़े होते हैं, लेकिन न तो सनातन धर्म और वर्ण-व्यवस्था से पीछा छुड़ा पाते हैं और न ग़ालिब और इकबाल की तरह नये का स्वागत ही कर पाते हैं। उनका 'नया' भी 'पुरातन वैभव' के प्रत्यावर्तन में ही उन्मेषित होता है। निराला की कविता में अपूर्व ऐन्द्रिकता है, पर बार-बार यह ऐन्द्रिकता उनके शुद्धतावादी 'प्योरिटन' (puritan) मूल्यों के आगे हारती रहती है। इसका सबसे अच्छा उदाहरण 'स्फटिक शिला' जैसी कविता में मिलता है :

आँख पड़ी युवती पर
आयी थी जो नहा कर
गीली धोती सटी हुई भरी देह में, सुघर
उठे पुष्ट स्तन, दुष्ट मन को मरोड़ कर
आयत दृगों का मुख खुला हुआ छोड़ कर
बदन कहीं से नहीं काँपता
कुछ भी संकोच नहीं ढाँपता
वर्तुल उठे हुए उरोजों पर अड़ी हुई थी निगाह
चोंच जैसे जयन्त की, नहीं जैसे कोई चाह
देखने की मुझे और,
कैसे भरे दिव्य स्तन, हैं ये कितने कठोर।

यह ऐन्द्रिकता की चरम सीमा है, मगर - और यह एक विराट मगर है - अगली पंक्तियों में निराला की यह ऐन्द्रिकता उसी वैष्णव, सांस्कारिक शुद्धतावाद में तिरोहित होती है -

मेरा मन काँप उठा, याद आयी जानकी
कहा, तुम राम की,
कैसे दिये हैं दर्शन!

यहीं निराला की शक्ति और उनकी सीमा का एक साथ पता चलता है। निराला के हिन्दू वैष्णवी कृषक संस्कार हमेशा उनकी ऐन्द्रिकता को अवरुद्ध करते हैं और इसी के चलते वे अपनी 'सेन्सुऐलिटी' को निरन्तर 'सब्लिमेट' करते हैं। यह जो संघर्ष है निराला के भीतर - जो एक ओर 'बम्हन का लड़का' और 'गर्म पकौड़ी' की नितान्त इहलौकिकता या 'बाँधो न नाव इस ठाँव बन्धु' की प्रांजल प्रणय-रंजित उक्तियों में प्रकट होता है और दूसरी ओर पौराणिक देवी-देवताओं, पुरातन मूल्यों, शुद्धतावादी उदात्तीकरण में - इसी से उनकी मनोभूमि निर्मित हुई है। उनमें रीतिकालीन कवियों का उन्मुक्त देहवाद नहीं है, जिसकी ऐन्द्रिकता पौराणिक सन्दर्भों के चलते भी क्षरित नहीं होने पाती; बल्कि, निराला की ऐन्द्रिकता में एक किस्म का आर्यसमाजीपन है। इसीलिए उनके व्यक्तिवाद पर उनका किसानी भावबोध हमेशा हावी रहता है। वे एक सचेत बौद्धिक प्रक्रिया से अपने विचारों को सान चढ़ा कर आगे बढ़ाने की बजाय निरन्तर कृषक सुलभ सहज-बोध (intuition)से प्रचालित होते हैं। यही तत्व जो उनके प्रकृति-चित्रण को, जीवन के निजी सन्दर्भों के अंकन को सघन और मार्मिक बनाता है, अन्ततः विकास के स्थान पर आवर्तन को जन्म देता है। तकनीकी विविधता के होते हुए भी निराला घूम-घूम कर उन्हीं-उन्हीं विषयों और मनोभूमियों पर लौट आते हैं।

इस सिलसिले में मुझे फिर प्रेमचन्द याद आते हैं। विशेष रूप से इसलिए कि किसानों की समस्याएँ उनका भी एक प्रमुख सरोकार है। 'सेवा सदन,' 'नमक का दारोग़ा' और 'रंगभूमि' की आदर्शवादी मनोभूमि से 'कफ़न,' 'नशा,' 'मनोवृत्तियाँ' और 'गोदान' की मनोभूमि तक पहुँचने में प्रेमचन्द को एक गहरे अन्तःसंघर्ष से गुज़रना पड़ा होगा। उत्तरोत्तर विकास करते हुए प्रेमचन्द अपनी अन्तिम रचनाओं में जहाँ पहुँचे थे, वहाँ से अनेक सम्भावनाएँ खुलती नज़र आ रही थीं। इन सम्भावनाओं के पूरी तरह पल्लवित-पुष्पित होने से पहले ही प्रेमचन्द का, कहा जाय कि असमय, देहान्त हो गया। तो भी 'गोदान' और 'मंगलसूत्र' में आगे के संकेत स्पष्ट और निर्णायक हैं। क्या निराला के अन्तिम दौर की कविताओं में इसी तरह आगे की राहें खुलती नज़र आती हैं ? यह भी एक सवाल है, जिस पर विचार किया जाना चाहिए।

ग़ालिब ही की तरह निराला में भी 'क्लासिकी' और 'आधुनिक' दोनों धाराओं का मेल दिखायी देता है। ग़ालिब में मुग़लिया सल्तनत और संस्कृति, पुरानी कदरों और तौर-अतवार के नष्ट होने का दर्द है, पर वे इससे आक्रान्त नहीं होते। वे आने वाले परिवर्तनों की अनिवार्यता को एक आधुनिक विवेकशील बुद्धिजीवी होने के नाते स्वीकार करते हैं। उनमें एक सतत प्रश्नाकुलता है, एक 'इर्रेवरेंस' है जो किसी भी चीज़ को यथावत स्वीकार करने को तैयार नहीं है। निराला इस्लामी सभ्यता और मुग़लिया सल्तनत से भी ज़्यादा पुरातन प्रतीकों को ले कर चलते हैं, लेकिन ग़ालिब जैसा 'रैशनल' स्वभाव न होने के कारण वे इन प्रतीकों की छाया से मुक्त नहीं हो पाते। उनमें ग़ालिब जैसी प्रश्नाकुलता और 'इर्रेवरेंस' (irreverance) - अश्रद्धा - भी नहीं है। फिर, जब वे पाते हैं कि यह वेदान्त, ये पुरातन प्रतीक, ये प्राचीन मिथकीय देवी-देवता और पात्र उन परिवर्तनों को समझ पाने में कोई सहायता नहीं कर सकते, जो तेज़ी से घटित हो रहे हैं तो निराला शरणागति में, समर्पण में, अपने पुराने प्रकृति-वर्णन में संक्रमण करते

हैं। मगर इस बार एक फ़र्क नज़र आता है। आरम्भ के प्रार्थना गीतों जहाँ-जहाँ मिथकों का प्रयोग हुआ है, वहाँ एक ओजस्विता है। 'भारित जय विजय करे' हो या 'राम की शक्ति पूजा' – निराला जहाँ-जहाँ धार्मिक-पौराणिक प्रतीकों का सहारा लेते हैं, वहाँ एक विश्वास झलकता है कि ये प्रतीक समूचे देश या समाज का उद्धार करने में सक्षम होंगे। मगर १९४५ के बाद के प्रार्थना गीतों में जहाँ-जहाँ शरणागति का भाव आया है, वहाँ ऐसा जान पड़ता है कि निराला स्वयं इस विश्वास को खो बैठे हैं कि इन प्रतीकों के सहारे उन जटिलताओं का सामना किया जा सकेगा, जो दूसरे महायुद्ध के बाद समूचे विश्व के स्तर पर पैदा हुई हैं। नतीजतन, वे व्यक्तिगत उद्धार के लिए इन प्रतीकों की शरण में जाते हैं।

निराला की कविताओं में शरणागति और समर्पण का जो भाव है, वह एक और स्तर पर उनके औद्धत्य, उनके प्रचण्ड व्यक्तिवाद, नायकत्व के पर्सोना में अपने व्यक्तित्व के विलीनीकरण का ही 'मिरर इमेज' है। उनके कुछ ऑब्सेशन हैं, कुछ फ़िक्सेशन्स हैं – रवीन्द्र नाथ, नेहरू, विवेकानन्द और राम कृष्ण मिशन के साधु-संन्यासी। वे बार-बार इन ऑबसेशन्स को अपनी कविता में व्यक्त करते हैं –

फिर लगा सोचने यथासूत्र – "मैं भी होता
यदि राजपुत्र – मैं क्यों न सदा कलंक ढोता,
ये होते – जितने विद्याधर – मेरे अनुचर,
मेरे प्रसाद के लिए विनत-सिर उद्यत-कर;

(वनबेला)

'वनबेला' के अलावा भी अनेकानेक कविताओं में निराला घूम-घूम कर जवाहरलाल नेहरू, आर.एस.पण्डित, विजयलक्ष्मी, मोतीलाल नेहरू, आदि पर आते हैं। लेकिन इन्हीं ऑबसेशन्स के चलते कुछ चीज़ें उनसे छूटती भी रहती हैं। जैसे, आर.एस.पण्डित के निधन पर निराला कविता लिखते हैं, लेकिन भगत सिंह का ज़िक्र भी नहीं करते। कभी-कभी ऐसा लगता है कि देश-दुनिया की घटनाएँ फ़िल्टर हो कर निराला तक पहुँचती हैं। यह तो मानना कुछ कठिन होगा कि हिटलर के उदय से ले कर नागासाकी और हीरोशीमा के ऐटम बम विस्फोट तक और नमक सत्याग्रह और असेम्बली बम विस्फोट से ले कर हिन्दुस्तान के बँटवारे तक जो घटनाएँ देश-विदेश के पटल पर घट रही थीं, उनका आभास निराला को नहीं रहा होगा। लेकिन उनका कोई प्रत्यक्ष बिम्ब निराला की कविताओं में नहीं उभरता। नाज़िम हिकमत तुर्की की कारागार में अपनी कैद की दसवीं सालगिरह पर जो कविता लिखते हैं, उसमें देश-दुनिया के प्रति उनकी जागरूकता साफ़ झलकती है –

जिस साल मुझे इस गड्ढे में फेंका गया
दूसरा विश्वयुद्ध नहीं शुरू हुआ था,
दचाऊ के यातना शिविरों में
गैस-भट्टियाँ नहीं बनी थीं,
हीरोशिमा में अणु-विस्फोट नहीं हुआ था।
आह, समय कैसे बहता चला गया है
कत्ल किये गये बच्चे के रक्त की तरह

वह सब अब बीती हुई बात है
लेकिन अमरीकी डालर
अभी से तीसरे विश्वयुद्ध की बात कर रहा है

यही वजह है कि नाज़िम में न तो निराला का-सा औद्धत्य है, न शरणागति, बल्कि ख़ुद अपने ऊपर और अपनी जनता पर भरोसा है।

और अन्ततः निराला जिसे 'पुनः सबेरा और एक फेरा है जी का' कह कर परिभाषित करते हैं, उसे ग़ालिब 'वरक तमाम हुआ और मदह बाक़ी है / सफ़ीना चाहिए इस बह्रे-बेकराँ के लिए' - कह कर। यानी अभी बाकी है। जबकि निराला उसी पुनरावृत्ति में सन्तरण करते हैं जो ऋतुचक्र और काल की भारतीय अवधारणा में निहित है।

६.

अपने विपुल रचना-भण्डार को धीरे-धीरे निर्मित करते हुए निराला की रचनात्मकता एक ही साथ कई स्तरों पर क्रियाशील नज़र आती है। बिलकुल निजी आत्मपरक रचनाओं से ले कर समाजपरक रचनाओं तक - निराला एक विशाल इमारत खड़ी करते हैं। लेकिन कुछ अन्तर्धाराएँ उनकी कविता में शुरू से अन्त तक विद्यमान हैं। मिसाल के तौर पर करुणा की अन्तर्धारा, जो प्रारम्भिक कविता 'अधिवास' से ले कर बाद के गीत 'माँ अपने आलोक निखारो' तक बराबर चली जाती है। इसी तरह अंग्रेज़ी औपनिवेशिक शासन का विरोध, जो अपने अन्तिम रूप में देसी अंग्रेज़ों के विरोध तक एकतान रूप में चला आया है।

इसके बावजूद निराला की कविता में लीनियर विकास नहीं है। उनकी सम्वेदना और वैचारिकता एक बिन्दु से शुरू हो कर दूसरे बिन्दु तक की यात्रा नहीं करती। न उनकी कविता के अलग-अलग दौर हैं। इसके विपरीत उनका समग्र काव्य अनेक बिन्दुओं से निर्मित एक चक्र जैसा जान पड़ता है। उनकी रचनात्मकता जितनी विविध है, उसके अनुपात में उनकी वस्तु में उतनी विविधता नहीं दिखायी देती। उनकी कविता के विपुल संसार में गिनी-चुनी वनस्पतियाँ हैं, गिनी-चुनी प्रजातियाँ हैं, और वे मुड़-मुड़ कर उन्हीं की विविध रूपी झाँकियाँ हमें दिखाते हैं।

वजह शायद यह है कि निराला की मूल मानसिक बनावट एक किसान की है और अवध के किसान के सहज भावबोध ही से वे अपने आन्तरिक और बाहरी परिवेश पर अपनी प्रतिक्रियाएँ अपनी रचनाओं में अंकित करते चलते हैं। भक्ति और शरणागति के भावों को अगर छोड़ भी दें कि वे उनके मूल वैष्णवी संस्कारों से उपजे हैं तो भी उनकी किसान-दृष्टि अन्त तक बनी ही रहती है। किसान उनकी कविता की चिन्ता के केन्द्र में तो हैं ही, वैसे ही, जैसे वे प्रेमचन्द के उपन्यासों और कहानियों की भी चिन्ता के केन्द्र में हैं। लेकिन यहाँ मेरा अभिप्राय निराला के उस नज़रिये से है, जिससे वे तमाम चीज़ों को देखते हैं। यह नज़रिया एक किसान का ही नज़रिया है। उनकी तमाम ऋतु विषयक कविताएँ भी इसी किसान-दृष्टि से अनुप्राणित हैं। यहाँ तक कि जब वे

नागरिक सन्दर्भ ग्रहण भी करती हैं तब भी उन सन्दर्भों को संयोजित करने का रवैया इसी दृष्टि की बानगी पेश करता है। मिसाल के लिए उनके अन्तिम संग्रह 'सान्ध्य काकली' का एक गीत है – 'शीत की गंहरी विभावरी' –

शीत की गहरी विभावरी
शिशिर की बूँदों पत्र भरी
काँपे तन तरुणी-तरुणों के
प्रातः खुले अधर अरुणों के
पुष्ट प्राण पलते ढक-ढक कर
कृष्ण नगर नगरी
शीत की गहरी विभावरी

सायं शोभन क्रीड़ोपरान्त
सभ्य सकल बँगलों के उपान्त
ताप रहे विद्युत कण्डी, छड़
बैठीं परी-परी
शीत की गहरी विभावरी

दिलचस्प बात यह है कि इस कविता में ठण्ड से काँपते ग़रीब शहरी का कोई बिम्ब नहीं है। सारे नागर-जन 'सायं शोभन क्रीड़ोपरान्त सभ्य बँगलों के उपान्त' बिजली के हीटर ही तापते हों – यह ख़याल भी उतना ही इकतरफ़ा है, जितना यह ख़याल कि 'अहा ग्राम्य जीवन भी क्या है।' इस कविता को पढ़ते हुए ऐसा लगता है, जैसे कोई किसान, जो माघ मेले में इलाहाबाद नहाने आया था, भूल-भटक कर सिविल लाइंज़ में आ निकला है और शहरी चकाचौंध को चकित-विस्मित हो कर देख रहा है और उसे ही शहर की असली पहचान मान बैठा है। वैसे भी निराला की नज़र किसी औद्योगिक मज़दूर की तरफ़ नहीं जाती और जहाँ-जहाँ उनकी कविता राजनीतिक सन्दर्भ ग्रहण भी करती है, वहाँ भी उनकी प्रतिक्रिया सचेत बुद्धिवादी आधुनिक प्रेरणा से निःसृत न हो कर, अपने अधिकांश में एक किसानी सहज-बोध से निःसृत जान पड़ती है।

उनकी चक्राकार रचना-प्रक्रिया या कहें कि उनके रचना-लोक का चक्राकार स्वरूप भी भारतीय काल-अवधारणा के समीप जान पड़ता है। एक भाव-भूमि से दूसरी भाव-भूमि तक निराला का सन्तरण उन्हें बार-बार उन्हीं-उन्हीं भाव-भूमियों की परिक्रमा कराता है, जैसे भारतीय काल अवधारणा में सत्युग, त्रेता, द्वापर और कलियुग एक के बाद एक चक्कर लगाते रहते हैं।

काल की भारतीय अवधारणा की व्याख्या करते हुए कौसाम्बी ने लिखा है:

> 'निरर्थक ऐतिहासिक पुनरावृत्ति का यह निराशापूर्ण दृष्टिकोण भारतीय ग्राम के नीरस ऋतु चक्र का प्रक्षेपण मात्र है। अक्टूबर की फ़सल के बाद स्वास्थ्य और समृद्धि से भरपूर शीत ऋतु आती है। फिर क्रमशः हर वस्तु की दुर्लभता बढ़ती जाती है जिसके अन्त में सूखे हुए खेतों को बोने के लिए तैयार करने के लिए कठोर परिस्थितियों में जी तोड़ परिश्रम का समय आता है। अन्त में घनघोर

मानसून की वर्षा से सारी धरती आप्लावित हो जाती है। यह ऋतु चक्र इसी प्रकार हर वर्ष चलता रहता है।'

निराला भी अपने कृषक के-से भावबोध के कारण बार-बार कुछ विशेष विषयों और प्रसंगों के गिर्द चक्कर लगाते हैं, इसीलिए काव्य आभिजात्य से मुक्ति के एक, कहा जाय जनवादी, दौर के बाद वे फिर भक्ति, वन्दना और शरणागतिपरक रचनाओं की ओर लौटते हैं। इसके साथ-साथ उनकी ऐन्द्रिकता और अतीन्द्रियता, लौकिकता और अलौकिकता, भौतिकवाद और भाववाद एक-दूसरे से उसी तरह गुँथे हुए हैं, जैसे एक औसत भारतीय किसान की मानसिक बनावट में गुँथे हुए होते हैं।

सुनहरे कल की ओर निराला का रास्ता, लामुहाला, एक स्वर्णिम अतीत से हो कर जाता है। अपनी प्रसिद्ध कविता 'वेदों का चर्ख़ा चला' में भारतीय विकास-क्रम की अपनी अवधारणा व्यक्त करते हुए और मानव को केन्द्र में लाने के प्रयत्नों को रेखांकित करते हुए अन्त में निराला लिखते हैं :

हल को बलदेव ने हथियार बनाया
कन्धे पर डाले फिरे
खेती हरी भरी हुई
यहाँ तक पहुँचते अभी दुनिया को देर है

वाल्मीकि द्वारा वेदों की लीक छोड़ कर मानव को मान देने, धरती की प्यारी लड़की सीता के गीत गाने या कृष्ण द्वारा इन्द्र के स्थान पर मानव को, गायों और बैलों को सम्मानित करने की जितनी भी सार्थकता हो, मगर दुनिया में अगर ख़ुशहाली आयेगी तो वह उसी पुराने स्वर्णिम युग की परिकल्पना के आधार पर नहीं आयेगी, जिसे निराला पेश करते हैं। 'शक्ति की मौलिक कल्पना' भी साकार होने पर उसी प्राचीन पुरातन 'हस्त दश विविध अस्त्र सज्जित' रूप में नहीं प्रकट होगी, जैसा 'राम की शक्ति पूजा' में निराला ने उसे प्रकट होते दिखाया है, बल्कि इसके लिए कुछ नवीन परिकल्पनाएँ करनी होंगी और अतीत का आदर्शीकरण करने की बजाय उसके वैज्ञानिक विश्लेषण से कुछ नतीजे निकाल कर विकास के क्रम को और मौजूदा वास्तविकता को समझना होगा और इसी समझ के आधार पर दिशा-निर्धारण करना होगा।

७.

अन्त में, निराला के समूचे काव्य-संघर्ष और उनकी काव्य-गत विराट उपलब्धियों को मद्दे-नज़र रखते हुए आज के कवि के सामने सवाल यही है कि वह अपने प्रेरणा-स्रोतों के लिए किस हद तक और किस रूप में निराला की कविता को सामने रखे। निराला की कविता का शुद्ध रसास्वादन - हालाँकि यह शब्द मुझे काबिले-एतराज़ लगता है और इसमें विलास की भी गन्ध आती है - तो एक चीज़ है, पर कविता से हम इतने भर की उम्मीद नहीं रखते। आज के कवि का पहला संघर्ष वास्तविकता को समझने और उसे कविता में उतार पाने का संघर्ष है। इस लिहाज़ से हमें उस एजेण्डा पर भी ग़ौर

करना पड़ेगा, जो कबीर से ले कर आज तक चला आया है। यानी एक समतामूलक, धर्म-निरपेक्ष समाज के निर्माण की कोशिश। इस कार्यभार में आज जो चीज़ें जुड़ गयी हैं, मिसाल के तौर पर लोकतान्त्रिक व्यवस्था की स्थापना; नारी मुक्ति, जो मनुष्य की मुक्ति के साथ जुड़ी है; यथास्थिति से समझौता न करते हुए और सत्ता तथा उसके प्रलोभन से बचते हुए हिन्दू पुनरुत्थानवाद और उससे जुड़े राजनीतिक फ़ासीवाद का मुकाबला और एक अर्ध-औपनिवेशिक अर्ध-सामन्ती राज्य-सत्ता के साथ साम्राज्यवादी शक्तियों के गँठजोड़ का प्रतिरोध - उन पर भी हमें बराबर नज़र रखनी होगी। ज़ाहिर है, इस कार्यभार को पूरा करने के लिए हमें निराला से बहुत मदद नहीं मिलेगी। उनकी विराट उपलब्धियों की तरह उनकी विफलताएँ भी विराट हैं। इसके लिए हमें अन्य पूर्वजों की ओर भी नज़र डालनी होगी, भले ही वे अन्य भाषा परम्पराओं के अथवा अन्य विधाओं के प्रतिनिधि हों, मिसाल के लिए ग़ालिब , इकबाल, फ़ैज़, फ़िराक, प्रेमचन्द, मुक्तिबोध, नाज़िम हिकमत। ऐसा करने के क्रम में अगर निराला परवर्ती कवियों के लिए एकमात्र 'आदि पुरुष' नहीं भी रह जाते तो इससे उनका महत्व कम नहीं होगा।

१९९७

पूरा घर है कविता

आज की कविता का माहौल

एक ऐसे समय में, जब बुज़ुर्ग कवियों से ले कर नये-नये उभरने वाले कवियों तक-रचनाकारों की एक बहुत बड़ी जमात कविता लिख रही हो, कविता के माहौल के बारे में एक छोटी-सी टिप्पणी में कुछ भी कहना ख़तरे से ख़ाली नहीं है। यह ख़तरा इस वजह से और भी बढ़ जाता है कि इस माहौल की पहचान करने-कराने के लिए अन्य कला-रूपों की तो बात दूर रही, ख़ुद साहित्य की अन्य विधाओं से कोई ख़ास मदद नहीं मिलती।

पिछले दस-पन्द्रह वर्षों के दौरान जितनी अच्छी और जिस तादाद में कविताएँ लिखी गयी हैं, कथा-साहित्य उनका साथ नहीं दे सका है। कहानी और उपन्यास के क्षेत्र में सूखे की-सी हालत दिखायी देती है और नाटक तो हमारी चिन्ताओं का केन्द्र ही नहीं बन पाया।

ज़ाहिर है कि साहित्य की अलग-अलग विधाओं का विकास किन्हीं ख़ास ज़रूरतों के चलते हुआ है। ऐसी हालत में अगर किसी दौर में केवल एक ही विधा फलती-फूलती नज़र आये और दूसरी विधाओं में अकाल पड़ा हुआ हो तो यह बात सचमुच चिन्ता पैदा करती है। शायद यही कारण है कि हाल के दौर में कविता को ऐसा बहुत-सा काम अपने ज़िम्मे लेना पड़ा है, जो दरअसल दूसरी विधाओं को पूरा करना चाहिए था। यही नहीं, बल्कि बहुत-सा काम, जिसे कहानी-उपन्यास और नाटक ही सरंजाम दे सकते हैं, कविता और रचनाकारों से छूटता भी रहा है।

इसके विपरीत अगर पिछले दशकों पर नज़र डाली जाय तो कविता, कहानी, उपन्यास और नाटक के बीच ऐसा असन्तुलन नहीं दिखायी देता। धूमिल की कविता, ज्ञानरंजन की कहानी और काशीनाथ सिंह का उपन्यास 'अपना मोर्चा' कहीं-न-कहीं एक ही ज़मीन की रचनाएँ हैं। बहुत पीछे चले जायें तो असन्तुलन का कोई आभास ही नहीं होता। लेकिन पिछले अठारह-बीस वर्षों मे कहानी और उपन्यास जिस तरह पिछड़ते चले गये हैं, उससे कविता और अन्य विधाओं के बीच की खाई बराबर चौड़ी होती चली गयी है। यहाँ तक कि आज की कविता में जो कुछ जिस तरह व्यक्त किया जा रहा है, उसका ख़ुलासा पेश करने के दौरान, बतौर गवाही, कथा-साहित्य से कोई दिशा नहीं मिलती। यह हालत भी आज की कविता के माहौल का एक अहम पहलू है।

इस सिलसिले में सबसे ज़्यादा ग़ैर-जिम्मेदाराना रवैया आलोचकों ने अपनाया है। आलोचक को 'साहित्य का अफ़सर' समझने वाले लोगों को कुछ वर्ष पहले अचानक यह शिकायत हुई कि कविता में सपाट-बयानी इस कदर बढ़ गयी है और

राजनीतिक विषय और नारेबाज़ी इस कदर छा गयी है कि रोज़मर्रा की ज़िन्दगी और उसके सुख-दुख से कविता का कोई वास्ता नहीं रहा। इन अफ़सर-आलोचकों का दावा था कि हाल की कविता एक ही कवि की रचनाएँ जान पड़ती हैं। कविता को एक सामाजिक गतिविधि की बजाय एक विशिष्ट, लगभग अभिजात, गतिविधि के रूप में पेश करने का नतीजा यह हुआ कि बहुत-से कवि अपनी अलग पहचान बनाने के फेर में पड़ गये और अन्ततः इतने विशिष्ट हो गये कि कवियों की आम बिरादरी उन्हें अपने लिए छोटी मालूम देने लगी।

इसी हलके से फिर एक आवाज़ यह भी उठी कि कविता से पेड़-पत्ते-फूल-बच्चे और चिड़ियाँ ग़ायब हो गये हैं, प्रेम-कविता नहीं लिखी जा रही है और कविता की सेहत के लिए इस सब को वापस लाने की ज़रूरत है। इन आवाज़ों का उठना था कि कविता में नर्म-नाज़ुक विषयों की बाढ़-सी आ गयी। कविता में पेड़-पत्ते-फूल-बच्चे और चिड़ियाँ बड़ी कसरत से, कहा जाय कि प्रतिशोध-भरे आग्रह से, फ़िट किये गये जाने लगे। कविता के सूत्र को अपनी ज़रूरत के हिसाब से मोटा-मझोला, कात कर गाढ़े की चादर बुनने वाले कवि भी महीन कताई की फ़िराक में दिन-रात परेशान रहने लगे। कुछ कवियों ने तो कविता में इतना प्रेम भर दिया कि व्यभिचार जान पड़ने लगा। दमन, आतंक और काले कानूनों के बढ़ते हुए सायों को अनदेखा करते हुए 'शरीर का अनन्त स्वप्न' देखने वाले कुछ कवि 'प्रेम के लिए जगह' बनाने लगे। उस समय जब सारा देश भोपाल गैस काण्ड की ज़हरीली छाया से ग्रस्त था, अशोक वाजपेई लगातार प्रेम-कविताएँ लिख रहे थे। उनके दो संग्रह उस बीच प्रकाशित हुए - 'एक पतंग अनन्त में' और 'अगर इतने से'। एक भी कविता भोपाल गैस काण्ड या अन्य किसी हादसे का ज़िक्र नहीं करती। इसके विपरीत १९८५ के दौरान अशोक वाजपेई लगातार बढ़ती हुई ऐन्द्रिकता के साथ प्रेम की विभिन्न पहलू तराशते नज़र आते हैं। यह प्रवृत्ति हैरत ही नहीं, दहशत भी पैदा करती है।

बहरहाल, अफ़सर-आलोचकों ने साहित्य की फ़ाइल उठायी और नोटिंग करने के अन्दाज़ में 'कविता की वापसी' दर्ज कर दी।

इस तमाम शोर-शराबे में यह बात दब ही गयी कि कविता में सपाट-बयानी, नारेबाज़ी और राजनीतिक विषयों की शिकायत करने वाले ये वही लोग हैं, जिन्होंने इससे पहले के दौर में सपाट-बयाी और राजनीतिक विषयों की वकालत की थी।

इन्हीं के साथ-साथ कुछ ऐसे आलोचक थे, और अब भी हैं, जो गद्दी-नशीन तिलकधारी पण्डों की तरह अपनी-अपनी बहियाँ-खाते खोल कर यजमानों का हिसाब करने के अन्दाज़ में कवियों का हिसाब करते रहे और वंशावलियाँ खोज कर कवियों को सनदें और उपाधियाँ, मनसबदारियाँ और जागीरें बाँटते रहे। आम तौर पर साहित्य के परोपजीवी ये पण्डा-आलोचक विश्वविद्यालयों के हिन्दी विभागों के अध्यक्ष या अध्यापक थे और उनके निकट 'काम' का नहीं, 'हाज़िरी' का महत्व था।

यह बात दीगर है कि जो कवि साहित्य के इन स्वनाम-धन्य 'अफ़सरों' और 'पण्डे-पुरोहितों' के मुखापेक्षी नहीं रहे, उनकी कविताओं में राजनीतिक विषय भी अपनी सही जगह मौजूद रहे हैं और पेड़-पत्ते-फूल-बच्चे और चिड़ियाँ भी और उन्हें इस सब पर यों लकीर फेर

कर सुर्ख़ियों में लाने की कोई ज़रूरत भी महसूस नहीं हुई। ऐसे कवि इस बात से वाक़िफ़ रहे हैं कि कवियों की वंशावलियाँ पण्डे-पुरोहित नहीं, बल्कि पाठक तय करते हैं।

इसीलिए एक ज़माने में अज्ञेय को 'बूढ़ा गिद्ध क्यों पंख फैलाये' के शीर्षक से नकारने के बाद अशोक वाजपेई अन्ततः उसी बूढ़े गिद्ध के डैनों-तले शरण लेने को विवश हुए और अपनी तमाम प्रगतिशीलता के बावजूद डॉ. नामवर सिंह निर्मल वर्मा के मोह से मुक्त नहीं हो पाये और अपनी प्रतिभा को कभी अशोक वाजपेई के साथ तो कभी अशोक वाजपेई के ख़िलाफ़ मोर्चे-बन्दियों में ज़ाया करते रहे।

कविता के सिलसिले में पिछले कुछ वर्षों के दौरान शायद सबसे ज़्यादा मुसीबत साहित्य की घरानावादी प्रवृति ने पैदा की है। हाल के अर्से में साहित्य के जो चार-पाँच घराने बहुत सक्रिय रहे हैं (और इनमें से तीन घराने तो एक ही घराने की शाखाएँ हैं) उन्होंने कवि-कर्म पर गम्भीरता से विचार करने और कविता और पाठकों के बीच की दूरी को कम करने की बजाय कविता और कवियों को सदस्यता के आधार पर पोसने का रवैया अपनाया है। ये घराने बस उन्हीं कवियों को तस्लीम करते हैं, जो उनसे वाबस्ता हैं। बाक़ी कवियों की अहमियत तो दूर, बाज़ वक्त उनका वुजूद भी इन घरानों के निकट नहीं रहता। इस घरानावादी प्रवृत्ति के चलते कविता के मूल्यांकन की, उसकी समस्याओं को समझने और सुलझाने की और रचात्मकता को विकसित करने की ज़रूरत ही नहीं रही। घरानों के अपने-अपने मुंशी हैं, जो 'अपनों में सन्त और ग़ैरों में काइयाँ' के हिसाब से बैठे सूचियाँ बनाते और पंजीरी बाँटते रहते हैं। एक सूची प्र. घराने की है, एक ज. घराने की, एक भोपाल घराने की, एक दिल्ली घराने की।

इन सूची-नवीसों के चलते कविता में एक नया ब्राह्मणवाद विकसित हुआ है। एक नयी जाति-व्यवस्था पनपी है, जिसमें पंगत बिछा कर केवल अपनों को भोज कराने का चलन दिखायी देता है। वह ज़माना, जब लेखक बिरादरी के सभी लोग एक साथ आयोजनों में शामिल होते थे, अब बीती हुई बात हो गयी है। इसीलिए आज ऐसी पत्रिकाएँ दुर्लभ हो गयी हैं, जिनमें एक ही उद्देश्य रखने वाले अलग-अलग संगठनों के कवि छपते हों। जब प्रेमचन्द ने १९३६ में 'प्रगतिशील लेखक संघ' की अध्यक्षता की थी तो उन्होंने एक बुनियादी सवाल उठाया था कि अच्छा और सच्चा लेखक तो प्रगतिशील होता ही है, लिहाज़ा लेखक संघ के आगे प्रगतिशील लगाने की क्या ज़रूरत है ? इसीलिए 'प्रगतिशील' का ठप्पा उन्हें बेमानी लगा था। इसके बावजूद 'प्रगतिशील लेखक संघ' गठित हुआ और एक अर्से तक उसने सार्थक काम किया। इसके बाद जब 'प्रगतिशील लेखक संघ' में शिथिलता आयी तो उसे दूर करने की बजाय 'जनवादी लेखक संघ' नाम के एक नये संगठन की नींव पड़ी। झगड़ा, जैसा कि सभी जानते हैं, साहित्यिक नहीं था, बल्कि भारतीय कम्यूनिस्ट पार्टी और मार्क्सवादी कम्यूनिस्ट पार्टी का था। चूँकि पार्टी विभाजित हो गयी, इसलिए संस्कृति का भी बँटवारा कर लिया गया। इसी तरह 'जन संस्कृति मंच' कम्यूनिस्ट आन्दोलन की तीसरी धारा की पैदावार है।

ये तीनों संगठन 'जनवाद' का दावा करते हैं, लेकिन अगर ग़ौर से देखा जाय तो तीनों संगठनों में शामिल कवियों के बीच ऐसा गहन वैचारिक अन्तर दिखायी नहीं देता, जिसकी

बिना पर उनकी यों ख़ेमेबन्दी कर दी जाय। एक ओर अरुण कमल, राजेश जोशी और वीरेन डंगवाल तथा दूसरी ओर अशोक वाजपेई के बीच तो वैचारिक अन्तर साफ़ दिखायी देता है, लेकिन अरुण कमल और राजेश जोशी और गोरख पाण्डे के बीच ऐसा कौन-सा फ़र्क है ? इस सवाल का कोई माकूल जवाब दिये बिना लेखकों के बीच भेद करना अन्ततः इन वामपन्थी संगठनों की गतिविधि को दुकानदारी के स्तर तक उतार देता है और जन-विरोधी संस्कृति के ख़िलाफ़ उनकी लड़ाई को कमज़ोर करता है। दरअसल यह चन्द चुके हुए लेखकों की साज़िश है कि वे नयी रचनात्मकता की व्यापक एकजुटता नहीं चाहते। ऐसा होने पर उनकी अपनी गद्दियों पर आँच जो आने लगेगी। इसीलिए हर घराना अपनी अलग-अलग अलख जगा कर अपनी अलग-अलग हाउस-मैगज़ीन्ज़ (घरेलू पत्रिकाएँ) प्रकाशित करता है, जिसमें शामिल की जाने वाली कविताओं का महत्व उनकी उत्कृष्टता के आधार पर नहीं, बल्कि घराने के दफ़्तर में रखे रजिस्टर में दर्ज सदस्य-सूची के आधार पर होता है। इस नये ब्राह्मणवाद का एक दुष्परिणाम यह भी हुआ है कि नये लेखक अपनी रचनाओं को बेहतर बनाने की तरफ़ ध्यान देने की बजाय जल्द-से-जल्द किसी-न-किसी घराने से गण्डा-तावीज़ बँधवा कर पंगत में शामिल होने के फेर में पड़ जाते हैं। यहाँ संगठनों से जुड़ी हुई पत्रिकाओं के सिलसिले में एक अपवाद के रूप में 'पहल' का ज़िक्र करना बहुत ज़रूरी है, जिसमें ज्ञानरंजन ने बराबर सभी ख़ेमों की प्रगतिशील रचनाओं को प्रकाशित किया है और सन्तुलित, विचारशील सम्पादन का उदाहरण प्रस्तुत किया है।

दिलचस्प बात यह है कि कुछ कवि किसी घराने में नहीं अँटते और कुछ ऐसे हैं, जिन्हें सभी घरानों को मजबूरन तस्लीम करना पड़ता है। नागार्जुन, शमशेर, केदारनाथ अग्रवाल और त्रिलोचन बिना हिचक हर घराने में बतौर कवि शिरकत कर सकते हैं, क्योंकि उनकी प्रतिबद्धता अफ़सरों, पण्डों और सूची-नवीसों से नहीं, बल्कि कविता, समाज और जनता से है।

वैसे जहाँ तक कवियों का सवाल है, उन पर बहुत हद तक अलग-अलग पंगतें सजाये इन घरानों का ज़्यादा असर नहीं पड़ता। घराने भले ही पंगत सजा कर अपने 'ब्राह्मणों' को जीमवाते हों और दूसरे घरानों के लोगों को ज़ियाफ़त से बाहर रखते हों, कवियों की बिरादरी फ़िलहाल इससे अप्रभावित है। पाठकों के सामने अब भी कवि अपने-अपने घरानों का छापा-तिलक लगा कर जाने की बजाय कवियों की व्यापक बिरादरी के सदस्यों के नाते ही जाते हैं।

शायद यही वजह है कि आज की कविता की सबसे बड़ी ख़ासियत है उसका लेबल-मुक्त होना। पहले जिस तरह कविता को छायावाद, प्रगतिवाद, प्रतीकवाद, अकविता, ठोस कविता, नयी कविता जैसे लेबल लगा कर पेश किया जाता था, वैसा अब नहीं दिखायी देता। कवियों की एक बहुत बड़ी तादाद कविता लिख रही है और अपने चारों ओर की दुनिया को अपनी कविता के माध्यम से व्यक्त कर रही है।

जैसे-जैसे जीवन की जटिलता बढ़ती गयी है, कविता में भी विविधता आयी है और इसीलिए उस पर कोई सुविधाजनक लेबल चस्पाँ कर देना न तो ज़रूरी रह गया है, न सम्भव। इसके विपरीत अब कविता को उसकी पक्षधरता और उसके सरोकार के आधार

पर आँकने की ज़रूरत महसूस की गयी है। इस लिहाज़ से देखें तो आज की कविता में पहले की बनिस्बत ज़्यादा राजनीतिक तेवर है।

यह राजनीतिक तेवर ऐसे विषयों के सन्दर्भ में भी दिखायी देता है, जो आम तौर पर दूर से भी राजनीतिक नहीं कहे जा सकते। मिसाल के तौर पर मैं नरेन्द्र जैन की कविता 'रेडियो' का ज़िक्र करना चाहूँगा। रेडियो अब एक आम चीज़ है, जिसे एक अर्सा पहले तुर्की के मकान कवि नाज़िम हिकमत ने 'शब्दों को चिड़ियों की तरह आकाश में उन्मुक्त' करने वाले यन्त्र के रूप में देखा था। नरेन्द्र जैन की पंक्तियाँ हैं -

मैंने उसे ख़रीदा
और
एक झूठे मक्कार आदमी को
घर में जगह दी
लकड़ी की एक आबनूसी बनावट
जैसे शरीक है किसी षडयन्त्र में
करता है प्रलाप
लगातार
खिलाता है अफ़ीम
दोहराता एक झूठ
बदल देता है एक महान सत्य में

वे ख़ुश हैं
उनका आदमी
जगह-जगह पर है
और
बोल रहा है लगातार

नरेन्द्र जैन की इस कविता को पढ़ते हुए हम पाते हैं कि 'शब्दों को चिड़ियों की तरह आकाश में उन्मुक्त' करने वाला यन्त्र हमारे समय में 'आवाज़ की हिंसा' और 'विचारों की तानाशाही' को स्थापित करने वाला उपकरण बन गया है।

चीज़ों, रिश्तों और घटनाओं के बदलते हुए रूपों की शिनाख़्त की कोशिश ने ही आज की कविता की गहरी राजनीतिक समझ को पैदा किया है। यह राजनीतिक समझ कविता के रेशे-रेशे में गुँथी हुई है और कवि के पूरे नज़रिये से झलकती है। वक़्त के साथ जो परिवर्तन आता है, उसे परखने के लिए यथार्थ की सही समझ भी ज़रूरी है। सही राजनीतिक नज़रिये और सही विचारधारा को स्पष्ट करने का प्रयास आज की कविता में जगह-जगह दिखायी देता है। इस सिलसिले में उदय प्रकाश की कविता 'तानाशाह की खोज' एक ही साथ इतिहास और राजनीति और उन्हें देखने के तरीके पर सटीक टिप्पणी करती है :

वह अभी तक सोचता है :
कि तानाशाह बिलकुल वैसा ही या

फिर उससे मिलता-जुलता ही होगा
यानी मूँछ तितली-कट नाक के नीचे
बिल्ले तमग़े और
भीड़ को सम्मोहित करने की वाक-पटुता
जब कि अब होगा यह
कि वह पहले जैसा तो होगा नहीं।

उदय प्रकाश की इस कविता की प्रेरणा निस्सन्देह मार्क्स की वह मशहूर उक्ति है कि इतिहास में घटनाएँ जब दुहरायी जाती हैं तो पहली बार वे त्रासदी के रूप में प्रकट होती हैं, दूसरी बार स्वाँग के रूप में। इसलिए ज़ाहिर है कि तानाशाह अगर अपने उसी हिटलरी रूप में आया तो वह एक स्वाँग बन कर रह जायेगा। अब की बार जब वह आयेगा तो बदले हुए रूप ही में आयेगा। उदय प्रकाश इस बदले हुए रूप की सम्भावना की ओर भी इशारा करते हैं -

हो सकता है वह कहता हुआ आये कि मैं इस
शताब्दी का सबसे छला गया व्यक्ति हूँ
और वह विनोबा भावे या सन्त तुकाराम के बारे में
बात करे या सफ़ेद-सफ़ेद कपड़े पहन कर
सफ़ेद-सफ़ेद कबूतर उड़ाये या निश्शस्त्रीकरण
की बात करे

उदय प्रकाश की यह कविता जिस वैचारिकता का उदाहरण पेश करती है, उसी का यह भी तकाज़ा है कि कविता अपने इर्द-गिर्द की दुनिया और उसके साथ आदमी के रिश्तों को पहचान कर उन्हें कलात्मक ढंग से व्यक्त करें। निजी और सार्वजनिक जीवन के बीच, यानी कवि के व्यक्तिगत अनुभवों और सम्वेदनाओं और बाहर की दुनिया के विराट जटिल यथार्थ के बीच जो सम्बन्ध हैं और जो कई बार आपस में टकराते भी हैं, उन्हें समझ कर व्यक्त करना आज की कविता का एक ख़ास उद्देश्य है। रोज़मर्रा के जीवन को कविता का विषय बनाना और नज़र आने वाली सच्चाइयों के पीछे छिपी गहरी और व्यापक सच्चाइयों को खोलना हमेशा ही से अच्छी कविता का काम रहा है। मिसाल के तौर पर इब्बार रब्बी की कविता 'कण्डक्टर' को देखा जा सकता है। जहाँ रब्बी के अनेक कविताएँ दिल्ली की बसों और बसों के सफ़र पर एक मुसाफ़िर की नज़र से लिखी गयी हैं, वहीं 'कण्डक्टर' जैसी कविता में वे अपनी नज़र के कोण का खिसका कर उस व्यक्ति के करीब ले जाते हैं, तो 'कविता की किताब में निरीह विराम चिन्ह' की तरह जाड़े की रात में चुपचाप पीछे बैठा ड्यूटी बजा रहा है। कविता की ख़ूबी यह है कि इसमें रब्बी ने दिल्ली की बसों के कुख्यात कण्डक्टर के ख़ूँख़ार लड़ाकूपन के पीछे झाँक कर, गहरी सम्वेदना के साथ यह दिखाने की कोशिश की है कि ये लड़ाकू कण्डक्टर बहुत-से मुसाफ़िरों की ही तरह ख़ुद भी शोषित इन्सान हैं :

सुनसान घर कण्डक्टर का
गन्दी बस्ती में।

इस प्रक्रिया में रब्बी की नज़र उस छोर तक जाती है, जहाँ वे नज़र आने वाले सच के पीछे छिपे अदृश्य सच को उघाड़ कर इस नतीजे पर पहुँचते हैं कि -

तुम सारे दिन चलते रहे
पर गये कहीं नहीं
तुम जीवन भर दौड़े
पर रहे वहीं के वहीं

जो बात कि बस में सफ़र करने वाले बहुत-से मुसाफ़िरों पर भी लागू होती है।

लेकिन रब्बी का मकसद सिर्फ़ यहीं ख़त्म नहीं होता कि वे पाठक के मन में कण्डक्टर के लिए एक हमदर्दी जगा कर छुट्टी पा लें। वे पाठक को इससे भी आगे उस मंज़िल की ओर ले चलते हैं, जहाँ पहुँच कर मुसाफ़िर के मन में यह इच्छा पैदा हो कि -

हम क्या करें कि तुम मुस्कराओ
क्या करें कि तुम्हारी
बच्ची स्कूल जाये
क्या करें क्या करें हम
कि तुम्हारी पत्नी
खीर पकाये
क्या करें हम
कि तुम लड़ो नहीं घर जा कर
हम क्या करें
कि ऑफ़ के दिन
तुम पिक्चर जाओ
परिवार के साथ।

यह सहज मानवीय नज़रिया वैसे तो हमेशा से कविता का एक प्रमुख गुण रहा है, लेकिन आज की कविता का यह अभिन्न अंग है। रब्बी की इस कविता को निराला की कविता 'वह तोड़ती पत्थर' या 'भिक्षुक' से मिला कर देखने पर वह फ़ासला स्पष्ट हो जायेगा, जो इस बीच कविता ने तय किया है। निराला के महत्व में आस्था रखने वालों को (और इन पंक्तियों का लेखक भी उनमें शामिल है) इस बात में निराला के प्रति अवज्ञा की गन्ध नहीं आनी चाहिए, बल्कि उन्हें ख़ुशी महसूस करनी चाहिए कि निराला ने जो बीज बोया था, वह फल-फूल रहा है।

वैसे, रब्बी की कविता जिस ज़मीन पर रची गयी है, वह निराला की कविता 'जल्द-जल्द पैर बढ़ाओ' में तैयार होनी शुरू हो गयी थी और मुक्तिबोध की चिन्ता - 'समस्या एक / मेरे सभ्य नगरों और ग्रामों में / सभी मानव / सुखी, सुन्दर व शोषण-मुक्त कब होंगे' - से होते हुए हमारे समय तक पहुँची है।

वैचारिक चिन्ता का यह स्वर गहरी सम्वेदना से विच्छिन्न नहीं है। बल्कि यह कहना सही होगा कि आज की कविता में वैचारिक चिन्ता का स्रोत गहरी सम्वेदना में निहित है। इसीलिए कविता और अधिक सहज हुई है। यह सहजता बाहरी जीवन की अभिव्यक्ति के साथ-साथ उन कविताओं में भी नज़र आती है, जहाँ कवि बिलकुल निजी प्रसंग उठाते हैं। राजेश जोशी की एक कविता है - 'माँ की याद' :

अचानक आती है
माँ की याद
और उदास हो जाती है वह
कि एक उसी का घर
नहीं देखा माँ ने
कि माँ क्यों चली गयी
उसका घर
बनने से पहले ही
सिसकने लगती है वह
तकिये में सिर गड़ाये
कि माँ नहीं खिला पायेगी
उसी के पहले बच्चे को
जब कि सारी बहनों के बच्चों को
गोदी में ले ले कर
कितना नहीं खिलाया माँ ने
उसे रह-रह कर याद आती है
माँ
इन दिनों
इन दिनों
जब वह ख़ुद
माँ बनने वाली है

किसी औरत का माँ बनना जहाँ एक अद्भुत घटना है, वहीं यह जीवन का एक बेहद सामान्य और सहज कार्य-व्यापार भी है, उसी तरह जैसे माँ की याद आना। लेकिन राजेश की कविता में जिस परिस्थिति-विशेष में ये दोनों घटनाएँ एक-दूसरे से जुड़ती हैं, वह बड़ी मार्मिकता से जीवन के एक बेहद नाज़ुक पहलू को हमारे सामने उद्घाटित करती है। एक ऐसा पहलू, जो उतना ही सच्चा है, जितना उदय प्रकाश की कविता 'तानाशाह की खोज' वाला पहलू।

लेकिन किसी भी समय की कविता को केवल उसके राजनीतिक तेवर या सहज मानवीय पक्षों के चित्रण की क्षमता के आधार पर परखना अधूरा काम होगा। यह सही है कि किसी भी समय की कला का उद्देश्य चारों ओर के जीवन और उसके साथ मनुष्य के रिश्तों की पड़ताल करना होता है, मगर चूँकि इर्द-गिर्द का जीवन स्थिर और अपरिवर्तनशील नहीं रहता, इसलिए किसी भी कला का एक प्रमुख उद्देश्य है अपने समय को दर्ज करना, उसका रिकॉर्ड रखना। कविता भी सबसे पहले अपने समय की प्रामाणिक दस्तावेज़ होती है। इस नज़रिये से पिछले कुछ वर्षों की कविता पर निगाह डालें तो उसमें, अलावा अन्य बातों के, अपने समय की हलचल की और एक तेज़ी से बदल रही दुनिया की प्रतिच्छवियाँ उतारने की कोशिश साफ़ तौर पर नज़र आती है।

हमारे समय में चारों ओर घिरा अँधेरा और घना हुआ है, दमनकारी ताकतों ने जनता

की आकांक्षाओं को कुचलने या उन्हें भटकने के लिए नये-नये हथकण्डे अपनाये हैं और असन्तुलित विकास के कारण विषमता बढ़ी है, जो साम्प्रदायिकता, जातिवाद, व्यापक भ्रष्टाचार और हिंसा के नासूरों में प्रकट हुई है। ऐसे समय में कविता ने बराबर समाज के इस अँधेरे पक्ष पर नज़र रखी है और इससे लोहा लेने का प्रयास किया है। इसके अलावा उसने दमन की मिसालों के साथ-साथ दमनकारियों की असली सूरतों पर से पर्दा हटाने की भी कोशिश की है और यह कहने की ज़रूरत नहीं कि आज कविता लिखने वाले कवि - वे चाहे पहले से लिख रहे हों या बिलकुल नयी शुरूआत कर रहे हों - अधिक सचेत हैं और गहरी सामाजिक ज़िम्मेदारी भी महसूस करते हैं।

लेकिन आज की कविता केवल अँधेरे पाख की दस्तावेज़ नहीं है। निराशा और हार की स्थिति को भी आज के कवि किसी फ़लसफ़े के तौर पर नहीं व्यक्त करते, निराशा होते हुए भी उसका 'वाद' नहीं बनाते। इसके विपरीत आगे की दुनिया के बेहतर होने की सम्भावनाओं के प्रति एक दृढ़ विश्वास आज की कविता में मौजूद है और यह विश्वास, यह आशा, हवाई कल्पना पर नहीं, बल्कि हकीकत की कठोर ज़मीन पर टिकी हुई है। इस सिलसिले में मुझे अक्सर तीन कविताएँ याद आती हैं। पहली कविता वीरेन डंगवाल की है। दरअस्ल, वह 'सड़क के लिए सात कविताएँ' के शीर्षक से लिखी गयी कविता-शृंखला के पहले और आख़िरी अंश हैं :

सड़क पर पैर रखना
कितनी गहरी दूरियों से जुड़ जाना है एकाएक
कितने सारे लोग, कितने देश,
कितनी ध्वनियाँ, गति, कितनी हवा
वाह कितना अपनापा
रबड़ के बूट पहन कर जिन्होंने फैलाया था
सींकदार बुरुश से पिघलते हुए तारकोल को गिट्टियों पर
देखो, कहीं-न-कहीं बने होंगे उनके पैरों के निशान
या फावड़े का साँचा रोलरों के बावजूद
देखो, हर सड़क इसी तरह मिल जाती है हर सड़क से
इसी तरह एक होती ही जाती है दुनिया

. . .

सड़कें समय में सिर्फ़ आगे को जाती हैं
आती वे सिर्फ़ पीछे से हैं
जहाँ तुम खड़े हो वह महज़ एक जगह है सड़क पर
जहाँ एक औरत को नंगा करके पीट रहे हैं सिपाही
इन्हीं सड़कों से चल कर आते रहे हैं आततायी
इन्हीं पर से चल कर आयेंगे एक दिन
हमारे भी जन

वीरेन की इन कविताओं में जो सादगी और सहजता है और जो पारदर्शिता है उस पर अलग से किसी टिप्पणी की ज़रूरत नहीं। अगर मैं कहूँ कि इन कविताओं में आज की

कविता की अधिकतर विशेषताएँ एक ही जगह मौजूद हैं तो ग़लत न होगा।

इन कविताओं के अन्त में जो आशा झिलमिलाती है, वह कोरे रूमानीपन से नहीं उपजी, बल्कि 'एक होती जाती दुनिया' के ठोस और कड़वे यथार्थ से पैदा हुई है। वह सिर्फ़ कवि की कामना नहीं है, बल्कि हमारे अनुभवों पर टिकी हुई है – हम अनुभव से जानते हैं कि दमनकारी-से-दमनकारी व्यवस्था का भी ख़ात्मा होता है, अतीत में कई बार हुआ है और आगे भी निश्चय ही होगा।

मंगलेश डबराल की कविता 'खिड़की' वीरेन की कविताओं से अलग ज़मीन की है। उसका परिवेश एक औसत मध्यवर्गीय जीवन का है :

इस खिड़की के बाहर
मेरा इन्तज़ार हो रहा है
वहाँ मेरे बचपन के कपड़े सूख रहे हैं
नये पत्तों के फूटने की ख़बर
पिता की चिट्ठी
और माँ की हँसी फैली होगी धूप में
जहाँ मेरे दोस्त होंगे
ज़िन्दगी में जाने के लिए तैयार
कपड़े पहनते हुए

लेकिन एक औसत मध्यवर्गीय ज़िन्दगी की खिड़कियाँ अक्सर बन्द रहती हैं। जो खुली या अधखुली भी रहती हैं, वे भी परिस्थितियों के दबाव से या लोगों की उदासीनता और निष्क्रियता के कारण बन्द होती चली जाती हैं। इसीलिए मंगलेश की कविता के आख़िरी हिस्से की आशा, या कहा जाय इरादा, स्वागत के योग्य है :

रात के स्याह पानी से उभरते
घरों की खिड़कियाँ खुल रही हैं
आँखों की तरह
मुझे यह खिड़की खोलनी चाहिए
जो तमाम खिड़कियों के
खुलने की शुरूआत है

ज़ाहिर है, मंगलेश की मुराद केवल लोहे की सलाख़ों और लकड़ी के पल्लों से बनी खिड़की से नहीं है, बल्कि उनका इशारा दिल और दिमाग़ की खिड़कियों की तरफ़ भी है, जिन्हें बन्द रख कर हम ख़ुद का इर्द-गिर्द की दुनिया से काटते चले जाते हैं।

कविता के बारे में विचार करते हुए अपने एक निबन्ध में आचार्य रामचन्द्र शुक्ल ने लिखा है कि जैसे-जैसे हमारी वृत्तियों पर सभ्यता के नये-नये आवरण चढ़ते जायेंगे, वैसे-वैसे एक ओर तो कविता की ज़रूरत बढ़ती जायेगी, दूसरी ओर कवि-कर्म कठिन होता जायेगा।

कवि-कर्म कितना कठिन हो गया है, इसका सही-सही अन्दाज़ा आज कवि-कर्म में संलग्न लोगों से अधिक किसी को नहीं हो सकता। लकिन कविताओं पर नज़र दौड़ाते

समय इसका कुछ आभास ज़रूर मिलता है। शायद यह कवि-कर्म के ही कठिन होते जाने का नतीजा है कि जहाँ एक ओर कविता अधिक साफ़, सहज और धारदार हुई है, वहीं दूसरी ओर उसमें एक नये रूपवाद का भी ख़तरा पैदा हुआ है। अपने पहले दौर में यह रूपवाद कविता के नाम पर कुछ भी पेश कर देने की प्रवृत्ति के रूप में दिखायी दिया था। कविता क्या है ? - इस बहस के ब्योरों में न जा कर इतना ही कहना काफ़ी है कि जिस तरह बहुत-सी छन्द-बद्ध रचनाएँ कविता नहीं, महज़ तुकबन्दियाँ होती हैं, उसी तरह छन्द से मुक्त बहुत-सी रचनाएँ भी अक्सर ख़राब गद्य के नमूने बन कर रह जाती हैं। इसी का नतीजा है कि दूसरे दौर में सारी राजनीतिक चेतना और वैचारिकता के बावजूद यह रूपवाद कई बार बात को सीधे-सीधे कह देने की बजाय बारीकी से बयान करने की कोशिश में दिखायी देता है और यह कहने की ज़रूरत नहीं कि दूर की कौड़ी लाने के कोशिश में कविता सदा नष्ट होती है। साथ ही यह ख़तरा भी पैदा होता है कि कविता विषय से भटक कर, जहाँ चोट करनी चाहिए, उससे अलग ही जगह अपनी ताकत ज़ाया न करने लगे। हाल ही में 'कलम' के ताज़ा अंक में राजेश जोशी की एक कविता छपी है - 'घबराहट' -

ख़्वाब में भी नहीं सोचा था कभी मैंने
जीवन में ऐसा भी दिन आयेगा
बुलायेगा मेरे बचपन का दोस्त मुझे
और मैं जा नहीं पाऊँगा
पंजाब जाने से घबराऊँगा।

इन पंक्तियों से शुरू हो कर यह कविता पंजाब के मौजूदा माहौल के साथ-साथ उस भय और भेद-भाव की भी पड़ताल करती है जो पंजाब की घटनाओं के कारण एक आम मध्यवर्गीय व्यक्तित में पैदा हुआ है। लेकिन कविता के बीच में अचानक राजेश जोशी लिखते हैं :

हाय धर्म!
जूते में छिपकर बैठे काले बिच्छू-सा
डंक मारा तुमने
हाय डॉलर!
आस्तीन के साँप-सा डसा तुमने

पंजाब की घटनाओं के पीछे धर्मान्धता का जो हाथ है, उसे मद्दे-नज़र रखते हुए इस अंश की पहली तीन पंक्तियाँ तो ठीक हैं, लेकिन कविता के पूर्वार्द्ध में पंजाब की घटनाओं के पीछे अमरीकी साज़िश का कोई संकेत न देते हुए अचानक कविता के बीच में सारी गड़बड़ी को अमरीकी साज़िश का नतीजा बताने की कोशिश न सिर्फ़ इस कविता की सम्वेदना को, बल्कि इसकी वैचारिकता को भी भोथरा करती है। अमरीकी साम्राज्यवाद की घिनौनी साज़िशों से इनकार नहीं, न इस सम्भावना से इनकार है कि पंजाब की घटनाओं के पीछे अमरीकी हाथ हो सकता है, एतराज़ इस बात पर है कि सरे-राह 'डॉलर-डॉलर करने से साम्राज्यवाद-विरोध का लक्ष्य पूरा नहीं होगा। फिर यह भी सोचने की बात है कि क्या पंजाब की गड़बड़ी के पीछे केवल अमरीका की साज़िश है ? यहाँ यह भी ध्यान में रखने

की बात है कि कुछ समय पहले मेरठ में साम्प्रदायिक दंगों के भड़कने के फ़ौरन बाद राजेश जोशी की दो कविताएँ प्रकाशित हुई थीं। उनमें से पहली कविता 'स्वर्ग का पतन' में भी डॉलर का ज़िक्र इसी तरह किया गया था। कविता के बीचों-बीच आने वाली पंक्तियाँ थीं :

छोटे-छोटे काम धन्धों की बहुत बड़ी ऊब
छोटी-छोटी आमदनी की बहुत बड़ी ग़रीबी
हाथों में छुरे लिये चीख़ रही है धार्मिक उन्माद में
और उनकी बार-बार पीठ ठोंकता
अपनी बैसाखियों पर नाच रहा है
अष्टावक्र डॉलर

इन पंक्तियों में अष्टवक्र के पौराणिक सन्दर्भ का भयंकर अज्ञान तो झलकता ही है, गहरी सम्वेदना से उपजने वाली सहजता की जगह इस तरह के सरलीकरण कुल-मिला कर कविता की धार को गोठिल बनाते हैं और अमरीकी कुचक्रों के बारे में एक ग़लत समझ पैदा करने के साथ-साथ गड़बड़ी के असली कारणों को धुँधला भी करते हैं। इसके बरअक्स साम्प्रदायिकता पर दो हिस्सों में लिखी राजेश जोशी की पहले की कविता - 'सलीम मैं और उनसठ का साल' - में ऐसा सरलीकरण नहीं था। उसमें वैचारिकता भी थी और सम्वेदना भी। ज़ाहिर है कि इन बाद की कविताओं की गड़बड़ी घटनाओं पर तुरत-फुरत प्रतिक्रिया व्यक्त करने की जल्दबाज़ी में पैदा हुई है।

रूपवाद और सरलीकरण के इस ख़तरे के अलावा आज की कविता के सामने एक और ख़तरा भी है। और वह है मध्यवर्गीय खीझ और अवसाद के अतिरेक का। यह ठीक है कि हालात दिनों दिन बिगड़े हैं, मगर चारों ओर की दुनिया का केवल यही एक पक्ष नहीं है। हालात के बिगड़ने के साथ-साथ संघर्ष के स्वर भी तेज़ हुए हैं। यही नहीं, बल्कि इस तमाम कशमकश के बीच जीवन की वेगवती धारा अपने सभी रंगों और छवियों के साथ प्रवाहित है। जीवन की पस्ती के, अवसाद के, दमन और अँधेरे के तो बेशुमार चित्र आज की कविता में मौजूद हैं, मगर उल्लास और मस्ती के चित्र लगभग गायब हो चले हैं। सवाल उठता है कि जब नागार्जुन, केदारनाथ अग्रवाल और त्रिलोचन अपने तमाम संघर्षों के बावजूद सामान्य सुख और उल्लास के चित्रण से विमुख नहीं हुए, तब आज की कविता से जीवन का यह पहलू क्यों छूट रहा है ? 'एक हथौड़े वाला घर में और हुआ' या 'कभी नहीं जनता मरती है' या 'बैठ धूप में हरी मटर की घुँघनी खाना, जाड़े का आनन्द यही है रस गन्ने का ताज़ा-ताज़ा पीना, कोल्हाड़ों में जाना' - जैसी पंक्तियाँ आज की कविता में क्यों दुर्लभ हैं ? आलोक धन्वा और पाश की कविताओं में जो खुला विद्रोही स्वर उभरा था, तेज़ और चुनौती-भरा, वह क्यों मन्द पड़ गया ? कहीं ऐसा तो नहीं है कि जीवन के सिर्फ़ अँधेरे पक्ष पर केन्द्रित रहने के कारण या अवसाद के अतिरेक से यह पक्ष आँख से ओझल हुआ जा रहा हो ?

कविता और चारों ओर की दुनिया के आपसी रिश्तों के बारे में शायद सबसे साफ़ , सबसे पारदर्शी वक्तव्य इब्बार रब्बी ने अपनी 'घोंसला' शीर्षक कविता में दिया है '

जिस काग़ज़ पर मैंने लिखी कविता
उससे चिड़िया घोंसला बना रही है
कविता की कतरनों पर बैठी
वह अण्डे से रही है
कविता बन रही है भाषा
मेरे और उसके बीच
सुनसान में गर्मी दे रहे हैं शब्द
मुझसे जातकों तक लहरा रहे हैं
पानी की तरह मेरे शब्द
कविता घोंसला बन रही है
वृक्ष बन रही है
मुझसे निकल कर प्रकृति से जुड़ रही है
भरोसा दे रहे हैं अक्षर
शरण हो रहे हैं शब्द
मैं बनजारों की तरह
पड़ाव बदल रहा हूँ

मात्र विचार नहीं
पूरा घर है कविता

आज की कविता पर शायद इससे बेहतर और कोई टिप्पणी नहीं हो सकती और अगर कविता को इस टिप्पणी पर खरा उतरना है तो उसे उन चुनौतियों का सामना करना ही होगा जो आज उसके सामने मौजूद हैं।

१९८८

बेहद का अरण्य

सबसे ख़तरनाक होता है हमारे सपनों का मर जाना
- पाश

'एक दिन बोलेंगे पेड़,' 'मिट्टी का चेहरा' और 'नेपथ्य में हँसी' के बाद 'दो पंक्तियों के बीच' राजेश जोशी का चौथा कविता-संग्रह है। अगर उसकी लम्बी कविता 'समरगाथा' का भी शुमार का लिया जाय तो 'दो पंक्तियों के बीच' राजेश की पाँचवीं कविता-पुस्तक है। यानी कि वह अब एक प्रौढ़ कवि है। यह प्रौढ़ता राजेश और उसकी कविता में महज़ घड़ी के काँटों के घूमने के अनवरत, अनिवार्य परिणाम-स्वरूप नहीं आयी, बल्कि राजेश ने किसी हद तक इसे सायास अर्जित भी किया है। ऐसे में उम्मीद की जानी चाहिए कि उम्र और तजुर्बों का एक सरमाया उसके पास है और इसके साथ है कविताई की कठिन डगर पर बढ़ते हुए हासिल किया गया भाषा और शिल्प का सामर्थ्य।

ज़ाहिर है, प्रौढ़ता की कुछ अपनी विशेषताएँ होती हैं। चाहे वह आदमी की हो या कविता की। राजेश इस सच्चाई से ग़ाफ़िल नहीं है। इस संग्रह की कविता 'बड़ी उम्र में कार चलाना सीखने के बारे में' इस तरफ़ संकेत भी करती है :

उम्र बढ़ने लगती है जैसे-जैसे, हम बचाना चाहते हैं जीवन
अपना भी और दूसरों का भी
बड़ी उम्र में डर लगता है दुर्घटनाओं से, दुश्चिन्ताएँ सताती हैं
कम होने लगता है रोमान और अक़्ल ज़्यादा तर्क करने लगती है

यहाँ तक तो हम बढ़ती हुई वय से तालमेल बैठाने के क्रम में हासिल की गयी सच्चाइयों से परिचित होते हैं, जिन्हें एक सचेत कवि ने हुनरमन्दी के साथ दर्ज किया है। लेकिन इसके फ़ौरन बाद राजेश जिस निष्कर्ष तक पहुँचता है, उसके निहितार्थ हमारे मन में कई सवाल पैदा करते हैं :

बचना चाहते हैं हम किसी नये काम को सीखने से
किसी भी नये जोखिम से

क्या प्रौढ़ता को तजुर्बेकारी का पर्याय मान लेने पर यह भी तसलीम करना लाज़िमी होगा कि वह यथास्थिति को स्वीकार करने, उससे समझौता करने का भी दूसरा नाम है ?

क्या यह टिप्पणी महज़ उम्र के एक पड़ाव – प्रौढ़ता – के सन्दर्भ की गयी है या इसे राजेश ने अपने समय और अपनी पीढ़ी को लक्ष्य करके दर्ज किया है ?

❐

'नये जोखिम' से बचने की भावना का यह आत्म-स्वीकार, 'अभिव्यक्ति के सारे ख़तरे' उठाने और सभी 'मठ और गढ़' तोड़ने के पूर्ववर्ती आदर्श के बरक्स अवसाद ही पैदा कर सकता है। यह अकारण नहीं है कि राजेश के ताज़ा संग्रह की कविताओं में जहाँ प्रौढ़ता-जनित कौशल बढ़ा है, वहीं आक्रोश और उद्विग्नता घटी है और अनेक कविताओं में नॉस्टैल्जिया तथा अवसाद की एक प्रबल अन्तर्धारा दिखायी देती है।

वैसे अवसाद और नॉस्टैल्जिया राजेश की कविता में पहले भी था। अगर कवि अपने चारों ओर की दुनिया को सम्पूर्णता में चित्रित करने की ख़्वाहिश रखता है और किसी काल्पनिक लोक में नहीं रहता तो उसे अवसाद, विषाद, निराशा, हताशा और विफलता से रू-ब-रू होना ही पड़ेगा। उनके अक्स उसकी कविता में आयेंगे ही। मगर इसके साथ-साथ उसे इनसे बाहर आने के रास्ते बनाने का ज़रूरी काम का अंजाम देना होगा। १९७९ में 'पहल' के कविता-विशेषांक में राजेश की एक कविता छपी थी – 'क्या आकाश एक उदासी का नाम है।' राजेश ने इसे अपने किसी संग्रह में शामिल नहीं किया। मेरा ख़याल है, इस कविता में पहली बार राजेश ने मुकम्मल ढंग से अवसाद का सामना किया था :

क्या आकाश एक उदासी का नाम हे
अस्त होते दिन और अनन्त तक फैला हुआ
रात्रि का बीहड़ एकान्त
काले पत्थर के हाथियों-सी खड़ी हैं पहाड़ियाँ और
अन्धकार में डूब चुकी है वृक्षों की हरीतिमा
झींगुरों का समूह गान
गूँजता है
सन्नाटे के गुम्बद में लगातार

लेकिन इस कविता में अवसाद के कुछ ठोस कारण भी राजेश ने खोजे और दर्ज किये थे :

महाजनी मुद्रा के मृत्यु राग में
प्रतिफल अवरुद्ध हो रहा है मशीनों का संगीत
दीमकें खा रही हैं शब्दों को, मटमैली हो रही है
रंगों की दुनिया

यही वजह है कि शुरू से आख़िर तक अवसाद में डूबे व्यक्ति की सोच का चित्रण करने वाली इस कविता में अवसाद के पार जाने की कोशिश भी थी। एक बेचैनी थी। यथास्थिति का अस्वीकार था। कुछ सवाल थे और अवसाद को छोड़ने के लिए किये जा रहे प्रयत्नों की तरफ़ इशारा भी था :

कब टूटेगा लेकिन यह कवच
कब हिलेगा आधार
कब विघटित होगी यह संरचना

•

कब उठेगा यह खुरदरा हाथ

•

अपने ही शत्रुओं के उत्सवों में बिजलियाँ उठाये
क्यों चल रहा है वह

•

क्या
एक मत के लिए पक्ष या विपक्ष में उठने
और हर बार अपने शत्रुओं में से ही अपना शासक चुनने के लिए
अभिशापित है वह

•

तमाम क्रूरताओं के बीच भी,
तमाम विडम्बनाओं के बीच भी
अनवरत सक्रिय है एक हाथ
जड़ हो रही चीज़ों को
जो पथराने से रोक रहा है

•

विस्फोटित होगी यह चुप्पी
और गति के गुणात्मक प्रकाश में
अभिव्यक्त होंगे खनिज
अपनी पूरी ओजस्विता में

कविता के अन्त में राजेश किसी आप्त-वाक्य, किसी तयशुदा फ़ैसले या हल या सुझाव तक नहीं, बल्कि एक सम्भावना तक पहुँचा था :

क्या आकाश एक उदासी का नाम है
या यह केवल एक भरपूर वर्षा से पहले की उमस है

कठिन परिस्थितियों और घिरते अँधेरों के बीच उम्मीद का यह स्वर और कविता की सामान्य प्रश्नाकुलता ही उसकी ताकत थी।

फिर क्या कारण है कि जैसे-जैसे परिस्थितियाँ इस कविता में व्यक्त उम्मीद के विपरीत जटिल-से-जटिलतर हुई हैं, सत्ता का चरित्र उत्तरोत्तर दमनकारी और जन विरोधी होता चला गया है, 'महाजनी-मुद्रा का मृत्यु राग' पंचम तक जा पहुँचा है, वैसे-वैसे राजेश की कविता में आक्रोश, उद्विग्नता और प्रतिरोध के स्वर तीव्र होने की बजाय, एक सघन लयात्मक अवसाद और शान्त अस्वीकार ही नुमायाँ हुआ है ? प्रश्नाकुलता की जगह दार्शनिकीकरण और रैशनलाइज़ेशन उभरा है ?

❐

यह एक दिलचस्प तथ्य है कि हिन्दी में सन १९३० से १९५० के बीच कवियों में मार्क्सवाद, प्रगतिशील आन्दोलन और जनवादी मूल्यों के प्रति एक गहरा सरोकार था। एक उद्दाम प्रतिबद्धता थी। १९५० के आस-पास यह प्रतिबद्धता या तो तिरोहित होने लगी या फिर हाशिये पर धकेल दी गयी। लगभग बीस बरस तक नयी कविता और अकविता की भूल-भुलैयाँ में भटकने के बाद कवि इस बीहड़ वीराने से बाहर आये तो इसके पीछे नक्सलबाड़ी के किसान-आन्दोलन और उससे उपजी चेतना का बहुत बड़ा हाथ था। एक बार फिर से सभी पुराने सपने, उद्देश्य और सरोकार कविता की मुख्यधारा में चले आये जिन्हें इस बीच लगभग भुला दिया गया था। यह भी अकारण नहीं है कि नागार्जुन, केदारनाथ अग्रवाल, त्रिलोचन और मुक्तिबोध जैसे कवियों को हाशिये से खींच कर केन्द्र में लाने की ज़िम्मेदारी भी उन्हीं कवियों ने निभायी, जिन्होंने या तो नक्सलबाड़ी आन्दोलन के आस-पास लिखना शुरू किया था या फिर जिनकी चेतना पर इस आन्दोलन का प्रभाव था। राजेश भी इन्हीं कवियों में शामिल है। कविता की बुनियादी प्रतिज्ञाएँ भी इस दौर में नये सिरे में परिभाषित की गयीं। और ये प्रतिज्ञाएँ क्या थीं ? विषमता और उत्पीड़न के ख़िलाफ़ मनुष्य की मुक्ति के अथक संघर्ष की, यथास्थिति से कभी समझौता न करने की, और सत्ता तथा उसके प्रलोभन के प्रतिरोध की।

इस पुनर्नवीकृत प्रतिबद्धता ने शक्ति-संरचना के सारे पुराने समीकरणों को बदल कर रख दिया। रचना के आधार ही नहीं बदले, उसके मूल्यांकन की कसौटियाँ भी बदलीं। विचार के साथ-साथ विचारधारा के महत्व को भी स्वीकृति मिली। कविता को किसी स्वायत्त लोक की चीज़ मानने की बजाय चारों ओर के जीवन के जोड़ कर देखने का नज़रिया पुष्ट हुआ।

बदलते समीकरणों के पहले दौर में संघर्ष अगर रूढ़िवादियों और सुधारवादियों के बीच था, तो दूसरे दौर में संघर्ष ने सुधारवादियों को क्रान्तिकारी परिवर्तन के हिमायतियों के सम्मुख ला खड़ा किया। और यह जद्दो-जहद कमोबेश आज तक जारी है। बेशक, इस तीखे, वैचारिक संघर्ष में कुछ अतियाँ और भूलें भी हुईं। क्रान्तिकारियों की स्वप्नशीलता अगर यथार्थ का साथ न देने के कारण मनोगत होती जा रही थी, तो सुधारवादियों द्वारा यथार्थ को आमूल चूल बदले बिना पैवन्द लगा कर दुरुस्त करने के प्रयास अन्ततः यथास्थिति से समझौता करने की भूमिका बन रहे थे। यानी क्रान्तिकारी अगर एक किस्म का यूटोपिया निर्मित करने अपनी सारी आशाएँ उससे बाँध रहे थे तो सुधारवादी दूसरे किस्म का यूटोपिया निर्मित करके।

इसीलिए सन १९८० के आस-पास समूचे भारतीय परिदृश्य पर जैसे-जैसे सांस्कृतिक संकट गहराने लगा (जो वास्तव में राजनैतिक संकट ही का परिणाम था), कविता की बुनियादी प्रतिज्ञाएँ एक बार फिर धूमिल होने लगीं और कविता की वसुन्धरा पर सबको एकॉमोडेट करने के लिए, 'सार्वभौमिक साझेदारी और सर्वानुमति' की आधार-भूमि तैयार करने के लिए, 'विवेक पूर्ण सैनिटी' की स्थापना के लिए प्रयास तेज़ हुए।

मगर इस बीच बाहर का यथार्थ उत्तरोत्तर और भी भयावह शक्ल अख़्तियार करता जा रहा था, जिससे जूझने के लिए, और कविता को उसकी बुनियादी प्रतिज्ञाओं से जोड़े रखने के लिए, एक नये हस्तक्षेप की ज़रूरत थी। सम्भव था कि इससे लिए कविता के प्रचलित ढाँचे और रूपाकार को भी दाँव पर रखना पड़ता। 'अभिव्यक्ति के सारे ख़तरे' उठाने पड़ते। मगर ऐसा करने के लिए जो व्यक्तित्वान्तरण अपेक्षित था, उसके स्थान पर एक दूसरा ही व्यक्तित्वान्तरण घटित हुआ। संघर्ष और परिवर्तन के उपायों के विफल होने पर इन उपायों को त्यागने के साथ-साथ संघर्ष और परिवर्तन के उद्देश्यों को भी त्याग दिया गया। अगर बिलकुल नहीं भी त्यागा गया तो कम-से-कम प्राथमिकता की दृष्टि से उन्हें बहुत नीचे ले आया गया। इसीलिए कविता में अवसाद उत्तरोत्तर बढ़ता चला गया।

राजेश के ताज़ा कविता-संग्रह को उसकी पिछली कविता-पुस्तकों के क्रम में परखा जाय तो यह समझने में आसानी होगी कि किस तरह उसकी कविता में नौस्टैल्जिया जनित अवसाद की छायाएँ गहरी होती गयी हैं। 'समर गाथा' की अन्तिम पंक्तियाँ हैं :

हर चीख़ और प्रश्न के उत्तर में
ले कर उठता है
आग और उजाले का घोषणा-पत्र

वह मुक्ति का योद्धा
वह मुक्ति का विचार
कहता है बार-बार

तोड़ दो
तोड़ दो ग़ुलामी की ज़ंजीरें
तोड़ दो द्वार अँधेरे की कारा का
मोड़ दो रुख़ समय की धारा का
रोशनी में बदलता पानी
और इस्पात की नसों पर उठती दुनिया
समय है सर्वहारा का

आरम्भ की इस मुखर आशा और आह्वान के बरक्स 'दो पंक्तियों के बीच' की कविताओं में अनेक स्थलों पर अफ़सोस, अवसाद और विषाद है :

उम्र की इस दुर्घटना में यह भी हो सकता है
एक स्वप्न मर गया हो शायद

(छोटी नींद और सपने)

उल्टी घूम रही हैं घड़ी की सुइयाँ
सदी का अन्त कुछ पिछली सदियों को ढो रहा है
ऐसा होता तो नहीं पर हो रहा है

हर चीज़ का अन्त करता सदी का अन्त आ रहा है
देश अपनी अस्मिता खो रहा है

(ऐसा होता तो नहीं)

एक दिन आतताइयों की क्रूरता लगने लगती है हास्यास्पद
एक दिन उनका ग़ुस्सा लगता है बहुत निरीह
एक दिन उनके चिल्लाने पर
ग़ुलाम मुस्करा देते हैं

(खिसियानी हँसी)

यह ग़ौर-तलब है कि अवसाद के इस नये रूप की आहट भले ही राजेश के पिछले संग्रह 'नेपथ्य में हँसी' से मिलने लगी थी, मगर वहाँ यह इतना नुमायाँ, इतना नफ़ीस और लयात्मक नहीं था। १९८७ में लिखी गयी कविता 'प्रजापति' में राजेश ने इच्छा व्यक्त की थी कि उसकी कविता में 'छोटी-छोटी विकृतियाँ और अन्तर्विरोध' भी दिखें 'फूली हुई नसों वाले राक्षसों-से इतने वीभत्स और दैत्याकार कि आसानी से की जा सके उनसे घृणा, की जा सके नफ़रत।'

'नेपथ्य में हँसी' की अनेक कविताओं में एक पारदर्शी स्पष्टता और दोटूकपन था –

जीवन की जोत पर जब तक टिकी रहें आँखें
कौन डरता है यमराज के भैंसे से

(नट)

बच्चे काम पर जा रहे हैं
हमारे समय की सबसे भयानक पंक्ति है यह
भयानक है इसे विवरण की तरह लिखा जाना
लिखा जाना चाहिए इसे सवाल की तरह
काम पर क्यों जा रहे हैं बच्चे ?

(बच्चे काम पर जा रहे हैं)

जो इस पागलपन में शामिल नहीं होंगे
मारे जायेंगे

•

कटघरे में खड़े कर दिये जायेंगे, जो विरोध में बोलेंगे
जो सच-सच बोलेंगे, मारे जायेंगे

•

सबसे बड़ा अपराध है इस समय
निहत्थे और निरपराध होना
जो अपराधी नहीं होंगे, मारे जायेंगे

(मारे जायेंगे, १९८८)

घृणा यूँ कोई बहुत अच्छी चीज़ नहीं
लेकिन इतनी बुरी भी नहीं कि जहाँ ज़रूरी हो
वहाँ भी न की जा सके

(घृणा के बारे में कुछ शब्द, १९८८)

इसी दोटूकपन के चलते राजेश ने 'घृणा के बारे में कुछ शब्द' का अन्त निष्कर्षत: इस सवाल से किया था कि : 'क्या ज़्यादा बुरा नहीं है उदासीन हो जाना ?'

ऐसी हालत में 'दो पंक्तियों के बीच' की कविताओं का अवसाद क्या सिर्फ़ उम्र के साथ आने वाले विवेक का नतीजा है ? या यह घृणा को भी ज़रूरी मानने वाले रवैये का परित्याग करने का अनिवार्य परिणाम है ? या फिर इसके कुछ और कारण हैं ?

ये सवाल इसलिए भी उठते हैं कि 'नेपथ्य में हँसी' की कविताओं और 'दो पंक्तियों की बीच' की कविताओं में जो दस-बारह साल का अन्तराल है, उसी में चारों ओर का यथार्थ पहले से कहीं अधिक भयावह, हिंसात्मक और मनुष्य-विरोधी होता चला गया है। बाज़ार की चकाचौंध के नीचे अभावों का निचाट अँधेरा है, दलालों, घूसख़ोरों, भड़वों और हत्यारों का शासन है, साम्प्रदायिकता का बोल-बाला है और अगर कोई महफ़ूज़ है तो इसके पीछे तर्क नहीं, संयोग का हाथ है। और इसी दौर में लिखी गयी राजेश की कविताओं में से आक्रोश, उम्मीद और प्रश्नाकुलता ही ग़ायब नहीं हुई, बल्कि घृणा का तत्व भी ग़ायब हो गया है।

इसीलिए राजेश के इस निष्कर्ष से तो सहमत हुआ जा सकता है कि 'सदी का अन्त कुछ पिछली सदियों को ढो रहा है' या फिर 'देश अपनी अस्मिता खो रहा है मगर इस निष्कर्ष से कैसे सहमत हुआ जाय कि - 'हर चीज़ का अन्त करता सदी का अन्त आ रहा है' ? क्या 'महाजनी-मुद्रा के मृत्यु राग' का अन्त हो गया ? क्या शोषण, उत्पीड़न और दमन का अन्त हो गया ? क्या विषमता और ज़ुल्म के ख़िलाफ़ मनुष्य के अथक संघर्षों का अन्त हो गया ? क्या 'समय है सर्वहारा का' की सच्चाई का अन्त हो गया ?

इसमें कोई शक नहीं कि राजेश एक सचेत कवि है। उसकी पक्षधरता भी सन्देह से परे है। 'दो पंक्तियों के बीच' की अनेक कविताओं में उसने मौजूदा समाज की मनुष्य-विरोधी छवियों को भी हुनरमन्दी के साथ दर्ज किया है। 'इत्यादि' जैसी कविता इसका सबूत है। मगर ऐसी कविताओं की तादाद कम-से-कमतर होती चली गयी है। और जहाँ तक शोषण और दमन के प्रतिरोध की छवियों को अंकित करने का सवाल है तो ऐसी छवियाँ सिरे से नदारद हैं। मानो समूचे परिदृश्य में शोषण और दमन की उपस्थिति तो हो, मगर विफल ही सही उसके प्रतिरोध की कोई उपस्थिति न हो।

इसके विपरीत 'दो पंक्तियों के बीच' की कविताओं में हमें पहले से कहीं अधिक मात्रा में नॉस्टैल्जिया और बीते हुए दिनों की अफ़सोस-भरी यादों की छवियाँ दिखायी देती हैं। 'खोई हुई चीज़ें,' 'संयुक्त परिवार,' 'हाथ,' 'घर की याद,' 'हमारे शहर की गलियाँ,' 'तीन शोक गीत' और 'अहद होटल' जैसी कविताओं में 'जाने कहाँ गये वो दिन' के-से अन्दाज़ में बीते हुए दिनों का स्मरण है :

वहाँ बरसों से खोई हुई चीज़ें इकट्ठा थीं
और एक भूत उनकी रखवाली करता था

•

चिड़िया के आकार की सीटी वहाँ थी
जिसमें आधा पानी भर कर बजाओ तो बुलबुल की तरह बोलती थी
कालेज के दिनों में मैं पेड़ों के झुरमुट में छिप कर उसे बजाता था
तो आस-पास से गुज़रतीं लड़कियाँ हैरत से देखती थीं

•

इधर-उधर वहाँ बचपन की ड्रॉइंग-कापियाँ थीं जिनके हर चित्र में
पेड़ हरे थे और उगता हुआ सूरज था

(खोई हुई चीज़ें)

हमने ओढ़े थे फक्कड़ी के बाने
हमारी ज़िद थी अपने दुख को
किसी से कहने की
हमने हर बार दिखना चाहा
बेहद बेहद लापरवाह

(शोक गीत : एक)

पानी की आवाज़ से जुड़ी थीं न जाने कितनी स्मृतियाँ
पकौड़ों की स्मृति स्वाद बन कर आती थी ज़बान पर
हमारे बचपन के काग़ज़ की नावें
कहीं दूर जा चुकी थीं
न जाने कहाँ भूल आये थे हम अपनी छतरियाँ
तरबतर हो जाने के कुछ किस्से अभी भी हमें गुदगुदाते थे

(पानी की आवाज़)

वहाँ बाबा थे, दादी थीं, माँ और पिता थे
लड़ते-झगड़ते भी साथ-साथ रहते थे भाई-बहन
कोई-न-कोई हर वक्त बना ही रहता था घर में
पल-दो-पल को बिठा ही लिया जाता था हर आने वाले को
पूछ लिया जाता था गुड़ और पानी को

(संयुक्त परिवार)

इस स्मृति-बाहुल्य ही की अगली कड़ी के रूप में होता है अवसाद का आगमन :

तब शायद हमने यहीं नहीं सोचा था कि हमारी दुनिया में इतना
अँधेरा भी होगा कभी

(खोई हुई चीज़ें)

अब सिर्फ़ एलबम में रहते हैं
परिवार के सारे लोग एक साथ
टूटने की प्रक्रिया में क्या-क्या टूटा है
कोइ नहीं सोचता

(संयुक्त परिवार)

हमें कितना अकेला किया है हमारे समय ने, समाज ने
स्वजन भी इसके अपवाद नहीं
इस बात पर सोचने को रखा जायेगा मुल्तवी
कौन चाहेगा अपने दुख को पहाड़ बनाना
कौन झाँकना चाहता है अपने अन्दर

(शोकगीत : एक)

जीवन की तमाम दूसरी भावनाओं की तरह बीते हुए दिनों की याद भी एक सहज मानवीय भावना है। साहित्य में तो यों भी स्मृतियों का एक विशेष महत्व रहता है क्योंकि स्मृतियों के माध्यम ही से हम अतीत और वर्तमान के बीच का फ़ासला तय करते हैं। मगर जब हमें किसी कवि की कविताओं में दिनों-दिन डरावनी होती जा रही दुनिया के चित्रों अथवा अपने समय की ख़ौफ़नाक हकीकतों के बिम्बों की जगह बीते हुए दिनों की भाव-भीनी स्मृतियों के बिम्बों का आधिक्य दिखायी दे तो यह हैरत उपजाता है। 'दो पंक्तियों के बीच' की अधिकांश कविताओं के क्रिया-पद भूतकालिक हैं, यहाँ तक कि 'हमारे शहर की गलियाँ' जैसी कविताओं में भी, गो कि गलियाँ तो अब भी होंगी, अब भी 'सपनों तक' जाती होंगी और अब भी 'दंगों के बीच अपने घरों तक पहुँचने के रास्ते' मुहैया कराती होंगी। फ़र्क बस इतना है कि इन गलियों की इन तमाम सिफ़तों को अब कोई और ही कवि अपने स्मृति लोक में दर्ज कर रहा होगा, जो 'बेरोज़गार' होगा या 'आवारा' या फिर 'रात में भटकना' जिसकी 'आदत में शुमार' होगा।

❐

नॉस्टैल्जिया से रसी-बसी कविताओं में सबसे लम्बी कविता है - 'अहद होटल' जिसे राजेश ने 'हमारे समय का एक सबसे पूरा बिम्ब' प्रस्तुत करने के क्रम में रचा है।

अहद होटल 'फ़ुरसतिया माने जाने वाले लोगों' का 'ऐसा ठीहा था जहाँ घण्टों बैठे रहने और गपियाने पर कोई रोक-टोक नहीं थी,' जहाँ 'शहर के नामी दादा लोग,' 'सियासी पार्टियों के छोटे-बड़े नेता या हिन्दी और उर्दू के अदीब अलग-अलग टेबलों पर जमे रहते थे हमेशा।'

शुरू की इन पंक्तियों में ही राजेश यह जानकारी भी दे देता है कि यह अहद होटल 'इब्राहीमपुरे के उस सँकरी-सी गली-नुमा बाज़ार के बीचोंबीच' कभी उसी जगह हुआ करता था, जहाँ 'चमचमाते जूतों की अब एक आलीशान दुकान है।'

इन तफ़सीलों से शुरू करके ईंट-दर-ईंट ब्योरों को सजाते हुए राजेश ने कविता में अहद होटल के आख्यान की इमारत तैयार की है। एक कुशल किस्सा-गो की तरह राजेश

न केवल मुहल्ले के नामकरण के दिलचस्प तथ्य बयान करता है, बल्कि अहद होटल नामक इस देवमण्डल तथा उसके स्थायी-अस्थायी बाशिन्दों के बारे में जानकारी देता हुआ इस भित्ति-चित्र की रेखाएँ सँवारता है, उनमें रंग भरता है। इतना ही नहीं, एक कुशल किस्सा-गो की तरह राजेश इस आख्यान में दो खलनायकों को भी चिह्नित करता है - 'बाज़ार' और 'शहर कोतवाली का थानेदार'। दोनों ही ने इस देवमण्डल को नेस्तनाबूद करने के मंसूबे पाल रखे हैं। मगर दिलचस्प बात यह है कि राजेश के आख्यान में 'बाज़ार' तो सफल नहीं होता, सफल होता है थानेदार और वह भी इसलिए कि 'थानेदार की किस्मत बुलन्द थी' या होटल में बैठने वालों का 'नसीब खोटा था,' उन्हीं दिनों अहद होटल में एक हादसा हो गया और वह हादसा था - होटल में नियमित बैठने वाले मज़हर पठान और शफ़ीक पठान के बीच छुरेबाज़ी की वारदात। 'और इस तरह होटल को नेस्तनाबूद करने का अहद पूरा किया शहर कोतवाली के थानेदार ने' और 'इस तरह एक दिन व्यापारियों और पुलिस की आँख में काँटे की तरह गड़ने वाला अहद होटल ख़त्म हुआ।'

लेकिन महज़ इतने भर से अहद होटल 'हमारे समय का एक सबसे पूरा बिम्ब' नहीं बन सकता था, न इससे ही कि 'जो जगह भरी होती थी कभी ख़ूबसूरत शब्दों से वहाँ अब चमकदार जूते भरे हैं और उनमें न किसी यात्रा की धूल है, न किसी पाँव के पसीने की गन्ध।' अहद होटल की तब्दीली को 'हमारे समय का एक सबसे पूरा बिम्ब' बनाने के लिए राजेश को अहद होटल के ख़ात्मे और वहाँ जूतों की दुकान की तामीर के बीच कुछ ऐसी तफ़सीलें जोड़नी पड़ी हैं, जिनसे इस परिवर्तन का सामान्यीकरण किया जा सके और उसका एक आर्कटाइप निर्मित किया जा सके :

धीरे-धीरे ख़त्म होने लगीं
लेखकों और सोचने समझने वालों के बीच अड्डेबाज़ियाँ
अहद होटल की धुँधली पड़ती यादों के साथ-साथ
धुँधले पड़ने लगे लोगों के बीच सारे सम्बन्ध

इसमें शक नहीं है कि अहद होटल नामक पुराने देवलोक का ख़ात्मा, जीवन की पुरानी शैली और पुराने सम्बन्धों के ख़ात्मे से जुड़ा हुआ है। साथ ही वह जुड़ा हुआ है 'बाज़ार' की बढ़ती हुई हवस से, ख़रीद-बेच की नयी जीवन शैली के आगमन से। मगर इस कविता में ये तत्व अलग-अलग घटित होने वाली परिघटनाओं के रूप में आते हैं, उनका अन्तर्सम्बन्ध कविता के आख्यान में शुरू से स्थापित नहीं हो पाता। इसीलिए कविता के अन्त में यह प्रश्न अनुत्तरित रह जाता है कि अहद होटल के ख़ात्मे की वजह से 'लेखकों और सोचने समझने वालों' के बीच अड्डेबाज़ियाँ क्यों ख़त्म हो गयीं ? क्या ये अड्डेबाज़ियाँ और 'लोगों के बीच सारे सम्बन्ध' अहद होटल के मुहताज थे ? अहद होटल की वजह से पैदा हुए थे ? या इन आपसी सम्बन्धों के स्वरूप ने अहद होटल नामक इस देवलोक का निर्माण किया था ? यह भी दिलचस्प है कि अहद होटल के ख़ात्मे के पीछे राजेश एक संयोग का उल्लेख करता है - दो दादाओं के बीच छुरेबाज़ी की वारदात! यानी अगर यह वारदात न हुई होती तो शायद अहद होटल ज़िन्दा रहता और उसी के साथ ज़िन्दा रहतीं अड्डेबाज़ियाँ और सम्बन्ध। जबकि हकीकत यह है कि अगर छुरेबाज़ी की यह वारदात

न भी हुई होती तो भी अहद होटल का बचना मुमकिन नहीं था। इस दौर में हर शहर के संकरे-से गली नुमा बाज़ारों में फ़ुरसतिया लोगों के बैठने के पुराने अड्डे ख़त्म हुए हैं, जो अक्सर अहद होटल ही की तरह ख़ूबसूरत शब्दों से भरे रहते थे। और, इस ख़ात्मे की वजह से नहीं, बल्कि उसके साथ ख़त्म हुई हैं अड्डेबाजियाँ और आपसी सम्बन्ध और इन अड्डों की जगह दुकानें ही खुली हैं। मगर इस तब्दीली के पीछे कोई संयोग, कोई हादसा, कोई वारदात नहीं है या किसी थानेदार की सनक का हाथ नहीं है। दूसरी ओर फ़ुरसतिया लोगों के बहुत-से पुराने अड्डे आज भी मौजूद हैं, मगर अड्डेबाज़ियाँ और आपसी सम्बन्ध धुँधले पड़ चुके हैं। इस हकीकत को राजेश 'अहद होटल' में नहीं समझा पाता। इसी मुकाम पर हमें 'समय के इस पूरे बिम्ब' में कुछ शिकनें, कुछ झोल दिखायी देते हैं। राजेश ने स्थिति की विडम्बना को उभारने के लिए जिस तथ्य का उल्लेख किया है – ख़ूबसूरत शब्दों से भरी जगह में चमचमाते जूतों का भरा होना – वह भी एक रोमानी युक्ति लगती है। क्या जूतों की दुकान की जगह अगर वहाँ कपड़े की, टी.वी. की, जनरल मर्चेण्ट की या फ़र्ज़ कीजिए किताबों की ही दुकान खुल जाती तो क्या यह 'समय का बिम्ब' न बनता ?

इसी मुकाम पर बहुत श्रम और नफ़ासत से सजाये गये ब्योरों से बनी यह इमारत, किसी फ़िल्म का सेट जान पड़ती है, जो सामने से देखने पर तो एक भव्य प्रासाद नज़र आता है, मगर होता है प्रासाद का इकहरा फलक। शायद इसीलिए राजेश ने इसे अनजाने ही 'हमारे समय का सबसे पूरा बिम्ब और एक दिलचस्प प्रहसन भी' कहा है, जबकि इसे होना चाहिए था – 'हमारे समय का दुखान्त।'

❐

यकीनन चौथाई सदी की अपनी कविताई के क्रम में राजेश ने एक उल्लेखनीय हुनरमन्दी हासिल की है। 'दो पंक्तियों के बीच' की अनेक कविताएँ राजेश के कौशल और दक्षता की निशानदेही करती हैं। अगर अवसाद, नॉस्टैल्जिया और इनके परिणामस्वरूप राजेश की कविताओं में अनचाहे-अनचाहे चली आने वाली वैचारिक शिकनों को छोड़ दिया जाय तो 'दो पंक्तियों के बीच' की कविताएँ राजेश की पिछली विशेषताओं और उपलब्धियों के ही सुधरे हुए नमूने पेश करती हैं। भोपाल शहर, उसका मिज़ाज, बोली-बानी और भूगोल पहले ही तरह मुस्तकिल तौर पर इन कविताओं में मौजूद है। यह राजेश की ख़ूबी है कि उसने बार-बार भोपाल शहर को विविध-रूपों में चित्रित किया है। यही नहीं, बल्कि जब वह 'हमारे शहर की गलियाँ' जैसी कविता लिखता है तो वह इन गलियों का चित्रण करते हुए कविता को ऐसे 'साधारणीकरण' तक ले जाता है कि ये गलियाँ भोपाल के भूगोल का अतिक्रमण करती हुई लगभग सभी पुराने शहरों के पुराने हिस्सों की गलियों का प्रतिरूप, 'आर्कटाइप' जान पड़ने लगती हैं।

इसी तरह जीवन के रोज़मर्रा प्रसंगों का चित्रण भी राजेश ने इस कविताओं में पहले से ज़्यादा हुनरबन्दी के साथ किया है। अर्से बाद पुराने बक्से से निकले दो नन्हें मोज़े अगर पारिवारिक जीवन के सहज प्रवाह की पुनर्रचना करने का हेतु उपलब्ध कराते हैं तो दूसरी ओर 'उसकी गृहस्थी' जैसी कविता एक आम मध्यवर्गीय गृहस्थी में स्त्री-पुरुष सम्बन्धों को

अंकित करती हुई अक्सर ओझल रह जाने वाले इस सत्य को बख़ूबी उजागर कर देती है और वह भी बिना अलग से टिप्पणी किये कि 'स्त्रियाँ ही घर की धुरी होती हैं।' ऐसी ही एक और मानीख़ेज़ कविता है – 'उस प्लम्बर का नाम' – जिसमें प्लम्बर के नाम को याद करने की कोशिश करता हुआ एक व्यक्ति और उसके साथ कविता का पाठक भी) सीढ़ी-दर-सीढ़ी इन सत्यों तक पहुँचता है कि एक तो वह दुनिया भर की हिंसा, घोटालों, भ्रष्टाचार और तानाशाहों तथा हत्यारों के बारे में तो बहुत कुछ जानता है, पर अपने प्लम्बर और उसके परिवार के बारे में कुछ नहीं जानता। यानी उसका अपनी दुनिया को नष्ट करने वाले खलनायकों से तो अन्तरंग परिचय है, पर उन लोगों के बारे में वह कुछ नहीं जानता, जो उसके छोटे-से संसार को बनाये रखने में सबसे महत्वपूर्ण भूमिका निभाते हैं। दूसरे यह, कि उसकी पत्नी प्लम्बर के बारे में ही नहीं, बल्कि उन तमाम लोगों के बारे में राई-रत्ती जानती है, 'जो जीवन की छोटी-छोटी गड़बड़ियों को दुरुस्त करने का हुनर जानते हैं।' तीसरे यह कि 'स्त्रियाँ ही उन लोगों के बारे में सबसे ज़्यादा जानती हैं, जो आड़े वक्त में काम आते हैं।' एक निजी प्रसंग से उद्भूत सत्य का यह व्यापकतम रूप है। अगर ये सारे प्रसंग राजेश जोशी नाम के कवि और उसकी पत्नी के होते तो शायद ये कविताएँ उल्लेख-योग्य न बनतीं, महज़ हुनरमन्दी से अंकित कवि के निजी जीवन-प्रसंगों के चित्र बन कर रह जातीं। लेकिन राजेश ने अपनी आज़मायी हुई युक्ति से काम ले कर जीवन के एक सामान्य ब्योरे का इस तरह 'साधारणीकरण' किया है कि ये कविताएँ ज़िन्दगी की ऐसी सच्चाइयों को सामने ले आती हैं, जिन पर अक्सर हमारी निगाह नहीं जाती।

इसी तरह लोक-संसक्ति भी राजेश की इस कविताओं में पहले ही की मानिन्द मौजूद है। पहले संग्रह की कविता 'लोक कथा' से ले कर ताज़ा संग्रह की अन्तिम कविता 'क्यों रोई वो इतने बरस बाद' तक, लोक-सम्पृक्ति की यह अन्तर्धारा राजेश की कविताई का एक अनिवार्य अंग रही है।

राजेश के कवि-कर्म की दक्षता का प्रमाण सबसे ज़्यादा उन कविताओं में मिलता है जहाँ वह वक्रता से काम लेता है। वह उन बिरले कवियों में से है जिन्होंने अपने समय और समाज पर टिप्पणी करने के लिए वक्रोक्ति और सेटायर का सबसे सार्थक उपयोग किया है। राजेश की यह विशेषता पहले संग्रह की कविता 'वे जहाँ भी रहें' से ही दिखने लगी थी। यही ख़ूबी अगले संग्रहों में 'धर्म के विरुद्ध,' 'मारे जायेंगे,' 'नफ़रत करो' और 'मैं जा रहा हूँ' जैसी कविताओं में और भी खुले तौर पर प्रकट हुई। 'दो पंक्तियों के बीच' की अनेक कविताओं में राजेश ने इस हिकमत से काम लिया है और कहना न होगा कि ख़ासी हुनरमन्दी के साथ। उसकी प्रौढ़ता का यह सबसे सार्थक और सबल पक्ष है, जहाँ पहले की कविताओं का मुखर व्यंग्य उत्तरोत्तर सूक्ष्म और सारगर्भित होता चला गया है। मिसाल के तौर पर 'बर्बर सिर्फ़ बर्बर थे' जैसी कविता को लिया जा सकता है :

बर्बर सिर्फ़ बर्बर थे
अपनी बर्बरता के लिए उनके पास कोई तर्क नहीं था
बर्बर सिर्फ़ बर्बर थे
उनके पास किसी धर्म की कोई ध्वजा नहीं थी

बर्बर सिर्फ़ बर्बर थे
उनके पास भाषा का कोई छल नहीं था
नहीं थे उनके पास दुख या पश्चाताप जैसे शब्द
बर्बर सिर्फ़ बर्बर थे
हम उन्हें कई युग पीछे छोड़ आये

बाबरी मजिस्द के ढाये जाने पर इतनी साफ़, दोटूक और कचोटने वाली कविताएँ हिन्दी में कम ही लिखी गयी हैं। स्मरण के बावजूद इसमें कोई अवसाद नहीं है। विवरणात्मकता के न होने पर पर भी यह हमारे समय में हिंसा और अमानवीयता की उपस्थिति को सर्वाधिक मूर्त रूप में दर्ज करती है। रेटरिक का इस्तेमाल वातावरण निर्मित करने के लिए नहीं, बल्कि अपने मन्तव्य को और अधिक स्पष्ट करने के लिए किया गया है और रेटरिक के बावजूद शब्दों पर असाधारण नियन्त्रण बरता गया है। पुराने बर्बरों ने अपने नये अवतार में किन युक्तियों के सहारे कैसा रूप धारण कर लिया है इसका चित्रण तो कविता में है ही, साथ ही कवि की व्यंजनापूर्ण टिप्पणी भी है, जो मौजूदा समय को कटघरे में खड़ा कर देती है।

ऐसी ही वक्रता 'एक शैतान से मुलाकात' और 'सुकवि की मुश्किल' में भी झलकती है, गो वहाँ प्रसंग दूसरे होने के कारण कटुता की बजाय व्यंग्य नुमाया होता है।

वक्रता, व्यंग्य या सेटायर के लिए हमेशा थोड़ी-सी अतिशयोक्ति की ज़रूरत पड़ती है। लेकिन राजेश ने इन कविताओं में अतिशयोक्ति का प्रयोग भी सावधानी के साथ किया है। 'एक शैतान से मुलाकात' में भी अतिशयोक्ति केवल शैतान से रू-ब-रू होने में ही निहित है :

वहाँ चायघर में कोने की कुर्सी पर बैठा था अकेला
शैतान सिगरेट पीता हुआ बहुत उदास था

यहाँ से शुरू करके राजेश इस 'मुलाकात' के दौरान शैतान के एकालाप के माध्यम से आज की दुनिया पर एक व्यंग्य-भरी टिप्पणी प्रस्तुत करता है :

मुझे लगता है मैं बहुत पिछड़ा हुआ शैतान हूँ
यह दुनिया मेरी करतूतों से कहीं बहुत आगे निकल चुकी है

•

क्या वो मैं ही था
जिससे देवता तक पनाह माँगते थे
मुझे लगता है सारे देवता भी मेरी तरह
बहुत पिछड़े हुए रहे होंगे

और एक सधे हुए समापन के साथ कविता ख़त्म होती है :

अब तुम ही देखो
पहले का वक्त होता तो क्या कोई पसन्द करता
इस तरह चाय पीना मेरे साथ

❐

वक्रता का पर्यावसान कई बार कौतुक और खिलन्दड़ेपन होता है हालाँकि यह भी ग़ौरतलब है कि हिन्दी के आम गुरु-गम्भीर मिज़ाज को कौतुकप्रियता और खिलन्दड़ापन बहुत रास नहीं आता। राजेश की कविताओं की एक ख़ासियत यह भी रही है कि उनमें वक्रता को उस सीमा तक ले जाने की कोशिश की गयी है, जहाँ वह एक खिलन्दड़ेपन में बदल जाय। यह खिलन्दड़ापन 'मिट्टी का चेहरा' में सबसे ज़्यादा मौजूद था, जहाँ 'मैं उड़ जाऊँगा,' 'रंगरेज़ों का कमाल,' 'नकाबपोश' और 'असली किस्सा तबियत के हिरन हो जाने का' जैसी कविताओं में यह अन्दाज़ साफ़ नज़र आता है। यह कौतुकप्रियता और खिलन्दड़ापन 'नेपथ्य में हँसी,' की भी कुछ कविताओं में दिखायी देता है। लेकिन 'दो पंक्तियों के बीच' की कविताओं में विशुद्ध कौतुकप्रियता कम हुई है। शायद यह भी राजेश में आयी प्रौढ़ता ही का लक्षण है कि कविता में कौतुक को ज़रूरी मानते हुए भी उसकी कविताओं में खिलन्दड़ापन और कौतुक उत्तरोत्तर लुप्त होता चला गया है। 'एक शैतान से मुलाकात' को छोड़ दें तो ताज़ा संग्रह में केवल एक कविता - 'चाँद के बारे में कुछ पंक्तियाँ' में ही राजेश का वह पुराना अन्दाज़ नज़र आता है।

❐

यथार्थ के फलक पर स्मृति और स्वप्न का कार्य-व्यापार ही कविता है, जो शब्दों द्वारा सम्पन्न किया जाता है। समय का बोध किसी भी हालत में इकहरा नहीं हो सकता और साहित्य में तो बिलकुल नहीं, जहाँ अतीत और वर्तमान के डाँडे भविष्य से कुछ इस तरह मिले रहते हैं कि उन्हें अलग करना सम्भव नहीं होता।

राजेश की कविता के शुरूआती दौर में इस बात की सचेत कोशिश दिखती थी कि स्मृति, वास्तविकता और स्वप्न के बीच सहज़ सन्तुलतन कायम रहे। कहा जाय कि यह राजेश की कविताओं की ताकत थी, जिसमें कुछ अन्य तत्व, मिसाल के लिए उसकी गहरी रागात्मक ऐन्द्रिकता, लोकसम्पृक्ति, कौतुकप्रियता और फक्कड़ खिलन्दड़ा अन्दाज़ एक सार्थक भूमिका अदा करते थे। राजेश ने कविता का एक आदर्श अपने लिए तय किया था :

जादू है
जादू है
जादू है कविता
जो रहे
जो जैसा है
तुरत फुरत
पलक झपकते
सब कुछ की शकल
बदल डालने की ललक
जादू
जादू

ख़ाली टोकरी से
निकलता है कबूतर
गुटर गूँ करता
भरता है
लम्बी-लम्बी
उड़ान

'एक दिन बोलेंगे पेड़' में 'गेंद,' 'एक आदिवासी लड़की की इच्छा,' 'हरी रोशनाई' और 'लोककथा' जैसी कविताएँ इस आदर्श को ही सामने रख कर रची गयी प्रतीत होती थीं। दूसरी ओर, 'बिजली सुधारने वाले,' 'उन्होंने रंग उठाये,' 'सलीम, मैं और उनसठ का साल,' 'चाबियाँ' और 'नौवीं मंज़िल' जैसी कविताएँ वास्तविकता को समझने-समझाने और व्याख्यायित करने के प्रयासों का पता देती थीं। इसके साथ-साथ 'लेबर कालोनी के बच्चे' और 'बच्चा पाँव ले रहा है' में एक बेहतर समाज के सपने की छवियाँ नज़र आती थीं। यह सिलसिला 'मिट्टी का चेहरा' और 'नेपथ्य में हँसी' तक जारी रहा। 'तितलियाँ' और 'करमकल्ले और सारस और बच्चा' के साथ-साथ 'भोपाल : शोकगीत १९८४,' 'मेरठ ८७,' 'दिल्ली ८८' और 'घबराहट' जैसी कविताओं में स्मृति, यथार्थ और स्वप्न की सघन बुनावट थी। मगर 'दो पंक्तियों के बीच' की कविताओं तक आते-आते न केवल यथार्थ का फलक धुँधलाने लगा, बल्कि उस पर स्मृतिपरकता ने हावी हो कर स्वप्नों के लिए कम-से-कम जगह छोड़नी शुरू कर दी। नतीजे के तौर पर राजेश की कविताओं का संसार सिकुड़ता चला गया है। उसमें 'एक साधारण मनुष्य का जीवट और धैर्य-भरा जीवन-संघर्ष' तो है, जैसा कि एक आलोचक ने सही तौर पर लक्षित किया है, जिसमें 'निराशा और थकान के भाव भी शामिल हैं,' मगर यह ग़ौर-तलब है कि इस क्रम में कविता की बुनियादी प्रतिज्ञाओं को कितना 'डाइल्यूट' करना पड़ा है। यह भी विचारणीय है कि प्रौढ़ता-जनित समझदारी ने, जिसे असद ज़ैदी ने 'विवेकपूर्ण सैनिटी' का नाम दिया है, कवि को किस हद तक चारों ओर की तिलमिला देने वाली हकीकतों को 'रैशनलाइज़' और 'सब्लिमेट' करने की दिशा में प्रेरित किया है। इसीलिए शायद अब 'अभिव्यक्ति के सारे ख़तरे' उठाने और अस्वीकार का सामना करने की बजाय – जो कि प्रौढ़ होते कवि में उत्तरोत्तर दिखना चाहिए था – 'दो पंक्तियों के बीच' की कविताओं में आज के विचलित कर देने वाले यथार्थ के प्रति एक शान्त निरुद्विग्नता और दार्शनिक अन्दाज़ झलकता है, जो सब के माफ़िक बैठ सके, सबको 'सूट' कर सके और सर्वानुमति तथा सार्वभौम साझेदारी की ज़मीन तैयार कर सके। यह चकाचौंध और अँधेरे के बीच फँसे मध्यवर्ग का अन्दाज़ है, जो अन्ततः चारों तरफ़ के दमघोंटू माहौल को स्वीकार करने और उसमें अपनी जगह सुरक्षित रखने की तरफ़ बढ़ता है। प्रकट ही, ऐसा करने के क्रम में परिवर्तन का स्थान कलाकारिता ले लेती है, क्योंकि अगर रघुवीर सहाय की पंक्ति को ध्यान में रखें कि 'जहाँ बहुत कला होगी वहाँ परिवर्तन नहीं होगा' तो यह निर्विवाद रूप से कहा जा सकता है कि जहाँ परिवर्तन नहीं होगा, वहाँ बहुत कला दिखेगी। इसीलिए अकारण नहीं है कि नरेश सक्सेना ने राजेश की कविताओं में मौजूद लयात्मकता की प्रशंसा करते हुए कहा है कि

'राजेश जोशी भाषा को लिरिकल बनाते हुए उस संगीत तक ले जाते हैं, जहाँ से अर्थों की उड़ान शुरू होती है'। अकारण यह इसलिए भी नहीं है क्योंकि ऊपर कविता की जिन बुनियादी प्रतिज्ञाओं का ज़िक्र किया गया है, उनके बरक्स नरेश सक्सेना का मानना है कि कविता की मूल प्रतिज्ञा है 'सूक्ष्मता और सम्वेदनीयता।'

हमारे समय के एक अत्यन्त समर्थ कवि – पाश – ने कहा था कि 'बीच का रास्ता नहीं होता।' ऐसे में यह दिलचस्प है कि राजेश ने संग्रह की पहली कविता में, जिसके शीर्षक को संग्रह के नाम के लिए इस्तेमाल किया गया है, बीच के रास्ते की ही ताईद की है। 'कविता की दो पंक्तियों के बीच' की 'सूनी-सूनी-सी' दिखने वाली जगह का वर्णन राजेश ने मूर्त और अमूर्त बिम्बों की एक संगीतमय झड़ी लगाते हुए किया है। 'सूनी-सूनी-सी' इस जगह में ही कवि की 'अदृश्य परछाईं' घूमती रहती है अक्सर। अदृश्य उपस्थिति तो समझ में आता है, पर 'अदृश्य परछाईं' की महीन कतान सहसा हमें ठिठक कर सोचने के लिए विवश करती है। ज़्यादा नफ़ासत और बारीकी बरतने से पैदा होने वाली इस चूक को नज़रन्दाज़ भी कर दें तो भी मन में यह सवाल तो बना ही रहता है कि कवि का वास्तविक मन्तव्य क्या है। यह रहस्य तब कुछ-कुछ साफ़ होने लगता है, जब हम कविता में आगे बढ़ते हुए पाते हैं कि यह सूनी-सूनी-सी दिखने वाली जगह, 'कवि के ब्रह्माण्ड की गुप्त आकाशगंगा' और एक 'चुप' है जो 'आ जाती है बातचीत में अचानक,' 'शब्द यहाँ आने से अक्सर आँख चुराते हैं,' 'बेहद के इस अरण्य में कुलाँचें मारती रहती हैं कितनी ही अनजान छवियाँ' और 'अदृश्य की आड़ के पीछे छिपी हैं यहाँ कुछ ऐसी सुरंगें जो अपने गुप्त रास्तों से शब्दों की जन्म-कथा तक ले जाती हैं।' दरअसल यह चकाचौंध और अँधेरे के मौजूदा दमघोंटू माहौल में मध्यवर्ग द्वारा तलाश किया गया वही सुरक्षित शरण्य है – 'सबसे छिपा कर रखी गयी कवि की एक अज्ञात दुनिया।' कविता की अगली पंक्तियों से यह साफ़ भी हो जाता है :

शब्दों की ऊँची आड़ के बीच में एक खुला आसमान हूँ
कवि के मन्सूबों के उकाब जहाँ भरते हैं लम्बी उड़ान

इसीलिए कवि की हिदायत है कि :

यहाँ आने से पहले अपने जूते बाहर उतार कर आना
कि तुम्हारे पैरों की कोई आवाज़ न हो
एक ज़रा-सी बाहरी आवाज़ नष्ट कर देगी
मेरे पूरे जादुई तिलिस्म को

बाहर की दुनिया की तकलीफ़देह और ख़ौफ़नाक हकीकतों से बच कर भारत के औसत मध्यवर्गीय नागरिक ने अपने लिए जो शरणस्थली बनायी है, दरअसल यह कविता उसी का सेलिब्रेशन है। इसीलिए इस शरण्य में 'ज़रा-सी बाहरी आवाज़' का आना भी कहर ढा सकता है, क्योंकि तब इस सुरक्षित गलियारे का पूरा 'जादुई तिलिस्म' नष्ट हो जायेगा। मैंने पहले कहा कि राजेश की पक्षधरता में कभी किसी को सन्देह नहीं रहा है। इस कविता में भी जगह-जगह जो चूकें हुई हैं, उनकी वजह यही है कि राजेश को नयी तब्दीलियों से तालमेल बैठाने के क्रम में पुरानी पक्षधरता को

त्यागना पड़ा है। इसका असर उसके अन्दाज़े-बयाँ पर भी पड़ा है। नफ़ासत इतनी अधिक हो गयी है कि अक्सर पदांश अपने अर्थ खोने लगते हैं। 'अदृश्य परछाईं' और 'अदृश्य की आड़' जैसे प्रयोग या फिर 'शब्दों की ऊँची आड़' के फ़ौरन बाद 'अदृश्य की आड़' की अमूर्तता भाषा के इस्तेमाल में असावधानी का पता देते हैं जो अतिरिक्त और अनावश्यक सूक्ष्मता के कारण हुई है।

ललित कार्तिकेय ने राजेश के संग्रह की समीक्षा करते हुए लिखा है – 'अधिकांश मध्यवर्गीय बौद्धिकों के लिए 'जनता' एक अमूर्त प्रत्यय भर रही है या गोष्ठियों में मौजूद 'इत्यादि,' जिन्हें वे मंच से सम्बोधित करते रहे हैं। तभी व्यवस्था विरोध की उनकी कार्रवाइयाँ एक निष्फल अनुष्ठान का रूप ले बैठी हैं। हिन्दी भाषी इलाके का बौद्धिक अक्सर ठहरे स्वप्न में कैद और मूर्त यथार्थ से विमुख रहा है, बहुत हद तक आत्म-दम्भ से ग्रस्त भी।'

राजेश की आरम्भिक कविताई को अपूर्ण ठहराते हुए ललित कार्तिकेय आगे लिखते हैं कि 'अब चरित्र नायक ने हीरोइक्स छोड़ दिये हैं। वह अपने दुख पर शर्मिन्दा नहीं, साधारण आदमी की तरह उसमें साझा चाहता है। सम्बन्धों के व्यापक अमानवीकरण की प्रक्रिया के बरबस यह सम्बन्धों के मानवीयकरण ओर संवेदीकरण की प्रक्रिया है।'

अगर मध्यवर्गीय बौद्धिकों के बारे में ललित कार्तिकेय का उपरोक्त आकलन किसी हद तक सही भी हो तो इससे क्या तेज़ी से बदलते और दिनों-दिन खौफ़नाक होते यथार्थ से जूझने के लिए कवियों के उस 'व्यक्तित्वान्तरण' को जायज़ ठहराया जा सकता है, जो व्यवस्था-विरोध की अपनी कार्रवाइयों की 'निष्फल आनुष्ठानिकता' को पहचानने के बाद यथास्थिति से नये रिश्ते कायम करने की ओर बढ़ने लगे। राकेश में यह व्यक्तित्वान्तरण इस हद तक तो नहीं पहुँचा है, लेकिन इस बात का ख़तरा कई बार महसूस होता है कि पुराने बड़बोलेपन और निष्फल आनुष्ठानिकता को ख़ारिज करते हुए उसकी कविता में वास्तविकता की पहचान इतनी धूमिल तो नहीं हो रही कि मानव-परिस्थिति को मानव-नियति मान लेने या फिर अनजाने ही सही मानव-भविष्य की अनन्त सम्भावनाओं को अनदेखा कर देने की ग़लती से बचना मुमकिन न रह जाय। क्योंकि ऐसी स्थिति में बलि स्वप्नों की ही चढ़ेगी और रास्ता एक अन्धी सुरंग में जा कर ख़त्म होगा।

अन्त में यह कि इसी मुकाम पर राजेश को थोड़ा ठहर कर १९९५ में लिखी गयी अपनी कविता 'चप्पलें' के समापन पर ग़ौर करना चाहिए :

चप्पल लेकिन कितनी भी स्थिर क्यों न हो होगा
उसमें यात्रा का कोई-न-कोई स्वप्न ज़रूर !!

इस अदम्य आशावाद और इस स्वप्न को बलि चढ़ाने से बचाने के लिए अगर राजेश को कुछ पीछे जा कर 'बारीकी और नफ़ासत' को या फिर 'भाषा की लिरिकैरिटी' को त्यागना भी पड़े तो इसमें कोई हर्ज नहीं, क्योंकि राजेश के पाठकों ने अपनी उम्मीदें उसके इसी अदम्य आशावाद और अनिवार्य स्वप्नशीलता से बाँधी हुई हैं, 'कवि की एक अज्ञात दुनिया' और 'बेहद के अरण्य' से नहीं।

२००१

अपार भाषा का हारमोनियम

हाल के वर्षों में हमारे चारों ओर का भारतीय और विश्वव्यापी यथार्थ जिस तेज़ी के साथ बदला है और उसने जो अजीबो-ग़रीब सूरतें अख़्तियार की हैं, उन्हें देखते हुए यह सवाल किसीं के भी मन में सहज ही उठ सकता है कि आख़िर इस सब को शब्दों में उकेरना हो तो यह काम कैसे किया जा सकता है ? अगर साहित्य का मकसद केवल गुणी जनों का विनोद नहीं है, बल्कि उसका उद्देश्य यथार्थ की वास्तविक और गहरी समझ पैदा करके उसे मनुष्य की बेहतरी की दिशा में तब्दील करना है तो फिर चारों ओर की असलियत को दर्ज करना साहित्य का सबसे पहला और ज़रूरी काम हो जाता है। और ज़रा देखिए कि यह असलियत भी कैसी है - मल्टी मीडिया के किसी कम्प्यूटर की स्क्रीन की तरह, जो पल-छिन बदल रही हो, कभी किसी छवि या बिम्ब या संरचना को उभारती हुई, कभी किसी दूसरी छवि या बिम्ब या संरचना को। हमारे गिर्द एक तरफ़ बाज़ार की बढ़ती हुई चकाचौंध का हृदयहीन संसार है, जिसमें हर चीज़ की अहमियत बस इतनी है कि वह ख़रीदी या बेची जा सकती है या नहीं, बड़े-से-बड़ा हुनर किसी काम का नहीं, अगर कोई उसका मोल लगाने को तैयार न हो दूसरी तरफ़ एक ऐसा निचाट अँधेरा है, जिसमें कुछ भी महफ़ूज़ नहीं है - न परिवेश, न मनुष्य, न भावनाएँ। यहाँ तक कि अस्तित्व भी नहीं। एक तरफ़ उन्नत-से-उन्नत तकनीक की करिश्मेबाज़ी है, मनुष्य के मानसिक और शारीरिक श्रम से हासिल की गयी बेड़ी-भंजक, मुक्तिदाता उपलब्धियाँ हैं तो दूसरी तरफ़ इन उपलब्धियों से वंचित रखे जा रहे लोग हैं, पीने के पानी तक को तरसते गाँव हैं, ग़ुलाम होता जाता समाज है, जिसे न तो इस बात का रत्ती भर एहसास है, न रत्ती भर फ़िक्र कि वह ग़ुलामी के अँधेरों में डूबता जा रहा है। ज़ाहिर है, इस हंगामा-ख़ेज़ दौर में सबसे ज़्यादा चोट मानवीयता को ही झेलनी पड़ी है। सबसे ज़्यादा तनाव और दबाव हमारी सामाजिक बुनावट पर पड़ा है। चूँकि कविता का पहला और फ़ौरी सरोकार इसी मानवीयता को बनाये रखना है, इसलिए समकालीन कविता की पहचान और परख अनिवार्यतः इसी सन्दर्भ में की जा सकती है कि उसने मनुष्य की मनुष्यता को बचाये रखने में क्या और कैसी भूमिका अदा की है।

इन चिन्ताओं को सामने रख कर जब हम उदय प्रकाश के ताज़ा कविता-संग्रह 'रात में हारमोनियम' की कविताओं से गुज़रते हैं तो हम एक बेचैन, उद्विग्न अनुभव-लोक से रू-ब-रू होते हैं, जिसमें तक तेज़ी से टूटती-फूटती दुनिया के बिम्ब हैं। एक लम्बे अन्तराल के बाद संग्रह-रूप में प्रकाशित इन कविताओं का रचना-काल पिछले पन्द्रह वर्षों

से अर्से में फैला हुआ है और यह ध्यान दिलाने की ज़रूरत नहीं होनी चाहिए कि यह कमोबेश वही अर्सा है, जिसके दौरान हमारे सामाजिक, आर्थिक और राजनीतिक परिवेश में भारी तब्दीलियाँ हुई हैं। यह वही काल-खण्ड है, जो ब्लू स्टार ऑपरेशन और भोपाल गैस काण्ड से ले कर बाबरी मस्जिद को तोड़ने की घटना और आर्थिक उदारीकरण और घोटालों के दौर से होता हुआ बहुराष्ट्रीय कम्पनियों की बढ़ती हुई जकड़बन्दी और संसद में एक साम्प्रदायिक दल के आसीन होने तक फैला हुआ है। दिलचस्प बात यह है कि 'रात में हारमोनियम' की कविताओं का यह बेचैन, उद्विग्न अनुभव-लोक कई जगहों पर श्रीकान्त वर्मा के कविता-संग्रह 'जलसाघर' की कविताओं के क्षुब्ध, आकुल संसार की याद दिलाता है। कारण शायद यह है 'जलसाघर' की कविताओं ही की तरह 'रात में हारमोनियम' की ज़्यादातर कविताएँ महानगर के मध्यवर्गीय यथार्थ के इर्द-गिर्द बुनी गयी हैं-

यहाँ सिर्फ़ एक तेज़ सीटी बजती रहती है लगातार
बीच-बीच में सुनायी देता है कोई धमाका
और बजती रहती हैं लोहे की घण्टियाँ
कुछ बत्तियाँ जलती-बुझती रहती हैं लाल और हरे रंग की
वर्षों से नियमित
किसी अदृश्य उद्देश्य के लिए लगातार।

महानगर का यह मध्यवर्गीय यथार्थ अमीर लफ़ंगों, अपराधी नेताओं, जीवन की ज़रूरतों के अभाव और दम्भी, ताकतवर और ख़ौफ़नाक मसख़रों के क्रिया-कलाप से निर्मित होता है, जहाँ -

तिनके की उम्मीद में आप करते हैं टेलिफ़ोन
तो सब बाथरूम में होते हैं
आप जेब के सिक्के टटोलते हैं
राज्य परिवहन ही बस से बहुत दूर
दोपहर में आते हैं उनसे मिलने
वो सो रहे होते हैं

•

दुर्दिनों में नहीं कहीं मिलता उधार
फिर भी हम खोजते फिरते हैं प्यार

मगर 'जलसाघर' और 'रात में हारमोनियम' की कविताओं के बीच दो महत्वपूर्ण अन्तर हैं। पहला यह कि श्रीकान्त वर्मा की कविताओं में जो तीखा, आक्रोश-भरा स्वर है, वह उदय प्रकाश की इन कविताओं में नहीं सुनाई देता। हालाँकि 'भीमसेन जोशी प्रसंग १९८४' शीर्षक कविता के अन्त में उदय प्रकाश लिखते हैं कि -

आज भी कविता और संगीत की
सब से ज़रूरी धातु है
करुणा और क्रोध

लेकिन 'रात में हारमोनियम' की कविताओं में न तो करुणा नज़र आती है, न क्रोध। इसके विपरीत उनमें एक अवसाद है, जो कई जगह नॉस्टैल्जिया – बीते हुए समय की भाव-भीनी याद – में तब्दील हो जाता है। ये भाव-भीनी यादें कहीं-कहीं सुख से, मगर ज़्यादातर दुख से रची-बसी हैं। इन कविताओं में जगह-जगह अपने ही पैरों पर गिरते समाज के प्रति जो अफ़सोस है, जो कभी-कभी आत्म-दया से प्रेरित एक कातर विलाप की शक्ल ले लेता है, वह शायद इसी नॉस्टैल्जिया की देन है :

फिर यों ही जीवन गुज़रा इस समाज में जैसे गुज़रता है दीन और निरुपाय
कमीज़ फटी, सीढ़ियाँ दिखती थीं, उन्हें चढ़ना-उतरना होता था मैं हँसता
था कि मैं देखो यहाँ कभी दुनिया बदलने आया था

उदय की यह लम्बी कविता – 'इस सदी में एक लड़की जिससे दिल्ली में मैंने प्यार किया था' – जिससे ऊपर का उद्धरण लिया गया है, ऐसे ही नॉस्टैल्जिया के साथ शुरू होती है :

एक कमरा है, घड़ी जिसमें वर्षों से टिक-टिक चल रही है अख़बार और
नींबू और नमकीन वहाँ वर्षों से रखे हुए हैं

इन पंक्तियों से शुरू करके उदय प्रकाश अपने ख़ास जादुई अन्दाज़ में उस समूचे काल-खण्ड को याद करते हुए फिर से रचने की कोशिश करते हैं, जिसमें 'सबसे सस्ती चीज़ों में सबसे ज़्यादा स्वाद' होता था, जिसमें 'वह कहीं और से यहाँ आयी थी राजधानी खोजती थी अपने लिए रोटी / और कोई भी ठिकाना, उसे मैं मिला नौकरी की जगह।' इस तरह के स्मृति-मूलक अंश उदय प्रकाश की कविताओं में जगह-जगह मिलते हैं –

मेरे झोले की किताबों में बन्द है
मेरी कितनी विफलताओं और यन्त्रणाओं की निःशब्दता

•

एक ज़माना था, हम माता-पिता हवाई जहाज़ हुआ करते थे
पंख हुआ करते थे हमारे, जो सूरज की किरणों में आकाश में चमकते थे

•

कितनी किताबें आ चुकीं, राज्याध्यक्ष बदले
कितनी ख़बरें पुरानी हुईं, कितने अख़बार
गानों में न पहले की धुन रही, न पहले वाली बात
जो दोपहर भर बैठे रहते थे चाय की दुकानों पर ख़ाली बेंच पर
वे रहने लगे मकानों में, कहाँ से कहाँ जा पहुँचे।

यों तो शायद सारे-का-सारा साहित्य कहीं-न-कहीं नॉस्टैल्जिया से – बीते हुए समय की पुनर्रचना करने से – प्रेरित होता है। 'कामायनी' की शुरूआत ही उस देव-मण्डल के स्मरण से होती है, जिसे जल-प्लावन ने नष्ट कर दिया। और अगर बिलकुल हाल के उदाहरण लेने हों तो अरुण कमल की कविता 'नये इलाके में' और आलोक धन्वा

की कविता 'सफ़ेद रात' अपने-अपने ढंग से 'पुरानी पड़ जाने वाली दुनिया' की स्मृतियों को पुनः जीवित करके उस दुनिया को खोजने और विफल होने के आलेख हैं।

मगर नॉस्टैल्जिया के होते हुए भी, या कहें कि उसके बावजूद, उदय प्रकाश की ये कविताएँ 'जलसाघर' की कविताओं से इन अर्थों में भी अलग हैं कि इन में इस टूटती-फूटती दुनिया में से बचायी जा सकने लायक चीज़ों को बचाने की एक ललक भी शिद्दत से व्यक्त हुई है -

बचाना ही हो तो बचाये जाने चाहिएँ
गाँव में खेत, जंगल में पेड़, शहर में हवा,
पेड़ों में घोंसले, अख़बारों में सच्चाई, राजनीति में
नैतिकता, प्रशासन में मनुष्यता, दाल में हल्दी

एक ऐसी दुनिया में, जहाँ 'चली आ रही हैं इस्पात, फ़ाइबर और अज्ञात यौगिक-धातुओं की तमाम अपरिचित-अभूतपूर्व चीज़ें किसी विस्फोट के बादल की तरह' और जहाँ 'बैटरी का हनुमान उठा रहा है प्लास्टिक का पहाड़,' वहाँ लट्टू, पतंग, अमरूद, खिचड़ी, लोहार, किताब और भड़भूँजे के साथ-साथ धर्म-निरपेक्षता और 'एक दूसरे पर भरोसे' को बचाने की इच्छा व्यक्त करते हुए उदय प्रकाश अपनी चिन्ताओं का भी कुछ-कुछ पता दे देते हैं। और इसी बिन्दु पर हम उस दुनिया की भी एक झलक पाते हैं, जो 'रात में हारमोनियम' की अधिकांश कविताओं में चित्रित हुई है - चकाचौंध और अँधेरे के बीच डोलता मध्यवर्गीय लोक। अगर इस दुनिया में हमें दिनों-दिन डरावनी होती जा रही ख़ौफ़नाक परछाइयों का आधिक्य नज़र आता है तो यह अकारण नहीं है। बहुत हद तक यही आज के यथार्थ का नज़र आने वाला रूप है, जिसे उदय प्रकाश ने लगभग साग्रह अपनी कविताओं में दर्ज किया है। लेकिन इसकी एक वजह उदय प्रकाश का नज़रिया भी है। वे इस ख़ौफ़नाक हकीकत से लड़ने वाले वर्गों - यहाँ तक कि मध्यवर्ग के जुझारू हिस्से की संघर्षोन्मुखता - से प्रेरित-परिचालित नहीं होते, बल्कि मध्यवर्ग के सुविधाकांक्षी और समझौता-परस्त अंश की हताशा और पस्ती को ही व्यक्त करते हैं। अगर वे श्रीकान्त वर्मा की तरह अनास्था और नकार की तरफ़ नहीं जाते, तो वे उन इलाकों पर भी नज़र नहीं डालते, जहाँ इस यथार्थ को बदलने के लिए लोग कम या अधिक मात्रा में हरकतज़दा हैं। इससे अलग उदय प्रकाश पाठक को एक अवसाद में ले जा कर छोड़ देते हैं। शायद यही वजह है कि यथार्थ के इस एकांगी चित्रण को, इस अवसाद को, 'कैमोफ़्लाज' करने के लिए कई बार उन्हें एक चुस्त चातुरी, एक 'स्मार्टनेस' से काम लेना पड़ता है, जो अक्सर उनकी चिन्ताओं की वाजिब गम्भीरता को भंग करती है। 'बचाओ' शीर्षक कविता के अन्त में सरदार जी को 'पगड़ी और पंजाब का टप्पा' और मुल्ला जी को उर्दू और कोरमे के शोरबे का ज़ायका बचाने की फ़िक्र करने की सलाह देते हुए उदय प्रकाश अपने सरोकारों की संजीदगी पर एक चुस्ता जुमला जड़ कर उन्हें लगभग उपहास के दायरे में ले आते हैं -

इधर मैं एक बार फिर करता हूँ प्रयत्न
कि बच सके तो बच जाये हिन्दी में समकालीन कविता

ज़ाहिर है, सरदार जी अपनी पगड़ी चाहे बचा लेने में सफल हो जायँ, लेकिन पंजाब का टप्पा केवल उनके बचाये नहीं बचने वाला। इसी तरह उर्दू और कोरमे के शोरबे का ज़ायका बचाने में मुल्ला जी बहुत मददगार नहीं साबित होने वाले। इन चीज़ों को बचाने के लिए सरदार जी और मुल्ला जी से तवक्को रखना उदय प्रकाश के नज़रिये की असलियत उजागर कर देता है और संस्कृति की साम्प्रदायिक ख़ानेबन्दी की तरफ़ ले जाता है।

यह स्मार्टनेस, यह अवसाद को कैमोफ़्लाज करने का उपक्रम उदय प्रकाश की अनेक कविताओं में झलकता है और कई बार न्याय और अन्याय की हमारी पहचान को धुँधलाने भ्रमित करने की दिशा में बढ़ता है। मिसाल के तौर पर 'वास्तविकता के बारे में एक कविता' शीर्षक रचना में दो बच्चों के झगड़े के सन्दर्भ में मध्यवर्गीय मानसिकता और चारों ओर फैली दुनिया का ख़ाका खींचते हुए उदय प्रकाश मध्यवर्ग के उसी पिटे-पिटाये स्टीरियोटाइप का चित्रण करते हैं, जो कई बार ख़ुद मध्यवर्ग द्वारा ही ख़ारिज किया जा चुका है।

❑

आज से १४-१५ वर्ष पहले उदय प्रकाश के दूसरे कविता-संग्रह 'अबूतर कबूतर' की कविताओं ने अपनी जिस विशषता से पाठकों का ध्यान खींचा था, वह थी - चीज़ों को एक नये पहलू से देखने की नज़र, जो किसी भी कवि की पहली ख़ासियत होनी चाहिए। इस ख़ूबी के चलते हमारा वही चिर-परिचित संसार कवि की आँखों से हो कर जब पाठक के सामने प्रस्तुत होता है तो उसके सर्वथा नये पहलू, नये कोण सामने आते हैं नज़र आने वाले सच के नीचे छिपी सच्चाइयाँ हमारे सामने उजागर होती हैं। इसी के साथ 'अबूतर कबूतर' की कविताओं में एक सचेत कवि की दूसरी विशेषता भी थी - अपने समय की छवियों को उकेरने का प्रयास। इन १४-१५ वर्षों के दौरान उदय प्रकाश के काव्य-कौशल में भी निश्चय ही विकास हुआ है। मगर इस विकास का एक परिणाम नज़र आने वाले सच के नीचे छिपी सच्चाइयों पर अपने समय की छवियों को उकेरने के प्रयास को तरजीह देने से सम्बन्धित है। यानी 'रात में हारमोनियम' की कविताओं में उदय प्रकाश इस बात का प्रयास तो करते हैं कि अपने समय की छवियों को अंकित करें, मगर यह प्रयास कई मर्तबा नज़र आने वाली वास्तविकता तक ही सीमित हो कर रह जाता है और उनके नीचे छिपी हुई सच्चाइयाँ छिपी ही रह जाती हैं।

'अबूतर कबूतर' की कविताओं का एक बहुत बड़ा हिस्सा गाँव से शहर आने वाले मध्यवर्गीय व्यक्ति के संसार और उसकी अनुभूतियों से सम्बद्ध था। मगर पिछले पन्द्रह वर्षों के दौरान रची गयी इन कविताओं में, जो 'रात में हारमोनियम' में शामिल हैं, गाँव से शहर आने वाले मध्यवर्गीय व्यक्ति का मनोलोक धीरे-धीरे ओझल हो गया है और उसकी जगह 'मगरमच्छों की शातिर, मक्कार और भयानक दुनिया' ने ले ली है -

जाजिम बिछी है, मंच बना है, द्वार पर सन्तरी हैं
सफ़ेद देवता बैठे ग़मगीन हैं या मुस्कराते हैं
क्या ये कभी किसी तरह का ख़तरा उठाते हैं

पिछले कई सालों में कई हादसे, कई हत्याएँ हुईं
हो रही हैं और वे लगातार जीवित हैं और स्वस्थ हैं और सम्पन्न हैं

•

अपराध, संस्कृति, आक्रामकता, राजनीति
प्रौपर्टी दलाली, साम्प्रदायिकता, पत्रकारिता, हिंसा
सबका एक साथ बजता हार्न

इस ख़ौफ़नाक दुनिया के अक्स उतारने के लिए उदय प्रकाश कई तरह की युक्तियाँ अपनाते हैं। वास्तविकता और स्वप्न के अन्तर को ख़ारिज करते हुए दोनों को एक-दूसरे में इस तरह लय कर देना कि असलियत धारदार ढंग से व्यक्त हो सके – उदय प्रकाश की एक पसन्दीदा डिवाइस है, युक्ति है। इसे ग़ालिबन उन्होंने अपनी कहानियों के शिल्प से विकसित किया है और यह भी 'अबूतर-कबूतर' की कविताओं के सन्दर्भ में एक नये प्रस्थान बिन्दु को रेखांकित करता है :

मुझे होश नहीं था जब मैं आँखें मूँद कर
गा रहा था
उस वक़्त इतिहास वहाँ ख़त्म हो रहा था।

•

चावल अभी पका नहीं था
स्त्री नहाने से डर रही थी
ग़ुसलख़ाने में कैमरे लगे थे और नल की टोंटी में
कार लिये हुए कोई अमीर लफ़ंगा हँस रहा था

इसीलिए जब वे लिखते हैं कि 'किताब यथार्थ है और नेपथ्य है सारा संसार' तो उनका आशय शायद बाहर की वास्तविकता और कविता में उसके अक्स के आपसी फ़र्क को मिटाने से होता है। जहाँ किसी किताब का यथार्थ वास्तविक जीवन की तुलना में 'एक यातनाघर, एक दुःस्वप्न, एक सुरंग' की तरह होता है और जिससे 'एक छलाँग के साथ' अपने 'जीवन में वापस' आने की इच्छा होती है।

इसके साथ-साथ जो दूसरी युक्ति उदय प्रकाश ने इन कविताओं में लगभग एक सधी हुई शैली की तरह इस्तेमाल की है, वह है यथार्थ को उसके तमामतर ब्योरों की भरपूरता के साथ दर्ज करना। जब वे 'औरतें' और 'जो पंचनामे में दर्ज नहीं है' जैसी कविताओं में स्त्रियों के हताश, निरानन्द और पौरुषपूर्ण हिंसा से आक्रान्त संसार पर या फिर 'कौए और लेखक का दिल्ली में देहान्त' और 'किसका शव' जैसी कविताओं में दिल्ली में हृदयहीन यातना-लोक पर नज़र डालते हैं तो समूची कविता ही जैसे ब्योरों का एक समुच्चय बन जाती है – छोटे-छोटे रंग-बिरंगे दानों से बना एक मोज़ेक, जो अपनी सम्पूर्णता में एक व्यापक यथार्थ हमारे सामने उद्‌घाटित करता है। कहा जा सकता है कि जहाँ पहले की कविताओं में उदय प्रकाश शब्दों के नपे-तले उपयोग और सूझ और उपज से काम लेते थे, वहीं 'रात में हारमोनियम' की कविताओं में उन्होंने ब्योरों के भरपूर इस्तेमाल

से काम लिया है। कुशल राजगीर जिस तरह एक पर एक ईंट सजाते हुए किसी इमारत की तामीर करता है, वैसे ही उदय प्रकाश एक के बाद एक ब्योरों को सजाते चलते हैं।

ज़ाहिर है कि ज़्यादा-से-ज़्यादा ब्योरों में जाने और उनके सहारे इर्द-गिर्द के संसार को उकेरने की इस कोशिश में उदय प्रकाश को शब्दों का वह मितव्ययी प्रयोग त्यागना पड़ा है, जो 'अबूतर-कबूतर' की कविताओं में आम तौर पर दिखायी देता था। उसकी जगह शब्दों के विस्तार और लगभग कलाबाज़ी को छूती हुई कलाकारिता ने ले ली है :

जीभ की स्मृति में बार-बार कौंधता है माँ का चेहरा चूल्हे की मद्धिम
आँच में चन्द्रमा-सा
धुएँ और भूख के पार के आकाश में दिपदिपाता

•

'अलविदा'
अपनी खोई हुई बदहवास आत्मा के
सूखे प्यासे थके कण्ठ से
पानी के बाहर फेंकी गयी मछलियों की तरह
अपनी साँस माँगती आँखों में
नदी का सारा अँधेरा भर कर
मैं आज बोलूँगा।

उदय प्रकाश 'रात में हारमोनियम' की अधिकांश कविताओं में जिस तरह के शिल्प का प्रयोग करते हैं, वह बहुत हद तक हमारे शास्त्रीय संगीत की रागदारी की याद दिलाता है। शास्त्रीय संगीतकार जिस तरह एक बन्दिश या राग को उठा कर उस पर एक विराट स्थापत्य की रचना करते हैं, जो कभी-कभी अमूर्तता की सीमाओं को छूने लगता है, कुछ वैसा ही काम इन कविताओं में उदय प्रकाश भी करते नज़र आते हैं। वे एक विषय लेते हैं, मसलन 'औरतें' या 'किताब' या 'शरीर,' और फिर अनेकानेक ब्योरों को अनवरत उनके इर्द-गिर्द बुनते हुए मानो कविता में एक निबन्धात्मक संरचना प्रस्तुत करते हैं। इसीलिए शायद केदारनाथ सिंह ने इस संग्रह पर अपनी परिचयात्मक टिप्पणी में लिखा है कि – 'रात में हारमोनियम की कविताएँ... एक जीवन्त रागमाला की तरह हैं – अपने आरोह-अवरोह की सारी गमक और स्वरों के बीच की सारी ख़ामोशियों के साथ।'

इन कविताओं को पढ़ते हुए अगर हम 'अबूतर कबूतर' की कविताओं को याद करें तो 'तानाशाह की खोज' हो या 'दो हाथियों की लड़ाई,' 'भाई रे' हो या 'नींव का ईंट को तुम दीदी' – ज़्यादातर कविताएँ एक निश्चित बिन्दु से शुरू हो कर सम्वेदना और विचार की यात्रा पूरी करके एक अन्य बिन्दु तक पहुँच कर समाप्त हो जाती हैं। मगर 'रात में हारमोनियम' की कविताओं का शिल्प बिलकुल भिन्न है। इनमें शुरुआत और अन्त जैसी कोई बात नहीं है, गो वे शुरू भी होती हैं और ख़त्म भी होती हैं। इसलिए कई बार बहुत ही सख़्त और ठोस ब्योरों की झड़ी के बावजूद ये कविताएँ अपनी अन्तिम परिणति में अमूर्त जान पड़ती हैं। 'किताब' में जो ब्योरे दिये गये हैं, वे किस किताब के बारे में हैं और 'भागो' में जिस कवि का ज़िक्र है, वह कौन है – इसका कुछ

अता-पता नहीं चलता। बस, हम केवल इतना जान पाते हैं कि जो किताब 'वह भूल गया था' कमरे में, उसमें 'वाक्य कोहरे से ढके थे, प्रदूषण वहाँ भी था, आँसू थे / जिससे हवा में नमी और खारापन था / मात्राएँ अनन्त की ओर जा रही थीं / शब्द किसी रुलाई की तरह रोके हुए थे अपना अर्थ / कोई दारुण घटना घटी थी, भाषा जिसे ढँक रही थी / कोई सत्य था विकट, आख्यान जिसे छिपा रहा था।'

इसी तरह 'भागो' में हमें महज़ इतना पता चलता है कि 'दफ़्तर से निकलता / अपने शरीर को झुलाता अपने होने को बजाता / अपने जीवन को लिये हुए' जो कवि चला आ रहा है, उसके 'जीवन में होती है / इतनी कविता-इतनी कविता / कि दिखायी नहीं पड़ता जीवन...दुख में होता है / इतना दुख - इतना दुख कि बनते हैं चुटकुले।'

मगर हम अन्त तक यह नहीं जान पाते कि यह किताब दरअस्ल कौन-सी किताब है, जिससे 'एक छलाँग के साथ मैं आना चाहूँगा अपने जीवन में वापस' और वह कवि कौन-सा कवि है, जिसे आते देख कर चिल्लाना पड़ता है -

'भागो भाई भागो।'

'अबूतर कबूतर' की कविताओं में जगह-जगह उदय प्रकाश ने निर्भीकता से चीज़ों को व्याख्यायित-विश्लेषित करते हुए उनके बारे में निष्कर्षात्मक टीका-टिप्पणी भी की थी। ऊपर दिया गया 'मगरमच्छों की शातिर मक्कार और भायनक दुनिया' वाला उद्धरण भी अबूतर-कबूतर' ही की एक कविता का था। लेकिन 'रात में हारमोनियम' की कविताओं में इस तरह की निष्कर्षात्मक टीका-टिप्पणी से मानो जान-बूझ कर गुरेज़ किया गया है। रही बात ब्योरों के भरमार की तो इसमें यह ख़तरा तो बना ही रहता है कि बहुत ज़्यादा ब्योरे सजाने में कहीं ज़रूरी ब्योरे इस अम्बार में खो न जायें। या फिर ऐसा न हो कि कविता के स्थापत्य को निर्मित करने के बाद यह पता चले कि एक के बाद एक सधे ढंग से ईंटें सजाने के क्रम में कुछ अनावश्यक कक्ष और गलियारे बन गये हैं, जहाँ खिड़कियाँ और दरवाज़े होने चाहिएँ थे, वहाँ भी ईंटें चिन दी गयी हैं या फिर कोई खिड़की घुप्प अँधेरे में खुलती है और किसी दरवाज़े की दूसरी तरफ़ खड्ड जैसी गिरान होती है। मिसाल के तौर पर 'औरतें' शीर्षक कविता में औरतों की सतायी हुई, हाहाकार-भरी दुनिया के अप्रतिम ब्योरे और बिम्ब हैं, मगर वह समूचा परिदृश्य आँख से ओझल है, जहाँ औरतें इस हाहाकार-भरे संसार से बाहर आने की जद्दो-जेहद में जुटी हुई हैं, जो परिवेश कि गोरख पाण्डेय की कविता 'कैथरकला की औरतें' में चित्रित परिदृश्य की अगली कड़ी है।

इसी तरह 'भीमसेन जोशी प्रसंग १९८४' शीर्षक कविता में भोपाल गैस काण्ड की पृष्ठभूमि में भीमसेन जोशी के गायन और एक हादसे के सन्दर्भ में कला की भूमिका को परखते हुए अचानक जब उदय प्रकाश लिखते हैं :

धन्यवाद मिस्टर फ़ोर्ड
कि आपने खोल दिया है
एक कविता पुस्तकालय
और बजवाते हैं सितार

तो इसे पढ़ कर हमें झटका-सा लगता है। कारण यह कि कविता के शीर्षक के बाद हमने कविता के आरम्भ में पढ़ा है –

उस अमर नींद के काले माथे पर रखो
बहुत सँभाल कर
अपने संगीत के नये मुलायम उजले पंख
जिस नींद के सपनों में है
मिथाइल आयसोसायनेट के नशे का
गहरा नीला अँधेरा

इन आरम्भिक पंक्तियों को पढ़ने के बाद हमारे सामने यह स्पष्ट हो जाता है कि बात भोपाल के यूनियन कारबाइड कारख़ाने से ज़हरीली आयसोसायनेट गैस के रिसाव की ज़द में आये लोगों और भीमसेन जोशी के गायन की हो रही हो। अगली बीस-बाईस पंक्तियों में भी यही सन्दर्भ बना रहता है। फिर अचानक मानो किसी फ़िल्म की रील में एक दृश्य किसी और फिल्म का लग जाय, हम ऊपर बतायी गयी पंक्तियाँ पढ़ते हैं और ठिठक जाते हैं। ये कौन मिस्टर फ़ोर्ड हैं ? उन्होंने कौन-सा कविता पुस्तकालय खोल दिया है ? वे कहाँ सितार बजवाते हैं ? और इस सब का भोपाल गैस काण्ड और भीमसेन जोशी के गायन से क्या सम्बन्ध है ? हमारे दिमाग़ में एक के बाद एक कई प्रश्न कौंधते हैं। इन प्रश्नों का उत्तर हमें कविता के भीतर से नहीं मिलता और इसीलिए इस कविता-खण्ड का कोई तुक-ताल समूची कविता के सन्दर्भ में नज़र नहीं आता। कवि-कलाकार समुदाय भले ही जानता हो कि भोपाल में भारत भवन के नाम से एक सांस्कृतिक केन्द्र है, जिसे फ़ोर्ड फ़ाउण्डेशन का अनुदान मिला है, मगर यह कोई सर्वज्ञात तथ्य नहीं है, न ही यह तथ्य इस कविता के भीतर के उभर कर सामने आता है और न उसका कोई सम्बन्ध पूरी कविता से स्थापित होता है। इसलिए सामान्य पाठक जब इस खण्ड को पढ़ते हैं तो वे पूरी कविता और उसकी सम्वेदना तथा विचार प्रवाह के साथ इस खण्ड की संगति नहीं बैठा पाते। मगर उदय प्रकाश को इस बात की चिन्ता नहीं है। सूचना बहुलता के आलम में एकाध अनावश्यक सन्दर्भ-रहित सूचना कविता में चली भी आयी तो क्या फ़र्क पड़ता है, चाहे यह खण्ड पूरी कविता में एक ग़ैर-ज़रूरी पैवन्द की तरह लगे या एक अनावश्यक अन्धे गलियारे की तरह।

❐

ब्योरों के प्रति उदय प्रकाश के इस आग्रह और इन कविताओं की शब्द बोझिलता के कारण बहुत कुछ जो अपनी तकलीफ़देह उपस्थिति के कारण हमारे ध्यान का केन्द्र होना चाहिए था, आँख से ओझल होने के करीब पहुँच जाता है। उसके तीखेपन की धार शब्द-स्फीति के कारण गोठिल होती महसूस होती है।

'एक नसीहत जो हम बताये जाते हैं' शीर्षक कविता में उदय प्रकाश ने कविता में 'बहुत अधिक मात्रा में भाषा' की तरफ़ इशारा करते हुए लिखा है – 'इतने सारे शब्द निश्चय है, कुछ व्यक्त करने के लिए नहीं, कुछ छिपाने के लिए होते हैं।'

'बहुत ज़्यादा भाषा' से 'बहुत ज़्यादा धोखे' खाने वालों के दर्द से उदय प्रकाश का वाकिफ़ होना इस बात की ओर संकेत तो करता ही है कि जहाँ तक सम्भव हो वे ख़ुद 'बहुत अधिक मात्रा में भाषा' से बच कर ही चलना चाहेंगे, क्योंकि उसमें 'बहुत ज़्यादा धोखा' देने का ख़तरा तो रहता ही है। मगर 'रात में हारमोनियम' की कविताओं में जो 'अपार भाषा' और 'विपुल शब्द भण्डार' है, उसे देख कर यही भय लगता है कि कहीं उदय प्रकाश उसी संकट का शिकार न हो जायँ, जिसके प्रति वे सावधान कर रहे हैं। 'एक नसीहत जो हम बताये जाते हैं' में 'बहुत अधिक मात्रा में भाषा' वाले कवि का ज़िक्र करते हुए वे ब्योरों की झड़ी लगा देते हैं :

> *उसकी भाषा और उसके शब्दों और उसके चमत्कारों में घिरे आप नहीं देख पाते कि इस गली में धूप नहीं आती। सीवेज पाइपों से टपकती है इस सदी की समूची बिष्ठा। गली में जो हवा है उसके प्रदूषण में दंगों, बारातों और वारदातों की गन्ध है। समूची नागरिकता वहाँ पचास साल से खाँसती है। स्त्रियाँ निरन्तर प्रजनन और प्रसव करती हैं। कैमरों के सामने नंगी, अधनंगी परेड करती हुई अपनी फटी मृत आँखों से सभ्यता को देखती हैं और बिना चीखे चुपचाप किसी स्टोव या किसी तन्दूर में दाख़िल हो जाती हैं।*

'अपार भाषा' और 'विपुल शब्द भण्डार' के 'छल' को इसी सारी शब्द स्फीति और भाषा के प्रचुर प्रयोग से उजागर करने के बाद जब उदय प्रकाश 'नसीहत के तौर पर' यह बताते हैं कि –

> *बहरे बन जाओ या ख़ुद ज़ोर–ज़ोर से गाओ तो किसी भी फ़रेब से बच जाओगे –*

तब यह तय करना बहुत मुश्किल हो जाता है कि वे सचमुच हमें धोखे से आगाह कर रहे हैं या धोखेबाज़ों से सावधान करते हुए अपनी कविता की तरह 'अचानक हमें छोड़ कर' भागने 'और लपक कर तख़्त पर' चढ़ जाने के फ़िराक में हैं।

ज़ाहिर है इस कठोर निष्कर्ष पर पहुँच कर हमें ख़ुद ठिठक जाना पड़ता है, क्योंकि जैसा हमने कहा 'रात में हारमोनियम' की अनेक कविताओं में आज के हिंसा पर टिके, दहशत–भरे और क्रूर समाज की वास्तविक छवियाँ हैं, एक सम्वेदनशील कवि के ईमानदारी से दर्ज किये गये सरोकार हैं, लेकिन इन में अन्तर्धारा की तरह जो क्षरण–बोध, आत्म–दया और अवसाद है, उसकी वजह से अपने समूचे प्रवाह में ये कविताएँ अपार भाषा का हारमोनियम जान पड़ती हैं और अपनी तमाम शब्द स्फीति, ब्योरों की गझिन बुनावट, 'अपने आरोह अवरोह की सारी गमक' के बाद हमें एक नैराश्यपूर्ण अवसाद, एक चिन्तातुर कातरता और 'स्वरों के बीच की ख़ामोशियों' में ले जा कर अकेला छोड़ देती हैं।

१९९९

सम्वेदना और विचार का मेल

१.

एक अर्सा पहले कविता और कवि-कर्म के बारे में बात करते हुए गोरख पाण्डेय ने कहा था कि "कविता व्यक्तियों द्वारा लिखी जाने बावजूद मूलतः एक सामाजिक कर्म है। इसका मतलब यह नहीं कि रचनाकार का अपना व्यक्तिगत योगदान उसमें नहीं होता। लेकिन वह – यानी कवि – ख़ुद भी सामाजिक सम्बन्धों की एक इकाई ही होता है।"

गोरख पाण्डेय की कविताओं को पढ़ते समय और ख़ास तौर पर उनका जायज़ा लेते हुए यह बात बार-बार याद आती है। कारण यह कि गोरख की तमाम कविताओं में, जो उनके दो संग्रहों – 'जागते रहो सोने वाले' और 'स्वर्ग से विदाई' – में संग्रहीत हैं, कवि के अनुभव और भावनाएँ सामूहिक अनुभवों और भावनाओं के रूप में प्रकट हुई हैं। ऐसी कविताओं में भी, जो बिलकुल निजी प्रसंगों को ले कर लिखी गयी हैं। मानो वे गोरख पाण्डेय नामक व्यक्ति के अनुभव न हो कर, समान स्थितियों से गुज़रने वाले हज़ारों-हज़ार अनाम लोगों के अनुभव हों। इसीलिए यह अकारण नहीं है कि गोरख पाण्डेय के कविता-संसार में दाख़िल होने पर हमें समकालीन जीवन, समाज, राजनीति, शोषण और संघर्ष की तस्वीरें तो दिखायी देती हैं, मगर ख़ुद कवि के जीवन की झाँकियाँ नहीं मिलतीं, या अगर कहीं-कहीं एकाध झलक दिखायी भी दे जाती है तो लगता है वह कवि की असावधानी से चली आयी है। यहाँ तक कि कई बार तो ऐसा लगता है जैसे कवि ने अपनी निजी ज़िन्दगी को अपनी कविता में व्यक्त न करने का सायास प्रयत्न किया है। यही नहीं, बल्कि सच तो यह है कि गोरख ने अलग से भी अपनी निजी ज़िन्दगी के बारे में कुछ नहीं कहा-लिखा है। न तो बातचीत के दौरान, न किसी लेख, टिप्पणी, डायरी या संस्मरण में।

लिहाज़ा गोरख पाण्डेय के बारे में सिलसिलेवार ढंग से ज़्यादा जानकारी नहीं मिलती। जो थोड़ी-बहुत जानकारी उपलब्ध है, उसके अनुसार गोरख पाण्डेय का जन्म सन १९४५ में उत्तर प्रदेश के देवरिया ज़िले के एक गाँव पण्डित मुँडेरवा में हुआ। शिक्षा का क्रम गाँव से ले कर बनारस तक चला, जहाँ गोरख ने पहले साहित्याचार्य की उपाधि प्राप्त की, फिर बनारस हिन्दू विश्वविद्यालय से दर्शन शास्त्र में एम.ए. की परीक्षा पास की।

ऐसा जान पड़ता है कि घर-परिवार से गोरख पाण्डेय का नाता कभी घना नहीं रहा। इसके पीछे बचपन ही में माँ के देहान्त और पिता के सामन्ती स्वभाव का भी हाथ हो सकता है। यों, 'बुआ के लिए' शीर्षक से लिखी गयी कविता से यह स्पष्ट आभास होता है

कि गोरख को पाल-पोस कर बड़ा करने में उनकी विधवा बुआ का बहुत बड़ा योगदान रहा होगा और बुआ के निर्व्याज स्नेह की अमिट छाप गोरख के मन पर आजीवन रही। गोरख का विवाह भी ग़ालिबन बनारस की पढ़ाई के दौरान ही हो गया था, लेकिन विवाह के कुछ समय बाद ही पत्नी की मृत्यु हो जाने पर घर-परिवार से गोरख का नाता एक तरह से टूट ही गया।

बनारस में रहते हुए गोरख मार्क्सवादी विचारधारा और किसान आन्दोलन के नज़दीक आये और उन्होंने उत्तर प्रदेश और बिहार के गाँवों की हालत को ख़ुद अपनी आँखों से देखा। एक बातचीत के दौरान उन्होंने स्वीकार किया कि उन्होंने अपना पहला गीत- 'आँगन में ठहरा आकाश, धीरे-धीरे धुँधला हो गया' - नवगीत आन्दोलन के दौर में लिखा था। इस दौर की रचनाएँ रूमानी भावनाओं और अजनबीयत और अलगाववादी चिन्तन के मेल से बनी थीं। लेकिन सन १९६५ के आस-पास किसान-आन्दोलन से जुड़ने के बाद गोरख को महसूस हुआ कि वहाँ ऐसे गीतों की भला क्या ज़रूरत हो सकती है।

लिहाज़ा एक ओर तो गोरख ने अपनी कविता की विषय-वस्तु बदली - उसे उसके रूमानी, भावुक संसार से निकाल कर यथार्थ की कठोर धरती पर स्थापित किया, दूसरी ओर उन्होंने लोक-जीवन में प्रचलित शैलियों के गुणों को अपना कर, सीधे सरल ढंग से बात को कहने में महारत हासिल की। इसके अलावा उन्होंने शोषित-उत्पीड़ित जनता के दुख-दर्द को उन्हीं की भाषा में व्यक्त करने के लिए हिन्दी के साथ-साथ भोजपुरी का भी सहारा लिया।

सन १९७६ में गोरख पाण्डेय बनारस से दिल्ली चले आये और जवाहरलाल नेहरू विश्वविद्यालय में पहले शोध-छात्र और फिर रिसर्च एसोशिएट के रूप में काम करते रहे। मीर और ग़ालिब से वाबस्ता शहर दिल्ली में गोरख की ज़िन्दगी का दौर इस माने में अनोखा था कि उन्होंने एक दूसरे पहलू से उस शोषण और दमन को देखा, जिसका पहला परिचय उन्होंने उत्तर प्रदेश और बिहार के गाँवों में प्राप्त किया था। उनकी सम्वेदना का तीखापन इसी दौर की देन है -

ग़ालिबो-मीर की दिल्ली देखी देख के हम हैरान हुए
उनका शहर लोहे से बना है फूलों से कटता जाये है
रोटी मयस्सर होती नहीं तो हुस्न की ग़ज़लें क्या कहिए
झूम उठते थे कभी पर अब तो दिल ही उचटता जाये है

लोहे के शहर में रोज़ी-रोटी की कशमकश ने भले ही हुस्न की ग़ज़लों को बेमानी बना दिया था, लेकिन गोरख पाण्डेय हुस्न और हुस्न की ग़ज़लों - दोनों के महत्व से इनकार नहीं करते थे। उनके दिमाग़ में अब भी यह सपना था कि-

जो अनाज उगाते हैं
उन्हें दो जून अन्न ज़रूर मिलना चाहिए
उसके पास कपड़े ज़रूर होने चाहिएँ
जो उन्हें बुनते हैं
और उन्हें प्यार मिलना ही चाहिए
जो प्यार करते हैं

इसीलिए आख़िर तक वे उन सवालों से जूझते रहे, जो उनके युग की जलती हुई तकलीफ़देह सच्चाइयों से पैदा हुए थे –

हत्या की ख़बर फैली हुई है
अख़बार पर।
बीसवीं सदी हत्या से हो कर जा रही है
अपने अन्त की ओर
इक्कीसवीं सदी की सुबह
क्या होगा अख़बार पर ?
ख़ून के धब्बे
या कबूतर ?

यही वे सवाल थे, जिनसे टकराते हुए गोरख इस निष्कर्ष पर पहुँचे कि –

वे तार बदलो न जिसके सुर में नये जुनूँ का सबब बयाँ हो
रहा न हो काम का साज़ ये भी तो फिर मुकम्मल ही इब्तिदा हो

इसी 'मुकम्मल इब्तिदा' – बिलकुल नयी शुरुआत – की ख़ातिर गोरख पाण्डेय ने संस्कृति-कर्मियों को संगठित करने का बीड़ा उठाया। देश भर की यात्राएँ करके समान विचार वाले लेखकों, कलाकारों और रंगकर्मियों को इकट्ठा किया और सन १९८५ में 'जन संस्कृति मंच' की नींव रखी। सन १९८५ से १९८८ तक गोरख पाण्डेय 'जन संस्कृति मंच' के महासचिव रहे।

लेकिन संगठन का काम, यात्राओं से भरा अनियमित जीवन और दिल्ली के तनाव अब अपना असर दिखाने लगे थे। १९८७ के बाद ही से गोरख मानसिक रूप से अस्वस्थ रहने लगे और इन्हीं स्थितियों में उन्होंने २९ जनवरी १९८९ को ख़ुद अपने हाथों अपने जीवन का अन्त कर लिया।

२.

किसी ज़माने में भले ही लोग यह मानते रहे हों कि कविता दैवी प्रेरणा से पैदा होती है, मगर आज सरसरी नज़र से भी कविता पढ़ने वाले यह जानते हैं कि तमाम कलाओं की तरह कविता भी मेहनत और तैयारी माँगती है। कवि किसी शून्य में जन्म नहीं लेता, बल्कि पहले से चली आ रही परम्परा से जुड़ कर उसे आगे बढ़ाने का काम करता है। गोरख पाण्डेय की कविताएँ भी अपने सफ़र के दौरान कई मंज़िलें और पड़ाव तय करती हैं। गोरख की कविताओं का जायज़ा लेने पर हमारे सामने वे सारी मंज़िलें स्पष्ट हो जाती हैं, जिन्हें गोरख ने अपने कवि-कर्म को, अपनी कविताई, को लगातार आगे बढ़ाते हुए तय किया है।

गोरख की शुरुआती रचनाएँ एक ओर तो नवगीत के आन्दोलन की रूमानी, भावुकता-भरी सम्वेदना से प्रभावित थीं, दूसरी ओर उन पर बनारस के अग्रज कवि धूमिल का भी असर था। १९७३ में लिखी गयी गोरख की कविता 'जानता हूँ' में धूमिल का यह असर विषय-वस्तु के साथ-साथ वाक्य-विन्यास और भाषा के इस्तेमाल में भी दिखायी देता है –

जानता हूँ
बेमानी है इस वक्त प्यार
जब हमें मौसम पिटे मुहरों-सा चल रहा हो

इस कविता में जब हम आगे की पंक्तियाँ पढ़ते हैं –

यूँ सारा-का-सारा भिखमंगा देश
पागल होने और ख़ुदकुशी करने के बीच
तंग गली से गुज़र रहा है

तो धूमिल का प्रभाव और भी स्पष्ट दिखायी देता है। अचानक हमें धूमिल की लम्बी कविता 'पटकथा' की आख़िरी पंक्तियाँ याद हो आती हैं –

मेरे सामने वही चिरपरिचित अन्धकार है
संशय की अनिश्चय-ग्रस्त ठण्डी मुद्राएँ हैं
हर तरफ़ शब्द-वेदी सन्नाटा है
दरिद्र की व्यथा की तरह उचाट और कूँथता हुआ
घृणा में डूबा हुआ सारा-का-सारा देश
पहले की तरह आज भी मेरा कारागार है

गोरख पर धूमिल का यह असर तुकों के ऐसे प्रयोग में और भी नुमायाँ हो कर सामने आता है –

खेतों और मशीनों में
ढलते रक्त की जितनी भारी लूट है
उतनी ही बुलन्द मर्मरी और रोशन हैं
मन्दिरों की मीनारें
कालाबाज़ार की नींव पर उगे
फूले-फले ईश्वर के हक में
इनकम टैक्स में उतनी ही भारी छूट है

(उफ़! कितना मुश्किल)

लेकिन इस मुकाम पर पहुँच कर धूमिल की तरह गोरख भी समझ चुके थे कि मौजूदा समाज की बुराइयों पर खीझ प्रकट करके अनास्था और आक्रोश की मूठहीन तलवार भाँजने से काम नहीं चलने वाला, न कविता में तुकों के चमत्कारपूर्ण प्रयोग से साहित्य या समाज का भला होने वाला है। इसीलिए गोरख पाण्डेय 'पागल होने और ख़ुदकुशी करने के बीच की तंग गली' से बाहर आने के लिए कदम बढ़ाने लगे। १९७४ में लिखी गयी गोरख की कविता 'उठो मेरे देश' बाहर आने की इसी जद्दोजेहद की दस्तावेज़ है। ख़ुद गोरख के लिए भी और गोरख की कविता के लिए भी।

हालाँकि इस समय तक गोरख धूमिल के असर से पूरी तरह मुक्त नहीं हुए थे, तो भी यह कविता लिख कर वे इस पिछले पड़ाव को अलविदा ही कह रहे थे। धूमिल की कविता 'पटकथा' की तरह गोरख पाण्डेय की इस लम्बी कविता का मकसद भी अपने देश

के असली स्वरूप को समझना और समझाना है, लकिन महज़ दो-तीन वर्षों के अन्तर से लिखी गयी इन दोनों कविताओं में इतना फ़र्क है – सम्वेदना के स्तर पर – कि गोरख की कविता धूमिल की कविता का जवाब जान पड़ती है। जहाँ धूमिल की सारी पड़ताल उन्हें अन्ततः निरुत्तर होने की हदों तक ले जाती है –

मैं अक्सर अपने आपसे सवाल करता हूँ
जिसका मेरे पास कोई उत्तर नहीं है

और चिरपरिचित अन्धकार, संशय, सन्नाटे, घृणा और कारागार के रूप में देश की पहचान तक पहुँच कर समाप्त होती है, वहीं गोरख की स्थापना है कि –

शोषण और दमन की विश्वव्यापी मशीन के विरुद्ध
अविराम युद्ध ही है मेरे देश का सही परिचय

कविता के शुरू ही में गोरख यह स्पष्ट कर देते हैं कि देश के असली स्वरूप को समझने के लिए ज़मीन के टुकड़े की भौगोलिक पड़ताल उस सरज़मीन पर रहने वाले लोगों की पड़ताल से ही की जा सकती है। इसी की पहचान कराते हुए गोरख शुरू करते हैं –

सुबह चौराहे पर खड़े
और बिकने का इन्तज़ार करते हुए
उसे मैंने देखा
बिक जाने के बाद
उसे कहीं पुल बनाते हुए
इस्पात के खम्भे ढालते
गढ़ते आलीशान इमारतें
ख़ून-पसीना एक कर
हर किस्म के कपड़े
अनाज तैयार करने के बाद
गधे की तरह चुपचाप कन्धों पर लाद कर
बाज़ार की ओर बढ़ते हुए देखा

यानी यह है हमारे देश की असली तस्वीर, जो दरअसल शोषित-उत्पीड़ित मेहनतकश जनता ही की तस्वीर है। यह उस जनता की तस्वीर है, जिसका श्रम तो बाज़ार में बिकने को मजबूर है ही, उस श्रम की उपज भी बाज़ार के शिकंजे से बाहर नहीं है।

इस रूप में देश की शिनाख़्त कराने के बाद गोरख विस्तार से उन कारणों की शिनाख़्त करते हैं, जिनकी वजह से देश की यह हालत है। इस क्रम में आज़ादी, लोकतन्त्र, समाजवाद और तरक्की का जायज़ा लेते हुए उनके सामने 'लोहू पीने वाली' उस मशीन की शक्ल उभरने लगती है, जो 'बाहर से देखने पर एकदम मोहक है' मगर जो लोकतन्त्र और समाजवाद के नाम पर 'इतनी सफ़ाई से निबटा रही है / मामले को / कि दुश्मन दोस्त लगता है / मूर्च्छा की हालत में / देश ख़ुद रख देता है गरदन / उसकी तलवार के नीचे।'

और तब यह सच्चाई कवि के सामने ही नहीं, बल्कि पाठक के सामने भी साफ़ होने लगती है कि यह देश 'अरबों हाथों के बावजूद लूला है, लँगड़ा है अरबों पैरों के बावजूद / ... हिमालय से कन्याकुमारी और / कच्छ से ब्रह्मपुत्र की लहरों तक / फैला हुआ / विशाल शरीर कटा हुआ है / वर्ग सम्प्रदाय और जाति के / टुकड़ों के बँटा हुआ है।'

सामन्तशाही और पूँजीवाद की इस साज़िश के पीछे से शोषण और दमन की उस विश्व-व्यापी मशीन की ख़ौफ़नाक तस्वीर उभरती है, जो जलियाँवाला बाग़ से ले कर बंगाल तक और वियतनाम से ले कर अफ्रीका की मुक्तिकामी धरती तक - हर जगह ख़ून-ख़राबा कर रही है। शोषण और दमन की असली सूरत का पर्दाफ़ाश करने के क्रम में जैसे-जैसे गोरख पाण्डेय आगे बढ़ते हैं, उनका रास्ता धूमिल से अलग और आगे का रास्ता बन जाता है। क्योंकि वे पहचान लेते हैं कि इस शोषण और दमन के पीछे महज़ यही कारण नहीं है कि देश में सही लोकतन्त्र का अभाव या लोकतान्त्रिक प्रणाली में व्याप्त भ्रष्टाचार है, बल्कि उससे भी आगे समूचे विश्व के दमनकारियों का वह गँठजोड़ है, जो हर कीमत पर मुक्तिकामी, मेहनतकश जनता का दमन करके शोषण की सत्ता बरकरार रखना चाहते हैं। इसीलिए गोरख पाण्डेय अन्त में धूमिल की तरह इतना भर कह कर सन्तोष नहीं कर लेते कि 'घृणा में डूबा हुआ सारा-का-सारा देश / पहले की तरह आज भी मेरा कारागार है'। इसके विपरीत गोरख आह्वान करते हैं-

उठो मेरे देश
आवाज़ देता हूँ
मैं तुम्हें करोड़ों कण्ठों से
अरबों पैरों में बाँध कर
तूफ़ान
उठो
धधको बग़ावत की
लोहू-सी लाल अदम्य
लपटों में

३.

शोषण और दमन की शिनाख़्त करने और उसके ख़िलाफ़ बग़ावत का आह्वान करने के बाद स्वाभाविक रूप से गोरख पाण्डेय का अगला पड़ाव था - ख़ुद अपने लिए एक ज़रूरी कार्यक्रम तय करना। कवि के नाते - और वह भी एक सचेत जागरूक कवि के नाते - गोरख ने इस मुकाम पर पहुँच कर समझ लिया था कि जिस शोषण और दमन के ख़िलाफ़ वे आवाज़ बुलन्द कर रहे हैं, उससे एक लम्बे संघर्ष के बाद ही मुक्ति पायी जा सकती है। इसके लिए कविता को जीवन के नज़दीक ला कर उसके माध्यम से अपना सन्देश जन-जन तक पहुँचाना होगा।

इस दौर में गोरख ने आगे के लिए ज़रूरी कार्यक्रम तय करते हुए लिखा –

कविता, युग की नब्ज़ धरो।

युग की नब्ज़ धरने का संकल्प मामूली संकल्प नहीं था। इसके लिए एक ओर तो युग के बदलते हुए रूपों और उसकी रफ़्तार से वाकिफ़ होने की ज़रूरत थी, दूसरी ओर सच्चाई की परतें उघाड़ कर असलियत को पेश करने की आवश्यकता। यह काम कैसे होगा, इसी को गोरख ने आगे की पंक्तियों में स्पष्ट किया –

उलटे अर्थ-विधान तोड़ दो
शब्दों से बारूद जोड़ दो
अक्षर-अक्षर पंक्ति-पंक्ति को
छापामार करो

(कविता)

उलटे अर्थ-विधानों को तोड़ कर छिपी हुई सच्चाई को उजागर करने के लिए गोरख ने व्यंग्य का सहारा लिया। इसके साथ-साथ चिरपरिचित स्थितियों को उनके सही सन्दर्भों में पेश करने का बीड़ा उठाया। कबीर के अति प्रसिद्ध पद 'माया महाठगिनी हम जानी' के आधार पर लिखा गया गोरख का गीत इस दिशा में पहला कदम था –

माया महाठगिनी हम जानी
पुलिस फ़ौज के बल पर राजे बोले मधुरी बानी

परम्परा ही से माया की चर्चा हमारे दर्शन और अध्यात्म का एक अनिवार्य विषय रहा है। सन्तों, दार्शनिकों और कवियों ने अपने-अपने युग की मान्यताओं के अनुसार माया की व्याख्या की है, उसका विवेचन किया है। उसी माया को जब गोरख अपनी कविता का विषय बनाते हैं तो वे उसे आध्यात्मिकता के घटाटोप के बाहर निकाल कर भौतिकवादी धरातल पर आज की स्थितियों में, आज के जीवन-सन्दर्भों में, पूँजी और सत्ता की साज़िश के रूप में पेश करते हैं। इस स्थिति में कबीर की 'तिर्गुन फाँस लिये कर डोले' वाली माया 'बिड़ला घर शुभ-लाभ बने, मँहगू घर ख़ून-पसीना' के रूप में सामने आती है।

व्यंग्य की धार गोरख की कविताओं में बराबर बनी रही। उन्होंने देखा कि बात को सीधे-सीधे कह देने से वह असर नहीं करने वाली, उन्होंने व्यंग्य से काम ले कर झूठ और छद्म पर चोट की। मिसाल के लिए 'कला' पर चली आने वाली पुरानी बहस के सिलसिले में गोरख ने कविता लिखी और सवाल उठाया –

कला कला के लिए हो
जीवन को ख़ूबसूरत बनाने के लिए न हो
रोटी रोटी के लिए हो
खाने के लिए न हो

इसी तरह 'समझदारों का गीत' में उन्होंने तार्किकता और द्वन्द्व के साथ व्यंग्य को जोड़ कर नकली बुद्धिजीवियों की पोल खोलते हुए लिखा –

हवा का रुख़ कैसा है हम समझते हैं
हम उसे पीठ क्यों दे देते हैं हम समझते हैं
हम समझते हैं ख़ून का मतलब
पैसे की कीमत हम समझते हैं
क्या है पक्ष में, विपक्ष में क्या है हम समझते हैं
हम इतना समझते हैं
कि समझने से डरते हैं
और चुप रहते हैं
चुप्पी का मतलब भी हम समझते हैं

परिचित चीज़ों और स्थितियों को नये सन्दर्भों से जोड़ कर सामने लाना आसान काम नहीं था। गोरख ने इस मुश्किल काम को हमेशा हाथ में लेने की कोशिश की और जहाँ-जहाँ वे सफल रहे, उनकी कविता गहरी होती चली गयी। उनकी एक छोटी-सी बहु-उद्धृत कविता है - 'आँखें देख कर' -

ये आँखें हैं तुम्हारी
तकलीफ़ का उमड़ता हुआ समन्दर
इस दुनिया को जितनी जल्दी हो
बदल देना चाहिए

पहली नज़र में यह कविता किसी प्रेमी का रूमानी बयान लगती है। लेकिन जैसे-जैसे हम हम कविता में गहरे उतरते हैं, हमारे सामने इस कविता का विस्तार होता है - कालिदास की मृगनयनी, सूरदास की खंजन नयन वाली, बिहारी की 'अमिय हलाहल मद भरे श्वेत श्याम रतनार' नेत्रों या फिर मीर तकी मीर की नीमबाज़ आँखों वाली नायिका से ले कर 'तकलीफ़ से उमड़ते हुए समन्दर' जैसी आँखों वाली इस औरत तक - जो माँ-बहन-प्रेमिका-कुछ भी हो सकती है, लेकिन जिसकी आँखें हमें इस दुनिया को जितनी जल्दी हो बदल देने के लिए उकसाती हैं। इस अर्थ में गोरख पाण्डेय पुराने उपमानों को उलट कर एक सर्वथा नया सौन्दर्य-शास्त्र रचने का प्रयास करते हैं।

गोरख की कविताओं में बार-बार हमें ऐसी स्थितियों से दो-चार होना पड़ता है, जिन्हें देख कर भी हम या तो अनदेखा कर जाते हैं या उन पर वाजिब ध्यान नहीं देते। ऐसी ही एक स्थिति 'बच्चों के बारे में' शीर्षक कविता का आधार बनी है -

बच्चों के बारे में
बनायी गयीं ढेर सारी योजनाएँ
ढेर सारी कविताएँ लिखी गयीं
बच्चों के बारे में

इस तरह बच्चों को ले कर नेताओं और कविताओं की चिन्ता का उल्लेख करते हुए गोरख एक-एक करके बच्चों की वास्तविक हालत पर से पर्दे हटाते हैं -

बच्चों में से कुछ बच्चे
हुए बनिया हाकिम और दलाल

हुए मालामाल और ख़ुशहाल
बाकी बच्चों ने सड़क पर कंकड़ कूटा
दुकानों में प्यालियाँ धोयीं
साफ़ किया टट्टीघर, खाये तमाचे
बाज़ार में बिके कौड़ियों के मोल

गोरख की यह कविता मीठी यादों के उस रुमानी घटाटोप को चीर देती है, जो बच्चों के बारे में बात करते ही हमारे दिलो-दिमाग़ पर छा जाता है और ऐसा करने के बाद यह हमें उस कड़वे यथार्थ के रू-ब-रू ला खड़ा करती है, जहाँ दुनिया के तमाम लोगों की तरह बच्चे भी दो वर्गों में बँटे हुए हैं। एक वर्ग मालामाल और ख़ुशहाल है, दूसरा बाज़ार में कौड़ियों के मोल बिकने को मजबूर है। ज़ाहिर है, बच्चों का यह दूसरा वर्ग बचपन को याद नहीं करेगा या अगर करेगा तो नफ़रत और कड़वाहट के साथ, क्योंकि सच्चाई यह है कि अक्सर हम जिस सुहाने बचपन के गुन गाते नहीं अघाते, वह इन बच्चों के जीवन में कभी आया ही नहीं।

गोरख पाण्डेय की सम्वेदना को समझने के लिए ये कविताएँ एक निर्विवाद कसौटी का काम देती हैं। यह सम्वेदना कोरी भावुकता के बल पर नहीं, बल्कि गहरी सोच, गम्भीर चिन्तन और सच्चाई की तीखी अनुभूति के बल पर निर्मित हुई हैं। सम्वेदना के साथ विचार का यह मेल सन '७० के बाद हिन्दी कविता का एक प्रमुख गुण रहा है और गोरख की कविताओं के लिए एक आधार का काम करता है।

४.

अपनी सम्वेदना को विचारों से पुष्ट करके जब गोरख पाण्डेय इर्द-गिर्द के समाज का जायज़ा लेते हैं तो उनकी नज़र सहज और स्वाभाविक रूप से समाज के उस हिस्से की तरफ़ जाती है, जो दोहरे ज़ुल्म का शिकार है। यह आधी दुनिया औरतों की है – सदियों से ज़मींदारों, पूँजीपतियों और समाज के ठेकेदारों की ठोकरें सहती हुई। गोरख जानते हैं कि जिनकी आँखें 'तकलीफ़ का उमड़ता हुआ समन्दर' हैं, उनकी तस्वीर पेश किये बिना मौजूदा समाज की सही पहचान मुमकिन नहीं है।

इस तस्वीर को पेश करने के लिए जब गोरख अपने इर्द-गिर्द नज़रें घुमाते हैं तो पाते हैं कि –

घर-घर में दीवारें हैं
दीवारों में बन्द खिड़कियाँ हैं
और इन्हीं
बन्द खिड़कियों से टकरा कर
अपना सिर
लहूलुहान गिर पड़ी है वह
नयी बहू है, घर की लक्ष्मी है

(बन्द खिड़कियों से टकरा कर)

अनमेल विवाह, दहेज और कुरीतियों की वेदी पर हर रोज़ बलि चढ़ने को विवश औरतें कानून की धाराओं और शिक्षा के प्रसार के बाद भी कितनी पराधीन हैं, इसे शायद अलग से बताने की ज़रूरत नहीं। शादी से पहले पिता, शादी के बाद पति और पति के न रहने पर पुत्रों के अधीन रहने की विवशता ही औरतों की मौजूदा दुर्दशा का मूल कारण है। लेकिन जो लोग इस स्थिति को बनाये रखने में चाहे-अनचाहे शरीक हैं, उन्हें गोरख याद दिलाते हैं कि -

सबके ऊपर वह मनुष्य है
उसे चाहिए प्यार
चाहिए खुली हवा

गोरख इस भूले हुए या भुलाये जा रहे तथ्य को नज़र से ओझल नहीं होने देते। वे हर भारतीय की जातीय स्मृति को कुरेद कर उन प्रतीक वाक्यों की तरफ़ इशारा करते हैं, जो सदा-सर्वदा से नारियों के सन्दर्भ में इस्तेमाल होते रहे हैं -

जहाँ अर्चना होती उसकी
वहाँ देवता रमते हैं
वह सीता है, सावित्री है
वह जननी है
स्वर्गादपि गरीयसी है

नारियों के महत्व को बताने वाले इन सूत्रों और आदर्श नारियों की याद दिलाते हुए गोरख आज की स्थितियों का चित्रण करते हैं, जहाँ औरत -

बड़े-बड़ों की नज़र में तो
धन का एक यन्त्र भी है

लेकिन सीता-सावित्री हो या धन का एक यन्त्र, असलियत यह है कि वह दीवारों से टकरा कर बार-बार गिरती है, हालाँकि -

चाह रही है वह जीना
लेकिन घुट-घुट कर मरना भी
क्या जीना ?

ऐसी हालत में घर की दीवारें उन सारी पाबन्दियों का प्रतीक बन जाती हैं, जो औरतों को कैद करने के लिए बरकरार रखी जा रही हैं, जो उन्हें कानूनन समान और स्वतन्त्र घोषित करने के बाद भी मनुष्य नहीं रहने देतीं, पराधीन बनाती हैं। इसीलिए निष्कर्ष के तौर पर गोरख का फ़ैसला बिलकुल साफ़ है -

गिरती है वह
गिरती है आधी दुनिया
सारी मनुष्यता गिरती है
हम जो ज़िन्दा हैं
हम सब अपराधी हैं

घर की दीवारों और बन्द खिड़कियों से टकरा कर गिरने वाली घर की लक्ष्मियों के प्रति अपनी सम्वेदना व्यक्त करते हुए गोरख की नज़र उन स्थितियों पर भी जाती है, जहाँ इक्का-दुक्का ही सही औरतों में परम्पराओं की ज़ंग-लगी बेड़ियों को तोड़ कर आज़ादी हासिल करने का जज़्बा पनप रहा है। आज से दस-ग्यारह साल पहले कैथरकला नाम के गाँव में जब ग़रीब औरतों ने पुलिस का डट कर मुकाबला किया तो अख़बारों के लिए शायद यह एक छोटी-सी ख़बर रही होगी। मगर गोरख पाण्डेय ने इस 'छोटे-से महाभारत' को आगामी मुक्ति-संघर्ष की भूमिका के रूप में पहचान लिया था। 'कैथरकला की औरतें' शीर्षक से लिखी गयी कविता में उन्होंने खुले मन से इन औरतों को सर्वोच्च सम्मान की अधिकारी ठहराया। भला कैसी औरतें थीं ये –

तीज व्रत रखतीं धान-पिसान करती थीं,
ग़रीब की बीवी
गाँव भर की भाभी होती थीं,
काला अच्छर
भैंस बराबर समझती थीं
लाल पगड़ी देख कर घर में
छिप जाती थीं
चूड़ियाँ पहनती थीं,
ओंठ सी कर रहती थीं

यानी जिन्हें हर लिहाज़ से परम्परागत भारतीय नारियाँ कहा जा सकता है। लेकिन इसी बीच अचानक इन परम्परागत भारतीय नारियों ने अपनी सदियों से चली आ रही भूमिका को छोड़ कर नया रूप अपनाने की ठान ली। गोरख इस परिवर्तन की तफ़सील भी पेश करते हैं –

ज़ुल्म बढ़ रहा था
ग़रीब-ग़ुरबा एकजुट हो रहे थे
बग़ावत की लहर आ गयी थी
इसी बीच एक दिन
नक्सलियों की धर-पकड़ करने आयी
पुलिस से भिड़ गयीं
कैथरकला की औरतें

ज़ाहिर है, ज़ुल्म के ख़िलाफ़ कैथरकला की औरतों का यह साहस, उन लोगों की नज़र में दुस्साहस था, जो उन्हें दबा कर रखने के हामी थे। गोरख उनकी खीझ का भी चित्रण करते हैं –

राम-राम घोर कलियुग आ गया
उसी देश में जहाँ भरी सभा में
द्रौपदी का चीर खींच लिया गया
सारे महारथी चुप रहे

उसी देश में
मर्द की शान के ख़िलाफ़ यह जुर्रत ?

लेकिन गोरख जानते हैं कि यह खीझ उन बौखलाये हुए लोगों का प्रलाप है, जो अपने शोषण की सत्ता को डगमगाता महसूस कर रहे हैं। इसीलिए अन्त में वे याद दिलाते हैं कि –

आने वाले समय में
जब किसी पर ज़ोर-ज़बरदस्ती नहीं
की जा सकेगी
और जब सब लोग आज़ाद होंगे
और ख़ुशहाल
तब सम्मानित
किया जायेगा जिन्हें
स्वतन्त्रता की ओर से
उनकी पहली कतार में
होंगी
कैथरकला की औरतें

गोरख पाण्डेय अपनी कविताओं में बार-बार इस बात की तरफ़ इशारा करते हैं – कभी सीधे-सीधे और कभी तीखे व्यंग्य के माध्यम से – कि आज के वर्ग-विभाजित समाज में दलित-उत्पीड़ित वर्ग की औरतें भी तभी मुक्त हो सकती हैं, जब पूरे समाज को आज़ादी मिले और सब लोग समान हों। कौरवों की सभा में द्रौपदी के चीरहरण के समय भले ही महारथी चुप रहे हों, लेकिन हर आदमी इस चुप्पी के पीछे की असलियत जानता है और उन लोगों की भी असलियत जानता है, जो इस परम्परा का हवाला देते हैं।

कविता की सादगी के भीतर से उभरने वाला यह व्यंग्य ही गोरख की सम्वेदना और उनकी कविता की असली ताकत है।

५.

'जागते रहो सोने वालो' और 'स्वर्ग से विदाई' – गोरख पाण्डेय के इन दोनों कविता-संग्रहों में ऐसी कविताओं की तादाद नहीं के बराबर है, जिनमें उन्होंने अपने जीवन के निजी सन्दर्भों को इस्तेमाल किया हो। निराला, नागार्जुन और केदारनाथ अग्रवाल में जिस तरह उनकी ज़िन्दगी के चित्र बिखरे पड़े हैं, वह गोरख की रचनाओं में नहीं नज़र आता। हो सकता है कि जब शुरुआती दौर से बाहर आ कर गोरख ने अपने चारों तरफ़ की दुनिया और उसके परिवेश को पहचाना, मज़दूर-किसानों की ज़िन्दगी का सीधा अनुभव प्राप्त किया तो उन्होंने यह महसूस किया कि इन तमाम लोगों के दुख-सुख में उनके अपने दुख-सुख भी समाहित हैं और उन पर अलग से बात करने की कोई ज़रूरत नहीं है।

इसके बावजूद जीवन के कुछ निजी प्रसंग गोरख की कविता में आने से रह नहीं पाये हैं। ज़ाहिर है कि एक सजग कवि के नाते इसके पीछे गोरख की असावधानी नहीं, बल्कि

सचेत प्रयास ही रहा होगा। उनकी कविता 'बुआ के लिए' ऐसे ही एक सचेत प्रयास का नमूना है और अगर यह कहा जाय कि यह कविता गोरख के जीवन के एक अत्यन्त नाज़ुक पहलू का अविस्मरणीय संस्मरण है तो ग़लत न होगा।

सभी संस्मरणों की तरह यह कविता उस पात्र के वर्णन से होती है, जिसे याद किया जा रहा है –

तुम्हारे चेहरे पर उगी
घनी झुर्रियों के पीछे झाँकता हूँ
और तकलीफ़ की सलवटों में बदलते
साल-दर-साल के आईने में
एक कम-उम्र लड़की देखता हूँ
जिसकी माँग से सिन्दूर पोंछा जा रहा है
हाथों की चूड़ियाँ तोड़ी जा रही हैं
गवना होने से पहले
जिसके सहारे की
अकेली लकड़ी टूट गयी है
रो-रो कर थकी
जो अब मूर्छित हो कर गिर पड़ी है

गौना होने से पहले ही विधवा हो जाने वाली लड़की का यह चित्र भारतीय जीवन की एक आम सच्चाई है और इस सच्चाई के साथ जो पाबन्दियाँ और अभाव जुड़े हैं, वे भी हमारे लिए अपरिचित नहीं हैं। स्मृतियों में झाँकते हुए जब गोरख बचपन में विधवा हो जाने वाली बुआ की तस्वीर पेश करते हैं तो वे उन विधि-निषेधों को भी बड़े सधे हाथों से उकेरते हैं, जो इस लड़की को 'मंगल की घड़ियों में अमंगल' और 'सनातन धर्म का अभिशाप' बना देते हैं। जिनकी वजह से यह लड़की 'ज़िन्दा हो कर भी मौत की परछाईं की तरह' रहने को मजबूर होगी। इसी सिलसिले में बड़ी मार्मिकता के साथ गोरख याद दिलाते हैं कि वह उस उपलब्धि से भी वंचित रहेगी, जो किसी भी औरत के जीवन को सार्थक बनाती है –

वह माँ हो सकती थी
मगर अब मातृत्व उसके लिए गुनाह होगा

बुआ के जीवन में दुख की इस स्थायी उपस्थिति का ज़िक्र करने के बाद गोरख उन तमाम प्रसंगों का उल्लेख करते हैं, जिनके चलते यह लड़की मातृत्व से वंचित होने के बाद भी, माँ की भूमिका अदा करती है –

तेल बुकवा लगाती बेना डोलाती
निर्गुन लोरी की तरह सुनाती
स्कूल में देर हो जाने पर
बेचैन हो उठती
एक-एक पैसा जोड़ कर रखती

और हमारी पढ़ाई और कमीज़ पर
ख़र्च करती

यह तस्वीर एक औसत भारतीय माँ की तस्वीर है। फ़र्क बस इतना है कि माँ के सारे कर्तव्य निभाने वाली इस बाल-विधवा बुआ के लिए मातृत्व गुनाह है। वह फील-पाँव की तरह उम्र को घसीटते हुए घूँट-घूँट ज़हर पी कर अमृत बाँटती है। अचरज नहीं कि इस मुकाम पर पहुँच कर गोरख बेसाख़्ता कह उठते हैं -

बुआ प्यारी बुआ
तुम हमारे लिए माँ हो
और माँ से ज़्यादा भी हो

यह बुआ की माँ-से ज़्यादा-होने की विशेषता ही है, जिसके बल पर वह सारे गाँव के दुख-सुख में शरीक हो पाती है -

गाँव में किसके घर
आज दाल में नमक पड़ा है तुम जानती हो
कलकत्ते से क्या कमा कर लाया है मोती
कितने कपड़े कितने साबुन
कोई नया ट्रंक लाया है कि नहीं
तुम जानती हो
कौन अपनी मेहरी को सताता है
मेहरी की शिकायत पर कौन तुम्हारे सामने
आने में लजाता है, तुम जानती हो

यह फ़ेहरिस्त लम्बी होती चली जाती है, जिसका सार यह निकलता है कि -

तुम आत्मा हो
ज़मीदारी और पाले से मारे गये
हमारे गाँव की
हमारे लिए माँ हो
और माँ से ज़्यादा भी हो

लेकिन अगर यह कविता महज़ एक सम्वेदनशील, स्नेहिल महिला की तस्वीर भर होती तो शायद इसे गलदश्रु भावुकता से भरे उन रेखा-चित्रों से अलग करके देखना सम्भव न होता, जिनसे हिन्दी साहित्य पटा पड़ा है। इसे गोरख पाण्डेय की सूक्ष्म अन्तर्दृष्टि का ही सुबूत माना जायेगा कि बुआ के सारे स्नेह, सारी ममता और सारे प्यार को याद करते हुए वे ज़रूरी सवालों को आँख से ओझल नहीं होने देते -

लेकिन बुआ
तुम अब भी छुआ-छूत क्यों मानती हो ?
पिता के सामन्ती अभिमान के हमलों से
कवच की तरह हमारी हिफ़ाज़त करने के बावजूद

रामधनी चमार को नीच क्यों समझती हो
जो ज़िन्दगी भर हमारे घर हल चलाता रहा
हमेशा ग़रीब रहा
और पिता का ज़ुल्म सहता रहा ?
क्यों ? आख़िर क्यों सबकी बराबरी में
तुम्हें यकीन नहीं होता ?
बोलो, चुप मत रहो बुआ
बहुत आँसू बहा चुकी हो तुम चुपचाप

गोरख की कविता में सम्वेदना और विचार का यह अद्भुत मेल ही है, जो बेहद निजी प्रसंगों पर लिखी गयी इस कविता के कैनवस को ऐसा विस्तार दे देता है कि वह कविता उन तमाम भारतीय महिलाओं की गाथा बन जाती है, जो अपनी कमज़ोरियों को ताकत में बदलते हुए घूँट-घूँट ज़हर पी कर अमृत बाँटती हैं। यहाँ तक कि हम यह भी समझने लगते हैं कि गोरख द्वारा उठाये गये सवालों के पीछे भी दरअसल उसी बुआ का हाथ है, जो 'क ख ग' भी नहीं जानती, मगर जीने के गुर सिखाती है। ये सवाल भी उसी बुआ के आँसुओं से भरे मौन की मुखर अभिव्यक्ति हैं।

६.

गोरख पाण्डेय की कविताओं का कोई भी जायज़ा उनकी भोजपुरी रचनाओं के उल्लेख के बिना अधूरा ही कहा जायेगा। सच तो यह है कि बहुत-से दूसरे लोगों की तरह गोरख की कविताओं से मेरा परिचय हिन्दी नहीं, भोजपुरी के माध्यम से हुआ। लगभग पन्द्रह साल पहले की बात है, जब हमारे एक साथी ने किसी मौके पर एक गीत सुनाया - 'समाजवाद बबुआ धीरे-धीरे आयी।' गीत सुनते ही उसमें अन्तर्निहित तीखे, काटते हुए व्यंग्य ने एकबारगी हम सब का ध्यान खींचा -

समाजवाद बबुआ धीरे-धीरे आयी
समाजवाद उनके धीरे-धीरे आयी
नोटवा से आयी
वोटवा से आयी
बिड़ला के घर में समायी, समाजवाद...
लाठी से आयी
गोली से आयी
लेकिन अहिंसा कहायी, समाजवाद...

पूछने पर पता चला, गीत गोरख पाण्डेय का है। लेकिन गीत में सिर्फ़ नश्तर जैसी धार ही नहीं थी, बल्कि उसकी सरलता, सामाजिक-राजनीतिक सजगता और कलात्मकता भी बेजोड़ थी। अक्सर यह देखने में आता है कि लोकगीत रचने या फिर लोक-भाषा में कविता करने की कोशिश में बहुत-से कवि किताबी और साहित्यिक हो जाते हैं। मगर गोरख के गीतों में यह बात नहीं है।

यह ठीक है कि इन गीतों की रचना करते समय गोरख ने अपने जाने-पहचाने भोजपुरी परिवेश, लोक-जीवन और लोक-गीतों से बहुत-कुछ लिया है, किसान-मज़दूरों के अपने अनुभवों से भी लाभ उठाया है, लेकिन जनता से यह सब ले कर सम्वेदना, शिल्प और विचारों से उसे समृद्ध करके फिर जनता को सौंप देने की समझदारी गोरख की अपनी थी। यही वजह है कि रचते ही लोगों की ज़बान पर चढ़ जाने की ख़ूबी गोरख के भोजपुरी गीतों में बराबर मौजूद है।

इन गीतों की अन्तर्वस्तु शुरू से आख़िर तक किसानों की ज़िन्दगी से निर्मित है, इसीलिए यह अकारण नहीं है कि बहुत-से गीत ग्रामीण जनों की इच्छाओं-आकांक्षाओं को व्यक्त करते हैं। मिसाल के तौर पर 'सपना' शीर्षक रचना –

सूतल रहलीं सपन एक देखलीं
सपन मन भावन हो सखिया
फूटलि किरनिया पुरुब असमनवा
उजर घर आँगन हो सखिया
अँखिया के नीरवा भइल खेत सोनवा
त खेत भइलें आपन हो सखिया

खेत अपने हों – यह भारतीय किसान का आदिम स्वप्न है, जिसकी अगली कड़ी के रूप में –

गोसियाँ की लठिया मुरइया अस तुरलीं
भगवलीं महाजन हो सखिया

की सच्चाई ही आ सकती है।

यह गोरख की सजग राजनीतिक दृष्टि और कलात्मक समझदारी ही थी, जिसने उनके गीतों को लोक-शैली पर आधारित कलाकारी के उत्कृष्ट 'नमूने' बनने से बचा लिया। भोजपुरी में लिखे होने और लोक-धुनों का इस्तेमाल करने के बावजूद ये गीत गोरख के गीत हैं। इसीलिए लोक-जीवन की सम्वेदना और उसके तमाम रंगों के साथ उनके गीतों में दमनकारी सत्ता की पहचान और उसके ख़िलाफ़ लड़ाई का संकल्प बराबर दिखायी देता है। 'कोइला,' 'वोट और जमीन' जैसे गीत इसी सजगता और संकल्प की नज़ीरें पेश करते हैं और 'अब नाहीं' जैसे गीत में तो मानो जन-मन की आकांक्षा फूट पड़ी है –

गुलमिया अब हम नाहीं बजइबो
अजदिया हमरा के भावेले

जन-जन के हृदय में पैठ कर तमाम दुख-सुख को व्यक्त करने का कौशल अपने सर्वोत्कृष्ट रूप में 'मेहनत के बारहमासा' शीर्षक गीत में नज़र आता है।

'मेहनत के बारह मासा' गोरख का एकमात्र गीत है, जो एक ग्रामीण दम्पति के अन्तरंग सम्वाद के रूप में रचा गया है। गीत की पहली पंक्ति से ही समूचे गीत की पृष्ठभूमि तय हो जाती है। यह पृष्ठभूमि, गीत का यह फलक ग़रीब-मेहनतकश लोगों की ज़िन्दगी

और उसमें आम तौर पर घटित होने वाले प्रसंगों से बुना गया है। ऐसे ही एक प्रसंग से गोरख इस गीत को शुरू करते हैं –

हमरे सुगना के ले गइल बुखार सजना
नाहीं दवा–दारू नाहीं उपचार सजना

एकदम रोज़मर्रा का प्रसंग है – बेटे की मृत्यु, जो किसी भी औरत के लिए एक हृदय–विदारक घटना, है, मगर जब इसके पीछे दरिद्रता–जनित अभाव और साधनहीनता का हाथ हो तो इस ग्रामीण महिला की शोकाकुल असमर्थता और भी कचोट पैदा करती है। आश्चर्य नहीं कि अभाव की पीड़ा एक मार्मिक उलाहने में फूट पड़ती है –

तोर मेहनत मजूरी सब बेकार सजना
अस जिनगी जिअल धिरकार सजना

अपनी बेटी सरोज की मृत्यु पर निराला का कथन – 'हो इसी कर्म पर वज्रपात, यदि धर्म रहे नत सदा माथ' अनायास याद हो आता है। वैसी ही विवशता गोरख के गीत में चित्रित इस महिला के धिक्कार में झलकती है।

लेकिन इस मर्मभेदी उलाहने के बावजूद गोरख जानते हैं कि दरअसल इस हादसे की जड़ें मेहनत–मजूरी के बेकार होने में नहीं हैं। इसीलिए पति का उत्तर है कि –

हमरी मेहनत से सब के अहार सजनी
हमरी मेहनत से रेल अऊरी तार सजनी

सारी गड़बड़ इसीलिए है क्योंकि –

अब्बों गाँव–गाँव रहें जमीदार सजनी
जइसे रहरी में रहेला हुड़ार सजनी
तोहरे सुगनवा अस सुगवा हजार सजनी
रोज–रोज होलें इनके सिकार सजनी

इसके बाद कदम–दर–कदम इस दम्पति की बातचीत के माध्यम से गोरख हमें उत्तर प्रदेश के भूमिहीन किसानों की ज़िन्दगी के चित्र दिखाते हैं। भूख और ग़रीबी, रोज़ी की तलाश में मर्दों का कलकत्ते जाना, ज़मींदार और महाजन की लूट और अत्याचार और विषमता की कचोट – इन्हीं रंगों और रेखाओं से ग्रामीण ज़िन्दगी के ये चित्र निर्मित हुए हैं। यहाँ तक कि वर्ष के बारह–के–बारह मास स्थायी दुख के धूसर–मटमैले रंगों से रँगे हुए हैं। आषाढ़ के मेघों से मेहनत का जो सिलसिला शुरू होता है, वह 'फिर से जेठ में उपासे को अधार सजना' पर जा कर ख़त्म होता है।

दिलचस्प बात यह है कि बारहमासा का वर्णन हमारी लोक–शैली का एक अभिन्न अंग रहा है और अक्सर शृंगार–प्रधान रचनाओं की आधार–भूमि के रूप में इस्तेमाल किया गया है। गोरख ने पहली बार बारहमासा को मेहनतकश मज़दूर–किसानों के जीवन और उनकी परेशानियों के चित्रण का आधार बनाया है। बारहमासा को उसकी शृंगारिकता से बाहर निकाल कर ज़िन्दगी की हकीकतों से जोड़ने की सूझ गोरख की वैचारिकता का प्रमाण है और इसीलिए वे इतने पर बस नहीं करते, बल्कि रोज़ी की तलाश में परदेश जाने वाले

भूमिहीन किसान के सम्वादों द्वारा शहरी महाजनों के शोषण की पोल भी खोलते हैं। गीत का अन्त आशा की एक अदम्य अभिव्यक्ति में होता है –

अब गाँव–गाँव हो जा तइयार सजना
बिना क्रान्ति के न होई उधियार सजना

परिवर्तन के प्रति गोरख पाण्डेय के मन में अडिग आस्था थी। यही आस्था आगे चल कर 'जनता के पलटनि' जैसे आह्वान गीत में फूटी –

जनता के आवे पलटनिया
हिलेले झकझोर दुनिया
ढहें जमीदरवा ढहेलें पूँजीपतिया
हिलेले झकझोर दुनिया

इसीलिए यह अकारण नहीं है कि गोरख के गीत लगातार मज़दूरों और किसानों की ज़बान पर चढ़े रहे, उनके दिलो–दिमाग़ पर छाये रहे। कई बार तो गाँव–जवार में इन गीतों को गाने वाले यह भी नहीं जानते थे कि ये गीत किसने रचे हैं। शायद इसलिए कि वे उन्हीं मेहनतकशों के बीच से फूटे थे। गोरख ने तो बस उन्हें वाणी दी थी।

१९९२

काव्य आभिजात्य की सृष्टि का प्रयास

एक लम्बे आत्म-निर्वासन के बाद १९७७ में दूधनाथ सिंह अपने नये और महत्वाकांक्षी कविता-संग्रह – 'एक और भी आदमी है' – के साथ कविता के क्षेत्र में उपस्थित हुए हैं। इससे पहले क्रमशः १९६७ और १९६८ में 'अपनी शताब्दी के नाम' में उनकी ४३ कविताएँ और 'सुरंग से लौटते हुए' में उनकी लम्बी कविता प्रकाशित हुई थी।

प्रस्तुत संग्रह के आरम्भ में 'भूमिका नहीं' के शीर्षक से समकालीन काव्य-परिदृश्य, उसमें अपनी शिरकत और संग्रह में प्रस्तुत की गयी कविताओं के बारे में एक बयान देते हुए दूधनाथ सिंह ने लिखा है –

> 'पिछले वर्ष मेरे लिए एक विचारधारात्मक परिवर्तन और एक तरह के आन्तरिक अनुशासन के गुज़रने के वर्ष रहे हैं। यह विचारधारात्मक परिवर्तन जहाँ एक ओर अपनी जाँच-परख के लिए स्वयं को विवश करता रहा है, वहीं कविता के लिए एक नयी और बृहत्तर ज़मीन की तलाश के लिए भी कोशिश करता रहा है। ये कविताएँ इसी कोशिश और नये बदलाव की प्रक्रिया में लिखी गयी हैं।

फिर इन 'पिछले वर्षों' को वे एक और तरीके से यह कहते हुए परिभाषित करते हैं कि –

> 'पिछले वर्षों में हर शब्द के इर्द-गिर्द एक विचित्र किस्म का अमूर्तन उठ खड़ा हुआ है। यानी कि जब शब्द एक मनमानेपन का शिकार हो जाय तो उससे अलग करके उसे पुनः एक व्यक्तित्व देना ज़रूरी समझा जाना चाहिए। ये कविताएँ इसी ज़रूरत का सबूत पेश करती हैं।'

❑

इन दावों के बाद जब हम 'विचारधारात्मक परिवर्तन,' और 'एक तरह के आन्तरिक अनुशासन से गुज़रने' की प्रक्रिया के नतीजों के तौर पर इन कविताओं को देखते हैं तो हम पाते हैं कि दूधनाथ के ये दोनों वक्तव्य अपनी क्षीण होती रचनात्मकता के लिए एक आड़, एक कवच प्रस्तुत करने के उपक्रम से अधिक और कुछ नहीं हैं, क्योंकि जिस अवधि को दूधनाथ सिंह ने 'पिछले वर्ष' कहा है, वह दरअसल उनके कुल लेखन-काल की आधी से भी अधिक अवधि ठहरती है। उनके 'सबूत' की विश्वसनीयता इस तथ्य से भी खण्डित होती है कि संग्रह की १५ में से आठ कविताएँ १९६४ से १९६८ के बीच प्रकाशित हुईं,

एक १९७१ में, एक १९७३ में और अन्तिम पाँच कविताएँ १९७७ में। और ये अन्तिम पाँच कविताएँ – 'प्यार,' 'एक आँख वाला इतिहास,' 'कन्याकुमारी : सूर्योदय सूर्यास्त,' 'मद्रास' और 'महाबलिपुरम' – किसी भी नज़रिये से उस 'विचारधारात्मक परिवर्तन' का सबूत नहीं पेश करतीं, जिसका दावा उन्होंने बड़े तमतराक से – पिछले वर्षों की बहुत-सी सजग और सही रचनात्मकता को 'नामहीन सामूहिक लेखन-कर्म' कह कर नकारते हुए – अपनी भूमिका में किया है।

हाँ, यदि 'विचारधारात्मक परिवर्तन' का सबूत महज़ उन ढेर सारे संशोधनों में ही तलाश करना हो, जो दूधनाथ ने वर्षों पहले लिखी गयी इन कविताओं में किये हैं तो अवश्य कुछ सबूत जहाँ-तहाँ दिखायी दे जायेंगे। या फिर यदि उसे इस तथ्य में ढूँढना हो कि जिन वर्षों में समकालीन कविता महज़ कवि की निजी और विशिष्ट अनुभूतियों का लेखा-जोखा न हो कर, अपने चारों ओर के जन-जीवन से जुड़ने की कोशिश करती रही है, और उत्तरोत्तर और अधिक सामाजिक तथा के जन-जीवन होती गयी है, उन वर्षों में दूधनाथ सिंह ने पलट कर निजी अनुभूतियों को व्यक्त करने की चेष्टा की है, तो भी 'एक तरह का विचारधारात्मक परिवर्तन' इनमें खोजा जा सकता है।

❐

पहले की लिखी कविताओं में संशोधन करना अनुचित नहीं है। अक्सर सच्चा विचारधारात्मक परिवर्तन नयी रचनाओं में व्यक्त होने के साथ-साथ लेखक को पहले की रचनाओं में परिवर्तन करने के लिए भी प्रेरित करता है। लेकिन जब विचारधारात्मक परिवर्तन का सबूत नयी रचनाओं में नहीं, बल्कि पुरानी रचनाओं में की गयी फेर-बदल में ही दिखायी दे तो उसकी सच्चाई में सन्देह होना स्वाभाविक है। यह दुखद है कि दूधनाथ जिस 'विचारधारात्मक परिवर्तन' का यह दावा करते हैं, उसका सबूत वे नयी रचनात्मकता से देने की बजाय, पहले की लिखी रचनाओं में किये गये संशोधनों द्वारा ही देना चाहते हैं। और इसीलिए 'विचारात्मकता परिवर्तन' का यह दावा अपनी विश्वसनीयता खो बैठता है और महज़ अवसरवादिता लगता है।

आपात स्थिति और उसके दौरान लागू की गयी सेंसरशिप के उठने के बाद अवसरवादी लेखकों ने स्थिति का जो फ़ायदा उठाया है, उसके सन्दर्भ में संग्रह के आरम्भ में प्रशियाई सेंसरशिप पर कार्ल मार्क्स की टिप्पणी का एक उद्धरण देना, उसी बहती गंगा में हाथ धोने का प्रयत्न है। यह ठीक है आपात-स्थिति के दौरान बहुत सी-रचनाएँ प्रतिबन्ध का शिकार हुईं, लेकिन इन रचनाओं में दूधनाथ सिंह की कोई रचना नहीं थी, मौजूदा संग्रह की पुरानी रचनाओं की तो बात ही जाने दीजिए।

जिस मनोवृत्ति के तहत 'पिछले वर्षों में एक विचारधारात्मक परिर्वतन से गुज़रने' का सबूत दूधनाथ ने लगभग बारह-तेरह वर्ष पुरानी कविताओं में फेर-फार करके जुटाने कोशिश की है, उसी मनोवृत्ति के तहत उन्होंने सेंसरशिप पर मार्क्स का उद्धरण पुस्तक के पहले पृष्ठ पर दे कर यह भ्रम पैदा करने की चेष्टा की है कि उनकी ये कविताएँ 'प्रतिबन्धित' रचनाएँ हैं। या कि इन रचनाओं के सम्बन्ध में ऐसा कोई ख़तरा उन्होंने झेला। बल्कि तथ्य

यह है कि आपात-स्थिति के दौरान वे भारत सरकार के निमन्त्रण पर लेखकों के एक सम्मेलन में भाग लेने के लिए मद्रास भी गये।

जो उद्धरण सचमुच प्रतिबन्ध का शिकार हुई रचना पर उपयुक्त लगता, वह प्रस्तुत संग्रह पर दिया जा कर एक घिनौने छद्म की ही सृष्टि करता है और उसी क्षीण होती रचनात्मकता का सबूत देता है, जो अपने कथ्य को रचना के भीतर के प्रकट न कर, उसकी प्रतिष्ठा के लिए इतर साक्ष्य जुटाने और यों अपने अस्तित्व को किसी तरह बचाने रहने ही चेष्टाएँ करती है।

❏

इसमें कोई शक नहीं है कि पिछले पाँच-सात वर्ष हमारे सामाजिक, आर्थिक, राजनैतिक और सांस्कृतिक जीवन में तेज़ी से बदलती हुई स्थितियों के वर्ष रहे हैं, जिनके दौरान वर्ग-संघर्ष और मौजूदा सामन्ती-पूँजीवादी व्यवस्था के अन्तर्विरोध तीव्र-से-तीव्रतर हुए हैं। हमारे सामाजिक और सांस्कृतिक परिवेश पर इसका गहरा असर पड़ा है। इस दौरान लेखकों ने इस दबाव को, चारों ओर के यथार्थ को, बदलती हुई स्थितियों को पहले की अपेक्षा अधिक गहराई और समझ के साथ अपनी रचनाओं में व्यक्त करने की कोशिश की है और इसके साथ ही अपने चारों ओर के समाज को बेहतर तौर पर जानने और परिवर्तन की इस प्रक्रिया को तेज़ करने के सिलसिले में व्यापक जन-समूह की लड़ाई में हिस्सेदारी निभाने के प्रयत्न किये हैं।

इस दौर के समर्थ कवियों में - वे धूमिल हों या लीलाधर जगूड़ी, ज्ञानेन्द्रपति हों या आलोकधन्वा या विजेन्द्र, वेणुगोपाल या पंकज सिंह या मंगलेश डबराल - सभी में मौजूदा हालात को बदल डालने, एक बेहतर व्यवस्था लाने की लड़ाई में योग देने और व्यापक जन-जीवन के सुख-दुख, आशाओं-आकांक्षाओं को व्यक्त करने की तीव्र इच्छा नज़र आती है। मौजूदा सामन्ती-पूँजीवादी व्यवस्था से एक व्यापक जन-समुदाय जो लड़ाई लड़ रहा है, उसमें हिस्सेदारी निभाने की यह इच्छा भले ही एकदम नयी न हो, पर इस रूप में और इस तीव्रता से वह इससे ठीक पहले की रचनाओं में नहीं दिखती।

जो लोग इसका कारण लेखकों के, अचानक-लिये-गये, निजी निर्णयों में खोजते हैं अथवा यह कहते हैं कि ऐसा किसी बनी-बनायी 'योजना' के अनुसार किया जा रहा है, वे ही शहादत के भाव से ख़ुद को अपने व्यक्तिपरक नज़रिये के संकुचित दायरे में बन्द करते हुए एक दौर के समूचे लेखन को 'नामहीन सामूहिक लेखन-कर्म' कहने और 'हर शब्द' को अमूर्तन या मनमानेपन का शिकार बताने की भूल करते हैं। जबकि वास्तविकता यह है कि तीव्रता से बदलती हुई स्थितियों ने लेखकों के विचारों, चीज़ों को देखने के नज़रिये और शब्दों के प्रयोग को प्रभावित किया है और बहुत-से लेखक अपने चारों ओर के हालात का जायज़ा लेने के बाद इस निष्कर्ष पर पहुँचे हैं कि एक व्यापक जन-समूह के जीवन और संघर्ष के सन्दर्भ में ही वे निजत्व की खोज कर सकते हैं। जैसा कि विजेन्द्र ने 'समकालीन लेखन का सांस्कृतिक प्रसंग' शीर्षक से लिखे गये अपने लेख में लिखा है-

"पूछा जा सकता है कि रचना गहरे दायित्व से कब जुड़ती है ? स्पष्ट है, जब स्वयं लेखक जीवन के मूल प्रश्नों को गम्भीरता से समझना चाहता हो। यह गाम्भीर्य स्वयं की सत्ता को सामाजिक सत्ता में विलीन कर देने पर ही उपलब्ध होता है। ऐसा करने के लिए रचनाकार को बड़ा संकल्प करना पड़ता है। देखा गया है कि गौरव-ग्रन्थों के रचयिताओं ने अपनी 'निजता' को नष्ट कर के ही अपनी निजता की अमिट पहचान करायी है।"

प्रकट ही इस प्रक्रिया में शब्द और कर्म, कथनी और करनी के भेद को उत्तरोत्तर कम करने, उसे मिटाने की कोशिश भी साफ़ दिखायी पड़ती है, क्योंकि वस्तुतः शब्दों द्वारा माहौल और दृश्य-जगत की रचना नहीं होती, बल्कि इसके विपरीत माहौल और दृश्य-जगत शब्दों को निर्मित करते हैं।

संक्षेप में, इस दौर की रचनात्मक दिशा की पहचान इन शब्दों से हो सकती है - 'एक सही कविता सबसे पहले एक सार्थक वक्तव्य होती है।' इसके साथ ही जो चिन्ताएँ इस दौर के रचनाकारों को सबसे ज़्यादा कोंचती रही हैं, वे इसी दौर के एक सशक्त कवि के शब्दों में हमें इस प्रकार प्राप्त होती हैं-

ज़िन्दा रहने के पीछे
अगर सही तर्क नहीं है
तो रामनामी बेच कर
या रण्डियों की दलाली करके
रोज़ी कमाने में
कोई .फ़र्क नहीं है।

(मोचीराम - धूमिल)

बदलो - अपने आपको बदलो
यह दुनिया बदल रही है
और यह रात है, सिर्.फ़ रात
इसका स्वागत करो
यह तुम्हें
शब्दों के नये परिचय की ओर ले कर
चल रही है

(प्रौढ़ शिक्षा - धूमिल)

और ज़रा गहराई में जाने पर हम पाते हैं कि इस दौर की ये मुख्य चिन्ताएँ पिछली पीढ़ी के एक अत्यन्त महत्वपूर्ण कवि की मूलभूत चिन्ता की दिशा में एक अगला कदम है :

अरे ! जन-संग-ऊष्मा के
बिना, व्यक्तित्व के स्तर जुड़ नहीं सकते
कि अपनी मुक्ति के रास्ते
अकेले में नहीं मिलते

समस्या एक –
मेरे सभ्य नगरों और ग्रामों में
सभी मानव
सुखी, सुन्दर व शोषण मुक्त
कब होंगे ?

(चकमक की चिनगारियाँ – मुक्तिबोध)

❐

लेकिन जब दूधनाथसिंह पिछले वर्षों की रचनात्मकता पर नज़र डालते हैं तो वे उसे एक वायवी सामान्यीकरण के सहारे नकारते हुए कहते हैं – 'पिछले वर्षों में हर शब्द के इर्द-गिर्द एक विचित्र किस्म का अमूर्तन उठ खड़ा हुआ है' अथवा 'शब्द के प्रति हमारी आस्था का सवाल आज जितना महत्वपूर्ण हो गया है, उतना शायद आज से पहले कभी नहीं था, क्योंकि शब्द जिस माहौल और जिस दृश्य-जगत को हमारे सामने आज खड़ा करता है, उन्हीं शब्दों से उस माहौल और उस दृश्य-जगत को निरर्थक भी किया जा सकता है।'

प्रकट ही ऐसा कह कर वे मौजूदा स्थितियों के बदलाव अथवा विचारधारात्मक परिवर्तन का नहीं, वरन अपनी उस चुकती हुई रचनात्मकता को चालाकी से छिपाने का साक्ष्य प्रस्तुत करते हैं, जो इस तरह के वायवी दार्शनिकीकरण और वाग्जाल द्वारा अमूर्तन का एक नया संसार खड़ा करती है और किसी एक दौर के जनवादी और जन-विरोधी लेखन में फ़र्क न कर, सारे दौर की रचनात्मकता को एक सिरे से नकारती है। इस तरह का दार्शनिकीकरण इस भूमिका में जगह-जगह उभरता है। मसलन, आगे वे कहते हैं – 'अगर मेरी कविता मेरी नहीं है तो फिर वह किसी की भी नहीं है।' इस दार्शनिकीकरण और अमूर्तन की वैचारिक परिणति ही अन्त में दूधनाथ को यह कहने के लिए मजबूर करती है कि – 'इन कविताओं में इन बातों का तआल्लुक जितनी दूर तक है, उससे आगे भी ये कविताएँ एक घने अँधेरे में जा कर गुम हो जाती हैं।'

❐

यह आकस्मिक नहीं है कि अपनी मानसिकता में दूधनाथ का यह पूरा बयान हिन्दी में वैदिक ऋचाओं-सी कविताएँ लिखने वाले और 'काव्य का वैष्णव व्यक्तित्व' चरितार्थ करने वाले कवि श्री नरेश मेहता के उस बयान से मेल खाता है, जो उन्होंने दूधनाथ के बयान से महज़ दो महीनों के अन्दर अपने काव्य-नाटक 'प्रवाद पर्व' पर दिया है। कुछ पंक्तियाँ मुलाहिज़े के लिए उद्धत की जा रही हैं–

> "काव्य से मुक्त काव्यानन्द ही काव्यात्मकता है। साधारणतः तो हम भाव-दशा या विशिष्ट भाव-दशा तक ही रुक जाते हैं, इसका कारण यह है कि काव्यात्मक ऊर्ध्वता या काव्यातीतता की मूल्यवत्ता से हमारा परिचय नहीं होता। वैसे भी ऊँचाई पर असुविधा होती है, क्योंकि ऊँचाई हमें निरन्तर निपट अकेला बनाती है। शिखर होने का तात्पर्य ही है नितान्त अकेला होना। अतः काव्यात्मक

ऊर्ध्वता पर पहुँच कर यदि वैचारिक या भावनात्मक अकेलेपन के कारण असुविधा होने लगे तो कोई आश्चर्य नहीं। ऊँचाई पर भी जब वायुमण्डलीय दबाव अधिक होता जाता है, तब यदि काव्यात्मक ऊर्ध्वता पर भी समकालीन वैचारिक वायुमण्डलीय दबाव उत्पन्न हो तो आश्चर्य नहीं करना चाहिए। प्रायः लोग इस समकालीन दबाव के कारण ही समकालीन या दैनन्दिन वाले मनोजगत, भाषा, मुद्रा, मुहावरे और अर्थ के लोक में लौट आते हैं। इसीलिए प्रायः हमें कविता में काव्यात्मक ऊर्ध्वता के स्थान पर भाव-दशा या विशिष्ट भाव-दशा ही मिलती है। समकालीनता से अकेले होते जाने के संकट का नाम ही काव्यात्मक-ऊर्ध्वता है। हम यह संकट क्यों नहीं लेना चाहते ? इसीलिए कि ऊर्ध्वता या वैराट्य के परम काव्यात्मक आस्वाद से पूर्ण एवं परिचय न होने के कारण हमें काव्यात्मकता की यह पराभूमि या तो अयथार्थिक लगती है या फिर काल्पनिक। इसीलिए सभी युगों में अधिकांश काव्य, काव्यात्मकता तो दूर, कविता की तलाश भर होते हैं।"

इस उद्धरण की व्यक्तिपरक दृष्टि किसी व्याख्या की अपेक्षा नहीं रखती।

❒

१९६१-६२ के दौरान दूधनाथ ने 'लहर' में 'समीचीन' शीर्षक से कविता के बारे में कुछ निबन्ध लिखे थे, जो बाद में 'अपनी शताब्दी का नाम' में 'अनुभव का अकेलापन' शीर्षक के अन्तर्गत संकलित हुए। यदि 'एक और भी आदमी है' की भूमिका को इन निबन्धों से मिला कर पढ़ा जाय तो यह भूमिका - 'पिछले वर्षों में हुए विचारधारात्मक परिवर्तन' के दावे के बावजूद सोलह वर्ष पहले लिखे गये उन्हीं निबन्धों की अगली कड़ी मालूम देती है।

अपनी भूमिका में दूधनाथ सिंह ने आगे लिखा है-

"आज हर भारतीय कवि को अपनी स्वनिर्मित कलात्मक रूढ़ियाँ नये सिरे से तोड़ कर एक नये निजत्व को रचनात्मक धरातल पर उतारना होगा। मैं कह सकता हूँ कि ये कविताएँ इसी तरह की पवित्र प्रतिज्ञाओं का प्रतिफलन हैं ...पिछले कुछ वर्षों से मैं यह लगातार महसूस कर रहा हूँ कि रचना के कलात्मक अनुशासन के एक संयत अभ्यास-काल से गुज़र कर सही-सलामत निकल आने के बाद रचना के प्रति लेखक की कौन-सी विराट ज़िम्मेदारियाँ आ खड़ी होती हैं ? मेरा ख़याल है कि हर ईमानदार लेखक की पहली ज़िम्मेदारी ऐसी स्थिति में अपने लेखन को एक नामहीन सामूहिक लेखन कर्म से बचाना है।"

श्री नरेश मेहता का जो वक्तव्य ऊपर उद्धृत किया गया, उसमें यह चिन्ता उन्होंने 'समकालीनता से अकेले होते जाने का संकट' कह कर सराही है, दूधनाथ इसे 'नये निजत्व' का नाम दे कर स्वीकार करते है। और यह श्री नरेश मेहता की निम्नलिखित पंक्तियों से भी ज़ाहिर होता है-

"काव्य-भाषा मुख्य रूप से निजत्व वाली भाषा हुआ करती है। जितना बड़ा काव्यात्मकता का दबाव होता है, सामाजिक-रूपा भाषा में उतना ही निजत्व

उभरता है। सामाजिकता का सबसे कम दबाव वाला स्वरूप काव्य-भाषा में ही होता है !...चूँकि अर्थ की कोई भाषा नहीं होती, अत: अर्थ की अभिव्यक्ति के लिए सम्पूर्ण सृष्टि भी भाषा हो सकती है। न बोलने या मौन की भाषा से हम परिचित ही हैं।"

(प्रवाद पर्व - भूमिका)

❑

अभ्यास काल से गुज़रने के बाद रचना कितनी अधिक मात्रा में अपने समय और अपने समाज की दस्तावेज़ बनी है, इससे कोई सरोकार न रख कर, 'अपने लेखन को एक नामहीन सामूहिक लेखन कर्म' से बचाने और 'एक नये निजत्व को रचनात्मक धरातल पर' उतारने की छटपटाहट 'पिछले कुछ वर्षों' ही से दूधनाथ सिंह को महसूस होने लगी हो - ऐसा नहीं है। इसकी जड़ें 'अनुभव का अकेलापन' के अन्तर्गत प्रकाशित निबन्धों में मौजूद हैं और यह आरम्भ से ही उनके अन्दर उस विशिष्टता-आकांक्षी, व्यक्तिपरक दृष्टि का परिणाम है, जो ऐसे सभी रचनाकारों में कमोबेश पायी जाती है।

१९६१-६२ में जब ये निबन्ध 'लहर' में धारावाहिक रूप से प्रकाशित हो रहे थे, तब भी दूधनाथ एक नये निजत्व - एक नयी नवीनता - की स्थापना का प्रयास उसी अमूर्त और दार्शनिक शब्दावली में कर रहे थे। मसलन -

- चिन्तन और मौलिकता एक बड़े परिप्रेक्ष्य में व्यक्ति के सच्चे निजत्व की देन होते हैं...साहित्य निर्माण सम्बन्धी जिस आरोपित, निश्चित और एकरस समूहात्मक रूप की स्थापना रूसी साम्यवाद ने की है, उसका परिणाम सब के सामने है। भौतिक उन्नयन, सामाजिक व्यवस्था और एक समूहवादी आधार पर स्वास्थ-लाभ करने से स्वस्थ साहित्य का निर्माण और संस्कृति का सुनियोजन नहीं होता, बल्कि उल्टे ह्रास के लक्षण दृष्टिगोचर होने लगते हैं। इस तरह समूहवादी व्यक्तित्व के लक्षण हिन्दी की आधुनिक कविता में भी दिखायी देने लगे हैं।
- साहित्य और कला के तुलनात्मक और ऐतिहासिक विवेचन से ज्ञात होता है कि काव्य के क्षेत्र में समग्रतम मौलिकता कवि के व्यक्तित्व की मौलिकता होती है। सच्ची मौलिकता व्यक्तित्व का वह आत्म-चैतन्य और जागरूक स्वरूप होता है, जिसे कवि अपनी अनुभूति, अपने समस्त ज्ञान अपने समस्त उत्तराधिकार और सारे निजत्व के प्रति एक क्रूर और निर्मम विश्लेषण के द्वारा उपलब्ध करता है।... इसी आत्म-चैतन्य और अग्रिम-अभाव से पीड़ित व्यक्तित्व को सम्पूर्णतम मौलिक व्यक्तित्व कह सकते हैं। व्यक्तित्व का यह विशिष्ट स्वरूप सर्वप्रथम 'ऐतिहासिक बोध की सही स्थिति' में उत्पन्न होता है। सम्पूर्ण ऐतिहासिक उत्तराधिकार का सच्चा बोध, जिसमें कवि का निजी अस्तित्व अपने को 'फ़िट' नहीं कर पाता, उसे एक अग्रिम-अभाव की तड़प से आक्रान्त किये रहता है।... परिणामस्वरूप वह किसी अग्रिम तड़प के वशीभूत हो कर एक 'नयी नवीनता' की खोज करता है।

- अपने निजत्व की निर्मम व्याख्या और भूतकालीन उत्तराधिकार की अपरिपूर्णता, कवि को सर्वथा एक नये शून्य में ले आ कर खड़ा कर देती है। इसी शून्य में खड़ा हो कर वह शुरू करता है, रचता है।
- सच्ची कला या काव्य हमेशा एक 'कुहराम' और 'अव्यवस्था' में उपजते हैं और जीवन को इसी अव्यवस्था और कुहराम में ढकेलते हैं... यदि भविष्य की व्यवस्था कवि को मालूम हो जाय तो तात्विक काव्य-सृजन बन्द हो जायेगा और कला निश्चित रूप से पतन की दिशा में मुड़ जायेगी।
- तात्पर्य यह कि व्यक्तिमत्ता के धरातल पर युगीन रागात्मक गरिमा की गहराई सच्चे मौलिक कवि को अपना एक विशिष्ट धरातल निर्मित करने की ओर उन्मुख करती है।
- हर कायर, मिमिक, टुच्चा और हीन आदमी आस्थावादी होता है। सुखवादी, आशावादी – ये सब अस्वस्थ संस्कृति के लक्षण हैं। आदमी कभी भी बड़ा बनना नहीं चाहता। उसके सारे प्रयत्न साधारणता, छोटेपन और समूह की ओर ले जाते हैं। आदमी का अन्तिम लक्ष्य है भीड़ में मिल कर खो जाना। कुछ विवशताओं की अपरिहार्य अनिवार्यता में आदमी विशिष्ट बनता है और फिर पृथक...फिर एकाकी...फिर संघर्षशील...फिर महान।...सेंटिमेंट की समाप्ति पुराने मनुष्य की, संस्कृति, ज्ञान, विज्ञान, खोज, यथार्थ, आदर्श की समाप्ति है। और नयी सभ्यता और उसकी प्रतिनिधि नयी कला, जो उत्तरोतर शक्तिवान हो कर विकसित होगी, इसी 'भावनाहीनता' इसी नवीन निरपेक्ष 'क्रूरता' से विकसित होगी।
- निष्कर्ष – जिस वस्तु, भावना या परिणाम का जो प्रत्यक्ष-गोचर रूप है, यथार्थ ठीक उसके विपरीत, परे होता है। जो हम व्यक्त करते हैं, वह कभी व्यक्त नहीं करना चाहते। सारा निर्माण, सारी रचना हमारी असिद्धि, अकर्मशीलता का फल होती है। जो हम व्यक्त करना चाहते हैं, उसके लिए वाणी, विज्ञान, चिन्तन और भौतिकता के सारे साधन अपर्याप्त हैं। क्योंकि हमारे पास व्यक्त करने को कुछ नहीं होता। केवल मौन। सार्थक कला हमेशा मौन को अभिव्यक्त करती है।

❑

श्री नरेश मेहता के विचारों के साथ दूधनाथ सिंह के विचारों का साम्य अकारण और आकस्मिक नहीं है, आश्चर्यजनक भले ही लगे। दूसरी ओर इन उद्धरणों में 'एक और भी आदमी है' की भूमिका की जड़ें तो साफ़ दिखायी ही देती हैं, साथ ही ये उद्धरण प्रस्तुत संग्रह की कविताओं की मानसिकता का भी स्पष्ट संकेत देते हैं। प्रकट ही उपरोक्त विचारों की तार्किक परिणति कवि को अपने चारों ओर के समाज और परिदृश्य से जुड़ कर अपने निजत्व को उपलब्ध करने की ओर न ले जा कर, सायास अपने लेखन को 'सुरक्षित' रखने, अपनी रचनात्मकता के लिए एक 'विशिष्ट धरातल' की खोज करने और एक 'नये निजत्व' को स्थापित करने के 'फेर' में परेशान रखती है। वह हमेशा कुछ अनूठा रचने के

चक्कर में रहता है और इसीलिए अपने परिवेश, अपने समाज और निरन्तर परिवर्तित होती स्थितियों में तीव्रतर हो रही लड़ाई से जुड़ने और एक व्यापक संघर्ष में सार्थक भूमिका निभा कर अपने निजत्व को उपलब्ध करने की बजाय वह ऐसी अनोखी रचनाशीलता में फूटता है, जो दरअसल नामहीन होती है- क्योंकि वह किसी की नहीं होती।

इसीलिए जिस विचारधारात्मक परिवर्तन का दावा दूधनाथ सिंह करते हैं, उसकी पहचान विश्वसनीय नहीं बन पाती। ऐसा लगता है कि इस सारे वाग्जाल को दूधनाथ ने इसलिए रचा है कि वे किसी तरह अपनी पुरानी कविताओं के बल पर उन कवियों की पंक्ति में शामिल हो सकें, जहाँ यह विचारधारात्मक परिवर्तन सचमुच नयी रचनात्मकता में प्रकट हो रहा है और, 'बात बोलेगी हम नहीं, भेद खोलेगी बात ही' के अनुसार, महज़ बयान द्वारा नहीं, वरन सचमुच सार्थक कृतित्व द्वारा सबूत पेश कर रहा है।

यह विचारधारात्मक परिवर्तन एक ओर तो इस दौर के नये लिखने वालों की रचनाओं में दिखायी देता है, दूसरी ओर इसके सबूत पहले के रचनाकारों की उन रचनाओं में दिखते हैं, जो उन्होंने इस दौर में लिखी हैं। मसलन - 'आत्महत्या के विरुद्ध' तथा 'हँसो-हँसो जल्दी हँसो' (रघुवीर सहाय) और 'कुआनो नदी' तथा 'जंगल का दर्द' (सर्वेश्वरदयाल सक्सेना) की कविताएँ और 'मुसई चा' तथा 'सुधीर घोषाल' जैसी काशीनाथ सिंह की कहानियाँ इस वैचारिक परिवर्तन की उपस्थिति के सबूत कहीं बेहतर तौर पर पेश करती हैं। इसके विपरीत जब हम दूधनाथ के प्रस्तुत संग्रह में 'विचारधारात्मक परिवर्तन' के ठप्पे के नीचे बारह-तेरह वर्ष पहले की कविताएँ पाते हैं तो यही कहना पड़ता है कि जिस विचारधारात्मक परिवर्तन का दावा वे कर रहे हैं, वह सच्चा नहीं है, क्योंकि वह नयी रचनाओं में प्रकट होने की बजाय महज़ पुरानी कविताओं के फेर-बदल तक सीमित रह गया है।

दूधनाथ ने अपनी भूमिका में इस ख़तरे की ओर संकेत किया है कि 'हम अपनी बनी-बनायी लेखकीय पहचान को एक तरह की सेवा-निवृत्ति की मनःस्थिति में छड़ी ले कर सुबह की सैर की तरह इस्तेमाल' न करने लगें। लेकिन जब हम उन्हें 'विचारधारात्मक परिवर्तन' के दावे को उसी तरह प्रयुक्त करते देखते हैं, जैसे इन्दिरा गाँधी ने 'समाजवाद' के दावे को प्रस्तुत किया था तो एक बड़े ख़तरे की ओर संकेत करना आवश्यक हो जाता है, जो कथनी और करनी, यानी वक्तव्य और कृतित्व, में व्याप्त छद्म से उभरता है।

❐

समकालीन कविता की आधार-भूमि, उसमें अपनी हिस्सेदारी और प्रस्तुत संग्रह की कविताओं के बारे में दूधनाथ सिंह के 'वसीयतनामे' को पढ़ने के बाद जब हम इन कविताओं पर नज़र डालते हैं तो - अपने तमाम संशोधनों के बाद भी - ये किसी विचारधारात्मक परिवर्तन का नतीजा नहीं, वरन पहले की कविताओं की मानसिकता का विस्तार लगती हैं, उसी प्रकार, जैसे संग्रह की भूमिका पहले के निबन्धों का।

इसमें कोई शक नहीं है कि शब्दों को 'ख़ूबसूरत' ढंग से प्रस्तुत करने में दूधनाथ सिंह माहिर हैं। यह उपलब्धि 'रचना के कलात्मक अनुशासन के एक संयत अभ्यास-

काल' की देन है। यही कारीगरी, यही पच्चीकारी, यही शाब्दिक कलाबाज़ी उनकी कविताओं, कहानियों और निबन्धों में सर्वत्र दिखती है। अपने लेखन-काल के आरम्भ में 'समीचीन' शीर्षक के अन्तर्गत प्रकाशित निबन्धों में दूधनाथ सिंह ने जीवन और कला-सम्बन्धी जिन सूत्रों को अपनी रचनात्मक अभिव्यक्ति की आधार-भूमि के रूप में स्वीकार किया था, उन्हीं सूत्रों के इर्द-गिर्द उनका सारा लेखन घूमता रहा है और अब भी उनसे बहुत दूर नहीं गया। इसीलिए कई बार जब वे अपने चारों ओर के जीवन को उसकी तमाम जटिलताओं के साथ कविता के माध्यम से व्यक्त करना चाहते हैं, अथवा उस पर टिप्पणी देना चाहते हैं तो उनकी सम्वेदनात्मक पकड़ पर यह कारीगरी हावी हो कर एक 'रेटरिक,' एक 'वाग्जाल' के रूप में उभरती है।

चूँकि प्रस्तुत संग्रह की कविताएँ उन्हीं व्यक्तिपरक सूत्रों का प्रतिफलन हैं, इसलिए इन कविताओं को पढ़ते समय बार-बार यह अहसास होता है कि इनका मूलभूत कथ्य है – 'मौन की अभिव्यक्ति।' भाषा, शिल्प और शैलीगत सारी कारीगरी अन्ततः इसी निष्पत्ति की ओर ले जाती है। चूँकि ये कविताएँ चारों ओर की हलचल-भरी दुनिया से जुड़ कर जीवन-सम्वेदनाओं और अनुभवों को व्यक्त करने की बजाय कवि के अन्तर्मुखी संसार की अभिव्यक्ति हैं, जहाँ से वह बाहर के जीवन पर महज़ टीका-टिप्पणी करता रहता है, इसलिए इनकी मुख्य थीम है मौन, निराशा, असहायता और एक विचित्र किस्म के हीनता-बोध की अभिव्यक्ति।

'वाम' में दूधनाथ सिंह के पिछले कहानी संग्रह 'सुखान्त' की समीक्षा करते हुए चन्द्रभूषण तिवारी ने इस प्रवृत्तिगत विशेषता की ओर संकेत करते हुए लिखा था –

> "दूधनाथ सिंह के लिए अब यह आवश्यक हो गया है कि अपनी बातों अथवा विचारों के लिए वे निजी ढाँचे की तलाश भी करें। उनके शब्दों के चुनाव, उन पर दुहरे-तिहरे वज़न, वाक्यों के बीच अक्सर भाव-दशाओं के उल्लेख और उनके उपयुक्त क्रिया पद, अभिव्यक्ति के हर मोड़ पर लेखक की उपस्थिति और ऐसे प्रत्येक स्थल पर साग्रह पाठक को अपनी ओर मोड़ने को कोशिश, भाव-दशाओं से आगे बढ़ने पर उनके अनुपम दार्शनिक विचार और फिर लेखकीय सन्देश – इस तलाश की बढ़ती हुई प्रक्रिया के ही संकेत हैं... 'सुखान्त' की इन कहानियों में अभिप्राय की अभिव्यक्ति या तो जीवन के सामान्य उपकरणों से हट कर अथवा उसके निषेध द्वारा ही की गयी है। बल्कि यों कहें कि जीवन जिस रूप में उपलब्ध है, उसका बहुत कुछ अंश यहाँ अनावश्यक समझ लिया जाता है, लिहाज़ा लेखक विचारों के ढाँचे में अलग से एक विशेष प्रकार के जीवन को 'इन्जेक्ट' करता है, उसके बहुत सारे उपकरणों से उसे वंचित कर... यही कारण है कि इतने अधिक विस्तार में जा कर भी जीवन-कथा का आंशिक रूप भी सामने नहीं आता, बल्कि एक कमज़ोर कविता का झीनापन ही अधिक दिखायी पड़ता है। वस्तुतः प्रयोग के सम्बन्ध में दूधनाथ की सारी धारणा ही कविता-विषयक प्रयोगों से निर्धारित होती है।"

और जब हम देखते हैं कि 'कविता-विषयक प्रयोगों' के सम्बन्ध में दूधनाथ की धारणा महज़ 'कलात्मक रूढ़ियों को तोड़ने' अथवा शब्दों को 'पुनः एक व्यक्तित्व देने' तक ही सीमित रह जाती है तो अनायास 'इल्यूज़न एण्ड रियैलिटी' में लिखे गये क्रिस्टोफ़र कॉडवेल के शब्द याद आते हैं-

> ''बुर्जुआज़ी का यह 'व्यक्तिवाद,' जो सामन्ती समाज के प्रतिबन्धों को मिटाने की ज़रूरत से पैदा होता है, उत्पादन के क्षेत्र में एक तीव्र और निरन्तर तकनीकी विकास उत्पन्न करता है। इसी तरह वह कविता के क्षेत्र मे एक तीव्र और निरन्तर शिल्पगत विकास को जन्म देता है।''

प्रस्तुत संग्रह की कविताओं में यही प्रवृत्ति उभर कर सामने आती है। शिल्पगत प्रयोगों के प्रति दूधनाथ का आग्रह - उसी पुराने व्यक्तिपरक कथ्य को महज़ शब्दों के नये व्यक्तित्व में प्रस्तुत करने का प्रयास - इसी प्रवृत्ति का संकेत देता है। और इसीलिए मौन तथा उसके विभिन्न रंगों को अभिव्यक्त करने की यह तड़प दरअसल यथास्थिति को तोड़ने के प्रयास का संकेत नहीं देती, वरन बाहरी दुनिया से प्राप्त जीवन-सामग्री के अमूर्त-से चित्रण के बाद उनकी अन्तिम निष्पत्ति के रूप में एक 'स्थगन' पेश करती है। चूँकि दूधनाथ ने आरम्भ ही में यह मान लिया कि कविता करते रहने के लिए यह अनिवार्य है कि कवि को भविष्य की व्यवस्था न मालूम हो, इसलिए कविता के अन्त में वे महज़ एक 'इन्तज़ार' को पेश करते हैं। यह दूधनाथ की एक प्रवृत्तिगत विशेषता है, जो उनकी कहानियों में भी मौजूद है।

❐

'मौन की अभिव्यक्ति' अथवा निष्कर्ष के रूप में 'स्थगन' इन कविताओं में बार-बार उभरता है। 'सुरंग से लौटते हुए' का आरम्भ हुआ था मौन के उल्लेख से - 'तू हँसती तो है मेरी गुड़िया! मेरे मौन के अँधेरे को स्पर्श कर' - प्रस्तुत संग्रह की पहली कविता भी इसी उल्लेख से शुरू होती है - 'मैं इधर कई एक वर्षों से मौन हूँ।' और यह थीम टेक की तरह अन्य कविताओं में भी उभरती है :

इसी तरह, इसी तरह, बिलकुल इसी तरह
वह जो कुछ है वह व्यक्त नहीं होगा

. . .

सच होगा यह
एक दिन अपने उस अन्त में
निश्चय ही मैं इन्हें खो दूँगा -
इस ठण्डी हवा को, गहरे कोलाहल-सन्नाटे को
अपनी इस नन्हीं-सी समय की कलम को
और फिर इन्तज़ार....
सचमुच ही मैं इन्तज़ार करूँगा-
जब इस अँधेरे में

वे लपट–भरे कदम – बेख़ौफ़ –
नज़र आयेंगे।

(अगली कविता)

इस तरह आशा करना कितना भयावह है!
जबकि भाषा के निबिड़ अँधेरे में हरहराता है
एक तूफ़ानी पेड़।

. . .

वह जो अन्दर हरहराता है
वह जो गूँज रहा है चारों ओर इस अँधेरे में
मैं उन्हें कभी भी देख नहीं पाऊँगा
मैं उसे कभी भी प्रमाणित नहीं कर पाऊँगा

(हरहराता पेड़)

फिर कुछ नहीं होता – जब वह अकेला व्यक्ति
वक़्त की तहों से छन कर बाहर आता है
जब वह सभ्यता के जंगल को अपने भीतर के साइक्लोन
से झँझोड़ कर रख देता हे
जब वह सफ़ेद सैलाब की तरह
फैलता–फैलता–फैलता चला जाता है
फिर कुछ नहीं होता
सिर्फ़ उसकी चमक
सदियों पर ठहर जाती है।

(शेख़ मुजीबुर्रहमान)

मौन के विराट अश्वत्थ की उस ऊँची डाल पर बैठा था
वह मेरा कृष्ण–काय, गहरा, प्रशान्त और आँधियारा मौन।

. . .

शब्दहीन खट–खट से, शब्दहीन, एकाकी
दृढ़ निरन्तरता से आँख मूँद
शब्दहीन हवा में चमचमाती
मौन की कुल्हाड़ी से उस गूँगे मौन को छिन्न–भिन्न करना –

(कालिदास)

स्तब्ध निःशब्दता में कहीं एक पत्ता खड़कता है।
अँधेरे की खोह हलचल के प्रथम सीमान्त पर चुप –
मुस्कराती है।

(प्यार)

कहाँ है टूट कर बरसता घनघोर संघर्ष ?
कब तक सहेंगे हम – चुपचाप
युद्ध का निरर्थक इन्तज़ार ?

(महाबलिपुरम)

लेकिन 'चुप' को, विराट मौन को अभिव्यक्त करने का विचार सिर्फ़ दूधनाथ सिंह ही को नहीं आया। 'असाध्य वीणा' में दरअसल अज्ञेय भी इसी तार्किक परिणाति पर पहुँचते हैं और रचनाकार को मौन अभिव्यक्त करने वाले साधक के रूप में पेश करते हैं –

अवतरित हुआ संगीत
स्वयम्भू
जिसमें सोता है अखण्ड
ब्रह्मा का मौन
अशेष प्रभामय।

. . .

श्रेय नहीं कुछ मेरा
मैं तो डूब गया था स्वयं शून्य में –
वीणा के माध्यम से अपने को मैंने
सब कुछ को सौंप दिया था –
सुन आपने जो वह मेरा नहीं।
न वीणा का था :
वह तो सब कुछ की तथता थी –
महाशून्य
वह महा मौन
अविभाज्य, अनाप्त, अद्रवित, अप्रमेय
जो शब्दहीन
सब में गाता है।

❐

कथ्य सम्बन्धी अपनी इसी मजबूरी के कारण दूधनाथ की ये कविताएँ कहीं तो एक विकलांग, थकी-टूटी और निराश मानसिकता की अभिव्यक्तियाँ बन कर रह जाती हैं और कहीं महज़ कुढ़न या विवश आक्रोश को व्यक्त करती हैं। १९७६ में प्रकाशित अपने कहानी-संग्रह 'पहला कदम' में दूधनाथ ने 'सुखान्त' पर चन्द्रभूषण तिवारी की आपत्तियों के जवाब में अपनी इस प्रवृत्ति की सफ़ाई देते हुए सवाल उठाया था कि –

> "क्या माओ त्से तुंग की क्यांगसी रिपब्लिक की पराजय (१९३०) या १९०५ की असफल सर्वहारा क्रान्तियाँ विद्रोह और संघर्ष की अन्तिम पराजयें मानी जायेंगी ? और इस तरह के तथ्यों का रचनात्मक चित्रण प्रतिगामी कहलायेगा ?"

हमारा कहना है – नहीं! बशर्ते कि ऐसे यथार्थ के चित्रण का उद्देश्य महज़ उस यथार्थ को जस-का-तस चित्रित करना न हो, वरन उसका उद्देश्य विफलताओं से सबक ले कर ग़लतियों को दूर करते हुए उस यथार्थ को बदल डालना हो। लेकिन क्या दूधनाथ ऐसा करते हैं ? ज़ाहिर है नहीं। और इसीलिए चारों ओर की बदलती हुई स्थितियों में जहाँ अन्य समकालीन कवियों ने तीखे शब्दों में इस यथार्थ को चित्रित करते हुए अपनी परिवर्तनकामी आकांक्षाओं को व्यक्त किया है, दूधनाथ सिंह की ये कविताएँ एक थके-हारे मानस का साक्ष्य प्रस्तुत करती है।

यही कारण है कि उनमें इतना अधिक अमूर्तन है। दूधनाथ सिंह की भाषा में यह अमूर्तन 'कोलाहल-सन्नाटा,' 'शब्दहीन खट-खट' और 'मौन की कुल्हाड़ी से गूँगे मौन को छिन्न-भिन्न करना' जैसी उलट-बाँसियों में प्रकट होता है। यह अमूर्तन उस अपर्याप्त जीवन-सामग्री के कारण है, जो इन कविताओं का आधार है, क्योंकि सामाजिक-आर्थिक क्षेत्रों में परिवर्तन के लिए जो लोग पिछली पराजयों से सबक ले कर निरन्तर तीव्र-से-तीव्र होता संघर्ष कर रहे हैं, उन पर दूधनाथ की निगाह नहीं है – हिस्सेदारी निभाने की तो बात ही दूर रही।

यही कारण है कि 'अपने समकालीनों और पूर्ववर्तियों को तथा भारतीय इतिहास-दृष्टि को पहचानने, व्याख्यायित करने और उसके बारे में एक परिणाम तक पहुँचने तक पहुँचने का प्रयत्न' करते हुए दूधनाथ उत्तराधिकार की खोज अथवा रचनात्मकता के अभाव का क्षोभ अथवा पूर्ववर्तियों से अपने रिश्ते की तलाश सुमित्रानन्दन पन्त के सन्दर्भ में ही कर पाते हैं–

मैं इधर कई-एक वर्षों से मौन हूँ,
फिर-फिर वही एक सवाल – अन्तत:
मैं तुम्हारा कौन हूँ ?

'उत्तराधिकार' (प्रकाशित : लहर : सितम्बर-अक्टूबर १९६७) शीर्षक कविता 'श्री सुमित्रानन्दन पन्त के लिए' लिखी गयी है। इसमें भी हम उसी मौन की अभिव्यक्ति पाते हैं और परिणाम – स्वरूप वही स्थगन उभरता है – 'जब से तुम्हारी यह भाषा निरर्थक हो गयी। तब से मैं मात्र एक श्रोता हूँ।'

और इसीलिए उत्तराधिकार में 'नकली जनतन्त्र, नये हत्यारे सम्राट, तस्कर व्यापारी / बालू में गड़े हुए शुतरमुर्ग, भूखे कंकालनुमा बन्दर / वर्षा में भीगे हुए गुर्राते भालू / रक्त-वमन करता हुआ भविष्य...' प्राप्त करने के उल्लेख के बाद कविता में किसी परिवर्तन की आकांक्षा नहीं उभरती, बल्कि उस यथार्थ को जस-का-तस ग्रहण करने का भाव व्यक्त होता है –

मैं इन्हें फेंकूँगा नहीं।
मैं इनके अर्थ को धीरे-धीरे ग्रहण कर रहा हूँ
मैं तुम्हें दिखाऊँगा – कि देखो अन्त में सही।
पर देखो – तुमने हमारे लिए कुछ भी नहीं तोड़ा।
मैं इनके अर्थ को वहीं ले जाऊँगा – वहीं

जहाँ तुम हो – अपनी रहस्यमयी
मृत्यु में धीरे-धीरे साँस लेते हुए
निःसंशय, निर्द्वन्द्व, निर्भय, निष्णात।

क्या समस्त सार्थकता बस उत्तराधिकार में प्राप्त स्थितियों को तद्वत ग्रहण करना ही है ? यही दिखाने के लिए कि 'तुमने हमारे लिए कुछ नहीं छोड़ा ?' क्या इस सारे सच की (जिसे दूधनाथ कविता में उपलब्ध करते हैं) संगति बस इसी उद्देश्य के लिए है कि एक 'पूर्ववर्ती चुके हुए कवि' को यह बोध करा दिया जाय कि – 'मौन मुखरता से भारी है ?'

यहीं पर यह कविता दूधनाथ के उस सूत्र का परिणाम लगती है, जो उन्होंने १९६१ में व्यक्त किया था–

> "कारण जो कुछ भी हो, हमारे देश का प्रत्येक बुद्धिजीवी अपने को अजनबी महसूस करता है। बुद्धि या शिक्षा या बौद्धिक विकास उसके लिए एक भयानक दुख है। उसके सामने कोई घटना नहीं है – यह ठीक है – लेकिन वह किसी घटना की प्रतीक्षा में था कि वह इस बात को समझ सके कि स्थितिगत सच्चाई क्या है ? किन्तु जो उसके निकटतम हैं – उसका देश, उसकी जनता, उसका समाज – उन्हीं का उससे युद्ध है। यह घटना उसे ललकारती नहीं, चुप करती है।... ऐसी स्थिति में सच को जानने वाला बुद्धिजीवी ज़्यादा अन्तर्मुखी हो कर मात्र व्यक्तिगत पावनता और सच्चाई में ही रत हो जाय, तो यह कुण्ठा नहीं है। वह उसके सच की ज़्यादा सही अभिव्यक्ति है– उसका 'चुप' अपनों के लिए एक चुनौती है – अपनों की उपेक्षा के लिए। उसके 'चुप' की वृहत् और अनेकमुख अभिव्यक्ति, जो आज के भारतीय कलाकार की एकमात्र विशेषता है ?"
>
> **(समीचीन : लहर)**

ऐसे ही पतनशील, व्यक्तिवादी विचारों की परिणति 'कला के लिए कला' के सिद्धान्त में होती है, जैसा कि प्लेखानोव ने इंगित किया था–

> "कला के लिए कला में विश्वास तभी उत्पन्न होता है, जब कलाकार और कला में गहरी रुचि रखने वाले लोग अपने सामाजिक माहौल से निराशाजनक रूप में विमुख होते हैं।"
>
> **(कला और सामाजिक जीवन)**

और इसके साथ ही, जनवादी विचारधारा के सामाजिक स्रोत को भी स्पष्ट करते हुए प्लेखानोव ने आगे कहा था–

> 'कला की तथाकथित उपयोगितावादी धारणा, यानी वह प्रवृत्ति, जो कलात्मक रचनाओं को ज़िन्दगी के तथ्यों पर फ़ैसलों का महत्व प्रदान करती है, और सामाजिक संघर्ष में हिस्सा लेने की आनन्द-भरी उत्कण्ठा, जो इस (प्रवृत्ति) का साथ देती है, वहीं-वहीं उत्पन्न हो कर फैलती है, जहाँ-जहाँ समाज के बेशतर हिस्से और रचनात्मक कला में कमोबेश सक्रिय रुचि रखने वाले लोगों के बीच परस्पर सहानुभूति होती है।'
>
> **(कला और सामाजिक जीवन)**

लेकिन 'मौन की अभिव्यक्ति' की अपनी पसन्दीदा थीम को दूधनाथ ने अपनी सुपरिचित पच्चीकारी और शब्द के मायावी जाल द्वारा जिस कविता में पेश किया है, वह कविता है - 'कालिदास'। कालिदास के बारे में जो एक लोक-अनुश्रुति प्रचलित है - उसी डाल पर बैठ कर उसी को काटने के सम्बन्ध में - उसे आधार बना कर जो दूर की कौड़ी लाने का प्रयास किया गया है, वह दूधनाथ के शब्दों में यों है -

> "निहितार्थ (जिसे यहाँ खोजने को प्रयास किया गया है) कुछ और भी हो सकता है। कि वह वृक्ष काव्य-रचना (सक्रियता) के पूर्व के मौन का विराट अश्वत्थ भी हो सकता है, जिसकी एक डाल पर बैठा वह उसी को काट रहा है। ... कि सत्ताधारी वर्ग (हर क्षेत्र में) अपनी सत्ता को सुरक्षित रखने के लिए और अपनी भ्रष्ट मानसिकता, पर-लोलुपता, कायरता और छद्म व्यक्तित्व को चलाते चलने के लिए वाणी के चकाचौंध का उपयोग कर जघन्य अपराध करता है। कि इतिहास में ऐसे जघन्य अपराधियों के साथ एक-न-एक दिन कोई-न-कोई 'नंगा सच' टकराता ही है और अन्ततः उन्हें...।"
>
> **(ज्ञानोदय, दिसम्बर १९६७, में प्रकाशित कविता के साथ दी गयी टिप्पणी)**

लेकिन इस निहितार्थ के अन्तर्विरोध कविता में एक मायावी, अमूर्त शब्दजाल के साथ कथ्य-सम्बन्धी अन्तर्विरोध और तर्कहीन दार्शनिकीकरण प्रस्तुत करते हैं। काव्य-रचना के पूर्व के मौन के उस विराट अश्वत्थ की एक डाल काट देने से और यों स्वयं नष्ट हो जाने से मौन के उस विराट अश्वत्थ का क्या बिगड़ेगा ? वह तो ज्यों-का त्यों खड़ा रहेगा। यदि वाणी के प्रकट होने की बजाय दूधनाथ महज़ उस मौन के विराट अश्वत्थ को रचनात्मकता का उपलब्धि के रूप में पेश करना चाहते हैं तो फिर 'वाक और अर्थ के समुच्चय बोध' का क्या होगा ? जब कि वास्तविकता यह है कि काव्य-रचना के पूर्व के मौन का विराट अश्वत्थ वाक और अर्थ के समुच्चय बोध के बाद स्वतः खत्म हो जायेगा।

इसीलिए सत्ताधारी वर्ग के आमूल नाश का दूसरा निहितार्थ व्यर्थ हो जाता है, क्योंकि नष्ट तो सिर्फ़ सत्ताधारी 'व्यक्ति' होंगे, वह व्यवस्था नहीं, जो ऐसे भ्रष्ट सत्ताधारी 'वर्ग' को जन्म देती है। इसी अन्तर्विरोध के कारण दूधनाथ तमाम तरह की शाब्दिक कलाबाज़ी दिखाते हैं और इस निष्कर्ष पर पहुँचते हैं कि मौन को काटने के लिए मौन की कुल्हाड़ी आवश्यक है। मज़ा यह है कि उनके अनुसार इसके बाद भी वाणी प्रकट नहीं होगी, वरन मौन के विराट अश्वत्थ की महज़ एक डाल कट कर गिर जायेगी, कवि नष्ट हो जायेगा और मौन का विराट अश्वत्थ वैसे-का-वैसा बचा रहेगा।

क्या मज़ाक है ! क्या यह माना जा सकता है कि मौन के विराट अश्वत्थ को काटने के लिए वाणी की कुल्हाड़ी नहीं, मौन की कुल्हाड़ी दरकार है ? क्या 'कवि का यह आदिम दायित्व बोध' महज़ यही है कि वह 'उस बन्ध्या डाल के साथ कट कर धरती की अमर युवा-ख़ुशबू में गिरे और नष्ट हो जाय ?'

ऊपर से दूधनाथ सिंह इसे 'इतिहास का वह नंगा पटाक्षेप' कह कर और भी विरूप और सतही बना देते हैं।

जब दूधनाथ यह लिखते हैं :

मौन के विराट अश्वत्थ की उस ऊँची डाल पर बैठा था
वह मेरा कृष्णकाय, गहरा प्रशान्त, अँधियारा मौन।

अथवा -

वह वन्ध्या डाल - मेरे उस कृष्णकाय,
गहरे प्रशान्त और अँधियारे मौन में
अपना वह कृत्रिम गूँगापन चुपचाप घोल रही थी

अथवा -

शब्दहीन खट-खट से, शब्दहीन, एकाकी
दृढ़ निरन्तरता से आँख मूँद
शब्दहीन हवा में चमचमाती
मौन की कुल्हाड़ी से
उस गूँगे मौन को छिन्न-भिन्न करना -
वह उनकी समझ में नहीं आया।

तो क्या वे स्वयं शब्दों से खिलवाड़ करने की अय्याशी का - 'काव्यशास्त्र विनोदेन कालोगच्छति धीमताम' वाली उस पतनशील मानसिकता का - साक्ष्य प्रस्तुत नहीं करते ?

'वाणी के चकाचौंध' को 'शब्दहीन, दृढ़ निरन्तरता से' पराजित करने की बात अथवा 'कृत्रिम गूँगेपन' को 'सार्थक शब्दों' द्वारा तोड़ने की बात तो समझ में आ भी सकती है (हालाँकि ये दोनों प्रक्रियाएँ सत्ताधारी वर्ग की समाप्ति के व्यापक उद्देश्य से 'एकाकी' नहीं होंगी) पर 'शब्दहीन हवा में चमचमाती मौन की कुल्हाड़ी से उस गूँगे मौन को छिन्न-भिन्न करना' महज़ ख़ूबसूरत शब्दों के अर्थहीन, अमूर्त जाल बुनना ही कहा जायेगा।

इसी अमूर्तन के चलते वे कहते हैं कि इतिहास में ऐसे जघन्य अपराधियों के साथ 'एक-न-एक दिन कोई-न-कोई नंगा सच टकराता है।' जब कि वास्तविकता यह है कि न उनके सामने 'सत्ताधारी वर्ग' की धारणा स्पष्ट है, न उसे ख़त्म करने वाले 'सच' की। यदि दूधनाथ इसी प्रकार की ऊट-पटाँग बारीक-ख़याली द्वारा 'एक नये निजत्व को रचनात्मक धरातल पर' उतारना चाहेंगे - जो काम कि हिन्दी की दरबारी कविता और उर्दू की चालू शायरी में धड़ल्ले से होता रहा है - तो वे यकीनन ख़ुद अपनी ही पंक्तियों - 'अपने ही तर्कों के गलित वाग्जाल से पराजित। उदभ्रान्त' - को चरितार्थ करेंगे।

❑

इसी तरह भारतीय इतिहास-दृष्टि को पहचानने, व्याख्यायित करने और उसके बारे में एक परिणाम तक पहुँचने के प्रयत्न में दूधनाथ 'तैमूर लंग' जैसी कविता रचते हैं और 'शेख़ मुजीबुर्रहमान' शीर्षक कविता में 'उस अकेले व्यक्ति' को खोजने तथा उसकी पहचान कराने में प्रयत्नरत होते हैं -

जो काली बर्फ़ की तहें हटाता है।
हमेशा वह एक ही अकेला व्यक्ति होता है।
जिसकी चमक से बर्बरों को चौंधा लग जाता है
और वे घबरा कर हथियार बाँध लेते हैं
और एक सोयी हुई जाति अपने इर्द-गिर्द का अँधेरा
पहचानती हुई, सहमती हुई उठ खड़ी होती है – हमेशा।

(शेख़ मुजीबुर्रहमान-धर्मयुग, मई १९७१)

ये दोनों कविताएँ– 'तैमूरलंग' और 'शेख़ मुजीबुर्रहमान' – दूधनाथ सिंह के वैचारिक खोखलेपन को पूरी तरह उजागर कर देती हैं। 'तैमूरलंग' में दूधनाथ सिंह ने एक विदेशी आक्रमणकर्त्ता तानाशाह को आधार बना कर उसके आक्रमण और दमन की निष्फलता को अंकित करने के प्रयास में ख़ासी महीन कारीगरी और शब्द-जाल खड़ा किया है, लेकिन उनकी रूमानी, अयथार्थ इतिहास-दृष्टि और कथ्य की मूल सम्वेदना के बारे में उनके अन्दर ख़ुद स्पष्ट धारणा न होने के कारण यह कविता न तो आततायी की स्पष्ट पहचान करा पाती है, न उन कारणों की, जिनकी वजह से इतिहास में आततायी पैदा होते रहे हैं। यह कविता दिसम्बर १९६५ में छपी थी। हो सकता है, तब इसका संकेत उस समय के बाहरी आक्रमणकर्ता – यानी पाकिस्तान – की ओर रहा हो। यह भी लगता है, ख़ास तौर पर जब हम इस कविता में आक्रमणकारी तानाशाह का नख-शिख वर्णन पढ़ते हैं, कि बाहरी आक्रमणकर्त्ता से दूधनाथ सिंह की मुराद माओ त्से तुंग से रही हो।

लेकिन १९७५ में आपात-स्थिति की घोषणा के बाद 'प्रतिमा' के अगस्त १९७५ के 'जनवादी कविता अंक' में इस कविता को फिर से छपाने की अनिवार्यता के पीछे यही भावना हो सकती है कि आपात-स्थिति की घोषणा से जो तानाशाही प्रवृत्ति उभर कर सामने आ गयी, उसे रेखांकित किया जाय।

ऐसी स्थिति में दूधनाथ से यह पूछना पड़ता है कि क्या तानाशाह की पहचान सचमुच वैसी होती है, जैसी उन्होंने इस कविता द्वारा करायी है ? ऐसी लफ़्फ़ाज़ी द्वारा ? क्या तानाशाह के फिर वापस आने का महज़ यही उद्देश्य होता है कि वह 'अपने साम्राज्य का अवलोकन करने सदियों के बाद,' चला आये और क्या तानाशाह के जाने के कारण यह होता है कि 'वह दुर्दम अत्याचारी, वह शाश्वत विजेता नये-नये नगरों, नयी सभ्यताओं की खोज में आगे निकल गया, चला गया ?'

यह तानाशाह है या कोई मस्त सैलानी ? अपनी इसी तार्किक और वैचारिक कमज़ोरी की वजह से लेखक को आततायी के भाट की तरह मैदान में उतरना पड़ता है और एक दया-विगलित भाव से कहना पड़ता है –

देखो, वह कितना निरुपाय है
कितना अकेला है, कितना असहाय है।
आँखों के इर्द-गिर्द माँस की थिगलियाँ फूल आयी हैं
जबड़े लटक आये हैं।

या

कोई नहीं सुनता, कोई पहचानता तक नहीं,
कुछ नहीं नष्ट हुआ लगता
कोई चुनौती तक नहीं देता उसकी अपंग निरंकुशता को
कोई हथियार बाँध खड़ा नहीं होता है उसके विरुद्ध...क्रुद्ध
केवल वही बार-बार अपने से लड़ता है
केवल वही बार-बार मरता है।
अपनी पराजय को दुहराने
केवल वही - बार-बार
लौट-लौट
आता है

दुनिया में तानाशाही के उभरने के पीछे निश्चित आर्थिक, राजनैतिक और सामाजिक कारण रहे हैं और उसे पराजित करने के पीछे जन-संघर्षों का लम्बा इतिहास रहा है। तानाशाही को यूँ पेश करना, मानो वह अचानक उग आया पीपल का अँखुवा हो, अथवा उस पर एक दया-विगलित खेद प्रकट करना, उसकी सारी जन-विरोधी नृशंसता और क्रूर दमन को धुँधला करके तानाशाह को एक रूमानी खलनायक बना देना है। तानाशाही कोई रहस्यमय प्रक्रिया नहीं, न दुस्साहसी 'हीरोइक्स' का फल है, बल्कि निश्चित ऐतिहासिक स्थितियों का प्रतिफलन है - हज़ारों-लाखों लोगों की हत्याओं से जुड़ी हुई - जिसकी बुनियाद में तत्कालीन अर्थ-व्यवस्था अपनी एक निश्चित और महत्वपूर्ण भूमिका अदा करती है। और तानाशाही का ख़ात्मा भी अनायास नहीं होता रहा है। आश्चर्य होता है कि तानाशाही के इस लफ़्फ़ाज़ वर्णन द्वारा दूधनाथ यह कैसी पतनशील इतिहास-दृष्टि पेश कर रहे हैं।

❐

ऐतिहासिक प्रक्रिया की ग़लत समझ का एक और नमूना है - दूसरी कविता, 'शेख़ मुजीबुर्रहमान,' जिसका मूल सूत्र ही है अकेले व्यक्ति का गुणगान -

हमेशा वह एक अकेला व्यक्ति होता है
जिसके भीतर पहली बार
रोशनी की लौ फड़कती है

और इस पंक्ति से शुरू हो कर यह कविता सारे ऐतिहासिक परिवर्तनों के पीछे वर्ग-संघर्ष के आधार को नहीं, बल्कि 'एक अकेले व्यक्ति' की 'हीरोइक्स' को प्रतिष्ठित करती है। आन्दोलन का नेतृत्व करने वाले को सामान्य धरातल से ऊपर उठा कर प्रभा-मण्डित करने और इस प्रभा-मण्डल की चौंधियाहट में हज़ारों-लाखों के संघर्ष को अनदेखा करने का यह प्रयास दूधनाथ की व्यक्तिवादी धारणा का सबसे बड़ा सबूत है। इतिहास की इस इकहरी समझ के कारण दूधनाथ ऐतिहासिक परिवर्तनों के पीछे कार्य कर रही शक्तियों को रेखांकित करने की बजाय इस कविता में शेख़ मुजीब को गाँधी से मिलाते हुए एक की लँगोटी और दूसरे की बाँह पर कबूतर की तरह फड़फड़ाते कुर्ते का उल्लेख भर करके रह

जाते हैं। संग्रह की यह सबसे फूहड़ कविता है, क्योंकि हम जानते हैं कि वास्तविक इतिहास में अकेले व्यक्तियों की परिणति हिटलर की 'तीसरी राइख़' में होती है।

❐

इसी व्यक्तिपरक दृष्टि के कारण दूधनाथ की इन कविताओं में समकालीन स्थितियों की पहचान भी ख़ूबसूरत शब्दों के एक अमूर्त वाग्जाल द्वारा होती है। संग्रह को नाम देने वाली कविता – 'एक आदमी और भी है' – में जगह-जगह जो अस्पष्टता उभरती है, वह इसी भ्रमित दृष्टि और इतिहास की अवैज्ञानिक जानकारी का परिणाम है। इसके साथ ही कविता में विचार अथवा सम्वेदना को एक ख़ास बिन्दु तक पहुँचने के बाद उसे स्थगित कर दूसरे ही विचार अथवा सम्वेदना को उठा लेने की कमज़ोरी भी दिखती है और इसीलिए बीच में बड़े असंगत और अवास्तविक ढंग से कवि को स्वयं उपस्थित होना पड़ता है और एक वक्तव्य दे कर चन्द्रकान्ता सन्तति के ऐयारों की तरह ग़ायब हो जाना पड़ता है। और इसीलिए यह कविता, आभास देने के बावजूद, न तो शोषक-वर्ग के चरित्र की पूरी पहचान कराती है, न इस वर्ग से अपने हकों की लड़ाई लड़ रहे लोगों की। इसके विपरीत यह कविता आम आदमी का चित्रण रीतिकालीन कविता के नख-शिख वर्णन के अन्दाज़ में करती है और इस आम आदमी के जीवन की सतही झलक मात्र बन कर रह जाती है।

कविता का आरम्भ दूधनाथ सिंह इन पंक्तियों से करते हैं :

मेरी चेतना में वही एक रंग
बार-बार लगातार क्यों उभरता है !
वही एक ख़ून-ख़राबे का रंग
वही – हत्याकाण्डों में सनी निरीह धरती का रंग
इतिहास की काली चट्टान के भीतर खौलता हुआ
वही एक सदाबहार रंग ...

इसके बाद जब हम यह अपेक्षा रखते हैं कि कवि हमें इस 'क्यों' का जवाब देगा – वह इस प्रसंग को स्थगित कर इतिहास पर आ जाता है और एक चालू मुहावरे द्वारा इतिहास की पहचान यों कराता है –

जबकि ज़हर के रंग और भी हैं
इतिहास उन रंगों का बना हुआ जिराफ़ है।
आज उन रंगों का ज़िक्र सभ्यता के ख़िलाफ़ है

इस सरलीकृत कथन के बाद कवि उन लोगों का ज़िक्र करने लगता है, जो 'सभ्यता की माँद में आज भी छिपे हुए बैठे हैं, जो अक्सर रात के अँधेरे में इस जिराफ़ की सवारी करते हैं,' और जिन्हें 'ज़हर के बारीक रंग आज भी पसन्द हैं।' फिर एक पंक्ति उभरती है 'और आदमी उनके खुरों के नीचे कुचली हुई नीली कपास है।' इसके बाद कवि फिर इन 'लोगों' की ओर मुड़ता है और निहायत असंगत ढंग से कविता में प्रवेश करता है –

वे मुझे क्षमा नहीं करेंगे।
मेरी चेतना में वही एक रंग

वही एक ग़लत ख़ून-ख़राबे का रंग
क्यों कर उभरता है बार-बार ?
वे मेरी कविता को धुनेंगे
और रेशा-रेशा हवा में उड़ा देंगे
वे मुझे कभी क्षमा नहीं करेंगे।'

आख़िर इस तमाम अतिनाटकीयता का क्या मतलब है ? क्या कहना चाहता है कवि – कहाँ चली गयी इतिहास की काली चट्टान, वह जिराफ़, वह आदमी जो उनके खुरों के नीचे नीली कपास है ? यहाँ इस सब को स्थगित करके दूधनाथ कहते हैं – 'लेकिन एक और भी आदमी है।' और इसके बाद शेष कविता – जो आधे से अधिक है – इस आदमी की पहचान ऐसे अन्दाज़ में कराती है, मानो कवि दिल्ली की किसी भव्य इमारत के सभागार में बैठे अभिजात लोगों को जनता की पहचान करा रहा हो।

यही वजह है वह आदमी, जो 'अपना हक छीनने वालों से बदला लेने के लिए तैयार हो रहा है चुपचाप' वह दूसरी ओर 'दुख और निराशा, ग़रीबी और अपमान के सीने से चिपटा धुँआ हो रहा है' और यही आदमी 'चला जाता है इतिहास की काली चट्टान के भीतर खौलता हुआ – शान्त।' कविता का अन्त भी इसी प्रकार के अमूर्त-वाग्जाल में होता है –

वही, सिर्फ़ वही हो सकता है नीलकण्ठ
वही, सिर्फ़ वही खोज सकता है
रौंद कर भागने वाले खुरों की दिशाएँ
वही – जो अपनी जली हुई चमड़ी की युवा-ख़ुशबू
बड़ी बैचेनी, बड़ी लापरवाही से
छिपाता फिर रहा है – फ़िलहाल।

क्या बात है! सारी जुझारू प्रवृत्ति का अन्त नीलकण्ठ बनने – यानी ज़हर पचाने में – ही होता है और यह भी अभी हुआ नहीं है, क्योंकि अभी तो वह आदमी अपनी जली हुई चमड़ी की युवा-ख़ुशबू 'बड़ी बेचैनी' और 'बड़ी लापरवाही' से छिपाता फिर रहा है।

वही स्थगन, वही अमूर्तता, शब्दों को किसी भी तरह प्रयुक्त करने की कोशिश!

❐

यह सारी गड़गड़ आम आदमी पर एक दया-भाव से दृष्टि डालते हुए (जो उसी दया-भाव का एक अंश है, जिसे दूधनाथ तैमूरलंग पर निछावर करते हैं) उसे एक विवश, असहाय और हारे हुए आदमी का नमूना बना कर 'शोपीस' की तरह पेश करने के कारण हुई है। यानी आततायी भी असहाय और उसका शिकार भी !

इसीलिए अपनी चेतना में बार-बार उभरने वाले ख़ून-ख़राबे के रंग की तहकीकात करते हुए दूधनाथ इतिहास और समकालीन जीवन की पहचान करीब-करीब उसी ढंग से कराते हैं, जैसे पंचतन्त्र की कहानी के अन्धों ने हाथी की पहचान करायी थी। और इसीलिए यह कविता लफ़्फ़ाज़ी से ढँकी असंगतियों का नमूना भर बन कर रह जाती है।

'अभिव्यक्ति के हर मोड़ पर लेखक की उपस्थिति और ऐसे प्रत्येक स्थल पर साग्रह पाठक को अपनी ओर मोड़ने की कोशिश' जिसे चन्द्रभूषण तिवारी ने दूधनाथ सिंह की कहानियों के सन्दर्भ में चिह्नित किया है, यहाँ भी मौजूद है और यही प्रवृत्ति इस सारी गड्ड-मड्ड को और भी उलझा देती है। कहना न होगा कि यह वास्तविक जीवन की जानकारी के अभाव से पैदा हुई आश्वस्तिहीनता का भी संकेत है।

❐

इसी आश्वस्तिहीनता के कारण 'हरहराता पेड़' शीर्षक से दी गयी कविता में जगह-जगह संशोधन करके दूधनाथ ने इस कविता में से उन सारे संकेतों को हटा दिया है, जिनका वार साम्प्रदायिक दंगों के सन्दर्भ में हिन्दू संकीर्णतावाद और उसके ज़रिये राष्ट्रीय स्वयं सेवक संघ तथा उसकी राजनीतिक शाखा (जनसंघ) पर था। यह कविता उन्हीं दिनों लिखी गयी थी, जब दूधनाथ ने साम्प्रदायिकता को आधार बना कर अपनी कहानी 'दु:स्वप्न' लिखी थी। विकल्प' के नवम्बर १९६७ के अंक में छपे इस कविता के प्रारूप में दूधनाथ ने जगह-जगह जनसंघ पर चोट की थी। 'विकल्प' वाले प्रारूप में यद्यपि दूधनाथ की सुपरिचित अमूर्त शब्दावली थी, वाग्जाल था, स्थगन था, लेकिन ऐसी पंक्तियाँ भी थीं -

अक्सर मुझे लगता है, मैं ज़बर्दस्त धोखा खा रहा हूँ
इस गेरुए मकान के अन्दर का 'सच' सबसे बड़ा झूठ है।

प्रस्तुत संग्रह में छपी कविता में ये दोनों पंक्तियाँ नहीं हैं, 'गेरुआ' शब्द भी निकाल दिया गया है और कहीं-कहीं उसकी जगह 'लाल' शब्द रख दिया गया है। यह कैसा विचारधारात्मक परिवर्तन है ? और यह हमें कहाँ ले जायेगा ? दरअसल यहीं से शब्द उन मनमानेपन का शिकार होते हैं, जिसका आरोप अपने भूमिका में दूधनाथ ने अपने समकालीनों पर लगाया है।

❐

'कालिदास' में जहाँ दूधनाथ शब्दों का एक सूक्ष्म-सा ताना-बाना बुन कर पाठकों को चमत्कृत करते और एक अनोखी शास्त्रीयता स्थापित करते नज़र आते हैं, वहाँ 'कृष्णकान्त की खोज में दिल्ली यात्रा' शीर्षक कविता में वे अपनी मँजी, रवाँ भाषा का जादू एक लतीफ़े को कविता का बाना पहनाने में इस्तेमाल करते दिखायी देते हैं। इस कविता को समझने के लिए हिन्दी का एम.ए. होना तो ज़रूरी है ही, साथ ही हिन्दी साहित्य के अनेक साहित्यिक-ग़ैर-साहित्यिक प्रसंगों से भी वाकिफ़ होना आवश्यक है। तभी इस कविता का पूरा सुख - यानि स्कैण्डल और लतीफ़े का सुख - पाया जा सकता है।

अपने समकालीनों को पहचानना, उन्हें व्याख्यायित करना अथवा उनके बारे में एक परिणाम तक पहुँचने का प्रयत्न करना अनुचित नहीं है - न ही किसी समकालीन लेखक को आधार बना कर कविता या कहानी लिखना बुरा है, लेकिन अपने 'रचनात्मक लेखन' को 'आसान नुस्ख़ों और सैद्धान्तिक असमर्थता-सूचक फ़ैशनपरस्ती का शिकार' होने से बचाने की कोशिश का दावा करने के बावजूद दूधनाथ ने इस कविता में 'आसान नुस्ख़ों'

और 'फ़ैशनपरस्ती' के सभी लटके इस्तेमाल किये हैं – चुस्त जुमलेबाज़ी, निरर्थक तुकबन्दी, तेज़-तर्रार दिखने वाली शब्दावली, चालू मुहावरे और राजनीति के विश्लेषण का भ्रम ! लगभग उसी तरह, जैसे बम्बइया फ़िल्मकार हिन्दी की बेशतर फ़िल्मों में बॉक्स-ऑफ़िस के सभी लटके एक साथ भर देते हैं – प्यार-मुहब्बत, मार-धाड़, करुणा, देश-प्रेम, सस्पेंस, कारों की दौड़ और नैतिकता।

इसे अब स्पष्ट करने में कोई हर्ज नहीं कि 'कृष्णकान्त' को रचने में दूधनाथ ने जिन्हें आधार बनाया है, वे हैं – कवि श्रीकान्त वर्मा। दूधनाथ ने यह कोशिश की है कि वे एक व्यक्ति के चित्रण के माध्यम से सत्ता के ख़ुशामदी, झूठे और अवसरवादी वर्ग का 'टाइप' खड़ा करें। जहाँ तक वे अपना ध्यान इस 'टाइप' को रचने की ओर केन्द्रित रखते हैं – यानी जहाँ तक श्रीकान्त वर्मा बहैसियत हिन्दी साहित्य के रचनाकार इस कविता में नहीं आते – वहाँ तक यह कविता अपने उद्देश्य में काफ़ी हद तक सफल है। सारी गड़बड़ वहाँ से शुरू होती है, जहाँ से यह 'टाइप' खण्डित होता है और कविता महज़ श्रीकान्त वर्मा के सन्दर्भ में हिन्दी साहित्य के साहित्यिक और ग़ैर-साहित्यिक प्रसंगों या सूचनाओं का लेखा-जोखा भर बन कर रह जाती है। मसलन :

कृष्णकान्त – जो कविता की घाटी में
एक श्याम कर्ण बछेड़े की तरह भटक आया था
जिसका दिनारम्भ चारमीनार के धुएँ से होता था
जो अपने मायादर्पण में घुटता, बुड़बुड़ाता, किटकिटाता था

क्या ये पंक्तियाँ सचमुच एक अवसरवादी और सत्ता के ख़ुशामदी कवि अथवा श्रीकान्त वर्मा के दो कविता-संग्रहों – दिनारम्भ और मायादर्पण – की कोई सार्थक पहचान कराती हैं ? फिर इसके बाद यह कविता उत्तरोत्तर अपनी व्यापकता खो कर, महज़ हिन्दी साहित्य के सन्दर्भों की भूल-भुलैयाँ में घूमती रह जाती है और अपनी सारी धार खो कर सिर्फ़ एक चटपटे लुत्फ़ को रचती है। इसीलिए जब कविता के अन्त में दूधनाथ फिर किसी तरह इस कविता को हिन्दी साहित्य के सन्दर्भों की भूल-भुलैयाँ से निकाल कर व्यापक सन्दर्भों से जोड़ने की कोशिश करते हैं तो बुरी तरह असफल होते हैं और

वही कृष्णकान्त कलकत्ते में पत्ते फेंक रहा है और बाज़ी हरा रहा है

या

इसी चमकती सल्तनत में बैठा है आपका वह – कृष्णकान्त

जैसी पंक्तियाँ न तो कलकत्ते के तत्कालीन सत्ताधारी (सिद्धार्थ शंकर राय) की सही पहचान करा पाती हैं, न श्रीकान्त वर्मा और उन जैसे अन्य अवसरवादियों की, जो १९७३ में सत्ता के साथ बुरी तरह चिपके हुए थे – जिनकी पहचान कराने के उद्देश्य से यह कविता 'उत्तरार्द्ध' में प्रकाशित हुई थी। अपने अन्तिम प्रयोजन और प्रभाव की दृष्टि से यह कविता इधर की सशक्त कविताओं और धूमिल के मुहावरे का अभ्यास मात्र लगती है – एक भौंडी नकल – जो इस कविता में प्रयुक्त निम्नलिखित पंक्तियों से साफ़ दिखायी देता है –

आपका भाई कहाँ है ? और आप किस वक्त में हैं ?
लट्ठ में रज़ाई टाँगे आप दिल्ली हेल रहे हैं
आपके वक्तव्यों से लगता है – आप
इण्डिया गेट पर गुल्ली डण्डा खेल रहे हैं।

❐

संग्रह की अन्तिम पाँच कविताएँ, जो 'उदाहरण' के जनवरी १९७७ के अंक में एक साथ प्रकाशित हुई थीं, दूधनाथ के विचारधारात्मक परिवर्तन के दावे का भरम खोल देती हैं। पिछले वर्षों की ज़बर्दस्त उथल-पुथल, जनता में बढ़ती हुई राजनीतिक और सामाजिक चेतना, सत्ता और जनता के बीच निरन्तर बढ़ते हिंसात्मक संघर्ष, सत्ता के दमन और वर्तमान सामन्ती-पूँजीवादी तन्त्र के बढ़ते हुए अन्तर्विरोधों को नज़रअन्दाज़ करके ये कविताएँ एक निजी संसार रचती हैं।

संसार के बहुत-से महान और क्रान्तिचेता कवियों ने प्रेम को अपनी कविताओं का विषय बनाया है : अपनी जनता, अपने लोगों और अपने परिवेश के प्रति आत्मीय लगाव को व्यक्त किया है और इसी सहज मानवीय रचनात्मकता के ज़रिये अपने क्रान्तिकारी जनवादी विचारों को विश्वसनीयता प्रदान की है। नाज़िम हिकमत, नेरूदा, निराला और मायाकोव्स्की जैसे कवियों ने और चे गुएवारा, हो ची मिन्ह और माओ, यहाँ तक कि मार्क्स और लेनिन ने भी इस मानवीय रचनात्मकता के लिए कविता को माध्यम बनाया है। लेकिन निश्चय ही वे ऐसा इसलिए कर सके कि प्रेम उनके लिए एक विगलित मानसिकता की अभिव्यक्ति अथवा यौन-ग्रन्थियों से ग्रस्त मन की उपज न हो कर, व्यापक अर्थों में एक बेहतर व्यवस्था की तलाश के प्रयत्नों से जुड़ा जज़्बा था, जिससे आपसी रिश्तों को एक सहज, सरल और मानवीय धरातल पर स्थापित किया जा सके – जिस धरातल को कि पूँजीवादी व्यवस्था घृणित और कुत्सित, जटिल और व्यावसायिक बना देती है। पूँजीवादी व्यवस्था के इसी घृणित पक्ष की ओर संकेत करते हुए मार्क्स ने लिखा था :

> 'एक समय था, जैसा कि मध्य युग में, जब उपभोग पर उत्पादन के आधिक्य, यानी अतिरिक्त उत्पादन का ही विनिमय होता था। फिर एक ऐसा भी समय था, जब महज़ अतिरिक्त उत्पादन ही नहीं, बल्कि तमाम उत्पादन, सारा औद्योगिक अस्तित्व, विनिमय के क्षेत्र में चला गया, जब तमामतर उत्पादन विनिमय पर निर्भर था... अन्ततः, एक ऐसा समय आया, जब वह सब कुछ जिसे मनुष्य ने अविच्छिन्न मान रखा था, विनिमय की, लेन-देन की, वस्तु बन गया, और विच्छिन्न किया जा सकने के काबिल बन गया। यही वह समय है, जब वे सारी चीज़ें, जिनका तब तक सम्प्रेषण होता था, लेकिन विनिमय कभी नहीं; जो दी जाती थीं, लेकिन कभी बेची नहीं जाती थीं; हासिल की जाती थीं, लेकिन कभी ख़रीदी नहीं जाती थीं – सदगुण, प्रेम, धारणाएँ, ज्ञान, विवेक, आदि – संक्षेप में जब सब कुछ का विनिमय किया जाने लगा। यह सामान्य भ्रष्टता का समय है – सार्वभौमिक निकृष्टता का, या राजनीतिक अर्थशास्त्र के शब्दों में कहा जाय तो

एक ऐसा समय, जब सब कुछ – नैतिक या भौतिक – विनिमय योग्य मूल्य बन जाने के कारण, अपने सही मूल्य के निर्धारण के लिए बाज़ार में लाया जाता है।'

(दर्शन की दरिद्रता)

चूँकि हम एक सामन्ती-पूँजीवादी समाज में रह रहे हैं, इसलिए यद्यपि यह प्रक्रिया उतनी तीव्र नहीं है, पर इसके जारी होने के चिह्न हमें साफ़ दिखायी देते हैं। प्रेम के सम्बन्ध में इस प्रक्रिया की अभिव्यक्ति उन तमाम जिघांसु और जुगुप्सा-प्रधान कविताओं में दिखाती है, जो अकवितावादियों की देन हैं – जहाँ प्रेम को उसके सहज मानवीय आधार से रहित करके महज़ शारीरिक स्तर पर व्यक्त किया गया है।

प्रस्तुत संग्रह में दूधनाथ की कविता, 'प्यार' जिसमें वे सम्भोग की क्रिया को एक क्लासिकी शब्दावली में व्यक्त करते हैं, इस मानसिकता से बहुत अलग नहीं लगती। सम्भोग की सारी प्रक्रिया को भावनाओं से रहित करके अनोखे बिम्बों में प्रयुक्त करना प्रेम को महज़ एक पाशविक स्तर पर अभिव्यक्त करना है – जहाँ 'अँधेरे की खोह हलचल के प्रथम सीमान्त पर चुप - मुस्कुराती है। रोशनी की सहमी हुई फाँक / पहाड़ को ताज़ा और बुलन्द करती है' और 'एक निडर सन्नाटा अँगड़ाइयाँ लेता है।'

आश्चर्य नहीं कि श्रीकान्त वर्मा पर अपनी कविता के माध्यम से लानतें भेज कर दूधनाथ बिलकुल वही कर रहे हैं, जो श्रीकान्त ने 'जला साघर' में संगृहीत अपनी सम्भोग-विषयक कविता – 'सिंहद्वार' – में किया है। इन दोनों कविताओं की कुछ पंक्तियाँ तो एक-दूसरे से अपनी बिम्ब-योजना में इस कदर मिलती है कि हैरत होती है। मसलन –

गुफ़ा की देहरी पर बार-बार आ-आ कर दहाड़ता है सिंह

(सिंहद्वार)

और सब कुछ का अन्त – एक लपट-भरी उछाल
और चीख़ती हुई दहाड़ में होता है।

(प्यार)

एक-एक शाख़ में हल चल-हज़ारों उड़-उड़ कर
टकराती हुई चिड़ियाँ चीख़ती हैं

(सिंहद्वार)

डरी हुई चिड़ियों का एक झुण्ड
पत्तियों के भीतर थरथराता है

(प्यार)

इसी अन्तर्मुखी प्रक्रिया के कारण अन्तिम चार कविताएँ समकालीन स्थितियों पर वक्तव्य देने का आभास देते हुए भी सिर्फ़ एक सैलानी के सतही इम्प्रेशन्स ही पेश करती हैं। इन कविताओं में कवि की दृष्टि नज़र आने वाले ब्योरों – यानी दृश्य-जगत की ऊपरी सतह – पर घूमती हुई उन्हें अंकित भर करती है, गहराई में उतर कर अथवा इस दृश्य-जगत से सम्बन्ध

स्थापित कर समकालीन स्थितियों के सन्दर्भ में इसकी पहचान कराने या इस पर फ़ैसले देने का प्रयास इन कविताओं में नहीं है। इसीलिए इन कविताओं की परिणति –

मैंने पत्थरों में खिंचा
सन्नाटा देखा
जिसे संस्कृति कहते हैं
मैंने एक आँख वाला
इतिहास देखा
जिसे फ़िलहाल सत्य कहते हैं

(एक आँख वाला इतिहास)

और

सूरज आख़िरकार पूरब में ही
उगता है।

(मद्रास)

जैसे सपाट कथनों में या फिर –

कौन है वह विशालकाय आजानुबाहु !
कहाँ है टूट कर बरसता घनघोर संघर्ष ?
कब तक सहेंगे हम – चुपचाप
युद्ध का निरर्थक इन्तज़ार ?

(महाबलिपुरम)

जैसे छायावादी प्रश्नों में होती है।

❐

अपने लम्बे निबन्ध – 'कला और सामाजिक जीवन' – में प्लेखानोव ने कला के क्षेत्र में पनपने वाली व्यक्तिवादी और जनवादी धाराओं तथा उनके कारणों का विश्लेषण विस्तार से करते हुए लिखा था –

"मैं यह नहीं कहता कि आधुनिक कलाकारों को सर्वहारा की मुक्ति–आकांक्षाओं से प्रेरणा 'लेनी ही चाहिए'। नहीं, अगर सेब के पेड़ में सेब 'ही' लगेंगे और नाशपाती का पेड़ नाशपातियाँ 'ही' उत्पन्न करेगा तो वे कलाकार, जो बुर्जुआज़ी के दृष्टिकोण का समर्थन करते हैं, उपरोक्त आकांक्षाओं के ख़िलाफ़ विद्रोह करेंगे ही। यह अवश्यम्भावी है। लेकिन, जैसा कि कम्यूनिस्ट घोषणा–पत्र ठीक ही कहता है – 'उन समयों में जब वर्ग–संघर्ष निर्णायक क्षण के निकट आता है, शासक–वर्ग – वस्तुतः पुराने समाज के सम्पूर्ण विस्तार – के अन्दर चल रही विघटन की प्रक्रिया इतना तीव्र और स्पष्ट रूप अख़्तियार कर लेती है कि शासक–वर्ग का एक छोटा–सा हिस्सा ख़ुद को काट कर अलग कर लेता है और क्रान्तिकारी वर्ग से जा मिलता है – उस वर्ग से, जिसके हाथों में भविष्य होता है।

इसीलिए जैसे एक पूर्ववर्ती काल में सामन्ती समाज का एक हिस्सा बुर्जुआज़ी से जा मिला था, उसी तरह अब बुर्जुआज़ी का एक हिस्सा सर्वहारा वर्ग से जा मिलता है - विशेषकर उन बुर्जुआ सिद्धान्तकारों का एक हिस्सा, जिन्होंने ऐतिहासिक प्रक्रिया को उसकी सम्पूर्णता में समझने के स्तर तक ख़ुद को उठा लिया हो।"

और इस अवधारणा को व्यक्त करने के बाद प्लेखानोव आगे कहते हैं :

"सर्वहारा से जा मिलने वाले बुर्जुआ सिद्धान्तकारों में हमें बहुत कम कलाकार मिलते हैं। कारण शायद यह है कि वही लोग 'ऐतिहासिक प्रक्रिया को उसकी सम्पूर्णता में समझने के स्तर तक ख़ुद को उठा' सकते हैं, जो सोच-विचार के काबिल होते हैं और आधुनिक कलाकार रेनासाँ के महान कलाकारों के विपरीत, बहुत कम सोच-विचार करते हैं। लेकिन जो भी हो, यह निश्चय के साथ कहा जा सकता है कि हर कमोबेश प्रतिभाशाली कलाकार अपनी शक्ति में काफ़ी हद तक वृद्धि कर लेगा यदि वह हमारे समय के महान मुक्तिकारक विचारों को जज़्ब करेगा। शर्त यही है कि ये विचार उसकी माँस-मज्जा में रच जायें और वह इन्हें एक कलाकार की तरह ही व्यक्त करे।"

विचारधारात्मक परिवर्तन के दावे के बावजूद दूधनाथ सिंह की ये कविताएँ इस बात का सबूत नहीं देतीं कि उनका यह विचारधारात्मक परिवर्तन उनके रक्त-माँस का अंग बन गया है। इसी वजह से संग्रह की कविताएँ अपनी अन्तिम परिणति में 'विचारधारात्मक परिवर्तन' की कविताएँ नहीं, वरन उनकी 'बनी-बनायी लेखकीय पहचान' की आवृत्ति मात्र लगती हैं - जो लेखकीय पहचान बहुत अर्थों में उसी व्यक्तिपरक वैचारिकता का प्रसार है, जो हमें अज्ञेय की कविताओं में प्राप्त होती है।

सामाजिक परिवर्तन की आकांक्षा के सारे भुलावे देने अथवा कहीं-कहीं सचमुच परिवर्तन की आकांक्षा व्यक्त करने के बावजूद इन कविताओं में, 'अपनी शताब्दी के नाम' अथवा 'सुरंग से लौटते हुए' की मानसिकता ही व्यक्त हुई है - शब्दों की मँजी हुई, परिष्कृत पच्चीकारी के द्वारा। वह ठेठपन इन कविताओं में नज़र नहीं आता, जो निराला की 'नये पत्ते' की कविताओं में, या फिर नागार्जुन, त्रिलोचन, केदारनाथ अग्रवाल और मुक्तिबोध की कविताओं में नज़र आता है - अपने परिवेश और समाज की सही और गहरी पहचान और समझ तथा एक व्यापक जन-समूह के शोषण-मुक्त होने की आकांक्षाओं से पुष्ट साथ ही जीवन के तथ्यों पर फ़ैसला देने की प्रवृत्ति से प्रेरित। नज़र आता है एक काव्य-आभिजात्य, जिससे मुक्त होने का प्रयास लगभग हर गम्भीर लेखक ने किया है, भले ही वह तुलसी हों या ग़ालिब या निराला। अपनी पुस्तक 'निराला : आत्महन्ता आस्था' में दूधनाथ ने निराला की - काव्य-आभिजात्य से मुक्त होने की - निरन्तर कोशिश को सराहा था। आश्चर्य होता है कि इसके बाद भी उन्होंने स्वयं अपनी कविताओं में इसके विपरीत एक काव्य-आभिजात्य की सृष्टि का प्रयास ही किया है।

१९७७

सिर्फ़ हुलिया ही काफी नहीं

किसी भी समय में और किसी भी भाषा में ऐसे कवियों की तादाद बहुत ज़्यादा नहीं होती, जिनमें आवेग और विचार का सन्तुलित मेल मौजूद हो। पिछले दौर की हिन्दी कविता को देखें तो अक्सर हमें एसे कवि मिल जायेंगे, जिनमें या तो सपाट वैचारिकता का आवेग-भरा सरलीकरण दिखायी देता है या फिर सरल आवेगों की विचार-शून्य सपाट-बयानी। ऐसी स्थिति में नरेन्द्र जैन की कविताएँ, ख़ास तौर पर उनके दूसरे और तीसरे संग्रह - 'तीता के लिए कविताएँ' और 'यह मैं हूँ पत्थर'- में संकलित रचनाएँ - विचार और सम्वेदना, दोनों के मेल के साथ आकर्षित करती है। विचार और आवेग की एक साथ उपस्थिति से इनमें एक बड़ी कविता की सम्भावनाएँ भी खुलती नज़र आती हैं, लेकिन जहाँ-जहाँ विचार और आवेग का यह सहज सन्तुलन बिखराव की ओर बढ़ता है, वहीं उनकी सीमाएँ भी साफ़ दिखायी देती हैं।

सरल भाषा की तरह सरल कविता लिखना हमेशा की तरह आज भी एक कठिन काम है। रोज़मर्रा की देखी-परखी ज़िन्दगी और इस ज़िन्दगी के अनुभवों को कविता बनाना कवि से एक सुचिन्तित कारीगरी की माँग करता है। अपनी कविताओं में जहाँ-जहाँ नरेन्द्र जैन ऐसा कर ले गये है, वहाँ-वहाँ उनके विचार का तीखापन और आवेग की तीव्रता बरकरार रही है। मिसाल के तौर पर 'रेडियो' जैसी कविता में -

मैंने
उसे ख़रीदा
और
एक झूठे मक्कार आदमी को
घर में जगह दी
लकड़ी की एक आबनूसी बनावट
जैसे शरीक है किसी
षडयन्त्र में
करता है प्रलाप
लगातार
खिलाता है अफ़ीम
दोहराता एक झूठ बदल देता है एक महान सत्य में
वे

ख़ुश हैं
उनका आदमी
जगह-जगह पर है
और
बोल रहा है लगातार

रेडियो आज एक आम चीज़ है, जिसे तुर्की के महान कवि नाज़िम हिकमत ने 'शब्दों को चिड़ियों की तरह आकाश में उन्मुक्त' करने वाले यन्त्र के रूप में देखा था। मगर हमारे समय तक आते-आते यह यन्त्र 'आवाज़ की हिंसा' और 'विचारों को दिमाग़ के भीतर कैद करने' का उपकरण बन गया है। चीज़ों, रिश्तों और घटनाओं के इस बदलते हुए रूप पर नरेन्द्र जैन की निगाह बराबर जमी रही है और उन्होंने अपनी कविता के माध्यम से इसे अंकित करने की कोशिश भी की है -

तुम कहोगे
वह बुख़ार था
या भुखमरी
उदासी या
कुपोषण
और नहीं देखोगे उसे
जो तालियाँ बजाता भेज रहा होगा
दुर्घटनाओं को
तुम्हारी तरफ़

(**ख़ुशनुमा चेहरे**)

दुर्घटनाओं के इसी संसार में तीता का संसार भी है। एक बच्चे की दुनिया, जिसमें वह एक-एक कदम रखता हुआ धीरे-धीरे बड़ा हो रहा है और चीज़ों की पहचान कर रहा है -

इतनी बड़ी
पृथ्वी के भीतर
आज दिखी एक और पृथ्वी
लगातार लुढ़कती
टप्पे खाती
छोटे-छोटे हाथों मे सधी
गुलाबी सृष्टि
तीता की गेंद
पृथ्वी में घटित होती
एक पृथ्वी है
एक दिन इस पृथ्वी पर
दिखायी देंगे
नदी पेड़ पौधे पहाड़
किसी दिन

तीता की पृथ्वी पर
एक नन्हा सूर्य
चमकेगा

❐

'तीता के लिए कविताएँ' पृथ्वी में घटित होती पृथ्वी के चित्र हैं, जिनमें खिलौने हैं, तीता के माता-पिता हैं, सरकस और मेलों और पतंगों की दुनिया है, जिसे नरेन्द्र जैन ने तीता की आँख से देखने की कोशिश की है। शायद इसीलिए 'झूठ को महान सत्य में बदल देने वाला' उपकरण तीता की दुनिया में आता तो है, पर उसके बिलगाव की पहचान नरेन्द्र जैन एक और ही रूप में कराते हैं -

रेडियो के भीतर
एक
औरत गाती है और आदमी
बाजा बजाता है
बच्चा
रेडियो
खटखटाता है
जिसे गाना हो
बाहर आये
सामने मेरे
गाये
बजाये
जिस तरह
मैं
गाता
बजाता हूँ

(गाना बजाना)

लेकिन तीता की आँख से चारों तरफ़ की दुनिया की पहचान कराते हुए भी - यानी बच्चे की अबोधता और प्रेम में डूबे सम्वाद लिखते हुए भी नरेन्द्र जैन बाहर की दुनिया और उसकी वास्तविकता को भूलते नहीं। या कहा जाय कि यह बाहर की दुनिया चाहे-अनचाहे बराबर तीता के संसार में घुसती चली आती है -

देख रहा हूँ मैदान
और
बच्चे दौड़ रहे हैं
मैदान के बाहर
एक भविष्य है

मैदान के बाहर
ख़ून पसीने के खेल हैं
लगातार
चलते
ज़रा देखो एक बच्चा
दौड़ता तेज़ी से
मैदान से बाहर आ रहा है

(खेल-खेल में)

❐

अक्सर यह होता है कि कवि जब वास्तविक जीवन के रिश्ते कायम करता है तो वह अपनी कविता में एक बार फिर से इन रिश्तों की पहचान करता है। अपने बच्चों के माध्यम से वह ख़ुद अपने पिता के साथ एक नया सम्बन्ध जोड़ता है और इस सबको अपने अनुभवों की समृद्धि के साथ मिला कर आँकता है -

इन दिनों मैं
हर रोज़
सुनाता हूँ उसे अपने
बचपन की कहानियाँ

❐

इन दिनों वह
जैसे
मेरे बचपन के बहाने
आने बच्चे का
बचपन जी रही है

(एक माँ की कविताएँ)

'तीता के लिए कविताएँ' अनुभवों की इसी समृद्धि में - रची बसी - कविताएँ हैं और इसीलिए इनमें कविता के साथ प्रयोग करने की एक विशेषता भी है।

❐

कविता के साथ प्रयोग करने की यह विशेषता नरेन्द्र जैन के तीसरे संग्रह 'यह मैं हूँ पत्थर' में भी मौजूद है, हालाँकि इस संग्रह में जो कविताएँ संकलित हैं, वे उनके पहले संग्रह 'दरवाज़ा खुलता हैं' से पहले की हैं।

इन कविताओं के सिलसिले में यह तथ्य इसलिए महत्वपूर्ण हो जाता है कि आठ-नौ वर्षों के दौरान लिखी गयी इन कविताओं को पढ़ते हुए इनमें न तो मिज़ाज का कोई बदलाव दिखायी देता है, न अन्दाज़े-बयाँ का। अक्सर यह एहसास होता है कि नरेन्द्र जैन

का ढंग ही यह है कि किसी विचार या भाव के उठते ही उसे टीप दिया जाये। उनकी ज़्यादातर कविताओं से यह नहीं लगता है कि वे किसी विचार या आवेग पर देर तक टिक कर सोचते हैं या उसे हर पहलू से जाँच-परख कर, पूरी तरह तपा कर काग़ज़ पर उतारते हैं। इसलिए कई बार यह होता है कि कविता के ख़त्म होने से पहले ही उसका मूल विचार या सम्वेदना अपनी परिणति तक पहुँच जाती है। ज़रूरी नहीं कि यह किसी उतावली या हड़बड़ी की वजह से किया गया हो। यह कवि का अपना तरीका भी हो सकता है। शायद इसीलिए जब हम उनके तीनों संग्रह एक साथ देखते हैं तो लगता है कि इनसे भरती की कविताओं को छाँट कर एक बढ़िया संग्रह तैयार किया जा सकता है।

❑

इसके बावजूद जब-जब नरेन्द्र जैन अपनी चाल से अलग हट कर किसी विषय पर देर तक टिके रहे हैं, उनकी कविता एक सहज आत्मीयता और गहरी सम्वेदना से लैस हो कर विषय को उसकी तमाम व्यापकता के साथ हमारे सामने उघाड़ती है। 'कोयला-खान' शीर्षक से लिखी आठ कविताओं की सीरीज़ ऐसी ही कविताओं में शुमार की जा सकती है। और यह कहना ग़लत न होगा कि यह सीरीज़ नरेन्द्र जैन की कविताओं में अपनी एक अलग जगह रखती है।

'कोयला-खान' कवि के ही शब्दों में कहें तो 'पाताल में एक अन्तरिक्ष' की दस्तावेज़ है, जिसमें इस काले अन्तरिक्ष का साक्षात्कार करने वाले की गवाही दर्ज है। 'कोयले के इस काले सपने' को काग़ज़ पर उतारते हुए नरेन्द्र जैन यह भी महसूस करते हैं कि इस अन्तरिक्ष में 'कलाबाज़ियाँ खाती गर्म रोटियों' के पीछे 'गेंती लिये भागते मज़दूरों' की सही पहचान के लिए कोयले की काली दुनिया में उतरना एक ज़रूरी शर्त है। तभी उस काले आदमी को हम उसके नम्बर से अलग करके पहचान सकेंगे, जो 'जवानी में वहाँ प्रविष्ट हुआ था / कोयले की मुश्किल दुनिया में उतरने का / साहस ले कर।'

इसी क्रम में नरेन्द्र जैन आदमी और मशीन के आपसी रिश्तों की भी बड़ी मार्मिक पड़ताल करते हैं –

वहाँ
उस दैत्याकार मशीन का
अपना शोक था
उसकी समूची लौह आकृति
दास थी
उस पर धूल और ख़रोंचों के निशान बन चुके थे
रूसी भाषा में अक्षर जो उभरे थे
उसका नाम-पता कह रहे थे
जैसा-जैसा उससे कहा जाता रहा
वह करती रही
ज़मीन में अपने हाथों को उतार कर
बारूद लगाती रही

गुलामी को मिटाने के लिए
उसका आविष्कार हुआ था
वह कोयले का पता बताती रही
ताकि मज़दूर खुली हवा में जी सकें
वहाँ मशीन के दैत्याकार चेहरे पर
वह
मानवीय शोक क्यों था ?

(कोयला खान)

'ग़ुलामी को मिटाने के लिए' ईजाद की गयी मशीन का 'मानवीय शोक' उस समूची टेकनोलॉजी के ख़िलाफ़ एक ख़ामोश प्रतिवाद है, जो मनुष्य को निरन्तर ग़ुलाम बनाये रखने के लिए ही नहीं, बल्कि उसे एक यन्त्र में तब्दील करने के लिए भी इस्तेमाल की जाती है। यहाँ यह भी याद रखना होगा कि मुक्ति- संघर्षों की परम्परा जितनी लम्बी है, शोषण की परम्परा भी उतनी ही लम्बी है और चूँकि वह आज भी जारी है, इसलिए नरेन्द्र जैन का प्रतिवाद केवल टेकनोलॉजी तक सीमित नहीं रहता, बल्कि वह उस दिमाग़ पर भी चोट करता है, जो आदमी को मशीन बनाने की साज़िश में शामिल है। हैरत नहीं कि रोमन साम्राज्य के दिनों में भी ग़ुलामों को 'इंस्ट्रूमेंटम वोकेल' (बोलने वाले औज़ार) ही कहा जाता था। यन्त्र और मनुष्य के इस द्वन्द्वात्मक सम्बन्ध और उससे उपजने वाली अमानवीय स्थितियों के विरुद्ध नरेन्द्र जैन की गवाही में ही उस बड़ी कविता की आहटें सुनी जा सकती हैं, जिसका ज़िक्र किया गया है। अपने समय के बहुत–से कवियों की तरह नरेन्द्र जैन ने भी कविता के बारे में अपने विचार प्रकट किये हैं –

बाहर पर्दे के
और भीतर
जो कुछ हो रहा है
किया जा रहा है हुलिया दर्ज
उसका कविता में

विचार और आवेग, सम्वेदना और समझ के सन्तुलित मेल से उभरने वाली इस बड़ी कविता को सम्भव बनाने के लिए निश्चय ही नरेन्द्र जैन को केवल हुलिया दर्ज करने पर सन्तोष नहीं करना होगा, बल्कि एक कदम आगे बढ़ कर उन कारणों की भी खोज करनी होगी, जिनकी वजह से यह हुलिया ऐसा है।

१९८५

चीज़ों को नये पहलू से देखने की नज़र

किसी भी कवि के लिए अपने एक समकालीन सहकर्मी की रचनाओं को जाँचना-परखना एक आसान काम नहीं होता। कारण बहुत सीधा-सादा है। एक ओर तो कविताओं को पढ़ते समय आप एक पाठक की भूमिका निभा रहे होते हैं, दूसरी ओर ख़ुद कवि होने के नाते आपकी एक आँख अपने सहकर्मी को - उसकी शैली, शिल्प, शिल्प, भाषा, विषय-वस्तु के चुनाव, यानी उसकी कुल कारीगरी को - एक कारीगर की तरह परखती चलती है। ऐसी हालत में एकदम वस्तुपरक होना बहुत कठिन है, शायद सम्भव भी नहीं और मेरा ख़याल है कि इसकी ज़रूरत भी नहीं है। लिहाज़ा इन पंक्तियों को अगर 'समीक्षा' न कह कर, 'उदय प्रकाश की कविताओं को पढ़ते समय मन में उठे विचार' कहा जाय तो बेहतर होगा।

❑

आज से चार-पाँच साल पहले बड़े ज़ोर-शोर से 'कविता की वापसी' का नारा बुलन्द किया गया था। आलोचक को 'साहित्य का अफ़सर' समझने वाले कुछ लोगों को शिकायत थी कि हिन्दी कविता में सपाट-बयानी इस कदर बढ़ गयी है और राजनीतिक विषय और नारेबाज़ी इस कदर हावी हो गयी है कि कविता रोज़मर्रा की ज़िन्दगी के दुख-सुख से कट गयी है। इसी सिलसिले में एक आवाज़ यह भी उठी कि हिन्दी कविता से पेड़, पत्ते, फूल, बच्चे और चिड़ियाँ ग़ायब हो गये हैं और इन्हें वापस लाने की ज़रूरत है। इन आवाज़ों का उठना था कि अचानक कविता में नरम-नाज़ुक विषयों की बाढ़ आ गयी। हर कविता में पेड़, पत्ते, फूल, बच्चे और चिड़ियाँ बड़ी कसरत से, कहा जाय कि प्रतिशोध-भरे आग्रह के साथ, फ़िट किये जाने लगे। इस तमाम शोर-शराबे में किसी ने ग़ौर नहीं किया कि हिन्दी कविता में सपाट-बयानी और नारेबाज़ी की शिकायत करने वाले ये लोग वही हैं, जिन्होंने इससे पहले के दौर में सपाट-बयानी और नारेबाज़ी की धुरन्धर वकालत की थी। किसी ने इस बात की ओर भी ध्यान नहीं दिया कि जो कवि 'साहित्य के इन स्वनामधन्य अफ़सरों' के मुखापेक्षी नहीं रहे, उनकी कविताओं में पेड़, पत्ते, फूल, बच्चे और चिड़ियाँ अपनी सही जगह पर हमेशा मौजूद रहे हैं और इन विषयों पर यों लकीर फेर कर उन्हें सुर्ख़ियों में लाने की कोई ज़रूरत नहीं। यह काम हमेशा वही लोग करते हैं, जो कविता को समाज से और समकालीन चिन्ताओं और दबावों से काट कर भटकाने की साज़िश करते हैं।

बहरहाल, इस बीच कविता की 'वापसी' हो चुकी है, ढेरों कविता-संग्रह छप चुके हैं और अब तमाम धूल-गर्द के बैठ जाने पर ऐसे कवि, जिनका सरोकार चालू नारों से नहीं, बल्कि अपने समय की गहरी चिन्ताओं से होता है, एक बार फिर ध्यान खींचने लगे हैं। उदय प्रकाश ऐसे ही कवियों में शामिल हैं।

❒

अपने पहले कविता-संग्रह 'सुनो कारीगर' में उदय प्रकाश ने जिन सम्भावनाओं का संकेत दिया था, वे उनके दूसरे कविता-संग्रह 'अबूतर-कबूतर' में और खुलती नज़र आती हैं। इन कविताओं में रोज़मर्रा की ज़िन्दगी भी है, अपने समय की चिन्ताओं से गहरा सरोकार भी और इस सबको कविता के माध्यम से अभिव्यक्त करने की सम्वेदना और सादगी भी। लेकिन इस सबसे बड़ी बात है - चीज़ों की नये पहले से देखने की नज़र और इस 'देखे गये' को अंकित करने की क्षमता। संग्रह की पहली कविता - 'कुछ बन जाते हैं' - ही से इसका आभास मिल जाता है। प्रेम एक ऐसा विषय, है जिस पर ढेरों कविताएँ लिखी जा चुकी हैं। उदय प्रकाश ने अपनी कविता में हमारी रोज़मर्रा की ज़िन्दगी से बिम्ब चुने हैं और कविता में ऐसी सादगी है, जो लोक गीतों की विशेषता होती है -

तुम मिसरी की डली बन जाओ
मैं दूध बन जाता हूँ
तुम मुझमें घुल जाओ
तुम ढाई साल की बच्ची बन जाओ
मैं मिसरी घुला दूध हूँ मीठा
मुझे एक साँस में पी जाओ।

यही क्षमता आगे चल कर 'महाजनो येन गतः' शीर्षक कविता में और खुलती है, और व्यापक बनती है। बड़ी सादगी से उदय प्रकाश एक चिरपरिचित कहावत को एकदम नये सन्दर्भ में रख कर या परख कर आज के भारतीय यथार्थ को पाठक के सामने खोल देते हैं और हमारी नज़र उन रास्तों पर जाती है, जिनसे हो कर महाजन जाते हैं और 'अपने निशान छोड़ जाते हैं' -

पत्तियाँ
अभी तक हिल रही हैं
अँधेरा अभी तक काँप रहा है

चिड़ियाँ अभी तक चीख़ रही हैं
सो नहीं रहे हैं बच्चे
छर्रे अभी तक हवा में हैं

इन्हीं निशानों के ज़रिये हम भी 'महाजनों' और उनके चरित्र की पहचान करते हैं। लेकिन ज़ाहिर है, हम इन्हीं पथों से और इसी तरह नहीं जाना चाहेंगे। इसीलिए जब कविता के अन्त में उदय प्रकाश कहते हैं 'यही है पथ, इसी पथ से आओ पीछा करें उनका' तो मुझे लगता है कि कविता कहीं खण्डित होती है या अधूरी रह जाती है, क्योंकि 'महाजनों' का

पीछा हम उन्हें ख़त्म करने के लिए ही कर सकते हैं, केवल 'उसी तरफ़' जाने के लिए नहीं कर सकते – 'जहाँ गढ़ी जाती हैं अमानुषिक कलाएँ।'

❑

इन दो बिलकुल भिन्न कविताओं के उद्धरण मैंने इसलिए सामने रखे हैं, क्योंकि उदय प्रकाश के इस ताज़ा कविता-संग्रह में संकलित कविताएँ भले ही तीन अलग-अलग खण्डों में पेश की गयी हों, कुल मिला कर दो प्रमुख हिस्सों में बाँटी जा सकती हैं। एक ओर गाँव से शहर आये मध्यवर्गीय व्यक्ति का संसार और उसकी अनुभूतियाँ हैं। पीछे छूटे हुए परिवेश का एक ऐलबम है, जिसमें बचपन के सम्बन्ध, अतीत में खोयी प्रेमिका, दूसरे के घर की नींव की ईंट बनने वाली बहन और बैल की तरह 'अधेड़-कत्थई और थका' दीखने वाले भाई के चित्र हैं। इसी हिस्से में मौजूदा परिवेश भी है – पत्नी, बच्चे, हाड़-तोड़ मेहनत से उभरता 'पसली का दर्द' और 'मगरमच्छों की शातिर, मक्कार और भयानक दुनिया।'

इसी शातिर, मक्कार और भयानक दुनिया और उसके विरुद्ध उठाये जाने वाले कदमों की शिनाख़्त करती हैं उदय प्रकाश की वे कविताएँ, जो दूसरे हिस्से में रखी जा सकती हैं। उनकी कविताओं के ये दोनों हिस्से जैसे दो कमरे हैं, एक ही घर के, जिन्हें दरवाज़ा आपस में जोड़ता है। यह भी एक ध्यान देने योग्य बात है कि उदय प्रकाश की एक कविता 'दरवाज़े' के इर्द-गिर्द ही बुनी गयी है –

आदमी दरवाज़े के भीतर से
और दरवाज़े से बाहर से
डरता है

दरवाज़ा आदमी के सो जाने के बाद
रेंगता है
उसकी छाती में खुलता है
सपनों को भीतर
बन्द कर देता है

नहीं जानता
नींद में डूबा हुआ आदमी
कि दरवाज़ा रात में
दुश्मनों को पुकारता है
बीमारियों को इशारे करता है
जंगल में मरे हुए
बच्चों और स्त्रियों को
भीतर ले आता है

❑

दरवाज़े के बाहर की इसी दुनिया की कविताएँ हैं – 'राज्यसत्ता,' 'दो हाथियों की लड़ाई,' 'चौथा शेर,' 'महाजनों येन गतः' और 'एक था अबूतर एक था कबूतर,' जिनमें हम इस बात की पहचान करते हैं कि 'दो हाथियों का लड़ना सिर्फ़ दो हाथियों के समुदाय से सम्बन्ध नहीं रखता' कि 'दो हाथियों की लड़ाई को हाथियों से ज़्यादा सहता है जंगल और इस लड़ाई में जितने घाव बनते हैं हाथियों के उन्मत्त शरीरों पर उससे कहीं ज़्यादा गहरे घाव बनते हैं जंगल और समय की छाती पर।' और इसीलिए 'जैसे भी हो दो हाथियों को लड़ने से रोकना चाहिए।' ज़ाहिर है, यह काम महज़ गाँधीवादी बीच-बचाव से नहीं हो सकता और शायद इसीलिए सपाट हो जाने का ख़तरा उठा कर भी उदय प्रकाश कविता के अन्त में स्पष्ट करते हैं कि 'एक सही राजनीति और सही विचारधारा ही इसे रोक पायेगी।'

सही राजनीति और सही विचारधारा को स्पष्ट करने की ही अगली कड़ी के रूप में उदय प्रकाश परिचित संसार के नये पहलुओं को उजागर करने के बाद एक कदम आगे बढ़ कर एक नये यथार्थ की ओर संकेत करते हैं – वह यथार्थ जो आगे सामने आयेगा और 'पहले जैसा नहीं होगा।'

वह अभी तक सोचता है
कि तानाशाह बिलकुल वैसा ही या
फिर उससे मिलता जुलता ही होगा
यानी मूँछ तितली-कट, नाक के नीचे
बिल्ले-तमग़े और
भीड़ को सम्मोहित करने का वाक् पटुता
जब कि अब होगा यह
कि वह पहले जैसा तो होगा नहीं।

(तानाशाह की खोज)

यहाँ मार्क्स के उस मशहूर वाक्य को दोहराने की ज़रूरत नहीं कि विश्व इतिहास में घटनाएँ और व्यक्ति दो बार उपस्थित होते हैं, पहली बार ट्रैजेडी के रूप में और दूसरी बार प्रहसन के रूप में।

अगर यह कहा जाय कि कथ्य के लिहाज़ से यह इस संग्रह की सबसे महत्वपूर्ण कविता है तो ग़लत न होगा, क्योंकि इस कविता में उदय प्रकाश ने बड़ी ख़ूबी के साथ उस भूल की तरफ़ इशारा किया है, जो समकालीन स्थितियों का जायज़ा लेते समय बहुत-से तपे हुए राजनीतिकर्मी भी कर जाते हैं। पिछले दस-पन्द्रह वर्षों के वामपन्थी आन्दोलन की शायद सबसे बड़ी भूल यह रही है कि जो कुछ आज हमारे चारों ओर घटित हो रहा है, उसे पहले से ही गढ़े-गढ़ाये किसी नक्शे में फ़िट करके आँकना; मानो जो कुछ हो रहा है, वह पहले भी इसी तरह हो चुका है। यही वजह है कि वामपन्थी आन्दोलन और उसके साथ-साथ हिन्दी कविता भी वैचारिक जड़ता और सपाट नारेबाज़ी का शिकार हुई है। जबकि होता यह है कि समय के साथ चीज़ें बदलती हैं और इस बदलाव पर नज़र जमाये रखना

हर सम्वेदनशील और परिवर्तनकामी रचनाकार के लिए एक अनिवार्य शर्त होती है, जो कुछ भी आगे होगा, 'वह पहले जैसे तो होगा नहीं।'

इस शर्त को पूरा करने पर ही हम तानाशाह की भी सही पहचान कर पायेंगे, वह कल की तरह फ़ौजी वर्दी में बिल्ले-तमग़े लगाये, जोशीले भाषण देता हुआ न आ कर, दूध-धुले कपड़ों में चादर लपेटे, हाथ जोड़े, विनम्रता से झुकता हुआ आये।

उदय प्रकाश की नज़र इस बदलाव पर बराबर जमी हुई है, यह एक ख़ुशी की बात है और यह भी कि वे अपने सरोकार को पाठक के साथ एक आत्मीय रिश्ता कायम करके पूरी सम्वेदना और सादगी के साथ अभिव्यक्ति कर सके हैं। यही उनकी ताकत है और आज की कविता की भी।

१९८५

पूरा घर है कविता

इब्बार रब्बी के दूसरे संग्रह 'लोग बाग' की कविताएँ उसी दुनिया के कुछ और चित्र अंकित करती हैं, जिसे उन्होंने अपने पहले कविता-संग्रह 'घोषणा-पत्र' में पाठकों के सामने पेश किया था - कस्बे से आ कर दिल्ली नामक विराट शरणार्थी-शिविर में ज़िन्दगी ग़ुजारने के बावजूद अपने लोगों से सम्पर्क बनाये रखने वाले कवि की दुनिया। फ़र्क सिर्फ़ इतना है कि 'लोग बाग' तक आते-आते रब्बी का अन्दाज़े-बयाँ और सहज हो गया है, उनकी नज़र सिर्फ़ अपने बिलकुल नज़दीक के परिवेश पर ही नहीं टिकी रहती, बल्कि और दूर-दूर तक जाती है और उनकी चिन्ताएँ मौजूदा हालात के जटिल और पेचीदा प्रसंगों को भी अपने दायरे में समेटती चलती हैं। इसके अलावा उनकी कुछ कविताओं में एक ख़ास किस्म की वक्रता भी मौजूद है, जो सम्वेदना और समझदारी के मेल से पैदा होती है। मिसाल के तौर पर उनकी कविता 'दस'-

बस दस बरस बचे हैं
जो कुछ करना है कर लीजिए
मकान बनवा लीजिए
किताब छपा लीजिए
यश कमा लीजिए
देश को सम्हालिए
राष्ट्र को हिलाइए
समाज को बदलिए
दस बरस से पहले

आपने पिया भी नहीं
पीने भी नहीं दिया
हटिए
लोगों को नहाने दीजिए

रब्बी की वक्रता में वह तीखापन नहीं है, जो नाराज़गी से पैदा होता है। अपने कटाक्षों में भी रब्बी एक 'मज़ा लेने वाले' के अन्दाज़ में चोट करते हैं -

कितनी उदासीन हैं लड़कियाँ
कवि कविताएँ लिख रहे हैं उन पर

उन्हें .फ़र्क नहीं पड़ता
कवि उन पर मर रहे हैं
ज़िन्दा रहती हैं वे

सज-धज रही हैं लड़कियाँ
कवि उदास हैं उनके लिए
ख़ुश हैं लड़कियाँ

(उदासीन)

रब्बी की कविताओं का परिवेश मध्यवर्गीय जीवन का है, लेकिन उनमें शर्मिन्दगी का वह एहसास नहीं है, जो कई बार मध्यवर्गीय कवियों की रचनाओं में झलकता है। वह शर्मिन्दगी, जो अमूमन ऊपर की तरफ़ हसरत-भरी नज़रों से और नीचे की तरफ़ छिपी हुई नफ़रत और आशंका, मगर इसके बावजूद लगाव के साथ देखने पर पैदा होती है। इसके विपरीत, रब्बी में इस मध्यवर्गीय जीवन के प्रति एक समझदारी है, मानो वे इसे समझ कर, स्वीकार करके ही बदलने की कोशिश कर सकते हैं। शायद इसीलिए रब्बी को यह स्वीकार करने में भी कोई संकोच नहीं है कि दिल्ली भले ही उनके जैसे लोगों के लिए एक विराट शरणार्थी-शिविर से अधिक और कुछ नहीं है, तो भी वे अपने लोगों की शिनाख़्त करने के बाद उसके सिवा कहीं और नहीं लौट सकते। सर्वहारा, नक्सलवादियों, बँधुआ मज़दूरों और हरिजनों की खोज में बार-बार लक्ष्मीनगर, शकरपुर, भोजपुर, पूर्णिया और बिलासपुर जाने की शिद्दत उतनी ही है, जितनी 'हर बार दौड़ कर दिल्ली' लौटने की। केन्द्र से चौहद्दियों तक बराबर आने-जाने और इन दो छोरों के बीच रिश्तों को ज़िन्दा बनाये रखने की ललक रब्बी की कविताओं का मुख्य स्वर है।

यही वजह है कि जहाँ रब्बी की अनेक कविताएँ दिल्ली की बसों और बसों के सफ़र पर एक मुसाफ़िर की नज़र से लिखी गयी हैं, वहीं 'कण्डक्टर' जैसी कविता में वे अपनी नज़र के कोण को खिसका कर उस व्यक्ति के करीब ले जाते हैं, जो 'कविता की किताब में निरीह विराम चिन्ह' की तरह जाड़े की रात में बस पर ड्यूटी बजा रहा है। इस कविता में रब्बी ने दिल्ली की बसों के कुख्यात कण्डक्टर के ख़ूँख़ार लड़ाकूपन की पीछे झाँक कर गहरी सम्वेदना के साथ यह पहचानने की कोशिश की है कि यह कण्डक्टर बहुत-से मुसाफ़िरों की ही तरह ख़ुद भी एक शोषित इन्सान है -

सुनसान घर कण्डक्टर का
गन्दी बस्ती में

इस प्रक्रिया में रब्बी की नज़र उस छोर तक जाती है, जहाँ वे नज़र आने वाले सच के पीछे छिपे अदृश्य सच को उघाड़ कर इस समझदारी तक पहुँचते हैं कि -

तुम सारे दिन चलते रहे
पर गये कहीं नहीं
तुम जीवन भर दौड़े
पर रहे वहीं के वहीं

जो बात कि बस में सफ़र करने वाले बहुत-से मुसाफ़िरों पर भी लागू होती है। लेकिन रब्बी का मकसद सिर्फ़ यहीं ख़त्म नहीं होता कि वे पाठक के मन में कण्डक्टर के लिए एक हमदर्दी जगा कर छुट्टी पा लें। वे उस दिशा की ओर बढ़ते हैं, जहाँ पर मुसाफ़िर के मन में यह इच्छा पैदा हो कि -

हम क्या करें
कि तुम मुस्कराओ
क्या करें कि तुम्हारी बच्ची स्कूल जाये
क्या करें क्या करें हम
कि तुम्हारी पत्नी
खीर पकाये
क्या करें हम
कि तुम लड़ो नहीं घर जा कर
हम क्या करें
कि ऑफ़ के दिन
तुम पिक्चर जाओ
परिवार के साथ

❏

नज़र आने वाली सच्चाइयों के पीछे अक्सर जो और गहरी और व्यापक सच्चाइयाँ होती हैं, उनकी ओर इशारा करना, उन्हें खोलना, हमेशा ही से अच्छी कविता का काम रहा है। रब्बी की अनेक कविताएँ - ख़ास तौर पर ऐसी कविताएँ, जिनमें वे निजी प्रसंगों से अलग हट कर बाहर की दुनिया को देखते हैं - नज़र आने वाली वास्तविकता के पीछे से एक और गहरी, और ज़्यादा सच्ची, दुनिया उजागर करने की कोशिश करती हैं। 'दफ़्तर में खिलौना,' 'पंछीनामा-३,' 'पंछीनामा-४,' 'युद्ध से लौटा सैनिक' और 'पनासी के आदिवासियों का गीत' ऐसी ही कविताओं में शुमार की जा सकती हैं। इन सभी कविताओं को पुरअसर बनाने वाली चीज़ है रब्बी का अन्दाज़, जो बड़ी सादगी के साथ इन सच्चाइयों की विभिन्न परतें खोलता है और साथ ही उन पर टिप्पणी भी करता चलता है। इन परतों के खुलने के साथ ही हम एक ऐसी अराजक दुनिया से रू-ब-रू होते हैं, जहाँ दफ़्तर में बैग से अचानक निकल पड़ने वाला प्लास्टिक का बिगुल लोगों में मनोरंजन की बजाय आतंक पैदा करता है -

सारा दफ़्तर चारों ओर जुट गया
बिगुल को डायनोसार के
जीवाश्म की तरह घूर रहा है
सिट्टी-पिट्टी गुम है
यह क्या हो गया
मेरी बच्ची ने बैग में
खिलौना क्यों रख दिया

धूल की परत में हँसी क्यों रख दी
सारे ब्रह्माण्ड को परेशान कर दिया

रब्बी सिर्फ़ सच को पेश करके ही सन्तुष्ट नहीं होते, बल्कि उसको ले कर अपना पक्ष भी प्रस्तुत करते हैं और इसके लिए वे बड़बोले वक्तव्यों की बजाय बेहद सामान्य प्रतीत होने वाले फ़िकरों से काम लेते हैं। 'पनासी के आदिवासियों का गीत' की अन्तिम पंक्तियाँ मिसाल के तौर पर उद्धरित की जा सकती हैं –

बच्चे पढ़ें शाला में
पानी पियें
लाल साहब के कुएँ पर
फोड़ें गुड़ की भेली
सपने में नहीं देखें रोटी हम

लेकिन इस उद्धरण के बावजूद यह भी सच है कि रब्बी की कविता उन अर्थों में 'कोटेबल' नहीं है, जिन अर्थों में उनके बहुत-से समकालीनों की रचनाएँ। रब्बी अपनी कविताओं में सूक्तियाँ नहीं रचते, बल्कि कभी-कभी तो ऐसा लगता है कि वे जान-बूझ कर आप्त-कथनों या आप्त-वाक्यों से परहेज़-सा कर रहे हैं। ऐसा करके शायद रब्बी इससे भी बड़ा काम करने की कोशिश करते हैं। अपनी अच्छी कविताओं में ज़िन्दगी रचने की कोशिश। इसीलिए उनकी कविताएँ पहली नज़र में कविता नहीं जान पड़तीं और अगर इसे ग़लत न समझा जाय तो यह भी कहा जा सकता है कि रब्बी की कविता श्रेष्ठ अकविता है। वैसे ही, जैसे लातिन अमरीकी कवि निकानोर पार्रा की 'ऐण्टी पोएम्स'। अपने साथ के बहुत-सी कवियों की तरह रब्बी भी अकविता के दौर से गुज़र कर आये हैं, लेकिन उन्होंने अकविता के दौर की सारी सम्वेदनहीन विचारशून्यता को त्याग कर अपनी कविता को बराबर विचारों और सम्वेदना से लैस किया है। उस दौर से बस एक 'अकवितापन' उनके साथ चला आया है, जो अब विचारों की गहराई से जुड़ कर कविता को जीवन और जीवन को कविता में तब्दील करता है।

यह सहजता रब्बी की उन कविताओं में विशेष रूप से देखी जा सकती है, जहाँ वे निजी प्रसंगों को उठाते हैं। 'मेरी बेटी,' 'इच्छा' और 'वर्षा में भीग कर' ऐसी ही कविताएँ हैं। इन कविताओं में एक ख़ास तरह की उड़ान भी है, जो रब्बी की कविताओं कम देखने को मिलती है। 'मेरी बेटी' शीर्षक से लिखी गयी कविता का अन्त एक ऐसी सहज संश्लिष्टता में होता है, जो रोज़मर्रा के एक आत्मीय प्रसंग को बहुत गहरा और व्यापक बना देती है। लगभग सभी बच्चे घर में अपने अध्यापकों या अध्यापिकाओं की नकल करते हैं, मगर रब्बी ने इस प्रक्रिया को एक पिता की नज़र से देखा है। कविता की अन्तिम पंक्तियाँ इस प्रसंग को महज़ मास्टरनी की नकल करने वाली बच्ची की विनोद-भरी हरकत से ऊपर उठा कर एक ऐसे धरातल पर पहुँचा देती है, जहाँ यह कविता सभी पिताओं और उनकी बेटियों के आपसी रिश्तों की एक दस्तावेज़ बन जाती है –

वह तरसती है
माँ पिता और मास्टरनी बनने को

और मैं बच्चा बनना चाहता हूँ
बेटी की गोद में गुड्डे-सा
जहाँ कोई मास्टर न हो

❐

देखा जाय तो अपने इर्द-गिर्द की दुनिया और उसके साथ आदमी के रिश्तों को पहचान कर उन्हें व्यक्त करना ही हमेशा से साहित्य का एक बुनियादी उद्देश्य रहा है। ख़ुशी की बात है कि इब्बार रब्बी उन थोड़े-से कवियों में शामिल हैं, जिन्होंने इस बुनियादी उद्देश्य को आँखों से ओझल नहीं होने दिया है। इसके साथ-साथ वे हमारे समय के उन रचनाकारों में भी हैं, जिन्होंने 'निजी' और 'सार्वजनिक' जीवन के द्वन्द्वात्मक सम्बन्ध को जानते-बूझते हुए उसे सही अनुपात में सामने रखने की कोशिश की है। रब्बी की महत्वपूर्ण कविताएँ सिर्फ़ कवि की व्यक्तिगत भावनाओं का ही लेखा-जोखा नहीं पेश करतीं, बल्कि चारों ओर के समाज और उसकी हलचलों का - और इस सब के प्रति कवि के नज़रिये का - ख़ाका भी पेश करती हैं। रब्बी की ख़ासियत यह भी है कि उनकी कविता में यह प्रक्रिया बेहद अनायास है। इससे यह समझना भूल होगी कि इन कविताओं पर उन्होंने श्रम नहीं किया है या यह कि वे इस प्रक्रिया से अवगत नहीं हैं और उनकी कविता में यह तत्व उनके अजाने ही चला आया है। इसके विपरीत यह कहना ज़्यादा सही होगा कि रब्बी अपने समय और समाज और उसके प्रति मनुष्य के सरोकार के बारे में बहुत सचेत हैं। वे अपनी कविताओं में रोज़मर्रा की ज़िन्दगी और दैनन्दिन प्रसंगों को उठाते हैं और इस सब के माध्यम से अपने चारों ओर की दुनिया और उसके साथ आदमी के रिश्तों को चित्रित करते हैं। अपनी दुनिया की पड़ताल वे रोज़मर्रा की ज़िन्दगी से ही करते हैं।

ऐसे में, ज़ाहिर है, उन्हें विषय 'खोजने' की ज़रूरत नहीं पड़ती। विषय तो उनके चारों ओर बिखरा पड़ा है - वह चाहे बसों की दैनन्दिन यात्रा की तकलीफ़ हो या कस्बे के छूटे हुए घर की ज़िन्दगी, पत्नी और बच्चों के साथ एक मध्यवर्गीय गृहस्थ के सम्बन्ध हों या फिर घर में रोज़ पकने वाली अरहर की दाल -

इस दाल चावल के सामने
क्या है पंचतारा व्यंजन
उँगली चाटो
चाकू चम्मच वाले
क्या समझें इसका स्वाद
वाह रे भोजन के आनन्द
अरहर की दाल
और बासमती
उस पर थोड़ा-सी घी

❐

यों, कविता के पेशेवर पण्डितों को बाज़ वक्त यह एहसास हो सकता है, होता भी है, कि रब्बी की रचनाएँ कविता के पारम्परिक चौखटे में फ़िट नहीं होतीं। मगर रब्बी को इस बात की चिन्ता नहीं है। वे अपने बारे में, अपने चारों ओर की दुनिया के बारे में, अपने समय और समाज और उसमें अपने अनुभवों के बारे में जो कहना चाहते हैं, उसे नदी के-से सहज प्रवाह के साथ एकदम निर्द्वन्द्व हो कर व्यक्त कर देते हैं। ऐसे करते हुए अगर कभी-कभार कोई कविता हाथ से छूट जाय, जैसे 'कवि की पत्नी' और 'पंछीनामा-१' या ज़रूरत से ज़्यादा बढ़ जाय जैसे 'तुम' तो इसकी भी उन्हें फ़िक्र नहीं है। शायद इसी बेफ़िक्री के चलते 'दफ़्तर में खिलौना' और 'पंछीनामा-४' के अन्त में दो-एक ऐसी पंक्तियाँ भी जुड़ गयी हैं, जिससे इन कविताओं का कसाव ढीला पड़ा है। लेकिन रब्बी की सहजता ऐसे हिस्सों पर नज़र को देर तक नहीं ठहरने देती, क्योंकि जो छूट गया है या अनगढ़ रहा गया है, वह आगे की किसी कविता में पकड़ लिया जायेगा और अपना वांछित कसाव पा लेगा। यही तत्व रब्बी को अपने साथी कवियों में अनोखा बनाता है।

अपनी कविता और चारों ओर की दुनिया के आपसी रिश्तों के बारे में शायद सबसे साफ़, सबसे पारदर्शी वक्तव्य रब्बी ने 'घोंसला' शीर्षक कविता में दिया हैं -

जिस काग़ज़ पर मैंने लिखी कविता
उससे चिड़िया घोंसला बना रही है
कविता की कतरनों पर बैठी
वह अण्डे से रही है
कविता बन रही है भाषा
मेरे और उसके बीच
सुनसान में गर्मी दे रहे हैं शब्द
मुझसे जातकों तक लहरा रहे हैं
पानी की तरह मेरी शब्द
कविता घोंसला बन रही है
वृक्ष बन रही है
मुझसे निकल कर प्रकृति से जुड़ रही है

भरोसा दे रहे हैं अक्षर
शरण हो रहे हैं शब्द
मैं बनजारों की तरह
पड़ाव बदल रहा हूँ
मात्र विचार नहीं
पूरा घर है कविता

रब्बी की कविता पर शायद इससे बेहतर कोई और टिप्पणी नहीं हो सकती।

१९८७

□□□